现代通信技术与管理系列丛书

Modern Communication Technology and Management Series

U0689067

通信市场营销学

胡春 王颂 吕亮 王明鹏 编著

Telecommunication

Marketing

人民邮电出版社

北 京

图书在版编目（CIP）数据

通信市场营销学 / 胡春等编著. -- 北京 ：人民邮
电出版社，2015.9（2024.7重印）
（现代通信技术与管理系列丛书）
ISBN 978-7-115-39724-9

Ⅰ．①通… Ⅱ．①胡… Ⅲ．①通信—邮电企业—市场
营销学 Ⅳ．①F626

中国版本图书馆CIP数据核字(2015)第166150号

内 容 提 要

本书从通信市场营销导论、通信市场研究、通信营销战略、通信营销策略、通信市场营销新理念 5 个部分，系统论述了通信市场营销学的内容：导论界定通信市场营销相关概念及研究内容；市场研究论述通信市场营销环境和通信市场客户行为；营销战略论述通信目标市场战略和通信市场竞争战略；营销策略论述通信产品策略、通信品牌策略、通信价格策略、通信分销渠道策略、通信促销策略和通信服务营销策略；市场营销新理念论述了绿色营销、网络营销、大数据营销等最新的营销思想与实践。本书理论与实践相结合，突出通信信息互联网领域市场营销特点，案例内容丰富，启发性强。

本书可作为本科生教材，也适合用作研究生的辅助阅读材料和通信企业人员的培训教材。

◆ 编　著　胡　春　王　颂　吕　亮　王明鹏
　　责任编辑　武恩玉
　　执行编辑　刘向荣
　　责任印制　沈　蓉　彭志环
◆ 人民邮电出版社出版发行　　北京市丰台区成寿寺路 11 号
　　邮编　100164　　电子邮件　315@ptpress.com.cn
　　网址　http://www.ptpress.com.cn
　　廊坊市印艺阁数字科技有限公司印刷
◆ 开本：787×1092　1/16
　　印张：20　　　　　　　　　　2015 年 9 月第 1 版
　　字数：523 千字　　　　　　　2024 年 7 月河北第 13 次印刷

定价：49.80 元

读者服务热线：(010)81055256　印装质量热线：(010)81055316
反盗版热线：(010)81055315
广告经营许可证：京东市监广登字20170147号

前言 Preface

中国通信市场变化日新月异，主要表现在以下几个方面。

（1）通信基础网络建设力度加大，互联网宽带接入"光进铜退"，传输网设施不断完善，移动网络建设不断升级。2008 年 5 月，中华人民共和国工业和信息化部、中华人民共和国国家发展和改革委员会、中华人民共和国财政部发布《关于深化电信体制改革的通告》，中国电信市场形成中国移动、中国电信和中国联通三家骨干运营商全业务竞争的格局，随后发放移动 3G（第三代移动通信技术）牌照，3G 网络建设和 3G 服务迅速展开。2013 年 12 月，中华人民共和国工业和信息化部发布移动 4G（第四代移动通信技术）牌照，三大运营商均获得 4G 的 LTE（Long Term Evolution，长期演进）牌照，2015 年中国联通、中国电信获得 4G 的 FDD（Frequency Division Duplexing，频分双工）牌照，4G 网络建设如火如荼。3G、4G 移动宽带网络的广泛覆盖，推助移动互联网的快速应用和普及。

（2）通信市场发展规模增长、体量升级，手机上网渐成主流。2014年电信业务收入达 11 541.1 亿元，同比增长 3.6%；电信业务总量达 18 149.5 亿元，同比增长 16.1%；2014 年，全国电话用户总数达到 15.36 亿户，其中，移动电话用户总数达 12.86 亿户，移动电话用户普及率达 94.5 部/百人；2014 年，移动互联网接入流量消费达 20.62 亿 Gbit/s，同比增长 62.9%，用户月均移动互联网接入流量达 205Mbit/s，同比增长 47.1%，手机上网流量达 17.91 亿 Gbit/s，同比增长 95.1%，在移动互联网总流量中的比例高达 86.8%。

（3）通信市场改革推进，市场结构趋于合理化，产业链不断完善。2013 年 12 月，中华人民共和国工业和信息化部向民营企业发放了首批虚拟运营商牌照，中国通信市场开始引入虚拟运营商，拓展了产业链的发展空间。虚拟运营商各类特色创新服务的推出，在市场末端为通信消费者提供了更多的选择机会和满足更多的个性化需求。2014 年 7 月，三大运营商共同签署了《发起人协议》，中国通信设施服务股份有限公司成立（2014 年 9 月更名为"中国铁塔股份有限公司"，简称铁塔公司），中国移动、中国联通、中国电信各持有 40.0%、30.1% 和 29.9% 的股权。铁塔公司的成立，使中国电信业实现了"网业分离"，有利于减少电信行业内铁塔以及相关基础设施的重复建设，提高行业投资效率，促进节约资源和环境保护，同时，也避免三大运营商对网络资源的垄断，倒逼运营商在业务层面进行更彻底的改革，来参与电信市场的竞争。

（4）移动互联网、云计算、大数据带来了通信市场的根本变革。伴随着终端技术、软件技术以及网络技术的共同进步，"互联网+"时代悄然而至，"万物互联"正在实现，通信市场正从狭义的通信服务业向通信信息服务、互联网服务、社会化链接服务领域扩展，虽然这种革命性变革的远景还不甚清晰，但正在发生。

随着通信市场的发展，通信市场营销实践精彩纷呈，而通信市场营销研究是营销学科研究中最活跃的领域之一，研究成果不断推陈出新。本书作者长期从事通信市场营销学的教学与研究工作，我们期望借助本书将教学和研究积累呈现给读者，与同行进行交流，为市场营销学的教学发展尽绵薄之力。

本书主要内容分为5个部分。第1部分是通信市场营销导论，即第1章，论述市场营销、服务营销、通信市场营销等相关概念，界定本书的研究对象和研究内容。第2部分是通信市场研究，即第2章～第7章，研究通信市场环境和客户行为，包括通信企业营销的宏观环境和微观环境分析、市场机会分析、通信市场营销信息系统与市场调研、通信客户价值与客户满意，以及通信消费者市场购买行为和通信政企客户市场购买行为等。第3部分是通信营销战略，即第8章～第9章，论述通信目标市场战略和通信市场竞争战略。第4部分是通信营销策略，即第10章～第15章，论述通信产品策略、通信品牌策略、通信价格策略、通信分销渠道策略、通信促销策略、通信服务营销策略。第5部分是通信市场营销新理念，即第16章，论述绿色营销、网络营销、口碑营销、体验营销、大数据营销、精准营销等近年出现的新营销理念，及其在通信营销中的应用。

本书具有如下特点。

第一，理论与实践相结合，突出通信市场的营销特点。本书所展示的通信市场营销学的理论体系系统完整，涵盖了通信市场研究、通信营销战略、通信营销策略和市场营销新理念等方面。本书结合我国通信信息互联网领域市场营销的最新实践，给出 16 个综合案例，以进行案例分析和点评，案例内容新颖，富有启发意义。

第二，聚合凝练通信市场营销研究领域的最新成果，并将作者的课题研究成果融入其中，力求实现科研成果进课堂，使科研和教学相互促进。

第三，本书对通信服务营销、市场机会展开讨论，对大数据营销、网络营销进行探讨，具有一定的创新性。本书研究了通信市场服务营销特征和通信服务营销策略，以及通信企业如何通过通信服务人员策略、通信服务有形展示策略和通信服务过程策略，来实现无形服务的有形化规范化，使客户信任和购买。

第四，体例安排便于教学使用。每章正文中，结合章节内容，提供多个课外学习问题，扩展了教学内容，为课堂讨论提供主题；每章正文提供与章节内容相适的小案例，案例后提出"趣味讨论"问题，全书共提供 51 个小案例，案例鲜活，帮助同学消化理论学习内容，为读者提供更多元化的思考方向。

本书是集体工作的成果。本书由胡春教授制定写作大纲和写作规划，集体讨论确定案例内容。具体章节写作分工情况是：胡春负责第 1 章、第 7 章、第 13 章、第 15 章、第 16 章的撰写，王颂负责第 2 章、第 3 章、第 8 章、第 12 章的撰写，吕亮负责第 9 章、第 10 章、第 11 章、第 14 章的撰写，王明鹏负责第 4 章、第 5 章、第 6 章、第 15 章（部分）的撰写，胡春、王颂负责全书统稿。北京邮电大学经济管理学院工商管理专业研究生李小园、卢玉姗、蒋娟、王艳、赵杰坤、许娜、杨慧敏、余佩颖参与了本书部分章节的资料收集和文字整理工作，在此表示感谢！

在本书付梓之际，感谢北京邮电大学教务处、北京邮电大学经济管理学院的支持，感谢杨瑞桢教授、唐守廉教授、金永生教授对本书的指导。本书编写过程中，借鉴了大量国内外专家的研究成果，我们在资料来源、注释和参考文献中列出，在此一并致以诚挚的谢意！

胡 春

2015 年 6

目 录 Contents

第3章 市场机会分析

第4章 通信市场营销信息系统与市场调研

第5章 通信顾客价值与顾客满意

第 1 部分

通信市场营销导论

第1章　通信市场营销学概论

市场营销学是一门建立在经济科学、管理科学、行为科学基础之上的综合性应用科学，研究以满足市场需求为中心的企业营销活动过程及其规律性，具有全程性、综合性、实践性的特点。通信市场营销学的研究对象是通信信息类企业的市场营销活动，通信信息类企业的营销活动既遵循一般企业营销活动的基本规律，也有其自身特点。本书将在简要概括市场营销学基本理论的基础上，重点论述通信市场营销的特征，完整呈现通信市场营销学全貌。

本章介绍市场与市场营销的基本概念、市场营销观念的发展、通信市场营销的特点，并概要说明全书的研究内容。

1.1　市场

1.1.1　市场的概念

市场是以商品交换为内容的经济联系形式，是社会分工和商品交换的产物。市场的概念随着社会经济的发展有不同的阐释，主要有三个方面的内容。

1. 市场是商品交换的场所

市场是买主和卖主进行商品交换的地点或空间区域，如农贸市场、超级市场、在线交易市场等。

市场通常位于交通发达、人口稠密之地，是城市和集镇的主要组成部分。市场交易是城市的基本功能之一，城市缘起于防务功能"城"和交易功能"市"。当买卖双方进行面对面交易时，市场是一个有限的场所；而当买卖双方采用互联网、电话、电视等电子手段进行交易时，市场的范围可遍及全球。

2. 市场是需求的集合

市场是买方的集合，是一种商品或服务所有现实和潜在需求的总和。市场规模是指能够销售多少商品，即销售量或销售额。与该市场含义相对应的概念是行业，行业是某产品卖方的总汇。市场与行业的关系如图 1-1 所示。

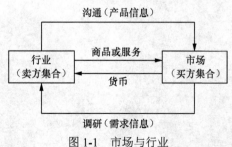

图 1-1　市场与行业

3. 市场是商品供求关系的总和

市场是指一定时空条件下商品供求关系的总和。任何一个商品生产者、经营者的买卖活动必然会与其他商品生产者、经营者的买卖活动发生联系。市场是商品生产者、中间商、消费者交换关系的总和。任何企业都在整体市场上开展经营活动，企业的运转就是与市场保持着输入输出的交换关系，市场是企业赖以生存与发展的空间和环境。通常所说的"市场机制"、"市场调节"，就是这个意义上的市场。

从供求关系及市场竞争力量角度看市场，市场竞争态势存在买方市场和卖方市场两种情况。在买方市场中，商品的供给量大于需求量，市场对买方有利，在交易过程中买方处于主动地位，支配着交易关系；在卖方市场中，商品的供给量少于需求量，卖方处于主导地位。判断市场供求力的相对强度和变化趋势，对企业制定营销战略具有重要意义。

1.1.2　市场的构成要素

现实市场的形成需要有若干条件，包括：购买者一方存在需求或欲望，并拥有可支配的交换资源；供给方提供能够满足购买者需求的产品或服务；有促成交换双方达成交易的各种条件，如可接受的价格、时间、空间、信息和服务方式等。

从企业角度看，有现实需求的有效市场必须同时具备三个要素：消费主体、购买力、购买欲望，其关系可简单表示为：

$$市场=消费主体×购买力×购买欲望$$

1. 消费主体

消费主体是组成市场的基本细胞。一个国家和地区消费者消费主体的总量决定着潜在市场的大小。

2. 购买力

购买力是组成现实市场的物质基础。购买力是指人们支付货币购买商品或服务的能力，购买力的高低由购买者收入决定。一般来说，人们收入多，购买力强，市场和市场需求也大。

3. 购买欲望

购买欲望是购买力得以实现的必不可少的条件。购买欲望是指消费者购买商品的动机、愿望和要求，它要求企业提供的商品和服务能符合消费主体的要求，能够引起消费者的购买欲望。

市场的这三个要素是相互制约、缺一不可的，只有三者结合起来才能构成现实的市场，才能决定市场的规模和容量。企业的营销活动可通过影响消费者的购买欲望来影响市场。

1.1.3　市场的分类

按不同的标准，可以将市场进行不同的分类。

1. 按产品属性的分类

按产品属性进行分类，市场可分为资源市场和商品市场。

（1）资源市场也称投入品市场、资本品市场或要素市场，是由原材料、劳动力、资金、信息和技术等市场组成，资源市场交易的内容是从事生产活动的必要投入。

（2）商品市场是产出品市场，泛指一切为交易而进行生产或提供的一切有形产品和无形服务交换而形成的市场。

2. 按购买目的分类

按购买目的进行分类，市场可分为消费者市场和组织市场。

（1）消费者市场是个人或家庭为了生活消费而购买产品和服务的市场。

（2）组织市场也称机构市场，是组织机构为了再加工、再销售、履行职能而购买产品和服务所形成的市场，包括生产者市场、中间商市场、政府市场和非营利组织市场。生产者市场是厂家购买，购买目的是生产；中间商市场是商家购买，购买目的是转售；政府市场是政府购买，购买目的是使用，以便执行政府职能；非营利机构市场是非营利机构购买，购买目的是使用，以维持机构正常运作和履行职能。非营利机构泛指不以营利为目的、不从事营利性活动的组织，如学校、公立医院、公益基金会、行业协会等。

3. 按竞争状况分类

经济学研究市场结构时，根据市场竞争状况对市场进行分类，市场可分为完全竞争市场、垄断性竞争市场、寡头竞争市场、完全垄断市场。

（1）完全竞争市场指一个行业中有非常多的独立生产者，他们各自销售的商品在市场总量中只占微小的部分；他们以相同的方式向市场提供同类的、标准化的产品；新卖主可自由进入市场；买卖双方对市场信息完全了解。如某些农产品市场、矿产品市场等。

（2）垄断性竞争市场指一个行业中有许多企业生产和销售同一种类产品，每一个企业的产量或销售量只占总需求量的一小部分，而每个卖家提供的产品各具特点，如服装市场、日用品市场、餐饮市场等。

（3）寡头垄断市场指少数几家大企业控制绝大部分产量和销售量，剩下的一小部分由众多的小企业生产经营。这种市场产生的原因是资源的有限性、技术的先进性、资本规模集聚以及规模经济效益所形成的排他性等，如汽车市场、通信市场等。

（4）完全垄断市场指一个行业中某产品的生产和销售完全由一个卖主或买主独家经营和控制，没有或基本没有别的替代者。这种市场类型的企业常常是公用事业企业，如电力公司、自来水公司等。另外，以下情况也属于完全垄断市场：一家公司独自拥有制造某种产品的全部或绝大部分原料；通过专利取得垄断地位而形成的市场；通过确立极高声誉而占据垄断地位形成的市场。

1.2
市场营销与市场营销学

1.2.1 市场营销的含义

市场营销是与市场相关的一切活动和理念。它包括两个层面：首先，市场营销是一种理念、态度、观念和管理方式，强调把客户满意放在首位；其次，市场营销是一系列活动，是上述理念的实施。

美国市场营销协会（American Marketing Association，AMA）给出的市场营销定义是："市场营销是一项有组织的活动，包括创造、传播和交付顾客价值和管理顾客关系的一系列过程，从而使利益相关者和企业都从中受益。"

市场营销学家菲利普·科特勒认为，市场营销（Marketing）最简洁的定义是"满足别人并获得利益"。也可以从社会和管理两个不同的角度来界定市场营销。完整的定义为："个人和集体通过创造、提供、出售、同别人自由交换产品和服务的方式以获得自己所需产品或服务的社会过程。"

可见，市场营销定义强调的核心概念是顾客需求、产品和服务、顾客价值、交换、关系和网络。市场营销过程就是企业为顾客选择价值、创造和提供价值、沟通和传递价值的过程。市场营销可以从微观、宏观这两个不同角度来理解。

1. 需要、欲望和需求

需要（Needs）是没有得到基本满足的感受状态，需要是人类最基本的要求。

欲望（Wants）是获得满足需要的具体商品的愿望。欲望由需要派生而来，受社会文化和人们个性的影响。如饿了要进餐是需要，有人想吃面包有人想吃米饭，面包或米饭是欲望。

需求（Demands）有支付能力购买并且愿意购买某具体商品的欲望。

营销者不创造需要，需要优先于营销者而存在，营销者和其他社会因素共同影响人们的欲望，营销者试图说明某具体产品能够满足顾客需要，营销者重点关注顾客需求。

2. 产品和服务

企业提供给市场用来满足顾客需求的任何提供物（Offering），包括产品、服务、信息和体验及其不同形式的组合。

3. 顾客价值

顾客从拥有和使用某产品中获得的满足。顾客价值取决于顾客所感知到的有形利益、无形利益与成本，可以看成是质量、服务和价格的组合，顾客价值随质量和服务的提高而提升，随价格的下降而增加。顾客价值因个人感受不同而存在差异。

4. 交换和交易

交换是指从他人那里取得想要的物品，同时以某种物品作为回报的行为。交换发生需要具备以下条件：至少有双方；每一方都有被对方认为有价值的物品；每一方都能沟通信息和传送物品；每一方都能可以自由接受或拒绝对方；每一方都认为和对方交换是适当的或称心的。

交换双方达成协议，就是发生了交易。交易是双方价值的交换。

5. 关系和网络

建立在短期交易基础上的营销是交易营销。营销者除需要创造短期的交易外，还需要与顾客、分销商、零售商及供应商等建立长久关系，实现关系营销。即关系营销是营销者与顾客、分销商、零售商、供应商、辅助商以及政府机构等建立、保持并加强长期的合作关系，通过互利交换及共同履行诺言，使各方实现各自目的的营销方式。

市场营销网络是企业及其与之建立起牢固的、相互信赖的商业关系的其他企业所构成的网络。

1.2.2　市场营销学

英文 Marketing 一词含义为市场营销、市场营销学。但两者有区别，市场营销是企业的经营、销售活动，而市场营销学是研究市场营销活动及其规律性的学科。市场营销学的构建从微观（企业）开始，逐步形成了微观和宏观两个分支。微观市场营销学是从个体（组织和个人）交换层面研究营销问题，研究组织和个人如何围绕产品或价值的交换，为实现其目标而进行决策和管理的过程。宏观市场营销学是从社会总体交换层面研究营销问题，以社会整体利益为目标，研究营销活动对道德、法律的遵守；研究营销系统的社会功能与效用，及营销系统如何引导产品和服务从生产进入消费以满足社会需要；研究社会营销系统结构的演变等问题。企业社会责任营销的兴起，使企业微观营销中越来越关注道德、法律、慈善、生态环境等问题，并进行相应营销活动，从而在一定程度上实现了微观营销和宏观营销内容的结合。

市场营销学的主流研究领域是微观市场营销学，本书也属于微观市场营销学领域。

微观市场营销学的主要内容如图 1-2 所示，包括营销调研、营销战略、营销策略和营销组织与控制四大部分。营销调研是企业营销活动的起点，只有了解顾客需求，了解企业所处的营销环境，了解企业自身资源和优势，才能进行下一步的营销活动；营销战略是营销活动的总的指导原则，回答为谁服务，提供什么样的服务，服务有什么优势和特色，如何与同行竞争的问题；营销策略是营销战术，回答怎样提供服务的问题，通过产品策略、定价策略、分销策略、促销策略这 4 个策略组合，即 4P 组合为客户提供服务；营销组织与控制是研究企业通过什么样的组织机构来执行营销活动并对营销活动进行管控的问题，是狭义上的营销管理。

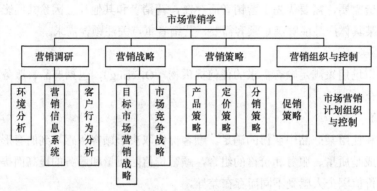

图 1-2　微观市场营销学的主要内容

由于微观市场营销学是市场营销学的主流研究领域，因此，通常说的市场营销学就是微观市场营销学。

[课外作业]

宏观市场营销学研究的主要领域有哪些？

1.2.3　市场营销观念及其演进

市场营销观念是指企业经营者在组织和谋划企业的营销管理实践活动时所依据的指导思想和行为准则。营销管理是企业为在目标市场上达到目标而做出的自觉努力，市场营销观念就是指导这些努力的哲学，是企业经营者在处理企业、顾客和社会三者关系上所持的态度和指导思想。

市场营销观念是不断发展的，近百年来，企业的市场营销观念大体经历了 5 个发展阶段。

1. 生产观念

生产观念（Production Concept）认为，企业生产什么就卖什么，顾客会接受任何他能买得起的产品。企业的根本任务是增加产量、提高效率、降低成本。

生产观念在以下两种情况下适用。其一，当供给小于需求时，企业应该采用各种方式增加生产；其二，当生产成本太高时，企业需要提高生产率降低成本。

2. 产品观念

产品观念（Product Concept）认为，顾客喜欢高质量、多功能、有特色的产品。企业的根本任务是提高产品质量和增加产品特色。该观念认为"酒香不怕巷子深"，只要有好的产品就不怕顾客不上门，这一观念也使一些企业患有"营销近视症"，往往看不到产品背后消费者需求的不断变化。

3. 推销观念

推销观念（Selling Concept）认为，企业推销什么产品，顾客就买什么。该观念认为，消费者是被动的，如果对消费者置之不理，他们不会购买本企业产品，因而必须进行大量的推销和促销来刺激消费者购买。

推销的观念已使企业将其目光从企业内部转向市场，但仍然是着眼于本企业产品的销售。

推销的观念对于推销非消费者渴求品很有效。

4. 市场营销观念

市场营销观念（Marketing Concept）是以顾客为中心的观念，市场营销观念第一次摆正了企业和顾客的位置，是营销观念的一次重大革命。该观念认为，实现组织目标的关键在于正确地确定目标市场的需要和欲望，并比竞争者更有效地满足顾客的需要和欲望。该观念下，企业以满足消费者的需求和欲望为己任，强调"顾客至上"，提出"生产能够出售的东西，而不是出售能生产的东西"。

前三种观念以企业为中心，被称为销售观念，西奥多·莱维特（Theodore Levitt）比较了销售观念与市场营销观念的差别，如表 1-1 所示。销售观念是从内向外进行的，它强调公司的产品，要求销售人员努力推销和促销以获利，是追求短期利益的行为。而营销观念是从外向内进行的，它着眼于顾客的需要，通过满足顾客需要获利，认为营销者要在公司盈利和创造更大的顾客价值之间寻求平衡。

表 1-1　销售观念和营销观念的比较

	出发点	中心	方法	目的
销售观念	卖方	产品	推销和促销	通过销售获利
市场营销观念	买方	顾客需要	整体营销	通过顾客满意获利

5. 社会营销观念

社会营销观念（Social Marketing Concept）认为，企业的任务是确定目标市场的需求、欲望和利益，比竞争者更有效地提供满足顾客需求的商品，提供商品的方式应能对消费者和社会福利双重有益。社会营销观念是注重社会长远利益的观念，其核心是以使顾客满意及实现顾客和社会公众长期福利作为企业的根本目的和责任。社会市场观念要求企业营销决策要兼顾顾客需要、企业利益和社会利益三方面。

近年来，由于环境污染、资源短缺、人口膨胀、世界范围的经济问题，以及被忽视的社会服务，人们怀疑纯营销观念是否适当。1971 年，杰拉尔德·蔡尔曼和菲利普·科特勒最先提出了"社会市场营销"概念，此后，营销学界陆续提出了一系列新观念，如人类观念（Human Concept）、理智消费观念（Intelligent Consumption Concept）、生态准则观念（Ecological Imperative Concept）、绿色营销观念等，其共同点都是对社会长远利益的关注，这类观念统称为社会营销观念。

[课外作业]

2009 年菲利普·科特勒在其《营销管理》（第 13 版）中首次提出全面营销观念（Holistic Marketing），其具体含义是什么？

1.3

通信市场的概念、特点与分类

1.3.1　通信市场的概念

1. 通信市场的定义

通信市场是特定的专业市场，是指以通信信息产品和服务为交易对象的市场，包括通信设备与终端市场和通信信息服务市场，本书重点探讨通信信息服务市场。

通信行业是社会发展的基础和先导行业，通信服务具有广泛的社会性。随着通信信息技术的发展，通信网、互联网和电视网三网融合的推进，电信业、互联网业和广播电视业产业融合进一步深化，通信市场的范围也不断扩大。由传统的邮政电信行业市场，扩大到邮政、电信、信息、互联网等领域的市场。

2. 通信市场的构成

通信市场由主体和客体构成，通信市场的主体是通信信息产品和服务的供应者、通信信息产品和服务的消费者以及通信市场的管理者，通信市场的客体是通信信息产品和服务。有效通信市场规模由以下三因素决定，即通信消费者数量、通信消费者的购买力和通信消费者的购买欲望。

通信信息产品和服务的消费者是指正在消费和可能消费各类通信信息产品和服务的消费者，包括各类组织、团体以及家庭和个人。随着通信信息技术的发展和人们消费水平的提升，通信市场的消费需求从基本通信需求向发展需求、娱乐需求升级，需求越来越多样化、个性化。

通信信息产品和服务的供应者是指通过提供通信信息产品和服务满足社会需求的各类企业和中间商。随着通信行业的发展，产业价值链不断延伸，通信行业活跃着电信骨干运营商、增值业务提供商、虚拟电信运营商、接入服务商、通信中间商、通信业务代理商等新型供应者。目前，我国通信与信息服务市场已经形成了中国移动、中国电信、中国联通三大骨干运营商与大量中小企业相互竞争、共同发展的局面。

通信市场的管理者是指一个国家或一定地域范围内行使政府授予的权力，负责规范、引导和管制通信产品和服务的供应商的市场行为，维护和保障通信产品和服务的消费者利益不受损害的机构。我国的工业和信息化部是通信行业的中央政府管理机构。

[案例1-1]

认 识 通 信

通信是用任何方法通过任何媒体将信息从一地传送到另一地的过程。通信必须具备的三要素是信源、通信信道和信宿。信源是信息产生和出现的发源地，既可以是人，也可以是计算机、手机等终端设备；通信信道是信息传输过程中承载信息的传输媒体；信宿是接收信息的目的地，可以是人也可以是设备。因此，不同的传输方式和信息形式，就形成了不同类型的通信。从传输方式来看，通信分为邮政通信和电通信。

通信的目的是传递消息，消息具有不同的形式，例如：语言、文字、数据、图像、符号等。随着社会的发展，消息的种类越来越多，人们对传递消息的质量和手段的要求也越来越高。通信中消息的传送是通过信号来进行的，如：红绿灯、狼烟、电压、电流等信号。信号是消息的载荷者。

邮政通信是以实物传递的方式传递消息。历史上，我国古代的官办邮驿制度，其邮驿规模和传递效率在世界上都位居前列。我国官办邮驿制度经历了春秋战国、秦、汉、两晋南北朝、隋、唐、宋、元、明、清各个朝代的发展，一直到清朝中叶才逐渐衰落，到1912年废驿归邮，被近代邮政所取代。

电通信是利用"电信号"来承载消息的通信。在各种各样的通信方式中，电通信具有迅速、准确、可靠等特点，且不受时间、地点、空间、距离等的限制，因而得到飞速发展和广泛应用。电信（电通信）的定义是：利用电子等技术手段，借助电信号（含光信号）实现从一地向另一地消息的有效传递。

趣味讨论：如何从通信含义中认识通信市场？

1.3.2 通信市场的特点

通信市场属于服务市场，它既有市场的一般属性，又具有自身特点。通信市场的特点可从产业和市场两个角度来分析。

1. 通信产业角度的特点

（1）规模经济性（Economics of Scale）是指随着生产规模的扩大，企业的产品与服务的每一单位平均成本持续下降的现象，也即在初始阶段，厂商扩大生产规模能使经济效益提高的现象。电信市场的规模经济性特点源于以下原因：一是运营商事前必须建立庞大的通信网络，覆盖大量的消费者，才能满足顾客相互通信的需要，才会有顾客使用，没有规模就没有效益；二是在网络建设中，巨额的初始投资构成了通信企业的固定成本，固定成本作为共有成本被用户分摊，用户越多，每个用户分摊的固定成本越低，多增加一个用户，电信企业的边际成本就会下降，通信企业用户规模越大，其经济效应才能显现出来；三是电信企业的固定成本大于可变成本，企业在电信基础通信设施上的投资比例较大。

（2）范围经济性（Economies of Scope）是指同时生产两种及以上产品的成本低于分别生产每种产品成本总和的性质。通信企业存在范围经济性，即追加新业务的联合成本要低于单独提供两种业务的成本和。电信产业的范围经济性是由电信业务"先建设、后服务"的特点决定的。电信业务的运行必须建立在完善的网络基础设施的基础上，而网络基础设施建成之后，并不仅为现有的电信业务服务，它可以为电信企业开发的新业务提供网络基础支持。因此，电信新业务的追加便有一部分成本由原来的网络基础设施来承担，而不必单独投资，从而使新业务推向市场的联合成本低于同种业务单独开发时的成本。

（3）全程全网性。电信市场服务范围的深度、广度和协作性是一般行业所无法比拟的。电信企业具有全程全网、联合作业、互连互通的特点。电信企业须树立全网观念和互通观念，只有把全网经营好了，才能保证企业取得良好的市场营销效果。

（4）垄断性和竞争性并存。通信行业的自然垄断属性使该行业一般呈现寡头垄断现象。我国基础通信市场是寡头垄断市场。电信业务中的基础电信业务，包括固定通信业务、蜂窝移动通信业务、数据通信、卫星通信等业务，以寡头垄断经营为主，经营主体是国有控股企业，目前正逐步向民营资本开放；各类增值电信业务则以竞争性经营为主，面向民营企业、外资企业全面放开。

（5）相关性。通信信息业是构建国家信息基础设施，提供网络和信息服务，全面支撑经济社会发展的战略性、基础性和先导性行业。通信服务作为直接服务于全社会的行业，其市场需求与国家（或地区）的经济发展水平、产业结构、经济的商品化、外向化的程度等因素强相关。

2. 通信市场角度的特点

（1）广泛性与区域性。通信企业为全社会提供服务，顾客广泛，市场广阔。在现代社会中，几乎人人都使用通信产品，不论城乡、年龄、个人或组织，通信服务的顾客具有全民性。

通信服务的区域性表现在：通信企业的顾客一般是所在地的个人或组织，外地顾客来到本地，享受本地分公司属地化的服务。

（2）不平衡性。首先是需求的地域不平衡性，即在发达地区需求旺盛，在不发达地区需求不足。其次是供给的区域不平衡性，发达地区可能存在资源不足、短时网络信道拥塞的问题；不发达地区供应过剩，存在通信资源闲置问题。最后，通信需求的增长随社会经济发展近似于线性规律上升，而通信供应能力的提升会因为通信能力扩大受建设周期的制约以及通信服务预测的差异性等影响，近似于阶梯状上升，故可能存在着某个短期内供应和需求不平衡的问题。

（3）随机性。通信产品的生产过程、交换过程和消费过程是同时进行的。顾客什么时候需要通信服务，通信企业就什么时候提供通信服务。顾客使用通信服务是没有也不可能有精确时间规律的，因此，通信市场的需求具有随机性的特点。

（4）潜在性。通信服务的非实物性和技术密集性，使通信服务一定程度上具有生产引导消费的特点。在新的通信服务业务推出之初，绝大多数顾客对该业务不熟悉、不了解，对该业务的需求是不明显、不具体的，甚至是意识不到的，即需求具有潜在性，激发需求是营销工作的重要任务。

（5）网络外部性（Network Externality），又称网络效应（Network Effect），是指消费者消费某种网络产品的价值会随着该产品用户数量的增加而增加。用户通过自己的行为（加入网络）直接给其他用户带来收益，同时自己也获益。网络价值（效用）不仅来自提供者（内部），也来自使用者（外部）。例如，用户在选择移动网络的时候，更愿意选择用户多的网络，因为网络中用户越多，潜在通话对象和无偿享用的网内优惠就越多，该网对用户的价值就越高。

该特征可用梅特卡夫法则来说明。梅特卡夫法则为：网络的价值与其节点的平方成正比。该法则表明网络经济的边际效益递增。因此，争夺用户、扩大用户规模是通信运营企业竞争的首选目标。具有先发优势的企业会降低价格，获得用户增长；提高互联互通的价格，增加新进入者成本，挤压新进入者。进而产生强者更强的市场结构，形成通信市场的垄断。政府监管的目的就是推动行业的公平竞争。

1.3.3 通信市场的分类

可以根据不同的标准对通信市场进行分类，在此从电信业务（供给）和客户身份属性（需求）两个维度对通信市场进行分类。

1. 从电信业务角度划分

2013 年 5 月，根据《中华人民共和国电信条例》，工业和信息化部提出《电信业务分类目录（2013版）》（征求意见稿），对电信业务分类进行了修订。这次修订的目录维持了"基础电信业务"和"增值电信业务"两大类的划分框架，对两部分中所含具体业务的分类进行了调整。主要修订内容集中在三网融合、云计算、网络分发服务及信息服务等环节。我国电信业务分为基础电信业务和增值电信业务。基础电信业务是指提供公共网络基础设施、公共数据传送和基本话音通信服务的业务；增值电信业务指利用公共网络基础设施提供的电信与信息服务业务。这两类业务又分别分为第一类业务和第二类业务。

（1）第一类基础电信业务。它包括：固定通信业务、蜂窝移动通信业务、第一类卫星通信业务、第一类数据通信业务和 IP 电话业务 5 类。

（2）第二类基础电信业务。它包括：集群通信业务、第二类卫星通信业务、第二类数据通信业务、网络接入设施服务业务、国内通信设施服务业务、网络托管业务和转售的基础电信业务 7 类。

（3）第一类增值电信业务。它包括：互联网数据中心业务、互联网资源协作服务业务、内容分发网络业务、国内互联网虚拟专用网业务、互联网接入服务业务 5 类。

（4）第二类增值电信业务。它包括：在线数据处理与交易处理业务、国内多方通信服务业务、存储转发类业务、呼叫中心业务、信息服务业务及编码和规程转换 6 类。

2．从客户角度划分

按照客户的身份属性，可以将客户分为政企客户和公众客户，因此，通信市场可分为政企客户市场和公众客户市场。

（1）政企客户市场是由政企客户形成的消费群体。政企客户是指企业、政府机关、事业单位等组织单位客户。

政企客户市场的通信消费需求具有需求种类多、数量大、使用频繁、需求缺乏弹性、对通信新业务潜在需求大等特点，政企客户市场是电信运营商市场竞争最激烈的领域。

（2）公众客户市场（家庭客户市场、个人客户市场），是以个人和家庭为单位的消费群体。可以进一步细分为家庭客户市场和个人客户市场。家庭客户市场是以家庭为单位的消费群体，如固定电话、宽带服务、数字家庭等就是针对家庭用户而推出的电信业务。

公众客户市场需求具有多样性、层次性、发展性、消费引导性、产品替代性强等特点。

[案例 1-2]

GE 大力推动"工业互联网"

"工业互联网"是一个与"消费互联网"相对应的概念，如果消费互联网可以简单理解为把手机等移动终端连上家用电器、汽车、计算机的话，工业互联网就是把机器设备装上传感器，将收集到的数据传输到云计算平台，计算分析之后产生的"智慧数据"便能实现设备与人的"交互"。

GE 公司（General Electric Company，通用电气公司）将工业互联网定义为：智慧的机器，加上分析的功能和移动性。GE 计划未来三年在工业互联网上投入 15 亿美元，GE 测算，如果工业互联网如同消费互联网那样得到充分应用，从现在到 2030 年，工业互联网将可能为中国经济带来累计 3 万亿美元的 GDP 增量。

工业互联网带来的直接好处有 2 个：降低设备故障的概率和时间；实现资产管理优化，让设备能够在能耗最低、性能最佳的状态中工作。

海南航空股份有限公司是工业互联网的早期践行者之一。2009 年，该公司对飞机进行了资产数据管理，以节省燃耗和降低碳排放。通过机器互联，数据收集系统一天就能够收集 6 000 万条数据，利用软件分析数据后改进系统，使该公司在 2012 年比 2011 年节省了 1.1%的燃油使用量，即 3.1 万吨燃油，折合人民币 2 亿多元，同时碳排放减少 9.7 万吨。

趣味讨论：工业互联网为电信运营商拓展了哪些市场空间？

1.3.4　我国通信市场的改革与发展

通信市场是具有特殊运行规律的市场，通信产业的规模经济性、范围经济性、全程全网性等特点，决定了通信产业的自然垄断性以及通信市场竞争的有限性。从全球范围看，各国早期的电信市场基本都是垄断性的市场，但随着通信技术进步，形成通信行业垄断性的原有技术的经济基础部分地发生了变化。从 20 世纪 80 年代开始，各国纷纷开始了通信市场的自由化改革，破除垄断、引入竞争、放松管制、开放市场是改革的基本内容。我国电信市场的改革从 1994 年中国联合通信有限公司成立起正式拉开帷幕。

1．我国通信市场的改革历程

贯穿我国电信市场改革的主线有两条：一是电信管理体制的改革，改革目标是实现政企分开；

二是电信市场开放、市场结构重塑的改革，改革目标是由垄断性市场向竞争性市场转化。

从电信管理体制改革的线索看，改革前，通信行业由邮电部直接垄断经营，1998 年 3 月，我国国务院部委改组，撤销原邮电部成立信息产业部，通信行业实行政企分开、邮政和电信分营。2004 年初，几大运营商由国务院国有资产监督管理委员会（简称国资委）统管，信息产业部不再承担国有资产保值增值任务，成为单一的监管者。至此，通信行业政企分开的改革目标基本实现。

从电信市场开放、电信市场结构重塑的线索看，从 1993 年向社会开放部分电信增值业务开始，中国电信市场经过了不断的分拆、重组，到 2008 年最后一轮重组结束，中国电信运营市场形成了中国移动、中国电信、中国联通三骨干运营商全业务竞争的局面。中国电信市场的分拆历程如图 1-3 所示。

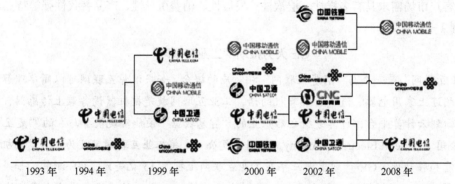

| 1993 年 | 1994 年 | 1999 年 | 2000 年 | 2002 年 | 2008 年 |

图 1-3　我国电信市场企业分拆重组历程

1993 年 8 月 3 日，国务院发布《国务院批转邮电部关于进一步加强电信业务市场管理意见的通知》（国发[1993]55 号），向社会开放经营无线寻呼、800 MHz 集群电话、450 MHz 无线移动通信、国内 VSAT（Very Small Aperture Terminal，甚小孔径终端）通信、电话信息服务等 9 项电信业务，标志着中国通信业务市场开始孕育并逐渐形成。

1994 年 7 月 19 日，联通公司正式成立，获准经营基础通信业务，改变了中国电信是中国唯一基础电信运营商的历史，中国电信市场出现了较长时期的双寡头竞争局面。但新成立的联通公司实力弱小，基本不能撼动中国电信的垄断地位。

1998 年 4 月，原信息产业部下发《邮电分营工作指导意见》，邮政和电信分营。1999 年 2 月，信息产业部决定对中国电信拆分重组，将中国电信的寻呼、卫星和移动业务剥离出去。原中国电信拆分成新的中国电信、中国移动和中国卫星通信公司 3 个公司，寻呼业务并入联通公司，形成了 4 家运营商相互竞争的局面。

从 2000 年开始，为强化竞争，政府给中国网通公司、中国吉通公司和中国铁通公司颁发了电信运营许可证。此时国内电信市场共有中国电信、中国移动、中国联通、中国网通、中国吉通、中国铁通和中国卫星通信 7 家电信运营商，初步形成电信市场分层竞争格局。但由于分层市场上垄断力量依然较强，新运营商进入时间短，电信业的有效竞争局面仍未形成。

2002 年 5 月 16 日，中国电信南北分拆方案确定，新中国电信集团和中国网通集团挂牌，经过分拆和重组，形成了中国电信、中国网通、中国移动、中国联通、中国铁通、中国卫星通信 6 家骨干运营商并存的格局。

2008 年 5 月 24 日，工业和信息化部、国家发展和改革委员会、财政部三部委发布《关于深化电信体制改革的通告》，提出了中国电信收购中国联通 CDMA 网，中国联通与中国网通合并，中国卫通的基础电信业务并入中国电信，中国铁通并入中国移动的"六合三"重组方案。中国电信市场形成了目前的中国移动、中国电信和中国联通三家骨干运营商竞争的格局。

2010 年以来，三网融合快速推进，随着移动互联网的飞速发展，通信市场进入新的多元化产业融合发展时期。2013 年 5 月 17 日，工业和信息化部出台《移动通信转售业务试点方案》，2013 年 12 月 26 日，工业和信息化部向 11 家民营企业发放了首批虚拟运营商牌照，虚拟运营商的引入是中国通信市场改革的最新成果。

2. 我国通信市场的发展现状

（1）总量与收入。从 2001 年到 2014 年，我国电信业务收入从 3 719 亿元增加到 11 541 亿元，近 5 年全国电信业务总量与业务收入增长情况如图 1-4 所示。2014 年，全国电信业务总量完成 18 149.5 亿元，同比增长 16.1%。移动通信业务实现收入 8 599.4 亿元，占电信业务收入的比例为 74.5%，其中移动数据及互联网业务收入完成 2 707.2 亿元，在电信业务收入中占比达到 23.5%。固定通信业务实现收入 2 941.7 亿元，其中固定数据及互联网业务收入完成 1 524.7 亿元。

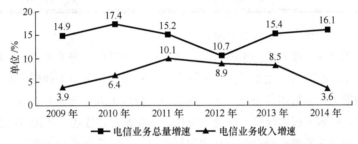

图 1-4　2009—2014 年电信业务总量与业务收入增长速度

（2）用户规模。2014 年，全国电话用户总数达到 15.36 亿户，其中，移动电话用户总数达 12.86 亿户，移动电话用户普及率达 94.5 部/百人，固定电话用户总数 2.49 亿户，普及率下降至 18.3 部/百人。

（3）移动互联网。2014 年，移动互联网接入流量消费达 20.62 亿 GB，同比增长 62.9%。月户均移动互联网接入流量达到 205 MB，同比增长 47.1%。手机上网流量达到 17.91 亿 GB，同比增长 95.1%，在移动互联网总流量中的比例达到 86.8%，成为推动移动互联网流量高速增长的主要因素。固定互联网使用量同期保持较快增长，固定宽带接入时长达 41.44 万亿分钟，同比增长 29.6%。

1.4 通信市场服务营销

通信行业是典型的服务行业，通信市场营销实际就是通信服务营销。

1.4.1 通信市场营销的含义

通信市场营销是通信企业根据市场需求创造和提供使顾客满意的通信信息产品和服务，使顾客获得通信效用的同时，实现通信企业经营目标的一切经营活动。

通信企业的生产过程与用户的消费过程统一,与业务收入的形成过程统一,因此,通信企业的服务工作贯穿于通信企业的整个生产过程,贯穿于通信企业的整个收入形成过程。

1.4.2 服务营销

1. 服务的含义与特征

服务是以无形的方式,在顾客与服务人员、有形资源产品或服务系统之间发生的,可以解决顾客问题的一种或一系列行为。有形产品和无形服务的区别如表 1-2 所示。

表 1-2 产品和服务的比较

项 目	产 品	服 务
特征对比	实体,有形	非实体,无形
	标准化	差异性
	生产、分销与消费分离	生产、分销与消费同时
	可储存	不可储存
	有所有权转让	无所有权转让

服务的基本特征可概括为如下 5 个方面。

(1)无形性。无形性是服务最基本的特征。服务是行为过程,是非实体的、抽象的。首先,服务的很多元素看不见,摸不着,无形无质;其次,顾客在获得服务前不能感觉到服务,不能肯定他能够得到什么样的服务,多数服务很难描述,购买决策依赖他人的意见和态度,以及自己的购买经验;服务评价主观,顾客一般用经验、感受、信任、安全等语言描述,评价方法抽象。

(2)差异性。服务不能像有形产品那样实现标准化,每次服务带给顾客的效用、顾客感知的服务质量存在差异。其原因有三个方面:一是服务人员的原因,如心理状态、服务技能、努力程度等不同,即使同一服务人员提供的服务在质量上也有差异;二是顾客的原因,顾客的知识水平、爱好、心理状态等,直接影响服务质量和效果;三是服务人员和顾客间相互作用的原因,每次沟通和互动情况不同,服务质量和服务感知也存在差异。

(3)生产与消费同步性。服务的生产过程与消费过程同时进行,服务人员提供服务的时刻,也是顾客消费服务时刻。因此,服务在出售和消费前无法进行质量控制,服务评价与服务过程中服务人员与顾客的沟通和互动密切相关。

(4)不可储存性。服务不可储存,不能先生产后消费,服务提供者不能通过储存来解决产品供求不平衡的问题。因此,服务产品提供中,时间因素相对重要。

(5)无所有权转移。在服务的生产和消费过程中,不涉及所有权转移问题。因为服务无形,不可储存,交易完成便消失,也就无所有权转移问题。

2. 服务的分类

根据不同的标准,可以对服务进行不同的分类。

(1)依据服务的本质分类。依据服务的本质不同,可将服务分为:① 服务产品,以服务本身来满足目标顾客需求的活动,如电信业、教育产业、医疗卫生、旅游业等;② 服务功能,是产品的延伸性服务,如出售计算机时附带安装、培训等服务,一般又可分为售前服务、售中服务、售后服务。本书通信服务营销研究的重点是服务产品。

（2）依据服务程度分类。依据服务的程度不同，可将服务分为：① 纯粹有形商品；② 伴随服务的有形商品；③ 有形商品与服务的混合；④ 伴随小物品的服务；⑤ 纯粹服务。

（3）依据顾客在服务中参与程度的高低分类。依据顾客在服务中参与程度的不同，可将服务分为：① 高接触性服务，顾客参与全部或大部分服务过程，如电影院、学校、公共交通服务等；② 中接触性服务，顾客在一段时间里参与服务过程，如银行、律师事务所服务等；③ 低接触性服务，顾客与服务的提供者不直接接触，仅通过仪器设备传递服务，如通信行业、信息中心服务等。顾客参与程度越高，对服务的需求差异越大。

（4）依据传递服务的方法分类。依据传递服务的方法不同，可将服务分为：① 顾客到服务组织处，如剧院、理发店、公共汽车、餐馆等；② 服务组织到顾客处，如草地保养、出租车、邮递等；③ 服务组织与顾客远距离交易，如电信公司、信用卡公司、广播、公司、电视台等。

（5）依据服务组织与顾客的关系分类。依据服务组织与顾客的关系不同，可将服务分为：① 持续的服务，如本地电话、保险、有线电视用户、银行等；② 分散的交易，如国际长途电话、月票旅行、保修期内的修理等。

（6）其他分类。依据服务基础可以分为以人为基础的服务和以设备为基础的服务。依据服务时顾客是否在场可分为需要顾客在场的服务和不需要顾客在场的服务。依据服务对象的身份属性，可以分为满足个人需要的服务和满足企业需要的服务。

3．服务业及其分类

服务业是指以提供服务产品为主的部门和企业。服务业有广义和狭义之分，狭义的服务业指生活服务业，如商业、饮食、修理、家庭服务等；广义的服务业指整个第三产业，是为生产和生活提供服务的所有行业。

我国国家统计局将第三产业（服务业）划分为 4 个层次，如表 1-3 所示。

表 1-3　1985 年我国服务业的分类简表

产 业 层 次	所 含 行 业
第一层次　流通部门	交通运输业、邮电通信业、商业饮食业、物资代销与仓储业
第二层次　为生产、生活服务的部门	金融业、保险业、地质普查业、房地产业、公用事业、居民服务业、旅游业、咨询信息服务业、各类技术服务业
第三层次　为提高科学文化素质服务的部门	教育、文化、广播、电视、科研、卫生、体育、社会福利
第四层次　为社会公共需要服务的部门	国家机关、党政机关、社会团体、军队、警察

世界贸易组织在乌拉圭回合谈判中最终签署了《服务贸易总协定》，将服务业划分为 12 个大类、53 个中类和 151 个小类。

[课外作业]

世界贸易组织对服务业的类别是怎么划分的？

4．服务营销

从服务的本质看，服务分为服务产品和顾客服务两类，因此，服务营销也分为两大领域：服务产品营销和顾客服务营销。

服务产品营销是企业为促进服务的交换而进行的一系列活动；顾客服务营销是研究企业如何利用服务工具促进有形产品的交换。无论哪种服务营销，其核心都是通过获得顾客满意和忠诚来促进互利的交换，以实现营销绩效的改善和企业的长期成长。

5．服务营销的特点

服务营销的特点由服务的特点派生而来，各服务特点的营销含义如下。

（1）无形性的营销含义：① 服务不能依法申请专利，新的服务概念可轻易被竞争对手模仿；② 服务不容易向顾客展示或轻易地沟通交流，因此，顾客难以评估其质量；③ 服务定价复杂，"一个单位的服务"成本难以确定。

（2）差异性的营销含义：① 服务的提供与顾客满意取决于员工的行动；② 服务质量取决于许多不可控制的因素；③ 无法确知提供的服务是否与计划或宣传相符合。

（3）生产和消费同步的营销含义：① 很难大规模生产，有可能提供定制化服务；② 服务质量和顾客满意度很大程度上依赖于"真实瞬间"发生的情况，包括员工的行为、员工与顾客的互动；③ 顾客影响服务交易结果，顾客之间也相互影响。

（4）不可储存性的营销含义：① 服务的供应和需求难以同步，很难管理需求的波动，因此，为充分利用生产能力而进行需求预测并制定有创造性的计划成为重要决策任务；② 服务不能退货或转售，因此，要尽量防止差错出现，并需要制定有力的服务补救战略。

6．服务营销组合

营销组合也称营销策略组合，指企业或机构可以控制的能够使顾客满意或与顾客沟通的若干营销策略。传统的 4P 组合是美国营销学学者麦卡锡教授在 20 世纪 60 年代提出的，包括产品（Product）、价格（Price）、渠道（Place）和促销（Promotion）。该理论认为，一次成功和完整的市场营销活动，意味着以适当的产品、合适的价格、顺畅的渠道和有效的传播促销推广手段，将适当的产品和服务投放到特定市场的行为。

在服务业营销中，由于服务的特殊性，使营销组合扩展为 7P 组合：增加了人员（People），物质环境（Physical Environment）或有形展示和过程（Process）三个要素。

（1）人员：指参与服务提供并因此影响购买者感觉的全体人员，即企业员工、顾客以及处于服务环境中的其他顾客。服务的生产和消费同时发生，使企业员工直接与顾客接触，因此，员工、顾客以及其他顾客都会影响顾客对服务的感知和服务质量。

（2）物质环境：指服务提供的环境、企业与顾客相互接触的场所，以及任何便于服务履行和沟通的有形要素。服务的无形性使顾客常常寻找有形线索来理解服务。

（3）过程：指服务提供的实际程序、机制和作业流，即服务的提供和运作系统。规范的服务过程是服务质量的保证，同时，顾客体验到实际的提供步骤或服务的运作流程是顾客判断服务质量的依据。

1.4.3 通信市场服务营销

1．通信服务的特点

通信类企业提供的通信信息或业务就是通信信息服务，因此，通信产品或通信业务也称为通信服务。通信服务具有一般服务共有的特征，也有其特殊的方面，主要有以下几方面。

（1）通信服务具有无形性。通信企业提供通信服务时，需要借助或使用一定的实物，但这些实物不是通信服务的核心，通信服务的核心是为客户提供信息传递服务，本质上是无形的，顾客难以做出客观的感知、判断和选择。

（2）人是通信服务的一部分。通信服务的两端即受动者（顾客）、施动者（通信服务递送系统）均包含人，通信服务过程是顾客与通信服务提供者间广泛接触的过程。通信服务者的素质、能力、训练水平和顾客的修养、情绪、期望、行为都与通信服务绩效、通信服务质量相关。

（3）通信服务生产消费同时发生，顾客参与通信运行过程。通信服务的过程作用于顾客，满足顾客传递信息的需求，顾客对通信服务的理解、期望和支持直接影响到通信服务质量。

（4）通信服务无法储存。通信服务所需要的生产设备、耗用实物和劳动力是以实物形式存在的，但这只是通信服务的生产能力而非生产本身。通信服务的无形性和生产消费的不可分割性决定了通信服务无法储存。

（5）通信服务质量难以控制。人是通信服务的一部分，通信服务的施动者和受动者的观念、行为及互动都会对通信服务质量产生影响。人的加入使通信服务质量难以度量，通信服务中的缺点和不足也难以发现和改进。

（6）通信服务强调时间因素的重要性。在通信服务中，顾客需求需要得到准确及时的回应。通信服务中，对需求回应的及时性远大于实体产品。通信服务如果不够快速及时，增加了顾客等候通信服务的时间，会引起顾客强烈的不满，甚至会对通信质量产生怀疑。

（7）通信服务的"二次性"。通信服务的使用离不开提供服务的具体设备，为获得通信服务，顾客不仅需要通信企业提供公用的通信设备，还需要拥有自有的通信设备。通信第一次服务是服务协议的形成以及通信设备等硬件的安装和维修，顾客在一次服务中购得通信设备的独占性使用权以及通信服务长期使用的可靠性；第二次服务是通信服务，顾客在二次服务中购得的是通信服务的核心利益，即传递信息的服务。通信市场营销需要对一次服务和二次服务开发并重。

2．通信市场服务营销的内涵

通信市场服务营销包括服务产品的营销和顾客服务的营销。在通信服务产品的营销中，在进行战略层面的 STP（Segmentation，Targeting，Positioning）营销的基础上，营销策略层面注重 7P 原则的灵活运用。在通信顾客服务营销中，关注如何通过服务提升客户价值，促进顾客购买，提高客户的满意度和忠诚度。

[案例 1-3]

移动互联网时代的微营销

1．微营销的内涵

微营销是以移动互联网为主要沟通平台，通过微博、微信、二维码等应用，配合传统网络媒体和大众媒体，通过有策略、可管理、持续性的线上线下沟通，建立和转化、强化顾客关系，实现客户价值的一系列过程。其内涵体现在以下方面。

（1）简约时代精美营销

140 字的微博限制字数，要求企业必须简洁明了、简约清晰、简单易懂地制定营销传播内容。不须大手笔、大篇幅、大耗费，小小篇幅就要抓住客户的眼球，微营销不仅微在指尖，更微在内容，"小而美"是微营销的特点。

（2）信息爆炸时代兴趣营销

互联网带来了信息大爆炸，广告无处不在，信息无孔不入。要想使企业信息在庞杂的信息中不被淹没，就要求企业忘掉自己的立场，贴心感受消费者的需求，从消费者的兴趣点出发传播信息，不一味单纯地推送广告，做到不以推广为目的的推广，不以营销为目的的营销。

（3）大数据时代精准营销

从用户在微博、微信的分享或者发表内容，能发掘具有价值的数据，从而分析用户的消费喜好、购买能力、消费习惯、地理位置等信息。运用用户的地理数据、行为数据、人文数据，实现精准的定位营销，发掘潜在客户。

（4）O2O时代黏性营销

目前微营销主要通过：微博+微信+二维码+企业微商城进行运营，通过这些平台和工具进行线上与线下的融合，将线下客户导流至线上粉丝，将线上粉丝引导至线下消费。O2O布局重在线上线下一体化连接，实现线上与客户互动引导线下消费。

2. 微营销的特点

（1）以依托社交应用展开的客户关系管理为核心

微营销的主要战场是微博、微信等社交应用，客户关系管理是微营销成功的关键。社交网络为企业创造了与客户交流的良好平台，在这些社交网络中企业每时每刻都处在营销状态、与消费者的互动状态。企业可以与客户平等交流，随时监测舆论动向，了解客户反馈意见，分析客户潜在需求。

（2）传播快，快速建立品牌口碑

微博上的粉丝转发、微信中的关注者推送分享，使得企业营销信息可以在短时间内大量覆盖，指尖轻触一秒即可将消息分享到自己的社交圈，得到一位客户对企业来说就意味着得到了客户所在社交圈的一群客户。微营销将口口相传发挥到了极致。

（3）群体广，易精确瞄准客户

微博、微信的庞大用户群给予了企业发掘潜在客户的无限可能，通过一对一关注，每个推送信息只有互相关注的对方才可以接收到信息，有助于企业实现点到点、点到面地管理客户，从而有利于实施精准化营销。

（4）成本低，渗透用户碎片化时间

微营销的低成本体现在每一个环节，包括低成本的广告投入、低成本地获得用户信息反馈、低成本的舆论监测、低成本的粉丝集结。无需大手笔的广告投入，一条设计精美的消息推送就可以吸引到众多客户的目光；无需大耗费的市场调研，社交网络客户资料分析即可发掘潜在市场；无需高成本的公关投入，实时监控微博评论即可掌握舆论倾向。

（5）全微营销是趋势

全微营销是各单一微营销的有机整合，涵盖微博、微信、微视、微官网、微商城、微客服、二维码、App等多种新媒体平台，线上线下整合全方位渗透。在这个用指尖感受世界的移动互联时代，微营销无处不在、无孔不入。微营销是营销理念、手段、方式的新革命，是大势所趋的营销革命。谁能顺应时代的召唤，掌握并完美地运用微营销，谁就是下一个营销的赢者。

趣味讨论：移动互联网时代微营销从哪些方面拓展了通信市场营销领域？

1.5 通信市场营销学的研究内容

通信市场营销学是运用市场营销学和服务营销学的基本理论和研究方法，对通信信息企业的市场营销活动进行研究，形成关于通信信息类企业市场营销活动的基本理论体系和框架。学习研究通信市场营销学，有利于总体把握通信信息类企业市场营销活动的内容和特征，更好地理解通信企业市场营销实践，并进一步指导实践活动。通信市场营销学的基本内容如图1-5所示。

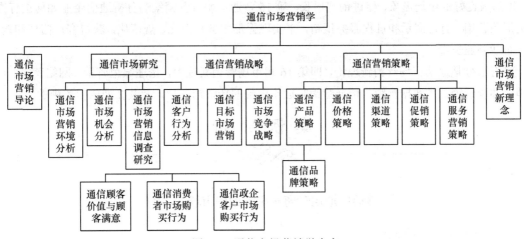

图 1-5　通信市场营销学内容

本书按照图 1-5 所示的框架，将通信市场营销学内容分为五个部分展开论述，具体结构安排如下。

第一部分是导言，即第 1 章通信市场营销学概论介绍市场、市场营销、市场营销观念、服务营销、通信市场营销等相关概念，界定本书的研究对象，介绍全书的内容。

第二部分是通信市场研究，即第 2 章～第 7 章，分两个方面的内容：第 2 章～第 4 章是环境研究，第 5 章～第 7 章是客户研究。第 2 章通信市场营销环境分析通信企业营销活动的宏观环境和微观环境，重点研究近年哪些环境发生了变化和正在变化，推动通信行业的发展和通信企业营销活动的变革。第 3 章市场机会分析研究如何帮助企业识别机会和威胁，采取相应的战略。第 4 章通信市场营销信息系统与市场调研分析通信企业监测环境，了解和研究市场的系统和方法，重点研究通信企业市场营销信息系统的特点。第 5 章通信顾客价值与顾客满意分析通信客户价值识别和提升，以及通信企业客户满意度和客户忠诚度建设问题。第 6 章通信消费者市场的购买行为分析通信市场上个人和家庭客户购买特点和购买行为。第 7 章通信政企客户市场的购买行为分析通信市场上机构客户购买特点和购买行为，重点研究通信企业如何针对政企客户提供针对性服务和与政企客户结成战略联盟关系。

第三部分是通信营销战略，即第 8 章～第 9 章。第 8 章通信目标市场战略通过通信市场细分、目标市场选择和市场定位研究，解决通信企业不同业务为谁服务、提供什么样的服务、服务有什么特色和优势的问题。第 9 章通信市场竞争战略研究在激烈竞争的市场环境下，通信企业如何分析竞争态势，采取什么样的竞争战略，以保持竞争优势。

第四部分是通信营销策略，即 10 章～第 15 章，论述通信企业具体的 7P 服务营销策略。第 10 章通信产品策略分析通信产品特征、产品组合、产品生命周期、新产品开发等相关内容，重点研究通信企业产品和业务设计及新业务的推出。第 11 章通信品牌策略分析通信企业品牌战略和品牌策略、品牌塑造和品牌维护相关问题。该章内容是第 10 章内容的延伸，之所以对品牌进行专门研究，是因为品牌竞争越来越成为通信企业差异化营销的重要手段。第 12 章通信价格策略分析通信企业资费的确定方法和形成过程，重点研究通信企业如何通过资费策略获取竞争优势。第 13 章通信分销渠道策略分析通信企业如何建立分销渠道，如何进行分销渠道的管控，如何与渠道成员形成良好的合作关系以完成渠道递送服务的任务。第 14 章通信促销策略分析通信企业如何进行营销沟通和市场推广，以形成良好的市场形象，促进销售增长。第 15 章通信服务营销策略分析通信企业如何进行通信人员形象营销、有形展示和过程服务策略，来实现无形服务有形化、规范化，获得客户信任和购买，实现企业基业长青。

第五部分是通信市场营销新理论，即第 16 章市场营销新理念，论述绿色营销、网络营销、口碑营销、体验营销、大数据营销、精准营销等近年出现的新营销理念，及其在通信营销中的应用。

案例分析

移动虚拟运营商对中国通信市场的影响

1. 移动虚拟运营商的含义

移动虚拟运营商（Mobile Virtual Network Operator，MVNO）是指租用了基础运营商网络，经营语音、短信、流量等移动通信业务的企业。虚拟运营商通过整合自身能力，如技术能力、设备供应能力、市场能力等，通过自己的计费系统、客服号、营销和管理体系为用户提供差异化的基于自身品牌的通信产品和服务。

移动虚拟运营商服务包括将短信、话音、流量等重新组合为更灵活的套餐，销售给用户；可拥有企业专利标志（如手机屏幕上显示移动虚拟运营商的品牌）、发售 SIM 卡（全国通用号码）；可开发内部平台，发展增值服务，如语音邮件、短信业务等。

2. 中国移动虚拟运营商发展情况

移动虚拟运营商的引入，是中国电信产业进一步改革开放的结果。2012 年 6 月 28 日，国家工业和信息化部（简称工信部）发布了《关于鼓励和引导民间资本进一步进入电信业的实施意见》，明确了民营资本进入的八大领域。2013 年 5 月 17 日，工信部出台《移动通信转售业务试点方案》，三大基础电信运营商必须在 2 年内与 2 家以上转售企业合作。

2013 年 12 月 26 日，工信部向 11 家民营企业发放了首批虚拟运营商牌照。截至 2015 年 2 月，工信部先后 5 次共向 42 家公司发放了虚拟运营商牌照。"170"号段为虚拟运营商专属号段，"170"号段的 11 位手机号前四位用来区分基础运营商，其中"1700"为电信，"1705"为移动，"1709"为联通，虚拟运营商的客服也从 10020 到 10039 延续了基础运营商的客服号码规律。

3. 移动虚拟运营商的类型

按照经营模式进行分类，国外虚拟运营商主要分为以下四类。

（1）客户型。通过与运营商合作批发话音和流量为客户提供相对低价的通信产品。典型代表是英国的 Lebara，通过对外籍人士和移民群体等特定目标客户群的拓展，Lebara 已经成为欧洲移民细分市场的第一品牌。

（2）渠道型。合作模式与客户型类似，也是通过批发话音和流量提供给客户，不同的是，这类移动转售商是通过自身的渠道优势来拓展业务。典型代表是英国的 TESCO，拥有近 8000 家门店的 TESCO 针对会员提供基础通信业务，目前已发展 200 万用户，约占 O2 所有用户的 10%。

（3）品牌型。合作模式通常是与运营商创办合资公司，树立特有的品牌抢占特定目标市场。典型代表是美国的 Virgin，通过与 Sprint 合资创办公司，Virgin 针对 15～30 岁的年轻客户群建立了强大的品牌优势，整合各种集团资源，为用户提供会员制服务。目前，Virgin 已经拥有 510 万用户，约占 Sprint 所有用户的 10%。

（4）内容型。通过与运营商在特定内容方面合作，为用户提供内容服务。典型代表是法国电视六台（TV6，亦称 M6）与电信运营商 Orange 的合作，M6 运营了 8 个电视频道，依托其手机电视内容资源推广定制手机，内置了 7 个 TV 频道，目前约有 150 万用户，占 Orange 总用户的 6%。

按照企业的业务领域进行分类，国内的移动虚拟运营商主要有以下类型。

（1）渠道类。该类包括苏宁、国美、迪信通、天音、乐语、话机世界、爱施德等。他们在通信销售领域经营多年，与运营商有着深厚的合作关系以及丰富的用户基础，其现有的业务资源与虚拟运营商的要求也最为匹配，近水楼台。他们动作最快，其中乐语打响了第一枪。

（2）互联网服务类。以百度、360 为代表的互联网服务商利用互联网产品开发和运营经验，对年轻客户及网民群体开展营销，主打创新产品牌。

（3）电商类。以京东、国美、苏宁、万网（阿里）为代表的电商类虚拟运营商利用自身丰富的渠道和营销经验，向用户推出终端+套餐+自有业务捆绑，资费特点为大流量、低资费、低套餐门槛、定向流量免费、免接听费等。

（4）终端类。以小米、联想、富士康等为代表的终端硬件厂商利用深度定制的终端产品对用户进行业务捆绑。这些智能终端厂商正试图转型，从单纯提供硬件向软硬一体转变。

（5）集团行业应用类。以北京华翔联信、分享通信、中麦通信、三五互联为代表，该类虚拟运营商可利用自身在行业应用上的开发和运营经验，针对集团客户及成员等目标用户群体进行业务捆绑。

（6）增值服务商类。以北纬通信、苏州蜗牛、远特通信、朗玛信息为代表，该类虚拟运营商通过转售手机视频、手机游戏等自身业务，针对年轻用户、手游用户等特定目标用户群体进行营销。

（7）其他类。金融类企业（如民生银行、中期集团）参与，意在移动支付和移动金融，如何提供便利的基于移动设备的支付和金融服务是其着眼点。固网宽带类虚拟运营商利用自身在固网业务运营方面的经验，对家庭市场开展全业务运营。海南航空公司等服务类企业参与是要利用自身产品能力推出特定的会员制服务，以期强化自身市场竞争力。

4. 移动虚拟运营商时代的中国电信市场

（1）推动通信市场繁荣。基础运营商与虚拟运营商处于产业链的不同环节，虚拟运营商业务的发展是通信产业分工细化的标志。传统的电信运营企业为保持核心的市场竞争力，同时保持低成本、高效率的运营状态，将重点集中于其最为擅长的核心网络的建设与维护，对于大量的增值业务和功能化业务则将转售给更加专业的企业，合作开展业务运营。

虚拟运营商没有网络，通过对基础运营商网络的租赁和使用为客户提供服务，虚拟运营商将更多的精力投入到新业务的开发、运营、推广、销售等领域，这样就可以为用户提供更为专业的服务。

但虚拟运营商要开展大规模运营，不仅需要资金、人才、资源的积累，还面临运营工作规范化、流程化、完善计费、客服系统等问题，因此，在短期内，我国虚拟运营商只能是进入补缺市场，难以撼动基础运营商在销售市场中的主导地位。

（2）用户有了更多的选择。虚拟运营商擅长开发细分市场，在不触动原有运营商利益的前提下，突出差异化，为用户提供多样化服务，有效拓宽了用户选择的范围，用户甚至能够获得更多"免费"的服务。如专注手机游戏的苏州蜗牛，可以让它的用户玩自己的手机游戏免流量，以获取更多的用户数，然后通过广告等其他业务创收贴补免费的流量成本。这种"游戏+手机+流量"的经营方式就是对传统收费模式的颠覆。又如阿里巴巴成为虚拟运营商后，可以让使用其手机号段的用户玩"来往"，流量完全免费。

（3）对基础运营商的双重作用。对于三大基础运营商而言，一方面，虚拟运营商进入通信市场，为通信市场注入新鲜活力，能够共同将市场蛋糕"做大"，从而充分利用基础运营商已建成的庞大的网络资源，扩大其运营基础；同时，通过与自己合作的虚拟运营商共同开拓市场，在激烈竞争中，获得更大的市场份额。另一方面，虚拟运营商的到来可能分食已有的市场"蛋糕"，成为其竞争对手，对其盈利水平、收入和用户保有量都形成一定的威胁；虚拟运营商进场加速了运营商管道化的趋势。

处于不同市场地位的运营商将采取不同策略与虚拟运营商开展合作。弱势运营商希望借机重塑市场格局，提升市场份额，将采取相对开放积极的策略，主动寻求与 MVNO 的合作；强势运营商则希望借助虚拟运营商弥补自身短板，拓展细分市场，常采取稳妥推进的策略，在确保市场稳定的前提下开展业务合作。

（4）拓展产业链相关方的发展空间。通信市场的开放能推动 IT 市场规模的增大，虚拟运营商的计费系统、营账系统、客服系统和信息安全系统的开发将为 IT 企业带来相当可观的增量市场。同时，配套的人员、服务机构也将赢来一片蓝海。对手机制造商而言，也可以通过虚拟运营商来获得新的销售渠道和营销模式。

分析点评：

（1）创新制胜。虚拟运营商需为用户提供差异化的服务实现盈利，因此，创新是竞争制胜的关键。不同类型的虚拟运营商通过创造差异化优势获得市场空间。如天音通信表示，在语音上不打折，但是会在流量上与移动互联网的业务相捆绑，以此来实现营销创新。

（2）"鲶鱼效应"。2013 年国家决定引入民营资本从事移动通信转售业务，这一举措被认为是向"电信市场"输入活力的重要途径，虚拟运营商对通信市场的影响被赋予更多的期许。

虚拟运营商也的确为通信市场带来"鲶鱼效应"。虚拟运营商力争不打价格战，但服务创新本身也冲击了原有通信市场的服务标准。以蜗牛移动、阿里通信、京东为代表的一批企业先后推出了特色通信服务，直击电信市场消费"老大难"。比如，蜗牛移动推出"免卡"概念，资费更低且流量不清零；阿里通信实现了话音部分和流量部分灵活转换；爱施德推出定制化套餐服务；巴士在线公交乘客转变为可获得车载免费 Wi-Fi 的用户，成了基于"免费"的"创新模式"等。虚拟运营商在通信市场的"鲶鱼效应"渐渐显现，三大运营商纷纷降低身段提升服务。如中国移动多次调降 4G 资费，并将套餐"定制权"还给消费者；中国联通启动了 3G/4G 一体化套餐，套餐可任意组合；中国电信尝试推出极具"互联网影子"的 iFree 卡，抢占用户。

思 考 题

1. 什么是市场营销？市场营销的核心概念有哪些？
2. 论述市场营销观念的发展和演变。
3. 什么是通信市场？其有哪些特点？
4. 什么是服务？服务有哪些特征？服务的这些特征有什么营销含义？
5. 服务营销 7P 组合的具体内容是什么？
6. 通信市场营销学的基本内容有哪些？

第 2 部分

通信市场研究

第2章 通信市场营销环境

【本章导读】

2.1 市场营销环境概述

2.2 通信市场宏观环境

2.3 通信市场微观环境

2.4 通信企业营销环境评价

企业作为社会经济组织或社会细胞，生存在一定的市场环境之中，企业的营销活动不可能脱离市场环境而单独进行，环境影响和制约着企业的营销活动。而这些来自外界的市场环境条件又是不断变化的，既可能给企业提供新的市场机会，也可能给企业的发展带来某种威胁。因此，市场营销环境对企业的生存和发展具有重要意义。企业必须根据环境的变化与发展趋势，制定并不断调整营销策略，自觉地利用市场机会，防范可能出现的威胁，扬长避短，才能确保在竞争中立于不败之地。

本章主要对市场营销环境，通信市场宏观、微观环境，通信企业营销环境评价方法和内容进行具体介绍。

2.1 市场营销环境概述

2.1.1 市场营销环境的定义

市场营销环境是一个不断完善和发展的概念。在 20 世纪初，西方的企业仅将销售市场作为营销环境；到了 20 世纪 30 年代以后，把政府、工会、竞争者等对企业有利害关系者看作环境因素；进入 20 世纪 60 年代，西方企业家又把自然生态、科学技术、社会文化等作为重要的环境因素；20 世纪 70 年代以来，随着西方国家政府对经济干预力度的加强，西方企业家开始重视对政治、法律环境的研究，环境因素由内向外地扩展，被国外营销学者称为"外界环境化"。20 世纪 80 年代后期至 90年代，企业家们普遍认识到环境对企业生存和发展的重要性，因而将对环境的分析、研究作为企业营销活动最基本的课题。

所谓市场营销环境，是指与企业营销活动有潜在关系的所有外部力量和相关因素的集合，它是影响企业生存和发展的各种外部条件。

2.1.2 市场营销环境的分类

市场营销环境可分为以下几种：

1. 按对企业影响程度不同，可分为直接环境与间接环境

直接环境是指对企业营销活动构成直接影响的因素；而间接环境是指间接作用于企业市场营销

的环境。间接环境一般以直接环境为媒介去影响与制约企业的市场营销活动。

2. 按环境所处空间区域不同，可分为内部环境和外部环境

内部环境是存在于企业内部、影响企业市场营销环境的因素；外部环境是存在于企业以外、影响企业市场营销环境的因素。

3. 按照影响范围大小不同，可分为宏观环境和微观环境

宏观环境是指所有影响企业环境的巨大社会力量，微观环境是指与企业紧密联系、直接影响其营销能力的各种参与者。

2.1.3 研究市场营销环境的意义

研究市场营销环境就是研究企业如何"物竟天择，适者生存"，其意义主要体现在以下几个方面。

1. 市场营销环境是企业市场营销活动的立足点和根本前提

开展营销活动不仅仅是为了更好地满足人们不断增长的物质和文化生活的需要，更是为了使企业获得最好的经济效益、社会效益，以维持生存与发展的需要。而开展营销活动的立足点和根本前提就是要进行市场营销环境分析。只有深入细致地对企业市场营销环境进行调查和分析，才能准确而及时地把握消费者需求，认清企业在所处环境中的优势和劣势，从而扬长避短。

2. 市场营销环境是企业经营决策的基础，是管理层制定科学决策的保证

企业经营决策的前提是市场调查，市场调查的主要内容是要对企业的市场营销环境进行调查、整理分类、研究和分析，并给出初步结论和建议，以供管理层作为制定决策的依据。市场营销环境分析的正确与否直接关系决策的正确性与可操作性，并决定了将来企业经营活动的成败。

3. 研究市场营销环境有助于企业发现和利用市场机会并规避环境威胁

时刻变化的市场环境给企业带来两方面不同性质的影响。一方面可能给某些企业提供新的市场机会，另一方面也可能会带来某种威胁。市场机会是指市场上存在的尚未满足或尚未完全满足的需求，在某种特定的营销环境条件下，企业可以通过一定的营销活动创造效益；而环境威胁是指环境中不利于企业开展营销活动的因素、对企业形成的挑战或对企业的市场地位构成的威胁。由于企业未能及时根据营销环境条件的变化来相应地调整其营销策略，从而导致对企业不利的情况发生。

[案例 2-1]

微 信 营 销

2011 年 1 月 21 日，腾讯公司推出即时通信应用"微信"，支持发送语音短信、视频、图片、文字，可以群聊，成为公司旗下的一款手机通信应用软件（移动 APP）。2013 年 1 月，腾讯官方宣布其用户数已达到 3 亿，目前媒体公开报道的数据是 6.5 亿。

微信营销主要体现在以安卓系统、苹果系统、Windows Phone 8.1 系统的手机或者平板计算机中的移动客户端进行的区域定位营销，商家通过微信公众平台展示商家微官网、微会员、微推送、微支付、微活动、微 CRM、微统计、微库存、微提成、微提醒等，已经形成了一种主流的线上线下微信互动营销方式。

微信营销包括微信平台基础内容搭建、微官网开发、营销功能扩展，另外还有微信会员卡以及针对不同行业（如微餐饮、微外卖、微房产、微汽车、微电商、微婚庆、微酒店、微服务等）的个性化功能开发。

时下流行的微信营销模式主要有以下几种。

模式一：活动式微信——漂流瓶

微信官方可以对漂流瓶的参数进行更改，使合作商家推广的活动在某一时间段内抛出的"漂流瓶"数量增加，普通用户"捞"到的频率也会增加。"漂流瓶"模式可以发送不同的文字内容甚至语音小游戏等，直接运用于营销，可以产生很好的效果。

模式二：互动式推送微信

通过一对一的推送，品牌可以与"粉丝"开展个性化的互动活动，提供更加直接的互动体验。

模式三：陪聊式对话微信

由微信开放平台提供基本的会话功能，让营销人员与用户之间进行交互沟通，陪聊式的对话针对性比较强，企业需要大量的人力成本投入。

模式四：O2O 模式——二维码

在微信中，用户用手机扫描商家的独有二维码，就能获得一张存储于微信中的电子会员卡，可享受商家提供的会员折扣和服务。企业通过设定品牌二维码的方式，用折扣和优惠来吸引用户关注，开启 O2O 营销模式。

模式五：社交分享——第三方应用

应用开发者可通过微信开放接口接入第三方应用，还可以将应用的 LOGO 放入微信附件栏中，让微信用户可方便地在会话中调用第三方应用进行内容选择与分享。

模式六：地理位置推送——LBS

营销人员单击"查看附近的人"后，可以根据自己的地理位置查找到周围的微信用户，然后根据地理位置将相应的促销信息推送给附近用户，进行精准投放。

趣味讨论：从微信营销的兴起可以看出企业的市场营销环境发生了哪些变化？

2.2 通信市场宏观环境

企业的宏观环境是指与所有企业的市场营销活动有联系的环境因素，包括人口、经济、科技、政策和法律、社会文化、自然 6 大因素（见图 2-1）。这些因素涉及领域广泛，从宏观方面对企业的市场营销活动产生影响。

图 2-1　企业宏观环境中的主要因素

2.2.1　人口环境

人口是构成市场的第一因素，市场是由那些有购买欲望同时又具有购买力的人构成的。无论是企业还是行业，无论是基础运营商还是终端设备商或服务提供商，它们都有一个共同的关注对象，即消费者，消费者的总体情况基本决定了目标市场的大小。人口对营销的影响主要体现在以下 3 个方面。

① 人口总量与增长速度。

② 人口的地理分布及地区间的流动。

③ 人口结构，主要包括人口的年龄结构、性别结构、家庭结构和社会结构等。

《2014 年国民经济和社会发展统计公报》数据显示，2014 年年末全国大陆总人口为 13.68 亿。庞大的人口数量为通信市场提供了一个巨大的市场空间，用户规模扩张的驱动是我国通信市场过去数十年来高速发展的主要原因之一。但随着人口增长速度的降低及行业前期的快速发展，以往用户规模急剧扩张的局面将一去不复返，通信企业在营销时需要更多地关注人口结构的变化趋势，充分挖掘各细分市场的潜力，以提高用户平均收入（ARPU 值）为企业营销的目标。

一般而言，年龄分布在 15～64 岁的人口是通信市场用户主体，对于这部分人群，按性别上的差异、受教育的程度、地理分布及年龄结构等各种因素又可以将他们分成许多具有不同需求和偏好的用户群体。通常情况下，男性比女性的通信需求要旺盛，受教育越多、人口越密集、流动性越大的人群对通信服务的需求越大，这些人群也是通信企业竞争的主要群体。

2.2.2 经济环境

经济环境是企业营销活动所面临的外部社会条件，其运行状况及发展趋势会直接或间接地对企业营销活动产生影响。通信市场的经济环境是由那些影响通信产品消费者的购买力和消费方式的各种因素构成的，包括经济发展状况，以及消费者收入、支出、储蓄和信贷水平等。

经济对营销的影响主要体现在以下 3 个方面。

1. 企业的市场营销活动受到一个国家或地区的整体经济发展水平的制约

经济发展水平会影响到国家或地区财政支出中对通信基础设施投资支持的力度，通信企业对基础通信设施的投资属于专属性沉淀投资，必须进行大量投资才能建立起覆盖广阔地域的通信网络，而由消费者的购买力决定的市场容量的大小又直接决定了通信企业是否投资于设备升级和服务升级。

此外，经济发展阶段不同，居民的收入也就不同，客户对产品的需求会有明显的差异，从而对企业的营销活动产生影响。地区经济发展的不平衡对企业的投资方向、目标市场以及营销战略的制定等都会带来巨大的影响。

在经济发展水平较高的地区，居民对移动通信服务的需求较旺盛，需求的差异化特征更为明显，对服务质量的要求也更高，因此，通信企业只有提供多样化的业务及高质量的服务才能打动消费者。而在经济发展水平较低的地区，居民对通信服务的需求较弱，需求主要集中在基础的通信业务上且对价格反应敏感，在这些地区，价格实惠的通信服务更容易获得消费者的青睐。例如，在我国的中东部地区和沿海地区，各种增值业务的推广明显要易于欠发达的西部地区。

2. 消费者的收入水平与支出模式会对企业营销产生一定的影响

（1）消费者收入水平。消费者的收入水平会制约消费者的支出并影响其支出模式，从而影响了市场规模以及产品、服务市场的需求状况。

（2）消费者的支出模式。关于消费者收入变化与消费结构变化之间的关系，西方经济学家通常用恩格尔系数来反映。恩格尔系数是指食品支出总额占个人消费支出总额的比例。这一系数表明，在一定的条件下，当家庭收入增加时，收入中用来购买食物的支出比例会下降，而用于教育、医疗、娱乐、通信等方面的开支则会迅速增加。

3. 消费者储蓄和信贷情况的变化会对企业的营销活动产生一定影响

消费者的购买力会受到储蓄和信贷的直接影响。当收入一定时，储蓄越多，现实消费量就越小，但潜在消费量越大；反之，储蓄越少，现实消费量就越大，潜在消费量越小。

消费者信贷，就是消费者凭信用先取得商品使用权，然后按期归还贷款，以购买商品。这实际上就是消费者提前支取未来的收入，提前消费对当前阶段的购买是一种刺激和扩大。

[课外作业]

请用最近10年的数据对比分析我国城镇居民食品与通信的支出增长情况。

2.2.3 科技环境

科学技术是第一生产力，科技的发展对经济的发展有巨大的影响，不仅会影响企业内部的生产和经营，同时还与其他环境因素互相依赖、互相作用，给企业营销活动带来有利或不利的影响。通信类行业是技术密集型行业，技术进步是推进通信行业发展的主要驱动力，因而会受到技术发展水平的制约。科技环境对通信行业的影响主要表现为以下几个方面：

（1）电信产品的科技含量更高，对用户的知识层次要求升高；

（2）技术贸易的比例增大；

（3）电信产品的技术成本降低，人力服务成本相对增加；

（4）交易方式、流通方式将向更加现代化的方向发展；

（5）对企业的领导结构及人员素质提出更高的要求。

当前，移动通信已经进入了4G时代，4G技术及其巨大的发展空间，成为整个移动通信行业未来的发展趋势。移动通信4G技术提升了宽带分布在网络里的有效性，4G技术独特的非对称数据传输的速度最高可以达到2 Mbit/s。4G技术还包含了宽带无线固定接入、宽带无线局域网接入、移动宽带系统、交互式广播网络，相对于3G技术来说，4G技术的应用功能更齐全，而且还能跨越频带不一样的网络。如可以在固定平台以及不同网络里给广大用户提供业务需求服务，从而突破了时间和地域的限制，给通信企业的发展提供多种可能。

对于用户来说，每次通信技术的升级都可以带来更为廉价的产品以及更多、更好的服务；而对通信设备生产商和通信运营商而言，新技术的产生在提供广阔市场机会的同时，也会带来新的挑战。当行业处于技术更新换代的关口时，那些能顺应消费者的消费趋向、采用新技术的企业会获得迅速发展，而那些坚持采用旧技术的企业则可能会步入衰落的境地。因此，通信企业要时刻关注通信技术环境的发展变化，分析其对企业自身营销活动所产生的具体影响，估计新技术所带来的后果，从中发现市场机会，以利于及时调整自己的营销方案，并以技术进步为契机，不断开发出新的产品或服务，使企业能顺应技术前进的步伐，并在竞争中立于不败之地。

2.2.4 政策和法律环境

这里的政策和法律环境主要指与通信市场营销有关的各种法律法规、方针政策，以及有关的管理机构和社会团体的活动。在政策和法律因素中与通信营销管理关系最为密切的趋势主要有以下几个。

① 与通信企业有关的立法增多。

② 政府机构执法更严。

③ 公众利益团体力量增强。

首先，政府针对通信行业出台的各种政策与法律条款主要是为了加强对通信产业的监管，监管的重点对象是市场上的主体运营公司，加强监管的目的主要是反垄断，以促进有效合理的竞争，在维护各企业利益的同时促进行业的良性发展。虽然与电信市场相对应的《电信法》迟迟未能出台，但是我国仍颁布了各种相关的政策与法律条款来规制通信行业的发展，如《中华人民共和国电信条例》《电信用户申诉处理暂行办法》《电信服务质量监督管理暂行办法》《电信服务标准》等。同时，其他有关维持正常竞争秩序的法律法规，如《反不正当竞争法》《反垄断法》《消费者权益保护法》和《价格法》等，都对通信企业的运营活动有实质性的规范作用。

其次，政府出台各种政策与法律条款是为了维护消费者的合法利益不受侵害。中国消费者协会于 1984 年 12 月经国务院批准成立，在我国许多城市都已成立了消费者协会分会，旨在对商品和服务进行社会监督，保护消费者的合法权益。这些公众利益团体具有很大的影响力，是社会舆论的代表。在近年的"3·15"评比中，电信资费与服务一直是消费者关注与争论的焦点，这也是促进电信运营企业改善服务、降低资费的一个重要推力。因此，电信企业坚持在国家政策与法律下合理发展，不仅维护了企业自身的利益，也能避免陷入与消费者不必要的冲突当中，对于维护企业的良性发展具有重要的意义。

2.2.5 社会文化环境

社会文化是指一个社会的民族特征、价值观念、生活方式、风俗习惯、伦理道德、教育水平、语言文字、社会结构等的总和。它主要由两部分组成：一是全体社会成员所共有的基本核心文化；二是随时间变化和外界因素影响而容易改变的社会次文化或亚文化。

人类在社会中生活，必然会形成某种特定的文化。不同国家、不同地区的人们，不同的社会与文化背景，代表着不同的生活模式，对同一产品可能持有不同的态度，这些直接或间接地影响产品的设计、包装、信息的传递方法、产品被接受的程度、分销和推广措施等。社会文化对通信企业市场营销的影响是多层次、全方位、渗透性的，对所有营销的参与者有着重大的影响，这些影响多半是通过间接的、潜移默化的方式来进行的。对通信企业产生影响的社会文化因素主要有价值观念、教育水平、消费时潮、语言文字等。

[课外作业]

社会文化环境因素是如何对通信企业产生影响的？

2.2.6 自然环境

自然环境涉及营销者需要用作投入要素或者受营销活动影响的自然资源，包括该地区的自然资源、地形地貌和气候条件，这些因素都会不同程度地影响企业的营销活动，有时这种影响对企业的生存和发展起着决定作用。企业应该关注以下 4 种自然因素方面的趋势：① 某些自然资源短缺的影响；② 能源成本的变化；③ 环境的污染与保护；④ 政府对自然资源管理的干预。

对于通信企业而言，自然环境对其营销活动产生的影响较小，主要体现在：① 地形地貌、气候对网络感知度的影响，可能影响产品和服务的质量，因此在架构地区性基站时必须要考虑自然因素的影响；② 资源的变化会对通信设备的价格产生影响，因而对企业的投资及营收有一定影响，但是影响不是很大。

反观通信企业对自然环境及当地生态环境的影响才是需要重点关注的。随着人们安全意识的加强，越来越重视通信过程中电磁辐射所带来的危害，通信企业在维持良好通信服务的同时不得不考虑电磁辐射对当地居民生活及人身健康的影响。因此，电信运营商在架构基站的时候要避免重复建设，尽量减少资源的浪费和电磁辐射所带来的危害。另外，人们环保意识的增强也要求通信企业更多地采用环保材料，这也是通信企业理应履行的社会责任。

[案例 2-2]

工业和信息化部向民营企业发放虚拟运营商牌照

我国移动通信网络经过多年建设，已形成一定的规模，引入虚拟运营企业，有助于开发新业务、带来新用户，进一步提高网络利用率。开放移动转售业务，引入新的竞争者，可以为用户提供更加灵活的服务，满足公众对移动通信个性化、差异化的应用需求。

2013 年 12 月 26 日，工业和信息化部（以下简称工信部）向 11 家民营企业发放了首批虚拟运营商牌照（移动通信转售业务试点批文）。这 11 家企业是：迪信通、巴士在线控股有限公司、天音通信、浙江连连科技、乐语、华翔联信、京东、北纬通信、万网志成、分享在线网络技术、话机世界数码连锁集团。

2014 年 1 月 29 日，工信部向 8 家民营企业发放了第二批虚拟运营商牌照。这 8 家企业是：深圳爱施德、厦门三五互联、苏州蜗牛数字、国美电器、苏宁云商、中期集团、长江时代通信、远特（北京）通信技术有限公司。

2014 年 8 月 25 日，工信部向 6 家民营企业发放了第三批虚拟运营商牌照。这 6 家企业是：贵阳朗玛信息技术股份有限公司、深圳市中兴视通科技有限公司、用友移动通信技术服务有限公司、中邮世纪（北京）通信技术有限公司、北京世纪互联宽带数据中心有限公司、银盛电子支付科技有限公司。

2014 年 11 月 20 日，工信部向 8 家民营企业发放了第四批虚拟运营商牌照。这 8 家企业是：红豆集团有限公司、深圳星美圣典文化传媒集团有限公司、合一信息技术（北京）有限公司、青岛日日顺网络科技有限公司、北京青牛科技有限公司、小米科技有限责任公司、郑州市讯捷贸易有限公司、二六三网络通信股份有限公司。

虚拟运营商从移动、联通、电信三大电信运营商处购买通信服务后，重新包装品牌，增加服务，再销售给用户。它们主要分布在终端销售、互联网服务、软件服务系统三大类行业中，其中，终端销售企业最多，其次是互联网企业。

政府发放虚拟运营商牌照，这一举措体现了政策管制的放松，是推进电信运营体制改革的重要举措。随着移动通信转售业务的开放，意味着原有市场格局将被打破，行业监管也将面临新的挑战。

趣味讨论：工业和信息化部向民营企业发放虚拟运营商牌照给通信市场产业价值链带来了哪些变化？

2.3 通信市场微观环境

微观环境又称特定环境、工作环境。它是指与本企业市场营销活动有密切关系的环境因素，如供应商、营销中介、竞争者、客户、公众等因素（见图 2-2）。微观环境体现了宏观环境因素在某一领域里的综合作用，及其对企业当前和今后的经营活动产生的直接影响。

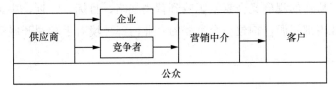

图 2-2　企业微观环境中的主要影响因素

　　微观环境虽然与宏观环境一样，都是企业外部环境因素，都存在着一定的不可控性，但它对企业市场营销的影响比宏观环境更为直接，且对于微观环境中的一些因素，企业经过努力可以不同程度地加以控制。

2.3.1　供应商

　　供应商是指向企业及其竞争者提供生产产品和服务所需资源的企业或个人。供应商所提供的资源主要包括原材料、设备、能源、劳务、资金等。供应商组成了公司整个价值传递系统的重要一环，为公司提供生产商品和服务所必需的资源。供应商所提供资源的价格、质量和供应量将直接影响企业产品的价格、销量和利润。

　　供应商对企业营销活动的影响主要表现在以下 3 个方面：① 供货的稳定性与及时性。② 供货的价格变动。③ 供货的质量水平。

　　移动通信行业的供应商可以分为两大类：通信设备制造商和内容、服务提供商（CP、SP），电信企业在选择供应商的时候要注意以下 3 点。

　　（1）与主供应商建立长期合作的战略关系。主供应商的选择要充分考虑其资信情况，经对比后选择能够提供品质优良、价格合理、交货及时、信用良好的供应商，并在今后的合作中维持长期稳定的战略伙伴关系，保证原料供应。

　　（2）不断拓展更多的供应渠道。电信企业要避免过于依靠某个单一的供应商，以免在遇到突发事件时受制于人；另外，供应商的多样化可以提升自身的谈判能力，有利于采购到更物美价廉的原材料。

　　（3）建立自己的供应渠道。电信企业可以通过战略调整改变自身在价值链中的地位，在资金、人力、管理等条件允许的情况下，可以采取兼并、收购或者后向一体化的整合策略，为本企业的生产经营提供资源，保证货源的供给。

2.3.2　企业

　　企业由财务部门、研究开发部门、采购部门、生产作业部门和营销部门等各种职能部门及高层管理人员组成，这些相互关联的群体构成了一个完整的企业。在设计营销计划时，营销管理人员需要把公司中的其他群体也考虑进来。高层管理人员设定组织使命、目标、主要策略和政策，营销部门需要在高层管理者所制定的战略和计划的范围内做出决定。同时，营销部门必须与其他部门紧密合作，所有的职能部门协调一致才能为客户提供卓越的服务，实现客户价值和顾客满意。

　　对于电信运营商而言，企业的内部结构非常庞杂，不仅部门繁多，而且从企业集团总部到地方营业厅，纵向层级结构较长，沟通的过程必然会变得缓慢。庞杂的结构增加了协调与沟通的难度，而企业内部分工协作的程度又会直接影响到营销战略、目标、计划、决策以及营销方案的实施。因此，整合企业内部资源，构建一个良好的企业内部环境对于顺利开展营销活动具有重要的意义。

2.3.3　竞争者

营销观念认为要取得成功，企业必须比它的竞争者给顾客提供更高的价值和满意度。企业在目标市场进行营销活动时，不可避免地会遇到竞争对手的挑战。竞争对手的营销策略及营销活动的变化会直接影响到企业的营销，例如竞争对手的价格、广告宣传、促销手段的变化、新产品的开发、售前售后服务的加强等都将直接对企业造成威胁，企业必须密切关注竞争者的任何细微变化，并做出相应的对策。

2014 年 3 月 31 日，中国虚拟运营商产业联盟正式在北京成立，包括乐语通信、京东在内的 19 家获批虚拟运营商牌照的企业同台"亮剑"，电信运营商又一劲敌如约而至，市场竞争由此走向网状竞合格局。虽然虚拟运营商与电信运营商在某些业务上是合作伙伴关系，但虚拟运营商却拥有较为灵活的机制和业务定价权力，加之其具有互联网属性，可以进行企业专利品牌注册、发售 SIM 卡等，给电信运营商的发展带来不小的压力。

某些互联网业务也与电信运营商的业务形成了竞争关系，如腾讯的微信与数据业务的竞争，微话与语音业务的竞争，都在一定程度上形成了替代关系。受到微信等 OTT（Over The Top）业务的影响，2014 年春节期间全国短信发送量比 2013 年下降 42%，短信发送量的大幅下降导致电信运营商收入下降，给电信运营商运营收入任务的完成带来极大压力。

2.3.4　营销中介

一般而言，企业的产品要通过营销中介才能到达目标客户。所谓营销中介，是协助企业推广、销售和分配产品给最终消费者的企业和个人。和供应商一样，营销中介是公司整体价值传递系统的一个重要组成部分，具体包括中间商、实体分配公司和金融机构等。

电信服务是一种行为或过程，具有无形性、不可分性和不可储存性，所以从绝对意义上讲，电信运营商只能直接向市场推广自己的服务产品。不过，只采用构建直销渠道网络推广自己的服务产品不仅需要巨大的固定资本投入，还牵扯公司的管理精力，增大了经营风险，同时也不利于市场的拓展。电信运营商构建营销渠道主要有两个途径：一是广泛利用自己投资建设的直销网点以及呼叫中心、因特网等直接营销渠道；二是广泛利用间接渠道，建立销售中介体系，利用中间商来提高服务流通效率，强化服务的市场渗透力。

随着通信市场竞争的加剧，电信运营商应该采取直接渠道和间接渠道相结合的复合渠道策略，为顾客获得服务提供多重渠道，使顾客能按照自己的喜好灵活选择，从而提升顾客的满意度。

2.3.5　公众

公众是指所有对组织达成目标的能力具有实际或潜在的利益关系或影响力的群体和个人。企业在经营活动中必须正确面对和处理与各方面公众的关系，为企业的生存、发展创造"人和"的条件和环境。

电信企业面临的公众主要有以下 7 类。

（1）融资公众指影响企业融资能力的金融机构，如银行、保险公司。

（2）媒体公众主要指报纸、杂志、广播、电视、网络等大众媒体。

（3）政府公众指负责管理通信业务的有关政府机构。

（4）群众团体包括消费者权益组织、环保组织及其他群众团体。

（5）地方公众指电信企业所在地附近的居民和社区组织。

（6）一般公众指上述各公众以外的社会公众。

（7）内部公众指通信企业内部的员工。

对于通信企业而言，政府公众的影响力最大，政府为了维护消费者的权益，会对通信企业的行为进行监督，其颁布的政策及法规具有强制性。随着公众维权意识的提高，媒体公众及消费者自发形成的群众团体也都密切关注着通信企业的市场行为，这些公众利用自身的影响力形成社会舆论，对通信企业的营销活动施加一定的影响。因此，通信企业需要密切与各类公众的联系，时刻关注来自各方面公众的批评和意见，及时对企业自身的纰漏进行修复，努力在公众心目中树立一个良好的形象，这对于顺利开展营销活动大有裨益。

2.3.6　客户

客户是指企业为之服务（提供产品）的目标市场，是企业的服务对象，也是企业市场营销活动的出发点和归宿。通信市场客户群可分为以下 3 个层面。

1. 个人客户市场

个人客户是通信市场目标客户群的核心，由从事各个行业的混杂的个人消费者组成，需求呈现明显的差异化特征。这样一个规模庞大的客户群，有望为电信增值业务提供一个用户量可观的长尾市场。

2. 家庭客户市场

家庭是社会的基本单元，家庭信息化是推动社会信息化的核心内容，是运营商拓展市场的重点突破口。在电信运营商开展全业务运营，而个人客户市场又趋于饱和的情况下，家庭客户群成为了电信运营商争夺的下一个蓝海市场。

3. 集团客户市场

集团客户是指以组织名义与一个公司签署协议，订购并使用该公司通信产品和服务，并在该公司建立起集团客户关系管理的法人单位及所附属的产业活动单位。按照"二八定律"，20%左右的集团客户是对通信运营商贡献最大的群体，这些客户在消费能力、客户集群和收入贡献方面的战略地位日益显现，成为全业务时代运营商竞争的焦点。

[案例 2-3]

电子商务的兴起对传统手机渠道商的影响

电子商务兴起之前，产品与用户之间总是隔着实体渠道这个中间角色。而电子商务兴起之后，产品与用户之间的渠道角色越来越显得多余，这给传统手机渠道商带来了前所未有的挑战。

首先，传统手机渠道网点的逐步冷清、入不敷出等情况接连出现。随着人口红利带来的增长逐步下降，不论是号卡还是终端，其增长过程已经过了暴涨期，增幅持续下降，传统手机渠道商的销量受到比较明显的影响。

其次，电子渠道竞争打击了传统手机渠道。一方面，国内手机厂商不再完全依靠传统手机渠道商来销售，而逐步依靠宣传效果更好、瞬间出货量更大的电商平台，传统手机渠道商在产业链中的角色由中流砥柱衰退为边缘化角色，这直接削减了差价，自然也就侵蚀了其利润空间。因为越来越多的用户，更加习惯、更加依赖于通过网上购物来购买手机及其配套内容甚至业务。另一方面，诸如小米等手机厂商直接自建互联网平台展开营销，在这个链条上，传统手机渠道商是没有位置的。

再次，传统手机渠道商对基础电信运营商的依赖度非常高。在基础电信运营商自身面临着互联网威胁及专注于自身的转型经营时，无法顾及传统手机渠道商的发展，其价值及作用在逐渐弱化。特别是在运营商成本下降的情况下，对传统手机渠道商的补贴也会减少，这自然会影响到其收益，而传统渠道商之间的竞争本身就非常激烈。

趣味讨论： 在移动互联网时代，传统手机渠道商应如何避免被完全替代？

2.4 通信企业营销环境评价

通信企业在开展营销活动时，必须充分了解所处的市场营销环境，把握环境给企业带来的影响。任何企业都面临着营销环境所带来的机会和威胁，它们直接影响着企业的营销活动和结果。因此，通信企业要区别市场机会和环境威胁的种类和特征，并在此基础上评价机会和威胁，采取有效的对策，以求得生存和发展。

2.4.1 市场营销环境的特征

1. 客观性

通信企业总是在特定的社会经济和其他外界环境条件下生存和发展，环境中的某些因素不以营销者意志为转移。例如，我国政府部门针对通信市场制定的相关法律政策、经济技术和社会文化环境的变化等，通信企业必须承认其客观性并采取措施去适应这些环境因素。

2. 动态性

营销环境是企业营销活动的基础和条件，但这并不意味着营销环境是一成不变的、静止的，它同时也是一个动态系统。例如，国民经济水平的不断提高、通信技术的持续发展、消费者心理及偏好的改变等，都处在一个不断变化的过程中。因此，企业的营销活动必须时刻关注营销环境的变化，及时调整自己的营销策略，抓住机会、避免威胁，从而保证企业的持续发展。

3. 不可控性

影响企业市场营销环境的因素来自方方面面，有的因素表现出企业的不可控性。尤其是企业外部宏观环境因素。例如，国家针对通信市场制定的政策和法律、自然生态环境，以及一些社会文化习俗等，企业不可能随意去改变这些环境因素，只能被动地去适应。

4. 可影响性

企业通过对内部环境要素的调整与控制，对外部环境施加一定的影响，最终会促使某些环境要素向预期的方向转化。现代营销学认为，企业经营成败的关键就在于企业能否适应不断变化着的市场营销环境。强调企业对所处环境的适应，并不意味着企业对于环境是无能为力或束手无策的，企业应从积极主动的角度出发，能动地去影响环境。例如电信企业可以通过运用自己的经营资源去影响或者改变消费者的偏好，引导新的消费趋向，以此为企业创造一个更有利的营销环境。

2.4.2　营销环境的评价方法

企业面临着营销环境带来的机会和威胁，需要进一步区别市场机会和环境威胁的种类和特征，并不是所有的环境威胁都有同样的严重性，也不是所有的市场机会都有同样的吸引力。因此，企业要正确地对营销环境做出一个客观的分析评价。

传统的企业市场营销环境分析与评价是一种基于市场营销环境因素的定性分析与评价的方法。该方法把构成企业市场营销环境的诸因素分成有利的机会和不利的威胁两大类，环境因素中给企业带来不利影响的威胁用"威胁—损失矩阵"进行分析（如图 2-3（a）所示），环境因素中可能给企业带来发展的机会用"机会—收益矩阵"进行分析（如图 2-3（b）所示），然后用"机会—威胁矩阵"（如图 2-3（c）所示）确定企业类型并以此为依据实施相应的对策。

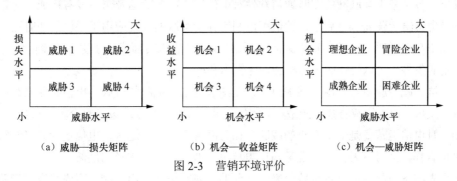

（a）威胁—损失矩阵　　　（b）机会—收益矩阵　　　（c）机会—威胁矩阵
图 2-3　营销环境评价

用上述方法来分析和评价会出现 4 种不同的结果：① 理想企业，即企业处于理想的经营状况，高机会低威胁；② 冒险企业，即企业处于高机会高威胁状态；③ 成熟企业，企业处于成熟状态，低机会低威胁；④ 困难企业，即企业处于低机会高威胁状态。

[课外作业]
如何对市场营销环境进行定量的分析与评价？

2.4.3　企业对待环境的对策

1．利用机会

（1）抢先。一是先，二是快。所谓"先"，是指预先洞察，并分析其变化趋势，以便先发制人；所谓"快"，则强调速度、效率，争取时间。

中国移动在发展 4G 方面，抓住了机会，抢先一步布局 4G。截至 2014 年 8 月底，中国移动已经在全国建设了 40 万个 4G 基站，覆盖 300 多个城市，发展 4G 用户 2 043.7 万户。

（2）创新。要求企业在利用市场机会的同时要大胆创新。近年来，家庭客户市场成为运营商竞争的焦点，但最初的营销策略都是以价格竞争为焦点，通过价格战抢占客户资源，结果却并未带来利润的大幅增长。但如果在语音和数据业务上进行整合，在业务组合上进行创新，同样会吸引家庭客户，以此提升利润增长点，可谓是有创新才会有更大的发展。

（3）应变。市场机会的动态发展性使得企业在利用机会时要主动地思考各种可能的变化以及应变对策。在 4G 时代要让用户从"流量忍者"向"流量行者"转化，因此如何建立合理的资费设计机制，就变得非常重要。在商用之前对用户开展大流量的免费体验，在其没有心理负担的使用中，去发现更多对自己适用的业务组合，培养用户的流量消费习惯。

2. 化解威胁

（1）避开、转移威胁。利用企业的营销信息系统定期对市场进行分析，一旦发现企业即将面对威胁，立即交由企业高层管理人员处理，及时采取相对应的措施规避威胁所带来的各种不利影响。避开、转移威胁是最直接、最有效化解威胁的方法，可以实现零损失。

（2）转化、利用威胁。任何事物都有双面性，威胁的到来证明企业自身存在一定的问题或不够完善。假如只有企业自身受到威胁而竞争对手没有，那么企业应该从自身找原因，威胁的处理过程也正是企业自身不断完善、解决问题的过程；如果企业与竞争对手同时受到影响，那么对企业来说则既是一个威胁又是一个机会，若企业能快速采取对策转化威胁，因势利导，同样可以从行业中脱颖而出，占据领先的地位。

前几年，各种基于互联网的即时通信软件对电信运营商的短信及语音业务构成了一定的威胁，但是这同时也带给运营商一个启示：他们可以利用移动互联网开发应用于手机的即时通信软件，与互联网公司争夺即时通信市场，原来被抢占的短信及通话收入转而成为了更多的流量费。由此可见，威胁在一定的条件下可以转化成市场机会，化害为利。

（3）反抗、减轻威胁。当由于某些原因，无法避免某一威胁的时候，电信企业要组织利用自身的资源进行反抗，力求将威胁减少到最小。例如，国家的三网融合政策将整个电信市场向广电开放，广电的加入对电信运营商是一个不小的威胁，在三网融合的试点地区，电信运营商已经纷纷加强了与 CP/SP 的合作，通过开发高质量业务与广电抗争，努力将威胁减轻到最低。

（4）事先防备威胁。通过各种威胁来临之前的征兆对威胁做出预测，事先采取对策防范威胁。到 2014 年年底，中国加入世贸组织已 13 年，但国外的运营商并未对中国的通信市场造成太大的影响，原因就是中国的电信运营商充分利用了我国入世时签订的电信协定所提供的缓冲期，事先做好准备应对可能面临的威胁。

2.4.4 SWOT 分析

SWOT 分析实际上是对企业内外部条件进行综合和概括，进而分析组织的优劣势、面临的机会和威胁的一种企业内部分析方法。其中，S 代表 Strengths（优势），W 代表 Weaknesses（劣势），O 代表 Opportunities（机会），T 代表 Threats（威胁）。其中优劣势分析主要是着眼于企业自身的实力及其与竞争对手的比较；而机会和威胁分析将注意力放在外部环境的变化及对企业的可能影响上。SWOT 分析可以帮助企业对自身所处的环境有一个清醒的认识，明确企业的优劣势及面临的机会和威胁，从而促使企业把营销资源和行动聚集在自己的强项和机会最多的地方。

[课外作业]
请对处于大数据时代背景下的中国电信运营商进行 SWOT 分析。

案例分析

电信管制环境研究

2014 年年初以来，国内电信市场不断释放出政策调整的信号。从放开虚拟运营市场、引进民间资本进入市场、成立铁塔公司进行横向切割，直至放开价格管制等行动，都在不同程度上体现了电信业放松政策管制的指导思想。在此指导思想下，竞争格局调整、产权结构调整、电信政策改革等举措也在不断推进。中国电信市场的政策改革路径虽然经历了政企分开、引入竞争者、纵向切分、横向切分等阶段，但与发达国家的行业效率相比仍有较大差距。下面围绕电信市场的自然垄断性、电信市场的产业结构、产权结构及管制政策等内容，对这一系列放松政策管制举措可能带来的变化情况进行进一步分析和评价。

1. 电信业务市场的自然垄断性

传统支持电信领域管制的观点认为电信行业具有自然垄断性，即行业中存在适度的垄断才是有效率的。然而，在电信行业与其他信息行业发展融合日益深入的今天，这一基础发生了动摇：首先是多种技术的并存，每一种技术实现都存在其比较优势，多家企业提供生产手段和产品，呈现出更多的异质化，垄断不能带来成本效率；其次是网络建设和互联的成本随着技术的发展大大降低；最后也是最为重要的一点，随着信息技术的发展，电信服务的替代服务更为丰富，这样市场的自然垄断性在需求上受到了削弱。

在价格领域支持放松管制的观点认为：价格管制在复杂的电信业务市场中效果并不乐观，基础电信业务领域各种业务的降价屡有发生，资费管制的失效已成为常态。因此，从长远来看，需要放松电信资费管制，让市场发挥作用，形成满足市场需求的资费机制。

目前，电信市场的自然垄断性随着技术、产业、竞争对手的发展呈现出逐渐弱化的趋势，因此放松政策管制具备良好的现实基础。

2. 电信市场结构的合理性

目前的市场结构仍然很难说是有效竞争的。中国移动在纵向市场中相对的垄断地位造成市场集中度提升，而且中国移动、中国联通、中国电信三大运营商几乎垄断了整个电信市场，电信的市场结构并不合理。

对市场结构的调整一般有三种方式：一是引入民营竞争主体，与垄断运营商形成竞争；二是引入国外电信运营商，与垄断运营商进行竞争，目前该种形式在国内甚少使用；三是通过横向或是纵向拆分的方式形成运营商合理的竞争格局。

3. 产权结构的合理性

我国电信部门并没有形成多种所有制形式的企业公平竞争的市场格局。虽然采取了海外资本市场上市的形式，形成了多元化的产权结构，但国有股份占有控制地位的情况基本没有发生变化，尤其是民营资本难以进入基础电信市场竞争。在这样的情况下现代企业制度难以建立，结果就是国有企业之间的恶性竞争和对支配权力的滥用时有发生。在这样的情况下，引入多元化的投资主体，建立产权多元化的格局势在必行。

4. 管制机构及管制政策的有效性

独立管制机构的设立和相应立法工作的完成是各国认为有效管制的重要基础。然而我国在电信管制机构设置方面，一直由政监合一的政府组成部门实施电信管制，职能具有多重性且缺乏独立性。另一方面，我国的电信管理政策最多体现在法规、规章及规范性文件中，电信监管运营没有完全纳入法制化的轨道。而从其他国家放松政策管制来看，如果缺乏科学合理的配套管制政策，在竞争和产权改革方面的政策推进，可能难以达到理想的效果。

基于上述讨论，下面对近期出现的几个放松政策管制事件进行解读和分析。

（1）放开虚拟运营市场，引进民资进入。虚拟运营商的出现，将会引起电信运营商的用户数、ARPU（Average Revenue Per User，每个用户平均收入）值及离网率等几项指标的变化。不同国家因为市场环境、竞争态势和政策监管思路不同，移动虚拟运营商的发展态势有着显著差别。

虚拟运营增强了有序竞争。在网络层面，一些相对稀缺的资源（例如网络、号码资源、频段资源等）保证一定的垄断性以避免因为重复建设造成的低效率；在业务和服务层面，充分地放开竞争以确保市场参与者必须具备足够的效率才能生存，这种效率的提高给客户提供的就是低廉的价格和优质的服务。

在3G/4G时代，随着业务的复杂性、参与业务各方专业程度的不断加深以及商业模式的不断创新，运营商"包打一切"的传统模式面临着越来越大的挑战。可以看到，移动虚拟运营商都拥有知名的品牌、强大的分销渠道以及富有经验的营销力量，而且他们当中的一些企业自身还经营着一些较有特色的服务或业务，这些特色服务可以帮助虚拟运营商们将通信服务与运营商的传统服务捆绑，从而为客户提供更大的价值。

作为政策监管部门，需要改变虚拟运营商只是关注于低端市场，采用低价策略获取市场份额的认识。如果政策监管部门对移动虚拟运营商的进入进行管制的话，需要制定一系列的标准和规范，比如确定接入费、接入条件、服务质量保证标准等，而这些又都必须充分考虑到频谱资源利用的有效性、入网许可，以及移动虚拟运营商的投资，其相关管制有一定的难度。

一般认为，引入虚拟运营商政策可能会对运营商提出更多挑战。其实，对行业管理者而言，该政策带来的挑战也非常大。他们需要考虑的重要问题是：一方面如何很好地协调作为国家信息战略的具体落实者的运营商，构建良好的产业生态；另一方面如何通过虚拟运营商带来行业活力，实现效率助推器的作用。这两方面的考量，缺一不可。如果偏重于保证运营商利益而放松政策管制，可能会造成引入虚拟运营商政策的无功而返；如果引导和监管不足造成行业恶性竞争，有可能会出现短期内的市场价值急剧下滑而导致行业发展的倒退。

（2）成立铁塔公司做类似横向切割引起的网业分离探讨。2013年8月国务院发布了《关于促进信息消费扩大内需的若干意见》，从产业供给、国内需求及市场环境等方面提出若干切实可行的政策建议，将信息消费提高到国家战略层面。信息行业发展时至今日，许多问题的出现已经超出了业务发展领域。

支持网业分离的观点认为：基础网络架构有自然垄断的行业特性，而建立于基础网络架构之上的服务和业务则应该放开竞争。这种观点一方面是为了最为充分地利用社会资源，做到杜绝重复投资和重复建设；另一方面是为了避免从业者"既当裁判员又当运动员"的状况，通过打破垄断，实现管道中立，开放服务业务竞争来打造新的产业。这里可以分离的实际上还不仅仅是移动通信网络中的基站，还有例如基础网络支撑服务、基础数据技术支撑服务产业、内容服务产业等。同时存在的另一种观点则是担心国家基站公司会滥用其对网络资源的垄断地位，阻碍包括电信运营商在内的所有提供网络信息服务的行业参与者。

（3）电信行业放开价格管制。放开价格管制有利于充分发挥市场机制对价格的自动调节作用，但需要界定好非竞争性业务领域和竞争性业务领域的范围，并有针对性地采取不同的管制政策。这样能够抑制垂直一体化企业在自然垄断性领域内实行高价策略，而在竞争性领域内实行低价策略，进而实现交叉补贴。与此同时，价格放开不至于影响到普遍服务的提供。

总而言之，在自然垄断观念、电信市场结构、产权结构调整、监管机构改革等多个方面都进入了具体的操作阶段。这些改革举措势必反过来对电信领域的意识形态产生深刻的影响，这或许会成为未来中国电信改革历史的重要转折。

分析点评：

从追求社会稀缺资源的最佳配置方式的经济学角度看，政府干预的经济合理性是建立在效率的标准上的。政府干预的必要性在于它是否能够补偿市场失败所产生的效率损失。如果公共部门的增长要以牺牲经济增长作为代价，从而导致生活水平增长缓慢，那么政府干预就失去了其合理性。这一意识形态的出发点是当前电信行业领域放松政策管制的理论基石。放松政策管制只是手段，最终的目标还是消除垄断、提升行业效率，实现社会福利的最大化。

思 考 题

1. 市场营销环境的定义是什么？
2. 通信企业宏观环境及微观环境分别包括哪些因素？
3. 市场营销环境有哪些特点？通信企业可以采取何种方法进行市场营销环境评价？
4. 结合企业实际，对目前本地移动通信企业进行 SWOT 分析。

第3章 市场机会分析

在市场经济下，企业处于一个机遇和挑战并存的环境中，能够主动寻找机会，把握机会，企业才可能在千变万化的市场中求生存、谋发展；否则的话，即使曾经无比辉煌，也只可能是昙花一现。因此，在进行市场宏观环境分析和微观环境分析后，对市场机会的综合把握和分析是企业市场营销的起点。

3.1 市场机会的特征

市场机会是市场上存在的未被满足的需求。评价分析市场机会，必须了解市场机会的特征。一般来说，市场机会具有以下特征。

（1）公开性。市场机会是某种客观的、现实存在的或即将发生的营销环境状况，是每个企业都可以去发现和共享的。与企业的特有技术、产品专利不同，市场机会是公开化的，是可以为整个营销环境中的所有企业所共用的。市场机会的公开化特性要求企业尽早去发现那些潜在的市场机会。同时，机会的公开性促使了竞争的产生，也就是说，即使是你第一个发现了这一市场机会，但是你也不能像申请专利一样独占这一信息，别人同样可以把握这个市场机会。

（2）时效性。对现代企业来讲，由于其营销环境的发展变化越来越快，它的市场机会从产生到消失的过程通常也是很短暂的，即企业的市场机会往往稍纵即逝。同时，环境条件与企业自身条件最为适合的状况也不会维持很长时间，在市场机会从产生到消失这一短短的时间里，市场机会的价值也快速经历了一个价值逐渐增加、再逐渐减少的过程。市场机会的这种价值随时间而变的特点，便是市场机会的时效性。

（3）效益性。可以为企业带来经济效益或社会效益，是市场机会的又一特性。市场机会的效益特性意味着企业在确定市场机会时，必须分析该机会是否能为企业真正带来效益，能带来什么样的效益以及效益的多少。

（4）理论上的平等和实践中的不平等。市场中的机会和信息，表面上看来是公开的，对每个企业或个人都是平等的，不存在某一企业独占的情况。但是在实践中却是不平等的，尤其是在市场尚未完善的时候，信息严重非对称，即使在市场相当完善的时候，也同样存在着不平等。因为，机会的搜寻是需要投入的，一些大的企业具备这样的条件，但是规模相对小的企业，便不可能投入太多的力量进行机会搜寻。

指出理论上的平等性，意味着在利用某个市场机会时充满着竞争；指出实践中的不平等性，则是说明竞争结果不均衡。为此，企业在分析评价市场机会时，既要考虑竞争存在，敢于参与竞争，又要选择对企业竞争结果有利的市场机会,善于竞争。

[案例 3-1]

可穿戴设备

可穿戴设备即直接穿在身上,或是整合到用户的衣服或配件的一种便携式设备。可穿戴设备不仅仅是一种硬件设备,更是通过软件支持以及数据交互、云端交互来实现强大功能的。

在 2015 年的世界移动通信大会上,全球科技巨头纷纷携可穿戴产品亮相,三星、联想、华为、中兴、索尼和 HTC 等厂商都展出了智能手表或智能手环等多款可穿戴设备,风头盖过了手机产品。如果说 2013 年是可穿戴设备的萌芽之年,2014 年就是可穿戴设备飞速发展之年。到了 2015 年,智能可穿戴设备越发呈现出一股百花齐放、各出奇招的态势。这也就更加印证了谁都有机会、有权利引领电子行业进入新时代。

趣味讨论: 电信运营商如何在新一轮技术革命中分一杯羹?

3.2 | 寻找市场机会的常用方法

3.2.1 采用密集性增长策略寻找密集性市场机会

密集性市场机会是指一个特定市场的全部潜力尚未达到极限时存在的市场机会。这意味着企业采用密集性增长策略,仍可以在现有的生产、经营范围内求得发展。

如图 3-1 所示为产品—市场发展分析矩阵,除了可用于企业战略计划中发展战略的研究之外,也被用来作为寻找和识别市场机会的主要工具。它将产品分为现有产品和新产品,市场也相应地分为现有市场和新市场,从而形成了一个有四个象限的矩阵,企业可以从这四个象限满足程度来寻找和发现市场机会,其中 I、II、III 象限属于密集性市场机会。

	现有产品	新产品
现有市场	I. 市场渗透	III. 产品开发
新市场	II. 市场开发	IV. 多样化

图 3-1 产品—市场发展分析矩阵

1. 市场渗透

对第 I 象限来说,市场渗透指通过采取更加积极有效的营销措施,如增加销售网点、短期调低价格、加强广告宣传等促销活动,努力在现有市场上扩大现有产品的销量。具体途径包括以下几种。

(1)促成现有老客户购买更多现有的产品。上网流量的使用量与一天中的时间段有很大的关系,分忙时和闲时,忙时的流量使用量很大,而在闲时流量使用量很少。针对这种情况,运营商在流量套餐中采用分时段计算流量的方法,在套餐中包含的流量分为本地流量和本地闲时流量,本地流量大部分适用于 7 时至 23 时,本地闲时流量适用于每晚 23 时至早晨 7 时。这种方法能够促使用户以相对优惠的资费增加闲时流量的使用,以此达到在不降低服务质量的前提下增加用户流量使用量,最终达到增加收入的目的。

(2)从竞争者手中把顾客争取过来。固网运营商为了争夺竞争者的宽带用户,采用捆绑、资费优惠、套餐等多种方式进行促销与销售,从竞争者手中争夺顾客。

2. 市场开发

对第Ⅱ象限来说，市场开发指通过努力开拓新市场来扩大现有产品销售量，企业主要考虑在新市场中是否存在对企业现有产品的需求。具体途径包括以下两种。

（1）促进潜在顾客的购买，即设法增加新用户。现在很多电信企业，在重大的节日或有重大活动、庆典时，都会进行业务宣传、促销活动，以吸引潜在客户的加入，使自己的用户数量增加，达到增加业务量和收入的效果。

（2）促进其他地理区域的新市场。农村地区网络购物市场需求很大，阿里、京东两大电商企业开始启动渠道下沉，开发农村市场。

3. 产品开发

对第Ⅲ象限来说，产品开发指通过向现有市场提供多种改型变化产品，以满足不同顾客的需要，从而扩大销售。企业主要分析现有市场上是否有其他未被满足的需求存在，并开发出新产品来满足这种需求，如电信运营商向移动互联网领域扩张，发展 OTT 业务。

3.2.2　采用多样化增长策略寻找多样化市场机会

对第Ⅳ象限来说，多样化或多角化的市场机会通常存在于一家企业例行的经营范围之外。多样化增长是指企业利用经营范围之外的市场机会，新增与现有产品业务有一定联系或毫无联系的产品业务，实现跨行业的多样化经营，以实现企业业务的增长。具体包括以下 3 种方式。

（1）同心性多样化增长。利用现有物质技术力量开发新产品，增加产品的门类和品种，犹如从同一圆心向外扩大业务范围，以寻求新的增长。

（2）横向多样化增长。即企业针对现有市场的其他需要，增加新的物质技术力量开发新产品，以扩大业务经营范围，寻求新的增长。

（3）集团式多样化增长。企业通过投资或兼并等形式，把经营范围扩展到多个新兴部门或其他部门，组成混合型企业集团，开展与现有技术、现有产品、现有市场无联系的多样化经营活动，以寻求新的增长机会。

3.2.3　采用一体化增长策略寻找一体化市场机会

一体化市场机会是指一个企业把自己的营销活动伸展到供、产、销不同环节，而使自身得到发展的市场机会。企业往往利用这种市场机会实行不同程度的一体化经营，纵向增强自身生产和销售的整体能力，从而拓展业务，扩大规模，提高效率，增强盈利。具体包括以下 3 种方式。

（1）后向一体化增长。它是指一种按照销、产、供的顺序实现一体化经营而获得增长的策略，具体表现为：企业通过自办、契约、联营或兼并等形式，对它的供给来源取得了控制权或干脆拥有所有权。

（2）前向一体化增长。与后向一体化增长正好相反，它是指一种按供、产、销的顺序实现一体化经营而使企业得到发展的策略。具体表现为：企业通过一定形式对其产品的加工或销售单位取得了控制权或干脆拥有所有权。

（3）横向一体化增长。它是指一家企业通过接办或兼并它的竞争对手（同行业的中小型企业），或者与同类企业合资经营，或者运用自身力量扩大生产经营规模，以寻求增长的机会。

3.2.4 从市场及其环境的动态变化中发现机会

（1）从消费需求的梯度递升规律中循势寻找。消费者对需求的要求总是不断发展的，一个需求满足以后会呈现新的需求，渴望新的产品，这些没有被满足的需求就是市场机会。互联网时代，人们对网速的需求高速增长，电信运营商应随之部署带宽与频道资源。

（2）从商品功能创新中发现市场机会。消费者总是渴望商品具有更新的功能，这些新的需求就是市场机会。功能手机向智能手机的转变，就是从产品的功能创新中发现市场机会。

（3）从消费需求的时代性和潮流性的变化规律中发现市场机会。随着移动网络大规模的建设与使用，移动终端的普及与演进，电子商务呈现由 PC 端向移动端发展的趋势，移动互联网将满足并引导人们的需求。

（4）从相关商品的需求变化中发现市场机会。商品之间存在相互补充和替代的关系，一种商品的需求变化会带来某一些新的市场机会。如计算机需求量增加，上网人数增多，宽带业务的市场需求增加明显。

3.2.5 其他

（1）最大范围地搜集意见和建议。在发现市场机会、提出新观点方面，企业内部各个部门是一大信息来源，但更为广泛的来源在企业外部，如中间商、专业咨询机构、教学和科研机构、政府部门，特别是广大消费者，他们的意见直接反映着市场需求的变化倾向。因此，企业必须注意与各方面保持密切联系，经常倾听他们的意见，并对这些意见进行归纳和分析，期待发现新的市场机会。

（2）建立完善的市场信息系统和进行经常性的市场研究。市场信息系统为市场机会分析提供了大量的数据资料，分析人员利用这些数据资料，运用各种方法才能从中寻找和发现各种市场机会。而经常性的市场研究，又是市场信息系统中信息资料得以补充的主要手段。

（3）聘用专职或兼职的专业人员进行市场机会分析。通过聘用专业人员提出各种问题，企业可以从中寻找和发现市场机会。

[课外作业]

电信运营商是如何寻找和把握市场机会的？

[案例 3-2]

"微信电话本"与虚拟运营商的发展机会

微信电话本的推出，让沉寂许久的 VoIP（Voice Over Internet Protocol）再次回到人们的视线之中，这不仅拉开了 VoIP 应用大规模发展的大幕，也为虚拟运营商提供了一次有史以来最大的发展机会。

（1）虚拟运营商利用网络资源和 VoIP 应用，可以带来全新的用户体验。

微信电话本的出现，为苦于成本高居不小的虚拟运营商提供了很大的市场机会，虚拟运营商可以通过 VoIP 进一步降低用户通信成本，为用户提供更好的通信体验。

据了解，目前国内市场上的 VoIP 类应用均采用 Wi-Fi 网络或是蜂窝网络联网传递数据包的方式进行通信。该类 App 大致可分为两类，一类与微信电话本类似，通话双方用户手机均需安装该软件，并且双方均需注册账号且都开启该软件才可以使用；另一类则类似于 Skype，仅单方安装即可给其他手机用户拨打电话，但国内这类应用最大的问题是使用者与非安装用户通话的时长受限，大部分应用缺乏充值通道。

这些给用户带来的体验问题对于虚拟运营商来说则是很好的发展机会。已获得移动转售牌照的虚拟运营商拥有后台系统、运营商的网络资源等众多 VoIP 厂商没有的资源优势。

此前，虚拟运营商已经开始在 VoIP 领域进行试水，如阿里通信推出的亲心小号，分享通信推出的 WiFiPhone 等。阿里的亲心小号为用户提供了一款无需新的 SIM 卡，即可在同一部手机上额外使用一个新号码的应用。这个号码不仅可以正常接打电话、收发短信，还可独立设置使用时长、开关机状态、勿扰时间等；而分享通信推出的 WiFiPhone 应用，顾名思义便是通过 Wi-Fi 拨打电话的应用。

（2）虚拟运营商借助 VoIP 类应用，可以提供更多创新服务。

虚拟运营商推出 VoIP 应用，不仅可以大幅降低用户通信资费，还可以实现资源整合，为用户提供更多的创新服务。

此前，虚拟运营商已经为用户提供了大量的服务类 App 应用，但仍不能满足用户的需求，市场接受度有限。而 VoIP 应用则为虚拟运营商提供了一个强大的聚合平台，通过该应用，虚拟运营商可以实现用户间朋友圈分享、提供 O2O 服务，并通过应用将号码与各种账号进行绑定方便用户使用，如预订机票、酒店等。

对于企业行业用户，虚拟运营商可通过该应用为企业提供通信服务，如用户可方便地通过应用建立群组、实现电话会议等，在免费 Wi-Fi 条件下，大大降低了企业通信成本。

而渠道、电商、零售类虚拟运营商通过该应用可打通手机号与账号，实现 O2O 服务，让用户享受移动购物的全新服务。

游戏类虚拟运营商则可为游戏玩家提供一个集通信、游戏战绩心得分享的平台。最为重要的是随着多人动作类 RPG（Role-Playing Game）手游的出现，未来在 PC 端上才有的多人语音打游戏的情况也将出现在移动端上，且基于账户捆绑手机号码的方式，通过免费通信可为游戏玩家提供更加优质的游戏服务。

以不断为用户提供创新服务为目标的虚拟运营商，通过 VoIP 应用进入全新的发展蓝海，将大有作为。

趣味讨论："微信电话本"还能为虚拟运营商提供哪些市场机会？

3.3 | 寻找市场机会的新方法

3.3.1 开创蓝海市场

1. 认识蓝海

在韩国教授 W·钱·金与美国学者勒妮·莫博涅共同创作的《蓝海战略》中，将市场分为两个部分，即红色海洋和蓝色海洋，简称红海和蓝海。红海代表现今存在的产业，这是大家已知的市场空间，因此竞争是激烈的；蓝海则代表当今还不存在的产业，这就是未知的市场空间，表示蕴含了庞大需求的新市场空间。表 3-1 中对红海战略和蓝海战略进行了简单的对比。

表 3-1　红海战略与蓝海战略的比较

红海战略	蓝海战略
在已经存在的市场内竞争	开创非竞争性市场空间
打败竞争对手	甩脱竞争
开发现有需求	创造和获取新需求
在价值与成本之间权衡取舍	打破价值与成本之间的权衡取舍
根据差异化或低成本的战略选择，协调公司活动的全套系统	为同时追求差异化和低成本，协调公司活动的全套系统

在通信领域，随着技术的日新月异，蓝海也是不断显现。追溯到 19 世纪 70 年代（贝尔 1876 年发明了电话），我们如何能预见固定电话会改变人们的通信方式，开拓了如此广泛的通信市场？固定电话就是当时的蓝海市场。风靡 20 世纪 90 年代中华大地的寻呼市场，我们谁曾料想满地的寻呼台还在红海中打价格战之时，一夜之间骤然被移动电话打败？移动电话也是当时通信产业中的一片蓝海！而且蓝海市场的开拓也并不意味着只能依靠技术的飞跃来实现，例如技术并不先进的小灵通（PHS）就另辟蹊径，从移动通信市场的红海中开辟出一片蓝海；又如日本的 NTT DoCoMo 的 I-Mode 模式也只是利用了其他行业的进步就造就了通信增值业务的一片蓝海。

2．开创蓝海的六条路径

在建立了蓝海战略的思维后，如何具体实施开创蓝海、寻找市场机会呢？蓝海战略认为，重建市场边界以摆脱竞争是开拓蓝海的首要前提。蓝海战略提出了重建市场边界的六种方式：跨越他择性产业、跨越战略集团、跨越买方链、跨越互补性产品和服务项目、跨越针对卖方的功能与情感导向、跨越时间。这些方式适用于所有行业，并且它们能够引导公司找到广阔的蓝海领域。

（1）跨越他择性产业。

红海思维：用与其他企业类似的方法定义自身所处的行业，并且想要做行业中最好的企业。

蓝海观点：一家企业并不仅仅是与同一产业中的其他企业竞争，而且还面临着与生产替代性产品或服务的其他行业企业的竞争。

对通信企业的启发：电信运营商并不仅仅是在与产业中的其他运营商竞争，而且还面临着与生产提供替代性产品或服务的其他行业企业的竞争，例如，网络提供商、信息提供商、电子商务提供商等。替代性产品也不仅仅是产品的可替换，还包括那些具有不同功能和形式，但同样达到目的的产品或服务。例如，信用卡形式上似乎与电信运营商没有什么关联，但是电信的网络也可以实现随时随地付费的功能，这时候它们就成为了替代性的行业。跨过惯性地对电信市场下定义，就可能发现电信运营商的蓝海。

（2）跨越战略集团。

红海思维：用普遍接受的业务分类方法来审视自身的行业，并努力在其中做到最好。

蓝海观点：突破狭窄视野，考虑同一行业内的不同战略类型，搞清楚哪些因素决定顾客选择。

对通信企业的启发：战略类型一般可以通过价格和功能两个维度进行简单的区分。当前的电信运营商主要关注营业额以及市场占有率，而忽视了行业内其他战略类型的企业的行为。例如，电信运营商虽然关注客户属于高端还是低端，并且了解客户关注的是价格还是服务，但没有注意到客户为什么关注这些因素，在什么样的条件下客户会发生态度上的转变，而这些往往是成功的关键。

（3）跨越买方链。

红海思维：只关注单一买方，不关注最终用户。

蓝海观点：买方是由购买者、使用者和施加影响者共同组成的客户链，要关注整条客户链。

对通信企业的启发：企业必须注意到，产品和服务的购买者与最终使用者在某些情况下并不一致，这种情况下存在着一些非常关键的影响者。在电信行业中，每一个服务不仅涉及使用者，更涉及使用者面向的对象，这些对象直接或者间接地参与了购买决策，是电信运营商不可忽视的角色。在实践中，中国联通推出的校园 V 网业务，沃派急速套餐用户可加入校园 V 网，校园 V 网网内本地通话全免费。购买者很大程度上会受到身边朋友们选择的影响。因此更多地关注客户链中容易被忽视的群体，可能会发现一片蓝海。

（4）跨越互补性产品和服务项目。

红海思维：用类似的方法定义行业所提供的产品或服务的范围。

蓝海观点：互补性产品或服务蕴含着未经发掘的需求，关键是要弄清楚消费者在选择产品或服务时需要的整体解决方案是什么。简单方法是分析顾客在使用产品之前、之中、之后都有哪些需要。

对通信企业的启发：大部分产品和服务都不会单独被使用，一般情况下，这些产品的价值会受到别的产品和服务的影响。手机终端可以主动融合上下游产业链，共同拓展蓝海市场。

（5）跨越针对卖方的功能与情感导向。

红海思维：接受行业现有的功能或情感导向。

蓝海观点：市场调查反馈的往往是产业教育的结果，当企业愿意挑战现有功能与情感诉求时常常能发现新空间。

对通信企业的启发：随着时间的推移，电信运营商已经从功能导向型行业转向情感导向型行业，越来越注重客户情感诉求。市场上的几大运营商已经开始主动挑战消费者的功能和情感诉求，动感地带、UP 新势力等都是对消费者情感诉求的最直接响应。这些适量添加的情感因素，没有使服务产品有本质的不同，却不可否认地刺激了新的消费需求。

（6）跨越时间。

红海思维：制定战略只关注现阶段的竞争威胁。

蓝海观点：着眼于未来，从商业角度洞悉技术与政策潮流将如何改变客户获取的价值，及如何影响商业模式，这有助于发现蓝海。

对通信企业的启发：企业的经营状况通常会受到外部趋势变化的影响，电信运营商更是离不开社会的大环境。当宏观和微观环境发生变化时，大多数企业只会逐渐适应，甚至是被动地接受。但是蓝海战略的思维则启发运营商应从关注市场现在的价值转移到关注未来的价值，主动调整企业战略。运营商可以分析趋势的变化如何影响客户价值和企业的商业模式，并从这种影响中挖掘客户价值。未来的运营商必然走向信息服务提供商，怎样抓住这一未来的机遇，则需要每个运营商好好思考。

[课外作业]

通信产业在未来的发展中，如何跳出竞争牢笼、开创蓝海以寻找市场新机会？

3.3.2 网络时代关注长尾市场

传统的市场营销中，进行市场细分及市场机会分析时更多地容易将注意力聚集在客户价值高、盈利丰厚、热门产品等细分市场上。但是，随着信息技术和互联网的飞速发展，在供给"无限"的情况下，对大热门产品和利基产品（即长尾市场）相对角色的看法似乎需要重新审视，关注长尾市场将引进一种全新视角——如何从利基市场中发现巨大商机。

1. 何为长尾市场

任何一个市场都是由大量的热门产品和非热门产品组成的，如果把足够多的非热门产品组合到一起，实际上就可以形成一个堪与热门产品相匹敌的大市场。在统计学中，这种形状的曲线被称作"长尾分布"，如图 3-2 所示。其中，头部代表处于 20%传统的大客户，尾部代表处于 80%的中小客户，企业通过互联网的方式将右边部分变成自己的长尾，聚沙成塔，完成了传统经济下无法聚集的功能。由这条长尾巴形成的市场，就是要关注的长尾市场。

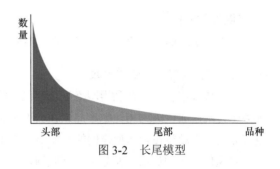

图 3-2 长尾模型

可以这样简单地理解长尾市场：长尾就是过去那 80%的不值得一卖的东西；长尾就是当毫不知名的变成无处不在的时候你可以得到的；长尾市场实现的是许许多多小市场的总和，等于甚至大于一些大市场。

2. 长尾理论对抗 80/20 法则

80/20 法则是管理思想领域最重要的概念之一，即在任何一组事物中，最重要的只占其中一小部分，约 20%，其余 80%尽管是多数，却是次要的。这是由 19 世纪意大利著名经济学家帕累托提出的，因此也被称为帕累托法则。

美国学者安德森在其所著的《长尾理论》中提出，长尾理论打破了 80/20 法则，表 3-2 对 80/20 法则和长尾理论的差异进行了对比分析。

表 3-2 长尾理论与 80/20 法则比较

80/20 法则	长尾理论
关注 20%的产品	关注 80%的产品
制造大热门产品	众多的利基产品
高采购成本	低采购成本
高交易成本	低交易成本
有限的货架	广阔的存储空间
稀缺性	丰饶性

3. 抓住长尾市场的九大法则

如何抓住长尾市场？安德森把创造一个繁荣长尾市场的秘诀归结为两大关键点：① 低成本地提供所有产品；② 高质量地找到它。

这两大关键点进而表现为三个方面的市场策略：降低成本；考虑小市场；摆脱控制。这三方面的策略对应着抓住长尾市场的九大法则，如图 3-3 所示。

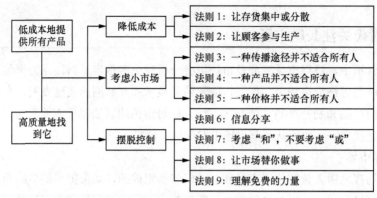

图 3-3　长尾市场的九大法则

[课外作业]

在当前激烈的市场竞争环境下，电信运营商应如何认识和开发长尾市场？

法则 1：让存货集中或分散

许多传统零售商正在利用网络平台和已有的集中仓储资源开拓长尾市场，它们网上产品的种类远多于传统店面，因为相比把产品放在数百家商场的货架上，集中化仓储的效率要高得多。同样，也有公司将产品放在合作伙伴们的仓库中，但在自家的网站上展示和出售。

对通信产业的启示：充分利用互联网，重视发展电子商务，让存货集中或分散。小米手机就是利用网上销售，将存货集中，压缩渠道，减少渠道成本，实行低成本策略，薄利多销，得到了大众的认可，实现了利润的爆发式增长。

法则 2：让顾客参与生产

让顾客参与生产的自我服务模式是很好的方式，企业原本需要花钱雇人做的事，用户们却很高兴免费去做。

对通信产业的启示：通信业务中，定制的彩铃就是让顾客参与生产很典型的例子，企业可以自行录制公司介绍等作为彩铃，让客户第一时间感受公司文化，个人也可以录制个性化彩铃体现鲜明个性等。既然顾客愿意意兴盎然地为企业免费生产，企业更应该多鼓励这种行为，并培育出更多的长尾市场。

法则 3：一种传播途径并不适合所有人

顾客的消费行为是多种多样的，如果只注意其中的一类顾客，就有失去其他顾客的风险。所以长尾市场往往不会受制于任何障碍，也不会去猜测人们什么时候会需要什么样的产品，而是尽可能多地提供各种途径。

对通信产业的启示：未来提供多种信息服务将成为电信运营商非常重要的职能，而在各个领域的服务中，运营商一定需要借助多种渠道的力量来共同推广业务，因此运营商为了鼓励各种增值业务的发展，应该广开合作之门，让各类 SP/CP/ASP 存活、有序发展，让市场成为"过滤器"，能存活下来的必然有自己的市场，因而这些各类的 SP/CP/ASP 也将形成通信业务中的"长尾产品"。

法则 4：一种产品并不适合所有人

长尾理论指出，一种产品适合一种人，多种产品才适合多种人。

对通信产业的启示：通信市场中，运营商开发了越来越丰富的产品以满足不同细分市场的需求就是很好的证明。例如，电信运营商都有面向不同客户群的套餐体系，但这种细分客户群尚不够细分，从长尾市场的角度也许会走向客户自行设计定制套餐的方式。运营商需要提前思考如何用更多的产品组合满足更多的差异化需求。

法则 5：一种价格并不适合所有人

在一个空间无限的长尾市场上，可变价格可能成为一个强大的工具，有助于产品价值和市场规模的最大化。任何产品只要边际生产和销售成本接近于零，未来的定价策略将变得更加灵活，允许零售商们用更低的价格把消费者引入长尾市场中。

对通信产业的启示：在通信业中，同一种产品现在已经做到价格的不同，例如不同时间（闲时、忙时）的通话资费不同、不同区域的定价也不同，越来越灵活的价格体系提醒运营商思考如何来完善现在的计费系统。

法则 6：分享信息

传统市场上，看起来大同小异的产品堆满货架，让人无所适从；而长尾市场上，"按畅销度排名"的功能简明清晰，让人舒适无比，两者的区别在于信息。

对通信产业的启示：通信行业是一个客户群体庞大的市场，因此各种客户信息也是海量的，如果从这些已经存在的信息中通过各种数据分析、数据挖掘工具提炼出有用的信息帮助顾客选择业务，分享信息成果，对业务的发展一定会起到推波助澜的作用。

法则 7：考虑"和"，不要考虑"或"

相比传统市场中"或"的决策，长尾市场认为"和"的决策要容易得多。匮乏时代的特点之一就是把市场当成一个零和游戏，即任何事情都是一种"这个或那个"的选择。但在容量无限的数字市场中，供应全部的产品几乎都是正确的策略。

对通信产业的启示：目前可以看到的通信行业案例是彩铃的下载如同音乐排行榜一样，只要放上去尽可能多的彩铃曲目，总会有人下载。在电信运营未来越来越丰富的以数字为基础的增值业务中，尽量考虑"和"也许更有利于市场的发展。

法则 8：让市场替你做事

在传统市场中，通信运营商必须猜测一下什么东西能够畅销。在丰饶的市场中，只需把产品扔在那里，让市场自己去筛选它们。

对通信产业的启示：在电信客户中，庞大的中低端客户群组成了一个长尾市场，对于这些大量 ARPU 值不高的客户而言，运营商可以考虑让市场自己来服务于企业，加强不增加太多成本的网络服务方式，例如增强网上营业厅的销售、服务、投诉、咨询等功能。

法则 9：理解免费的力量

数字市场最不容忽视的特征之一就是免费的可能性，免费策略已经成了最常用的网络商业模式之一：首先用免费服务吸引大批用户，然后说服其中的某些人升级为付费的"高级"用户，换来更高的质量和更好的性能。

对通信产业的启示：对于通信企业，免费试用是已经被广泛利用的一种市场营销手段，并达到了很好的效果。可以考虑在更多的市场、更多的产品中尝试免费的做法。

[案例 3-3]

"双十一"背后的阿里巴巴生态聚变

阿里巴巴与数万个商家、数亿的消费者一起，将每年的 11 月 11 日从网民戏称的"光棍节"，变为实实在在的全民购物狂欢节，日交易额达到电子商务交易的最高峰。对于阿里巴巴而言，普通的大量消费者就是它的长尾市场，而"双十一"就是它增加交易额的巨大市场机会。阿里巴巴紧紧抓住这个市场机会，每一年都创造新的交易记录。2009年，"双十一"当天成交金额仅为5 200万元，而到了2014年，这一数字则达到了571亿元。为了充分利用这个市场机会，在经过五年"双十一"的历练之后，阿里巴巴的生态系统发生了令人惊叹的质变。因为每年"双十一"的天量成交，都是对整个供应链体系、物流配送、技术支撑、支付体系的全面考验。

影响力之变——从中国走向全球

2014年，"双十一"首次将活动范围从中国扩展至全球。天猫国际、淘宝海外、速卖通等也都加入到了"双十一"活动行列，以电子商务的方式实现货通天下，让全球消费者买遍全球。阿里巴巴生态体系中的电商平台、菜鸟物流平台、云计算及大数据在全球范围的广泛布局为阿里巴巴实现货通全球提供了支撑。围绕电子商务这个核心业务，在阿里体系内外，支付宝、银行、专业跨境电商服务方、菜鸟网络、物流及快递合作方为阿里的全球化生态系统提供了支持。

技术能力之变——云计算走向主流服务全球

"双十一"交易量爆发式增长的背后，阿里巴巴的云计算能力提供了极其重要的支撑。2013年8月，阿里云正式运营的服务器规模达到5000台的"飞天"集群，成为中国第一个独立研发的大规模通用计算平台。2014年7月，阿里云计算平台的开放数据处理服务（ODPS）正式开放商用，可在6小时内处理100 PB数据，相当于1亿部高清电影。基于在云计算领域长期的技术积累，阿里巴巴技术团队还在2014年"双十一"之前，攻克了两项世界级的创新难题——"服务器资源弹性部署"和"数据中心异地双活"。

物流体系之变——125万快递员备战"双十一"

在2014年"双十一"前夕，与菜鸟网络合作的14家快递公司新增了25万名快递员，共计125万名快递员加入到"双十一"的投递工作中。从2009年到2014年，参与配送的快递员从最初的不足40万，增加到今天125万，这个庞大的队伍成为整个中国社会化物流生态链条的重要一环。

场景之变——移动崛起，网购无所不在

2014年"双十一"，阿里巴巴整合旗下及投资的移动客户端，全面参与天猫"双十一"。手机淘宝、微博、UC、优酷、高德地图等，在中国均是最受欢迎的手机移动应用，线下商家可以通过"码上淘"项目参与购物狂欢节。此外，在此期间共有28家百货集团的317家门店也参与了O2O专场，涵盖北京、上海、广州、杭州、天津、武汉、南京、成都、西安、长沙等33个城市。

服务体系之变——互联网金融的全面服务

互联网金融服务也成为天猫"双十一"的亮点，天猫宝、分期购、运费险等服务全方位支持用户购物。消费者掌握和利用好这些互联网金融工具，不仅可以让自己的购物体验更加顺畅，还能因此获得增值服务。

趣味讨论：电信运营商应如何抓住"双十一"进行营销？

3.3.3　水平营销

市场越分越细，新产品推广的成本也就越来越高，越来越多的企业感受到了营销的尴尬。在日益复杂的现代营销作用下，新产品、新品牌迅速推出，但相当比例的新产品不能避免"一出现即注定失败"的命运。在这种情况下，科特勒提出了水平营销的思想，他把原本不相关的两个因素连接在一起，构成了新的产品或功能，从而提高了企业的竞争力。

1. 水平营销——告别纵向营销时代的新生存法则

水平营销是科特勒针对全球市场的激烈变化提出的新的营销思维。水平营销是一个过程，当它被应用于现在的产品或服务时，能够产生涵盖目前未涵盖的需求、用途、情境或目标市场的创新性的新产品或新服务，因此，它是一个为创造新的类别或市场提供了很大可能性的过程。水平营销是相对于传统的营销观念而言的，传统的营销方式被科特勒称为纵向营销。

纵向营销的运行步骤是：首先，市场营销就是发现还没有被满足的需求并满足它，需求分析是起点，通过市场调研，确立可能成为潜在市场的群体。其次，在划定这个潜在市场后，运用市场细分、目标锁定、定位等方式形成产品或服务的竞争策略。最后，运用 4P 等营销组合贯彻竞争策略，将产品或服务推向有形的市场。

水平营销不同于纵向营销，水平营销是横向思考，它跨越原有的产品和市场，通过原创性的理念和产品开发，激发出新的市场和利润增长点。水平营销的核心是创造性思考，科特勒称之为"跳出盒子的思考"，它不同于纵向营销的逻辑思维，本质上是一种基于直觉的创造。

2. 掌握水平营销的步骤是运用水平营销的先决条件

科特勒提出的水平营销从选择产品或服务开始。在选择一种产品或服务后，开始进入水平营销的过程，这个过程可分为以下 3 个步骤。

（1）选择一个焦点。这里所说的焦点是指关注的东西，它可以是一个问题，也可以是一个事物。科特勒建议把纵向营销过程的所有板块分成三个层面，即产品层面、市场定义层面和营销组合层面，以达到配合水平营销的目的。每一个层面又有很多因素，如产品层面包括要进行水平营销的产品；市场定义层面包括功能或需求（为何）、消费者和购买者（谁），以及用途或情境（何时、何地、和谁在一起）；而营销组合层面并不关心这些问题，它只关心如何去销售产品。水平营销过程需要对这三个层面进行区分，并对这些因素中的某一项进行横向置换。

（2）进行横向置换以形成空白。科特勒指出了水平营销的六种横向置换的创新技巧，并分别应用到产品层面、市场定义层面和营销组合层面上。这六种技巧是替代、反转、组合、夸张、去除、换序。

用生活中的小例子简单说明如何运用这六种技巧进行横向置换以形成空白。

替代：情人节送柠檬。

反转：一年之中除情人节外，每天都送玫瑰花。

组合：情人节送玫瑰花和铅笔。

夸张：情人节送大把玫瑰花（扩大夸张）或情人节只送一朵玫瑰花（缩小夸张）。

去除：情人节不送玫瑰花。

换序：情人节由被爱的人向其倾慕者送玫瑰花。

尽管这种横向置换看上去不符合逻辑，但实际上水平营销恰恰需要最强的逻辑思维才能实现。

（3）想方设法建立联结。以"花"为例，进行横向置换后，"花"和"永不凋谢"之间形成了空白，故需要在这之间建立一个联结，这种联结为营销提供了一个契机。

科特勒指出，要进行联结就必须分析刺激信息并对其进行价值评估。评估的技巧有 3 种，如图 3-4 所示。

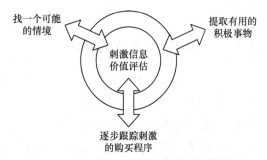

图 3-4　建立联结的刺激信息价值评估技巧

① 找一个可能的情境。找一个可能的情境（环境、身边的人、地点、时间、场合）来使刺激产生意义，然后，移动或改变刺激，直到它适合那个情境为止。

② 提取有用的积极事物。这种技巧的原理是在不合理的刺激中找寻积极因素。随后忘掉这些刺激，采用其他的方法来产生那些积极效果。

③ 逐步跟踪刺激的购买程序。逐步跟踪刺激的购买程序的技巧要求"假设"购买者的购买及使用程序，而后记下每个有价值的点子。

3. 水平营销过程的结果是为企业带来营销上的重大突破

水平营销是一种营销创新的理念和方法，如果将在企业内部广泛推行水平营销的理念和方法，这些企业就会转变成更具创新精神的市场开拓者，并获得竞争优势。正如科特勒所说，水平营销是一个工作过程，它能够产生涵盖目前未涵盖的需求、用途等，通过置换、替代、联结创造出新产品、新功能和新市场。

3.4 市场机会价值的评估

3.4.1 市场机会的价值因素

市场机会的价值可以由两部分构成：吸引力和可行性。

1. 市场机会的吸引力

市场机会对企业的吸引力是指企业利用该市场机会可能创造的最大效益，反映市场机会吸引力的指标主要有如下几项。

（1）市场需求规模。市场需求规模表明市场机会当前所提供的待满足的市场需求总量的大小，通常用产品销售数量或销售金额来表示。

（2）利润率。利润率是指市场机会提供的市场需求中单位需求量可以为企业带来的最大效益。

（3）发展潜力。发展潜力反映市场机会为企业提供的市场需求规模、利润率的发展趋势及其速度情况。

2. 市场机会的可行性

市场机会的可行性是指企业将其转化为具体利益的可能性，它是由企业内部环境和外部环境两方面决定的。

3.4.2 市场机会价值的评估

确定了市场机会的吸引力与可行性，就可以综合这两个方面对市场机会进行评估。按吸引力大小和可行性强弱组合，可构成市场机会的价值评估矩阵，如图3-5所示。

区域Ⅰ为吸引力大、可行性弱的市场机会。一般来说，该种市场机会的价值不会很大。除了少数好冒风险的企业，一般企业不会将主要精力放在此类市场机会上。但是，企

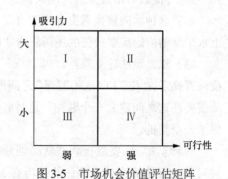

图3-5 市场机会价值评估矩阵

业应时刻注意决定其可行性大小的内、外环境的变动情况，并做好当其可行性变大进入区域Ⅱ时迅速反应的准备。

区域Ⅱ为吸引力、可行性俱佳的市场机会。该类市场机会的价值最大。通常，此类市场机会既稀缺又不稳定。企业营销人员的一个重要任务就是要及时、准确地发现有哪些市场机会进入或退出了该区域。

区域Ⅲ为吸引力、可行性皆差的市场机会。通常企业不会去注意该类价值最低的市场机会。该类市场机会不大可能直接跃居到区域Ⅱ中，它们通常会经由区域Ⅰ、Ⅳ才能向区域Ⅱ转变。当然，有可能在极特殊的情况下，该区域的市场机会的可行性、吸引力突然同时大幅度增加。企业对这种现象的发生也应有一定的准备。

区域Ⅳ为吸引力小、可行性强的市场机会。该类市场机会的风险低，获利能力也小，通常，稳定型企业和实力薄弱的企业以该类市场机会作为其常规营销活动的主要目标。对该区域的市场机会，企业应注意其市场需求规模、发展速度、利润率等方面的变化情况，以便在该类市场机会进入区域Ⅱ时可以立即有效地予以把握。

案 例 分 析

电信运营商在与 OTT 企业的竞合中寻找机会

2013 年以来，国内电信运营商与 OTT 企业就 OTT 业务展开了一场激烈的竞合博弈。以腾讯微信为代表的互联网 OTT 服务在对短信、彩信等电信增值业务形成异质替代的同时，还会分流语音业务，这对电信运营商构成巨大冲击。产业价值正逐步从管道向内容、从通信网向互联网、从话音服务向信息服务转移。

1. OTT 业务加速侵蚀传统电信业务

（1）OTT 业务对短信/语音业务产生冲击。据统计数据显示，2010 年我国短信发送量增长率为 7.1%，2011 年和 2012 年这一数据分别下降为 6.2%和 2.1%；2013 年 1~2 月国内点对点短信数量同比下滑 10.6%，语音 ARPU 值（每用户平均收入）下滑 8%；中国三大电信运营商 2G 业务收入均出现不同程度的下滑，中国移动的语音业务更是破纪录地在近 4 个月连续负增长。与之相对，我国即时通信用户规模已达 4.68 亿，同比增长 12.7%；即时通信应用在手机下载中排名第一，使用率达到 83.9%；微信两年时间内用户数超过 3 亿，渗透率达 27.3%。OTT 应用的爆发式增长，正不断侵蚀运营商的短信、语音等基础业务领域。

（2）OTT 业务削弱了电信运营商利润。OTT 业务在对基础电信产生业务替代的同时，还削弱了电信运营商的利润。一方面，OTT 企业只需向电信运营商支付相对低廉的数据宽带租赁费；另一方面，用户用于支付 OTT 应用的流量费用相对语音、短信等传统业务很少。资费的差距对于 OTT 企业和用户来说是利好，但对运营商来说，经营基础电信服务的利润被 OTT 业务摊薄，而且随着电信运营商之间竞争的加剧和上网资费的进一步下调，这种摊薄效应将愈发明显。

（3）OTT 业务降低电信运营商与用户间的黏性。OTT 业务减弱了电信运营商与用户间的强联系，使得用户对电信运营商的黏性大大降低。首先，电信运营商失去了对用户的接口控制。由于用户直接面对的是腾讯、谷歌等 OTT 服务商，运营商对于用户缺乏感知，难以有效把控和管理测试，无法参与互联网增值业务的收入分配。其次，用户离网换网更为容易。由于用户被绑定在 OTT 应用上而非某个终端设备或运营商网络，这就使得用户往往会跟随特定的 OTT 服务迁移。

（4）OTT 业务增加电信运营商网络维护成本。即时通信等 OTT 业务处于在线状态时会占用运营商的信令通道，影响语音质量及通信网络稳定。这种冲击在 2G、2.5G 网络中尤为明显。据中国移动统计数据显示，微信业务在带来 10% 数据流量业务增长的同时，也占用了 60% 的信令资源。信令资源的消耗客观上增加了运营商网络维护的成本，也影响了其他业务的盈利水平。

2. 电信运营商与 OTT 企业竞合博弈的实质是利益分配之争

基础电信运营商与 OTT 企业之间的竞合博弈由来已久，从 2005 年欧美国家开始的"网络中立"之争，到近期关于对 OTT 业务收费的论战，其实质是管道与内容的利益分配之争。对于电信运营商来说，并不甘愿只当信息传输管道，而是希望在新的价值分配体系中找到自己的发展机会；对于 OTT 服务提供商而言，在提升服务创新能力、扩大用户规模的同时还要兼顾企业的盈利水平。依据利益分配的不同，目前国内外双方博弈的形式主要有阻断业务、开展合作和发展自有 OTT 业务三种。

（1）电信运营商直接阻断或调整资费以缓解压力。对于处于市场主导地位的运营商来说，最直接的对抗手段即通过技术或收费的方式直接阻断 OTT 业务的传送。2012 年 7 月，韩国通信委员会发布了《有关通信网络合理利用以及管理标准》，其核心内容是移动运营商为了避免或解决网络过度负荷带来的问题，在必要的情况下，可以采取一定的流量管理。

更多的国外运营商采取了一种较为缓和的方式，通过调整资费策略，在拉动数据流量的同时降低 OTT 业务在资费方面的吸引力。例如，英国运营商 Vodafone 规定，选择高于 40 英镑月套餐资费的用户可以免费使用网络电话 VoIP，而低于 40 英镑月套餐的用户需要额外支付 15 英镑的功能套餐才能开通。

（2）电信运营商与 OTT 企业合作以平衡利益分配。电信运营商与 OTT 企业合作的关键在于找到合适的利益分配方式，借助 OTT 服务商的力量，提升互联网内容服务能力，扩大电信运营商的用户基础。近年来，电信运营商推出了一些更为优化的利益分配方式，如为某些 OTT 应用设计定向流量包。随着专用定向流量包的出现，对 OTT 企业来说，意味着自己的应用与电信运营商的渠道紧密捆绑，增加了应用的生命周期和用户稳定性；对电信运营商来说，也提供了分享 OTT 企业内容和广告收益的机会，获得了吸引更大用户群的筹码。

（3）电信运营商发展自有 OTT 业务以开展正面竞争。在坚守管道、与 OTT 企业博弈的过程中，运营商也开始发展自有的 OTT 业务来正面应对竞争。中国移动明确表示将重构飞信业务，对原有的飞信平台做进一步的能力扩展，以支持包括个人台式机、平板计算机、智能手机及智能电视等各种类型的电子终端；中国电信将联手门户网站网易，重新打造"翼信"，并加入大量互联网元素，使其具备与固话进行免费语音交流等微信没有的功能。

3. 对竞合博弈的思考及建议

电信运营商与 OTT 企业的博弈关系并不是简单的二元结构，而是多元因素共同发挥作用的一种动态平衡。通信业未来的发展方向既不是管道为王，也不是内容应用为王，而是一个合理分配产业价值链的新的社会分工体系。互惠共赢是博弈双方所共同希望看到的结局。

（1）OTT 业务有益于稳定和提高电信运营商的 ARPU 值。从电信运营商的角度来说，在我国 3G/4G 基础通信网络建设与改造已趋于完善的今天，通过不断升级网络扩大容量来提高 ARPU 值已逐渐变得不太现实；而促使更多用户使用数据流量业务，提高数据网络的利用率则成为更行之有效的方式。以移动应用商店、即时通信、移动视频为代表的 OTT 业务无疑会对当前户均流量仅为 20 MB 左右的 TD 网络数据流量提升产生积极作用。大流量数据业务套餐订购用户的增加，对于电信运营商 ARPU 值的稳定和提高也具有正面意义。

（2）OTT 业务刺激电信运营商提高服务能力和质量。从用户的角度看，OTT 业务的优势主要在于资费低廉和功能的多样性，但在通信质量和安全性方面与传统电信业务仍存在一定差距，并且某些第三方业务的获得并不如从电信运营商处直接获取来得便利。因此，OTT 业务的发展可以更好地刺激电信运营商转变经营思路，发挥自身优势，注重商业模式创新，为用户开发更优质、低廉、功能多样的增值服务产品，提高服务的能力和质量。

（3）本土 OTT 企业有望在国际上突破。从 OTT 业务自身发展来看，目前国内一批"杀手级"应用正在迅速崛起，本土 OTT 企业有望在国际上打破欧美垄断，形成突破。如腾讯公司的微信业务，目前已经成为全球使用人数最多的移动互联网应用。

（4）电信运营商之间的利益分配仍需协调。在我国三大电信运营商中，中国移动对 OTT 业务发展的反应最为激烈，希望借助 4G 网络或直接收费的方式对 OTT 业务加以管控。这一方面是因为微信等 OTT 应用对有着最大 2G、2.5G 用户基数的中国移动替代冲击最大，信令资源占用也最为明显；另一方面我国 90% 的数据骨干网由联通和电信两家运营商掌握，OTT 业务数据流量的增长，反而造成了中国移动向联通、电信缴纳网间结算费用的增多。电信运营商之间如何找到利益分配的平衡点也是决定 OTT 业务走势的关键。

分析点评：

运营商与 OTT 企业是一种竞合关系，且这种关系会一直存在。OTT 对电信运营商基础通信服务的替代，严重冲击了电信运营商，其核心在于互联网的产业特征——对最终用户刚性需求免费服务，与电信行业的产业特征——对最终用户刚性需求收费服务，在本质上的不相容。电信运营商要想更好的发展，需要与 OTT 企业在竞争中寻求合作，发现新的市场机会，实现互利共赢。

思 考 题

1. 市场机会的特征是什么？
2. 寻找市场机会的方法有哪些？请简单描述。
3. 红海战略与蓝海战略的区别是什么？
4. 什么是长尾市场？
5. 怎样进行市场机会的价值评估？

第4章 通信市场营销信息系统与市场调研

本章是通信市场营销学的硬件基础。营销决策需要掌握充分的信息，而通信企业要及时获得完整准确的市场营销信息，建设市场营销信息系统和及时进行市场调研是成功的关键。

本章论述通信企业市场营销信息系统、通信市场营销调研以及通信市场信息研究三部分内容，展示市场营销信息系统与市场调研的共性和通信企业的特性。

4.1 通信市场营销信息系统

随着通信消费者的购买行为越来越复杂化，通信行业的市场竞争越来越由价格竞争转向非价格竞争，现代通信企业对营销信息的需求越来越强烈。而现代技术的发展为通信企业大规模搜集信息提供了有效手段，市场营销信息系统由此而建立并不断完善。

4.1.1 市场营销信息

1. 市场营销信息的定义

市场营销信息（Marketing Information），是指一定时间和条件下，与企业的市场营销有关的各种事物的存在方式、运动状态及其对接收者效用的综合反映。它一般通过语言、文字、数据、符号等表现出来。

市场营销信息是企业营销活动和企业经营决策的基础，而且经营决策水平越高，对信息的依赖性越强。

2. 市场营销信息的分类

市场营销信息可以按照不同的维度划分为不同类型。

（1）根据信息来源划分，可分为外部信息和内部信息。

（2）根据决策级别划分，可分为战略信息、管理信息和作业信息。

（3）根据表示方式划分，可分为文字信息和数据信息。

（4）根据处理程度划分，可分为原始信息和加工信息。

（5）根据稳定性划分，可分为固定信息和流动信息。

3. 市场营销信息的作用

市场营销信息在市场营销活动中起着十分重要的作用，它不但引导着营销决策的方向，还对决策过程进行了多方的协调。

（1）市场营销信息是企业经营决策的前提和基础。企业在市场营销过程中，无论是对企业的营销目标、发展方向等战略问题的决策，还是对企业的产品、定价、销售渠道、促销措施等战术问题的决策，都必须在准确地获得市场营销信息的基础上，才可能得到正确的结果。

（2）市场营销信息是制定企业营销计划的依据。企业在市场营销中，必须根据市场需求的变化，在营销决策的基础上，制订具体的营销计划，以确定实现营销目标的具体措施和途径。不了解市场信息，就无法制订出符合实际需要的计划。

（3）市场营销信息是实现营销控制的必要条件。营销控制是指按既定的营销目标，对企业的营销活动进行监督、检查，以保证营销目标实现的管理活动。由于市场环境的不断变化，企业在营销活动中必须随时关注市场的变化，进行信息反馈，根据新情况修订营销计划，对企业的营销活动进行有效控制，使企业的营销活动能按预期目标进行。

（4）市场营销信息是进行内、外协调的依据。企业在营销活动中，要不断地收集市场营销信息，根据市场和自身状况的变化，来协调内部条件、外部条件和企业营销目标之间的关系，使企业营销系统与外部环境之间、与内部各要素之间始终保持协调一致。

4.1.2 市场营销信息系统概述

1. 市场营销信息系统的定义

市场营销信息系统（Marketing Information System，MIS），是指由人员、机器设备和计算机程序所构成的一个相互作用的连续复合体。企业借助市场营销信息系统，及时、准确地收集、挑选、分析、评估和分配适当、及时且准确的信息，为市场营销管理人员制订或改进市场营销计划、执行和控制市场营销活动提供依据。

2. 市场营销信息系统的构成

不同的企业，其信息系统的具体构成有所不同。但基本框架大体相同，一般由内部报告系统、营销情报系统、营销调研系统、营销决策支持系统这四个子系统构成，如图 4-1 所示。

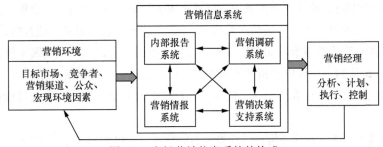

图 4-1　市场营销信息系统的构成

在市场营销信息系统中，信息系统收集环境变化的信息，对所得信息进行处理，然后，由营销信息系统在适当时间，按所需形式，将整理好的信息送至有关决策者，为决策者提供决策支持；营销经理做出相关决策，开展营销活动，并作用于环境。

3. 市场营销信息系统的职能

市场营销信息系统作为一种信息的收集者、管理者、提供者，承担着数据资料的收集、数据资料的处理、数据资料的分析和评价、储存和检索以及传递信息等重要职能。

（1）数据资料的收集，包括经常收集相关的数据资料及进行专门的资料收集。

（2）数据资料的处理，对未加工的原始数据资料进行整理、编辑、建档等工作。

（3）数据资料的分析和评价，用科学方法并结合经验对数据资料进行统计分析和评价。

（4）储存和检索，一是原始数据资料的储存和检索；二是经统计分析和评价后的作为某种决策信息的储存和检索，以便提供给市场营销管理者。

（5）传递信息，将有关市场营销信息及时提供给市场营销管理者和经营者。

[课外作业]

市场营销信息系统有哪些特点？

4.1.3　市场营销信息系统的子系统

由图 4-1 可知，内部报告系统、营销情报系统、营销调研系统、营销决策支持系统是营销信息系统的核心组成部分。

1．内部报告系统

内部报告系统（Internal Record System）是关于企业内部情况收集的系统，是决策者们利用的最基本的系统。其特点是：① 信息来自企业内部的财务会计、生产、销售等部门；② 通常是定期提供信息，用于日常营销活动的计划、管理和控制。

内部报告系统提供的数据包括订单、销量、存货水平、费用、应收应付款、生产进度、现金流量等。其中的核心是"订单→发货→账单"的循环，即销售人员将顾客的订单送至企业；负责管理订单的机构将有关订单的信息送至企业内的生产运作部门；有存货的立即备货，无存货的则要立即组织生产；最后，企业将货物及账单送至顾客手中。

2．营销情报系统

营销情报系统（Marketing Intelligence System）的主要功能是向营销部门及时提供有关外部环境发展变化的情报。

管理有方的企业采取多种方法来提高所收集情报的质量和数量，例如：① 训练和鼓励销售人员收集情报。② 鼓励中间商及其他合作者向自己通报重要信息。③ 聘请专家收集营销情报，或向专业调查公司购买有关竞争对手、市场动向的情报。④ 参加各种贸易展览会获得情报。⑤ 内部建立信息中心，收集和传送营销情报，如安排专人查阅主要的出版物、网站，及编写简报等。

"情报循环"论认为，可以由情报循环的 5 个阶段来建立市场营销情报系统。

（1）情报的定向。确定企业营销所需的外部环境情报及其优先次序，确定这些情报的指标和收集系统的建立。

（2）情报的搜集。观察各种环境，以搜集适当的情报。情报的来源通常十分广泛，如政府机构、竞争者、顾客、大众传播媒介、研究机构等。

（3）情报的整理和分析。对收集到的情报，要分析其是否适用、是否可靠、是否有效。也就是说收集到的信息需要经过适当的处理才能转变成有用的情报。

（4）将经过处理的情报在最短的时间内传到适当的人手中。为此，要确定接收人、接收时间和接收方式。工作中，应特别注意经各种途径传播的情报有无失真的情况。

（5）情报的使用。为有效地使用情报，须建立索引系统，帮助营销人员方便地获得存储的情报。同时，还应定期清除过期或失效的情报。

3．营销调研系统

营销调研系统（Marketing Research System）的任务是：针对企业面临的明确具体的问题，对有关信息进行系统的收集、整理、分析和评价，并对研究结果提出正式报告，为决策部门解决这一特定问题提供决策参考。

营销调研系统针对性强，企业在营销决策过程中，经常需要对某个特定问题或机会进行重点研究。例如，企业打算对产品大幅度降价，需要调研人员对降价的可行性、利和弊、风险性以及预防性措施进行专题研究，并把调研结果呈决策人参考。

企业可以临时组成调研小组来完成调研任务，也可以委托外部的专业调研公司来完成调研工作，大公司一般会设立专门的营销调研部门。

4. 营销决策支持与分析系统

营销决策支持系统（Marketing Decision Support System，MDSS）是辅助决策者通过数据、模型和知识，以人机交互方式进行半结构化或非结构化决策的计算机应用系统。它是管理信息系统向更高一级发展而产生的先进信息管理系统。它为决策者提供分析问题、建立模型、模拟决策过程和方案的环境，调用各种信息资源和分析工具，帮助决策者提高决策水平和质量。这一系统又被称作专家系统。

市场营销分析系统是指一组用来分析市场资料和解决复杂的市场问题的系统。这个系统由统计分析模型和市场营销模型两个部分组成，前者是借助各种统计方法对所输入的市场信息进行分析的统计库；后者是专门用于协助企业决策者选择最佳的市场营销策略的模型库。

4.1.4　通信市场营销信息系统的建立

1. 通信市场营销信息系统的设计原则

（1）注重整体规划。充分考虑与综合客服系统、智能网、网管系统、计费系统等其他系统间实现互联互通，充分实现信息共享。

（2）注重客户信息。以客户为入口，将账户、用户、业务、服务、资源等关联起来，便于以客户为核心的管理工作的开展。系统可以根据不同的规则，提供不同角度的客户视图，满足企业各个部门、不同时期所关注的客户信息。

（3）注重产品信息。通信市场营销信息系统应支持通信新业务的开发，快速响应市场需求，支持灵活市场营销策略，快速推出差异化、个性化的产品和服务。

（4）注重平台建设。不断更新硬件设备，改造网络，采用先进并相适宜的计算机与网络技术，实现信息的快速传递。

（5）支持用户分级管理。提供灵活的客户分群功能，可以按照不同的条件进行客户分群，对不同的客户群进行需求分析，提供有针对性的产品或采取不同的营销政策。

（6）支持管理决策。为决策支持系统提供充分的企业内部营销相关数据以及外部信息的传递渠道，决策支持系统综合数据，进行分析与整理，为企业各层次决策者提供决策支持。

2. 通信市场营销信息系统的实施过程

（1）系统平台的选择。系统平台是营销信息系统应用软件运行的载体。系统软硬件平台搭建的稳定性是应用软件安全、稳定、高效运行的基础和前提。在进行系统平台选型搭建时应依据如下原则：开放性和标准性；系统安全、可靠性；可扩展性；优良的性能。

（2）系统总体架构的设计。一般采用三层结构，整个系统平台分为客户端（营业受理终端、操作终端等）、应用服务器（中间件服务器）和后台数据库服务器三层。设置数据库服务器、应用服务器、接口服务器（需要与计费、网管、资源管理系统等建立接口）。将数据库服务器、应用服务器、营业受理机、接口机、操作终端连接成局域/广域网络。前端处理机也可通过各种方式（如拨号、专线等）接入系统，进行业务交易。

（3）系统环境的搭建。根据系统规模建立相应的应用服务器节点，采用先进方法建立数据库服务器，可根据业务处理模式和数据层次把存储系统分为几个级别，从而保证存储系统具有较好的性能与扩展性。存储系统必须具有良好的备份管理功能，可以通过备份服务器和备份管理软件实现网络备份和分级备份等灵活的备份策略。数据库平台必须能够提供完善的功能和良好的处理性能，能够充分利用硬件平台资源，并有力支撑应用软件的业务处理。

（4）应用软件的建设。一般应用的实施过程包括硬件配置、软件开发、数据准备、人员培训、试运行、正式运行等阶段，特别要注意需求调研系统本地化开发、数据准备、系统交付、测试、试运行这 5 个阶段的工作，在每一个阶段，都必须建立详细文档，做好文档备份工作。

[案例 4-1]

电信数据仓库

20 世纪 90 年代初期，W. H. Inmon 在其著作《建立数据仓库》中提出了"数据仓库"的概念："数据仓库是支持管理决策过程的、面向主题的、集成的、随时间而变的、持久的数据集合。"数据仓库是为保证数据查询和分析的效率，按照主题将所有的数据分门别类进行存储，需要的时候，按主题提取数据并做进一步的分析处理。

数据仓库技术在金融业、制造业、商贸业以及电信业等都有着广泛的应用实践。各大数据库厂商纷纷推出相应产品支持数据仓库，如 NCR、SAS、Oracle、IBM 等都提出了相应的数据仓库解决方案。

在电信企业中，数据仓库有多种应用，典型的应用一般集中在经营分析和营销决策支撑两方面。一方面，数据仓库从营业、计费账务、渠道、客服中心等生产、管理系统获取市场经营的所有有关信息，经过整合、清洗等环节，按主题存储，形成企业内部有关市场经营的统一数据平台，通过查询、报表、多维分析等方式提供给数据分析用户和营销决策人员；另一方面，数据仓库根据客户交互系统的需求，经过分析或挖掘，将客户异常消费、流失客户预警、营销活动目标客户等信息反馈到各客户接触系统，供营销经理、营业员、客服人员为相应客户提供针对性的营销和服务。

要构建电信企业的数据仓库，首先必须明确定位，做好需求设计。数据仓库的需求设计应立足于企业的数据分析需求，围绕市场经营管理、营销决策和执行的数据分析支撑工作来展开。需求设计主要须完成三方面工作：一是分析主题的设计；二是分析维度和维度值的确定；三是分析指标的确定。

对于电信企业来说，各类分析对象的分析主题可以设计如下：业务或产品分析主题，包括各类业务或产品发展状况分析、发展变化趋势分析、影响因素分析以及发展预测等分析内容；客户分析主题，包括客户价值分析、客户流失分析、客户忠诚度分析、客户信用度分析等内容；竞争分析，基于网间的话务信息来设计，包括竞争对手用户发展情况、本企业用户使用竞争对手产品情况和竞争对手用户使用本企业产品情况等内容；营销活动分析，根据电信企业营销活动的三大目的——获取客户、提高 ARPU、客户保持以及营销活动的三个环节——营销策划、营销执行和营销评估来设计相应的分析内容，一般包括营销机会判断、预期效果评估、营销效果评估、营销方案调整等内容。

电信数据仓库的维度可以分为时间维度、空间维度、业务维度、客户维度、用户终端维度、营销活动维度、运营商维度六大类。数据分析指标可分为基本指标和衍生指标两大类。

营销人员可以通过数据仓库对企业进行经营分析、专题分析、营销监测及数据挖掘。

趣味讨论：数据仓库在通信行业的实际应用有哪些？

4.2 | 通信市场营销调研

4.2.1 通信市场营销调研的含义与内容

1. 市场营销调研的定义

市场营销调研是针对企业特定的营销问题，采用科学的研究方法，系统地、客观地收集、整理、分析、解释和沟通有关市场营销各方面的信息，为营销管理者制定、评估和改进营销决策提供依据。

通信市场营销调研工作的重点是通过通信业务用户调研，掌握用户现状和使用通信业务的相关信息，为通信企业的营销策略提供决策支撑。

2. 市场营销调研的分类

市场营销调研既涉及市场营销的各个方面，又运用许多经济学和统计学的方法，因而，可以根据其特性、所使用的方法以及适用的范围进行不同的分类，如图 4-2 所示。

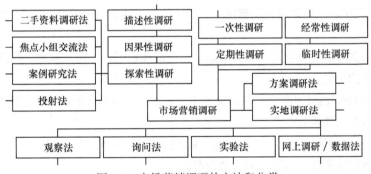

图 4-2　市场营销调研的方法和分类

根据调研的目的和功能，可以把市场调研分成因果性调研、描述性调研以及探索性调研三种基本类型。

（1）描述性调研（Descriptive Research），是已经明确所要研究的问题与重点后，拟订调研计划，对所需资料进行收集、记录和分析。描述性调研资料数据的采集和记录，着重于客观事实的静态描述，大多数的市场营销调研都属于描述性调研。描述性调研要表明问题的特征，试图寻求诸如谁、什么、何时、何地和怎样等问题的答案。与探测性调研相比，描述性调研的目的更加明确，研究的问题更加具体。

（2）因果性调研（Causal Research），是为查明项目不同要素之间的关系，以及查明导致产生一定现象的原因所进行的调研。

（3）探索性调研（Exploratory Research），一般是在调研专题不太明确时，为了明确问题而进行的调研。通过这种调研，可以了解情况，发现问题，得到关于调研项目的某些假定或设想，以供进一步调查研究。探索性调研常用二手资料调研法、焦点小组交流法、案例研究法、投射法等方法对未知信息进行探索。

根据调研时间的长短与频率划分，可分为一次性调研、定期性调研、经常性调研和临时性调研。

根据所收集资料的类型划分，可分为方案调研法和实地调研法，前者收集二手资料，后者收集一手资料。实地调研法可以分为观察调研法、询问调研法、实验法、网上调研法和行为数据法等类型。

3. 市场营销调研的内容

（1）市场需求容量调研主要包括：市场最大和最小需求容量；现有和潜在的需求容量；不同商品的需求特点和需求规模；不同市场空间的营销机会以及企业和竞争对手的现有市场占有率等情况的调查分析。

（2）可控因素调研主要包括对产品、价格、销售渠道和促销方式等因素的调研。

① 产品调研，包括有关产品性能、特征和顾客对产品的意见和要求的调研；产品寿命周期调研，以了解产品所处的寿命期的阶段；产品的包装、名牌、外观等给顾客的印象的调研，以了解这些形式是否与消费者或用户的习俗相适应。

② 价格调研，包括产品价格的需求弹性调研；新产品价格制定或老产品价格调整所产生的效果调研；竞争对手价格变化情况调研；实施价格优惠策略的时机和实施这一策略的效果调研。

③ 销售渠道调研，包括企业现有产品分销渠道状况；中间商在分销渠道中的作用及各自实力；用户对中间商尤其是代理商、零售商的评价等方面的调研。

④ 促销方式调研，主要是对人员推销、广告宣传、公共关系等促销方式的实施效果进行分析、对比。

（3）不可控因素调研主要指对市场营销活动的外部环境因素，包括政治、经济、社会、技术以及竞争对手等因素的调研。

① 政治环境调研，包括对企业产品的主要用户所在国家或地区的政府现行政策、法令及政治形势的稳定程度等方面的调研。

② 经济发展状况调研，主要是调查企业所面对的市场在宏观经济发展中将产生何种变化，重点调研各种综合经济指标所达到的水平和变动程度。

③ 社会文化因素调研，指调查一些对市场需求变动产生影响的社会文化因素，诸如文化程度、职业、民族构成，宗教信仰及民风、社会道德与审美意识等。

④ 技术发展状况与趋势调研，主要是为了解与本企业生产有关的技术水平状况及趋势，同时还应把握社会相同产品生产企业的技术水平的提高情况。

⑤ 竞争对手调研，是指关于竞争对手数量、竞争对手的市场占有率及变动趋势、竞争对手已经并将要采用的营销策略、潜在竞争对手情况等方面的调研。

4. 通信市场营销调研的内容

通信市场营销调研的核心内容是客户调研，通信客户调研需要从三个层面进行用户使用习惯分析：全部用户整体特征、以某个维度划分的用户群体特征差异以及个体用户之间的特征差异。通信客户调研的具体内容如下。

（1）人口统计特征方面的描述性数据。对消费者市场来说，包括年龄、收入、婚姻状况和教育程度等；对产业市场来说，包括行业分类、规模（员工数量和销售额）和岗位责任等。

（2）心理特征。包括消费者的价值观、兴趣和生活方式等。

（3）需求情况。包括历史购买或消费以及预期未来购买。通信行业常用 MOU（Minutes Of Usage）和 ARPU（Average Revenue Per User）值来衡量用户对通信业务的使用情况和运营商的收入情况。MOU 即平均每户每月通话时间（Average Communication Time Per One Month Per One User），单位是分钟，用以衡量用户通话业务的使用情况。ARPU 即每用户平均收入，用以衡量用户通信综合业务的使用情况，显然，高端用户越多，ARPU 越高。

（4）需要。既可以是明确表达出来的需要，也可以是联合分析或者使用价值分析推导出来的需要。

（5）态度。包括对产品、供应商、购买风险的态度，或者对采用过程的一般态度。

（6）媒体和分销渠道的使用。包括所用媒体类型和数量，及通常购买产品和服务的地点等。

[课外作业]

如何运用联合分析和价值分析方法分析客户需求?

4.2.2 市场营销调研的流程

市场营销调研是一项有序的活动。它包括准备阶段、实施阶段和总结阶段三个阶段，如图 4-3 所示。调研的准备阶段主要是确定调研目的、要求及范围，并据此制订调研方案；实施阶段的主要任务是根据调研方案，组织调查人员深入实际收集资料；总结阶段是对资料进行整理分析，写出调研报告，展示调研结果。

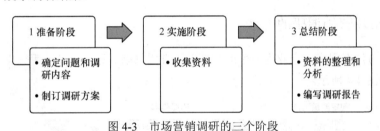

图 4-3　市场营销调研的三个阶段

1．确定问题和调研内容

调研问题的提出，是指营销调研人员根据决策者的要求或由市场营销调研活动中所发现的新情况和新问题，提出需要调研的课题和调研内容。

有时，营销调研人员对所需调研的问题尚不清楚，或对调研问题的关键和范围不能抓住要点，无法确定调研的内容，这就需要进行探测性调研，先收集有关资料进行分析，找出症结，明确调研目标。

2．制定调研方案

一个完整的调研方案包含以下内容。

（1）确定资料来源。信息可分为第一手资料和第二手资料。调研中应尽可能利用二手资料，因为获得二手资料相对来说较容易且快捷。但一手资料对解决当前问题针对性更强，营销调研的核心之一就是如何有效地收集到必要、充分且可靠的一手资料。

（2）确定调研方法。即收集一手资料的方法，主要有观察法、询问调查法、焦点小组访谈法、行为数据分析法、实验法等。

（3）确定调研工具。常用的调研工具有调查表、定性测量和仪器等。

（4）确定抽样计划。如果通过调查表（问卷调查）的工具进行调研，就需要进一步确定抽样计划。这一计划要解决下述三个问题：谁是抽样对象？调查样本有多大？样本应如何挑选出来？

（5）确定接触方法。接触方法有邮寄调查表、电话访问、人员面谈访问等。

3．收集资料

首先收集的是第二手资料也称为次级资料。其来源通常为国家机关、金融服务部门、行业机构、市场调研与信息咨询机构等发表的统计数据，也有些发表于科研机构的研究报告或著作、论文上。对这些资料的收集方法比较容易，而且花费也较少。利用第二手资料来进行的调研也被称为案头调研。

其次是通过实地调查来收集第一手资料，即原始资料，这时应根据调研方案中已确定的调查方法和调查方式，确定好选择调查单位的方法，先一一确定每一被调查者，再利用设计好的调查方法与方式来取得所需的资料。

4．资料的整理和分析

对通过营销调查取得的资料进行审核、分类、制表。审核即去伪存真，不仅要审核资料的正确与否，还要审核资料的全面性和可比性。分类是为了便于资料的进一步利用。制表的目的是使各种具有相关关系或因果关系的经济因素更为清晰地显示出来，便于进行深入的分析研究。

5．编写调研报告

调研报告是调研活动的结论性书面报告。其编写原则是客观、公正全面地反映事实，以求最大限度地减少营销活动管理者在决策前的不确定性。调研报告包括调研对象的基本情况、对所调研问题的事实所做的分析和说明、调研者的结论和建议。

4.2.3　通信市场营销调研的方法

市场调研的方法有很多，企业内外部的数据源也非常繁杂。通信市场一手数据的调研可分为四个关键步骤，如图4-4所示。

图4-4　通信市场营销调研的四个步骤

1．确定测量工具

营销人员做市场营销调研，首先必须明确需要收集什么信息，怎样去收集这些信息。一手资料的收集方法主要有观察法、询问法、焦点小组访谈法、行为数据分析法、实验法等。

（1）观察法是调查人员在调研现场，直接或通过仪器观察、记录被调查者行为和表情，以获取购物和使用产品的方式等信息的一种调研方法。

（2）询问法是调查人员通过各种方式向被调查者发问或征求意见来搜集市场信息的一种方法。它可分为深度访谈、座谈会、问卷调查等方法，其中问卷调查又可分为电话访问、邮寄调查、留置问卷调查、入户访问、街头拦访等调查形式。

（3）焦点小组座谈。选择对调研问题有见解的 6～10 人，形成焦点小组，主持人提问题，小组讨论。

（4）行为数据分析法通过运营商顾客数据库来记录顾客的购买行为，通过分析行为了解情况。

（5）实验法。选择相匹配的目标小组，给予不同的处理，控制外来变量和核查所观察到的差异是否具有统计学意义。营销实践中，常通过实际的、小规模的营销活动来调查关于某一产品或某项营销措施的执行效果。实验的主要内容有产品的质量、品种、商标、外观、价格，促销方式及销售渠道等。它常用于新产品的试销和展销。

2. 问卷设计

问卷，也叫调查表，它是一种以书面形式了解被调查对象的反应和看法，并以此获得资料和信息的载体。问卷设计是依据调研的目的，列出所需了解的项目，并以一定的格式，将其有序地排列，组合成调查表的活动过程。

问卷的格式一般是由问卷的开头部分、甄别部分、主体部分和背景部分 4 个部分组成。

（1）开头部分，主要包括问候语、填表说明、问卷编号等内容。不同的问卷所包括的开头部分会有一定的差别。

① 问候语。问候语的作用是引起被调查者的兴趣和重视，消除调查对象的顾虑，激发调查对象的参与意识，以争取其积极合作。问候语中的内容包括称呼、问候、访问员介绍、调查目的、调查对象做答的意义和重要性、说明回答者所需花的时间、感谢语等。问候语要反映上述内容，且力求简短。

② 填写说明。在自填式问卷中要有详细的填写说明，让被调查者知道如何填写问卷，如何将问卷返回到调查者手中。

③ 问卷编号。主要用于识别问卷、调查者以及被调查者姓名和地址等，以便于校对检查、更正错误。

（2）甄别部分，也称问卷的过滤部分，它是先对被调查者进行过滤，筛选掉非目标对象，然后有针对性地对特定的被调查者进行调查。

（3）主体部分，也是问卷的核心部分，包括所要调查的全部问题，主要由问题和答案所组成。

① 问卷设计的过程是将研究内容逐步具体化的过程。根据研究内容先确定好"树干"，然后再根据需要，为每个"树干"设计"分支"，每个问题是"树叶"，最终构成为"一棵树"。因此在整个问卷树的设计之前，要有总体构想。

② 主体问卷的分块设置。在一个综合性的问卷中，通常将差异较大的问卷分块设置，从而保证了每个问题相对独立，整个问卷的条理清晰，突出整体感。

③ 主体问卷设计应简明、内容不宜过多、过繁，根据需要确定，避免可有可无的问题。

④ 问卷设计要具有逻辑性和系统性，一方面可以避免需要询问信息的遗漏，另一方面调查对象也会感到问题集中、提问有章法。

⑤ 问卷题目设计要有针对性，明确被调查人群，适合被调查者身份，充分考虑受访人群的文化水平、年龄层次等，避免专业术语，提问要通俗易懂。

（4）背景部分，是有关被调查者的一些背景资料，调查单位要对其保密。该部分所包括的各项内容，可作为对调查者进行分类的比较的依据。一般包括：性别、民族、婚姻状况、收入、教育程度、职业等。

3. 选择样本

抽样计划要解决三个问题：谁是抽样对象？调查样本有多大？样本应如何挑选出来？

（1）抽样单位。首先确定要调查的总体即人群，然后，确定从总体中找出部分有代表性的样本的方法，即确定取样框架。例如，样本总体可以是某个地区或某个行业内的所有通信市场用户，样本框架可选用地区内按照位置分布划分某个子区域内的用户，或者是某个行业内个人收入处于中等水平的用户，样本是按照上述方法选出来进行实际调研的用户。

（2）样本量。根据调研目标来确定样本量。样本量越大，调研结果越可信。如果调研过程科学可靠，样本量少于总体单位的 1% 也可达到很好的信度。

（3）抽样方法。采用概率抽样可以计算抽样误差，构造置信区间，从而使样本更具有代表性。而非概率抽样较简便易行。抽样方法如表 4-1 所示。

表 4-1　抽样方法

分类	方法	含义
概率抽样	简单随机	总体中的每个单位被抽出作为样本的机会均等； 总体单位中不进行任何分组、排序等，采用纯粹偶然的方法从总体中抽取样本
	分层随机	把总体分为互不相同的组（如年龄组），然后从每组中随机抽取样本单位作为样本
	整群抽样	把总体分为不同的群（如城区），然后抽出其中几个群作为样本
非概率抽样	任意抽样	研究人员选取最容易获得的总体单位
	判断抽样	研究人员根据判断，选取最有可能获得正确信息的总体单位
	配额抽样	研究人员在不同类别中找出一定数量的人数

在概率抽样中，分层抽样比简单随机抽样更精确，能够通过对较少的样本单位的调研，得到较为精确的推论结果。因为通过对总体的分层，划分出同质性较高的各个层次，减少了各层次内部各层的离散度。分层抽样可以从对结果影响较为重要的层（如大量使用者、潜在的品牌转换者、具有特定人口统计特征的群体）里抽取较大的样本，可提高结果的代表性。

在通信市场营销调研中，对用户的识别也与其他行业有所不同，由于通信市场的特殊性，对通信市场用户的识别往往与网络密不可分。从所有通信业务用户中识别出某个特定业务类型的用户，可以依靠移动网、电信网和广电网等基础网络数据进行锁定。

4. 分析数据和编写报告

数据分析初始阶段，需要进行数据筛选，可采用因子分析法，将一堆数据缩减为较少的数据。具体来说，就是要分析大量的变量如态度、偏好、使用习惯等之间的相互关系，然后用基本维度也就是因子来表示这些变量。这种方法对构建知觉图和进行市场定位研究非常重要。

数据筛选后，要进一步了解通信业务用户分群，可使用聚类分析法。聚类分析（Cluster Analysis）是一组将研究对象分为相对同质的群组的统计分析技术。聚类分析也叫分类分析（Classification Analysis）或数值分类（Numerical Taxonomy），从统计学的观点看，聚类分析是通过数据建模简化数据的一种方法。传统的统计聚类分析方法包括系统聚类法、分解法、加入法、动态聚类法、有序样品聚类、有重叠聚类和模糊聚类等。采用 K-均值（K-means）、K-中心点等算法的聚类分析工具已被加入到许多著名的统计分析软件包中，如 SPSS、SAS 等。在通信市场营销调研中一般使用 K-means聚类，它属于非层次聚类法的一种。

[课外作业]

什么是因子分析法和聚类分析法？

数据分析后，就是编写报告。市场调研报告是整个调查工作，包括计划、实施、收集、整理等一系列过程的总结，是对调查了解到的全部信息和材料进行分析研究，揭示本质，寻找规律性，最后以书面形式陈述出来。调研报告的目的是将调查结果、战略性的建议以及其他结果传递给管理人员。

调研报告应该包括的内容如表 4-2 所示。

表 4-2　调研报告内容一览表

一级目录	二级目录	三级目录
标题	根据调研目的确定标题所强调的内容和重点	
摘要	1. 目标的简要陈述 2. 调研方法的简要陈述 3. 主要调研结果的简要陈述 4. 结论与建议的简要陈述 5. 其他相关信息（如特殊技术、局限、背景信息）	
分析与结果	1. 调查基础信息 2. 一般性的介绍分析类型 3. 应用统计工具或定性分析技巧对数据处理结果的归纳和总结 4. 表格与图形 5. 解释性的正文结论与建议	
调查方法	1. 研究类型、研究意图、总体的界定	
	2. 样本设计与技术规定	a. 样本单位的界定 b. 设计类型（概率与非概率性、特殊性）
	3. 调查问卷	a. 一般性描述 b. 对使用特殊类型问题的讨论
	4. 特殊性问题或考虑	
	5. 局限	a. 样本规模的局限 b. 样本选择的局限 c. 其他局限（抽样误差、时机、分析等）
附录	1. 调查问卷 2. 技术性附录（如统计工具、统计方法） 3. 其他必要的附录（如调查地点的地图等）	

[案例 4-2]

在线数据分析方法

网络调查研究是利用网络技术展开的数据采集和分析方法，是对传统调查方法的补充和发展。在线数据分析法是网络调查研究的一种新方法，它通过分析网站流量监测系统及浏览跟踪系统自动获得的网民行为数据，对网民的网络行为进行统计分析。2008 年 BillTancer 正是运用这种方法成功预测奥巴马的当选。与网络调查常用的传统方法相比，在线数据分析法更注重对群体的调查分析，并且更容易掌握网民的真实想法甚至是无意识的行为。

在线数据是利用软件收集网民的网络活动数据。从已使用的在线数据跟踪技术来看，网民的网络行为数据主要从三个位置获得：首先是网民所访问的网站，由网站记录网民的访问行为；其次是网民所使用的客户端，包括浏览器或者计算机等终端设备；最后是网民经常使用的搜索引擎，由搜索引擎记录网民所使用的搜索关键词。按获取数据位置的不同，可以将在线数据分析法分为网站流量监测法、网民行为跟踪法及搜索引擎关键词统计法三种主要方法。

1. 网站流量监测法

网站流量监测是在网站服务器端安装统计分析软件，对来访网民的网络行为进行监测。目前，许多网络公司如百度、Google（谷歌）、雅虎等都提供了免费的统计代码，网站的主办者将代码置于需要进行流量监测的页面上，即可获得网站流量的基本数据。

网站流量数据主要反映了网站的受欢迎程度及网站内容的被关注度。对于网站流量数据的分析，需要关注以下几个方面：① 访问者来源，看访问者是来自于其他网站的链接，还是搜索引擎，如来自搜索引擎，则记录访问者在搜索引擎中使用的关键词；② 主页浏览数，通过主页浏览数可用于测量访问者的整体状况；③ 每个访问者的平均停留时间，访问时间的长短反映了来访者对网站的兴趣高低；④ 最多或者最少的访问页面，这一数据也反映了访问者对页面主题内容的关心程度；⑤ 网站访问周期，网站来访者的到访是否存在年月日的周期性变化或者随热门事件起落而出现的周期性变化。

网站流量监测的方法可以对网站来访网民的行为进行全面的记录和统计，其性质属于非参与式观察，网民对网站的监测毫不知情，有助于获得可靠的数据。

2. 网民行为跟踪法

网民行为跟踪法是利用网民安装在浏览器或客户端计算机上的第三方统计软件，对网民的网络访问行为进行跟踪记录。为了让网民安装第三方统计插件，第三方统计软件的发布者往往以金额补偿或提供信息服务为代价，以获取网民的网络行为资料，如艾瑞咨询集团发布的调研通软件及 Alexa 公司发布的流量监测插件。

网民行为数据与网站流量数据相比，覆盖面更广，包含跨网站、跨行业的网民行为数据。它可以对不同行业和不同网站进行数据对比分析，应用范围更广。一个最主要的应用就是对行业网站进行分类排名，行业网站排名反映人们使用互联网的基本情况，排名的变化可以看到互联网的兴衰更替。

网民行为跟踪法可以对安装插件的网民样本进行有效性检验，通过筛选和加权等方法，推断整体网民的网络行为，具备一定的科学性。这种方法属于参与式观察，网民安装第三方统计软件后，考虑到个人隐私问题，其网络访问行为出现偏差的可能性较大。

3. 搜索引擎关键词统计法

搜索引擎关键词统计法是对百度与谷歌提供的网民搜索关键词的统计分析，如百度指数、谷歌趋势和热榜等。以谷歌趋势为例，通过分析 Google 全球数以十亿计的搜索结果，告诉用户某一搜索关键词各个时期在 Google 被搜索的频率和相关统计数据。

与前两者相比，搜索关键词统计数据更为直观和易用。搜索引擎是网民上网的必备工具，网民在搜索引擎中输入的关键词反映了网民的兴趣及焦点所在。搜索关键词数据的统计分析对于判断和预测网民行为具有重要的参考价值。

趣味讨论： 在线数据分析与传统数据分析相比有什么优势？

4.3 通信市场信息研究

4.3.1 通信市场信息类型

1. 通信市场信息的定义

通信市场信息是指通信企业向消费者提供通信设备产品和信息传递服务的过程中涉及的各种经

济关系和各种经济活动现状、经济活动的变化情况以及与通信市场营销有关的各种消息、情报、图表、数据资料的总称。通信市场信息一般通过数据、影音、广告、网络等表现和传递，对通信企业的发展具有重要的作用。

通信市场信息是通信企业制定经营战略的依据，是企业一切经营活动的基础。

通信市场信息一般来源于通信企业网站、通信产品或服务说明书、相关媒体宣传与介绍、通信类文献资料、通信企业年报与行业性期刊等。

2. 通信市场信息的类型

通信市场信息可以分为通信产品信息、通信客户信息、通信策略信息和通信战略信息 4 类。

（1）通信产品信息。通信产品是指基于通信网络资源或者硬件设备，实现某项或者多项通信功能，并以整体提供给客户的产品，通信产品通常能够通过具体的网络资源和设备被客户感受的。通信产品信息是通信市场信息的基础，因为一切竞争均源于产品。

通信产品信息包括：

① 通信产品本身信息。例如产品品名、形状、包装、规格、价格体系、产品特点及独特点等。

② 通信产品的类型信息。基本产品，不依赖其他通信产品能够单独向客户提供的通信产品，如本地电路出租；附加产品，必须依赖其他基本产品才能够向客户提供的通信产品，如呼叫转移、来电显示等；组合产品，由两种或两种以上基本产品或附加产品组合而成并产生新功能的通信产品，如本地出租电路与交换机出租端口组合为中继线出租产品等。

③ 通信产品属性信息。例如产品所采用的接入技术和终端，产品所具备的通信功能，产品主要依附的网络平台以及产品所属的通信层次等。

通信产品信息不仅包括行业内的，也包括和行业相关联的内容，如产品技术创新、未来发展趋势等。

（2）通信企业客户信息包括描述类、行为类、关联类信息三种。

① 描述类信息。一般包括：客户基本数据、客户购买通信产品或服务的记录、客户的消费使用记录、客户与通信企业的联络记录，以及客户的消费行为、客户偏好和生活方式等相关的信息。描述类信息一般都来源于通信企业内部营业系统的原始记录、通信企业呼叫中心的客户服务和客户结束记录，营销活动中采集到的客户响应数据，以及与客户经常接触的销售人员与服务人员采集到的数据信息。有时企业从外部采集或购买的客户数据，也会包括大量的客户描述类数据。客户的基本数据在使用通信企业的产品或服务时就建立并保存在企业的信息系统当中，对于公众客户来说，主要指客户的性别、生日、职业、收入等个人信息；而对于企业级客户来说，则是指企业的名称、规模、隶属行业、经营模式、企业法人等企业信息。客户偏好信息主要指客户兴趣爱好方面的信息。对于通信企业来说，大客户尤其是一些相对比较重要的大客户，其主要联系人的偏好信息尤为重要。

② 行为类信息。行为类信息主要是指客户在与通信企业进行交易过程中行为表现以数据形式存储的信息，它是实时动态的信息集合，客户的行为信息反映了客户的消费选择过程和决策过程。客户行为类信息的主要目的是帮助通信企业的市场营销人员和客户服务人员在客户分析中掌握和理解客户的行为。客户的行为类信息可以分为交易消费记录和行为特征两类。通信企业的客户交易消费信息比较繁冗，且话音业务与数据业务又有所不同，它包括通话时长、呼叫状态，主/被叫号码、通话频率的话音业务信息以及业务类型、网络带宽、消费流量、使用时段分布等数据业务信息。客户的行为特征信息是指对交易消费记录以及其他行为数据进行分析处理后得到的关键性信息。

③ 关联类信息。除了上述两类信息之外还有一些信息，诸如客户满意度、客户忠诚度、客户对产品或服务的偏好以及竞争对手的行为等，也或多或少地影响着客户行为，这种与客户行为相关的信息被称为关联类信息。通信企业的核心关联类信息包括客户的终生价值、客户忠诚度、客户流失倾向、客户联络价值和客户呼叫倾向等。

（3）通信策略信息往往是分析得来的，是对竞争对手策略的信息收集，即通过竞争对手的市场行为判断，分析其所使用的市场策略。通信策略信息可分为通信产品/服务策略信息、通信价格策略信息、通信渠道策略信息和通信促销策略信息。

① 通信产品/服务策略信息，主要是指通信企业在向用户提供语音业务以及数字数据增值业务时的营销策略信息。例如，电信企业常用的营销策略联盟、用户俱乐部、大客户服务等。

② 通信价格策略信息，是指通过挖掘其他通信企业在向用户提供产品或服务收取费用的时候采取相应的定价方式而获取的策略信息。例如，中国移动针对全球通用户采用套餐方式进行优惠，针对神州行用户采用亲情号码的方式进行局部降价，针对动感地带用户实行新业务捆绑的方式来提高用户使用价值等。

③ 通信渠道策略信息，主要包括经销商的选择和渠道级数、渠道的服务水平和服务内容、渠道的管理和控制以及生产商对经销商的支持这几个方面的信息。如营业厅自办、社会渠道代办/合办以及客户经理一对一的多渠道模式，代销点及营业厅统一形象的规范化渠道管理，地区性产品差异化的刺激型渠道布局等。

④ 通信促销策略信息，是指通信企业向客户或销售渠道宣传企业内涵与外延时所进行活动的相关信息。例如，企业吸引客户、提高市场占有率，采用的各种降价、打折、优惠、送话费、免费或优惠奉送其他相关服务等促销手段，在各种报纸、电视及网络等媒体上进行了大规模的广告攻势等。

（4）通信战略信息主要是指通信行业内重大变化，可分为以下几个方面。

一是国家的政策法律调整给整个行业带来变化。如工业和信息化部与国务院国有资产监督管理委员会于 2008 年 9 月 28 日联发的《关于推进电信基础设施共建共享的紧急通知》，对通信上下游产业链产生了重大的影响，新增站址采用共建共享方式，将为各运营商节省资本开支，提高资产使用效率。

二是行业内企业重大战略变化，如破产、兼并、重组、上市等方面。2008 年 5 月 24 日，工业和信息化部、国家发展和改革委员会、财政部发布《关于深化电信体制改革的通告》，通过电信重组，形成我国目前 3 家全业务运营商竞争的电信产业格局。

三是行业危机及机会把握。全球通信产业已经进入新的大融合、大变革和大转型的发展时期。新时期的通信产业将呈现出多元化的发展趋势：① 在管道智能、异构网络、光纤宽带接入等基础电信网络领域加快部署，为信息化的发展奠定基石；② 通过构建云计算数据中心、升级智能终端、发展互联网和物联网新应用，培养新的核心竞争力，实现 ICT（Information Communication Technology）融合；③ 在提供丰富应用和用户新体验的同时，信息安全、可信计算、绿色通信越来越受到关注；④ 在 ICT 融合进程中，软件已悄然成为信息化发展的核心，正引发传统产业的变革。

战略信息获取给企业决策层提供了一个应对市场、把握机遇的前提，为企业制定战略、规划发展带来深远的影响。

[课外作业]

通信市场信息有哪些特点？

4.3.2 通信市场信息的获取

通过通信企业营销信息系统和通信市场调研，都能够获取通信市场信息。这里重点介绍通过因特网获取信息的几种方法。

通过因特网的桌面访问，可以获得各种各样的免费或者低成本的信息。通信企业由于在网络技术上拥有得天独厚的技术优势，更容易通过网络来获取竞争对手的信息。

1. 公司主页

公司主页是企业在网上的对外窗口，是企业以文本和图像等形式在因特网上宣传自己的产品和服务的主要阵地。因此，也是获得竞争对手信息的主要来源。通过主页，可以获得更有效和更有价值的竞争情报。公司主页常常提供新闻和证券交易信息，公司总裁的传记、讲话和招聘广告、组织结构图、会议展览和到会的人数等有价值的信息。

2. 相关网站

除了公司的主页之外，贸易协会网站的主页提供了有价值的行业信息及企业信息；学会站点的主页则提供学会会员的名单、新闻、出版物分析、统计数据等信息。

3. 行业讨论室

由于通信企业一般有较强的保密意识，所以在其网站上公布的信息常常经过特殊加工，一般深度不够，而且时效性较差，往往是企业已经推出的新产品的信息。参加行业聊天室是一个获取优质信息的好办法，特别是技术人员组成的聊天室。在不经意的闲聊中，说者无心，听者有意，往往可以得到很多有价值的信息。

4. 其他网上媒体

如果竞争者是一家有较高知名度的公司，可以通过媒体网站、门户网站来了解竞争者，也可以在搜索引擎中输入竞争者的名字作为关键词，然后查找网页来获取有关竞争者的资料。

5. 商业信息网站——获取竞争情报的站点

网上出现了一些专门提供商业信息的网站。例如，http://www.ceoexpress.com/拥有丰富的商业信息，是一个获取网上商业信息的好向导。该网站对商业信息资源进行了分类和整理，包括：新闻、商业和技术杂志、政府站点、国际商务资源和公司研究站点等；而 http://www.corporateinformation.com/网站主要提供海外商业信息，通过该站点可以链接到全球各地区网站，还可以很容易访问相关站点而得到证券交易信息、公司名录、政府信息等资源。

[案例 4-3]

谷歌与 Facebook（脸书）的数据挖掘之战

科技博客 AllThingsD 对谷歌与 Facebook（脸书）的关系数据业务进行了分析，并指出关系数据（affinity data）业务将是未来互联网巨头的又一块大蛋糕。文章认为谷歌在诸多方面都有着 Facebook无法比拟的优势，即使 Facebook 主导社交网络，但谷歌会赢下关系数据之战。

每个月用户在 Facebook 上点"赞"超过 80 亿次。他们在 Twitter 上更新发布超过 10 亿条信息，在亚马逊和 Yelp 网站上撰写的数以百万计的产品评论。而每一个这样的举动，都在向人们宣布他们的关系属性，自己对其他人、产品或事物的喜好。谷歌依靠搜索引擎知道了很多人的意图，利用这个意图数据库带动产品的营销，2012 年这一数据库为谷歌增加了 500 亿美元的收入，其中大部分广告都是通过意向数据定位到用户。

是谷歌比 Facebook 更会利用数据？不尽然。最大的区别是，Facebook 正在收集的关系数据与谷歌收集的意向数据是极其不同的。意向数据可以直截了当地表明购买意向，但关系数据只能是购买后的数据，它告诉我们用户对产品的感受如何。关系数据无法预测短期的采购意图，但关系数据是一种基于情感的数据，往往多年保持稳定。这意味着关系数据可以有一种别样的营销作用——它可以是有效的品牌广告，而不是直接营销。

谷歌收集的关系数据更广泛。每月使用 YouTube 的用户约有 800 万人，近 5 亿用户利用 Gmail 与朋友共享精彩事务，谷歌搜索捕捉了几乎每一篇博客文章和推文。有超过 2 亿人在 Google+ 发布关系数据。

谷歌更善于挖掘数据的意义，评估大量的信息，弄清楚什么内容是用户最希望看到的。不只是搜索端的业务已经拥有超过 15 年的广告经验，另外谷歌已经开始利用表现数据来优化广告的营销工具，这正是挖掘关系数据的关键所在。谷歌拥有更多以及更有影响力的广告形式，还提供了一些最优秀的在线广告载体，例如 YouTube 的视频广告，它几乎具有电视般的影响力。更不用说谷歌的搜索业务，上述这些优势远远优于广告商可以在 Facebook 上拥有的选择。

趣味讨论：数据挖掘在通信业的应用有哪些？

4.3.3　通信市场营销预测

1. 通信市场营销预测的概念

通信市场营销预测是指通过某种特定的计量方法，对所收集获取的各种市场营销信息和有关通信产品销售的资料进行统计分析和建立数学模型，探寻通信市场营销的变化规律，为通信企业确定计划目标、制定经营决策提供科学依据的一种营销手段。通信企业通过市场调研，把内部数据资料与外部市场信息整合分析，采取定量分析，从数据中发现未来潜在的市场机遇或可能的威胁，从而制定相应的营销战略和策略，一方面能够更加理性地对未来趋势做出判断，另一方面也可以通过后期的数据跟踪进行比对、调整，以优化策略。

2. 通信市场营销预测的内容

（1）市场需求预测。一个产品的市场需求是指在一定时期和特定区域内，由特定的顾客群体愿意购买的数量总和。市场需求预测需要确定以下 8 个要素：产品、总量、购买、顾客、空间、时间、营销环境、营销方案。

（2）市场销售预测是企业对未来产品销售状况的判定，包括产品的品种、规格、价格、市场购买力、经营效果等。消费者收入水平的改变、国民收入体系的改变、原材料成本的改变、货币价值的改变都会对市场销售情况造成影响，因此企业必须对其进行提前判断，以给出相应的对策。另外，经营效果是企业考量营销成败的关键因素，企业必须做好经营效果的预测，一方面要对企业在一定时期经营目标的实际情况做出预测；另一方面要对产品的销量、利润等做出合理预测。

（3）企业所需资源预测。企业通过对原材料供应、能源、新材料、资源综合利用的获取能力进行预测，从而根据自身能力，合理调整产品生产方案，做好产品升级、开发等工作。

（4）市场占有率预测是指企业对经营商品在市场同类产品总量中所占比例的发展趋势进行预测。企业通过对市场占有率的预测来判断市场需求、市场竞争和企业经营发展状况，从而调整竞争策略，提高核心竞争力。市场占有率预测要注重分析产品自身的市场占有率、可能出现的同类或可替代的产品、竞争对手的经营策略及变化趋势。

（5）产品生命周期预测是市场营销预测的重要内容之一，营销人员不仅要预测出产品生命后期的各个阶段，还要对各阶段间的转折点进行预测，尤其要注意产品进入衰退期的时间点。

（6）技术发展趋势预测。技术发展对产品发展有着决定性的影响，新技术、新材料、新工艺及在生产上的应用，或为企业推陈出新提供支持，或为产生新的产品需求带来可能。对技术发展趋势的预测应主要关注新技术、新发明、新设备、新材料等的特点、性能、应用范围和应用速度、经济效益等因素，及其对营销环境带来的影响。营销预测可按不同的标准进行分类：

① 按照预测的范围，可以分为宏观市场营销预测和微观市场营销预测；

② 按照预测的时间，可以分为长期预测、中期预测、短期预测和近期预测；

③ 按照预测的结果，可以分为定性预测和定量预测；

④ 按照预测的内容，可以分为客户需求预测、市场占有率预测和技术发展预测；

⑤ 还有其他的一些分类标准，如按针对性的不同可分为单项预测和综合预测，按决策者预期心态可分为积极预测和保守预测等。

3. 市场营销预测的流程与方法

（1）营销预测的流程包括确定预测目标、整理初始数据、选择预测方法、获取营销信息、实施营销预测、检验预测结果、拟制预测报告 7 个部分，如图 4-5 所示。

图 4-5　市场营销预测流程

① 确定预测目标。市场预测首先要确定预测目标，明确目标之后，才能根据预测的目标去选择预测的方法，决定收集资料的范围与内容，做到有的放矢。

② 整理初始数据。简单收集相关数据资料进行归纳分类、分析整理、分类编号保存，为选择预测做好前期数据基础。

③ 选择预测方法。预测的方法很多，各种方法都有优点和缺点，有各自的适用场合，因此必须在预测开始前，根据预测的目标和目的，根据企业的人力、财力以及企业可以获得的数据资料，确定预测的方法。

④ 获取营销信息。按照预测方法的不同确定需要进一步收集的详细信息，这是市场预测的一个重要阶段。

⑤ 实施营销预测。此阶段就是按照选定的预测方法，利用已经获得的资料进行预测，计算预测结果。

⑥ 检验预测结果。得到预测结果以后，还要通过对预测数字与实际数字的差距分析比较以及对预测模型进行理论分析，对预测结果的准确和可靠程度给出评价。

⑦ 拟制预测报告。预测结果报告从结果的表述形式上看，可分为点值预测和区间预测。点值预测的结果形式就是一个数值，区间预测不是给出预测对象的一个具体的数值，而是给出预测值的一个可能。

（2）预测方法一般可分为定性预测方法和定量预测方法。

① 定性预测方法包括顾客意向预测法、营销人员意见预测法、专家意见预测法。

顾客意向预测法，指通过顾客意见的调查，分析客户需求，综合市场状况，测算市场需求。

营销人员意见预测法，指通过直接参与市场上各种营销活动的购销、促销，市场调研人员对顾客、协作者和竞争厂家变化动向给出预测意见。

专家预测法，包括小组讨论法、单独预测集中法、德尔菲法等。德尔菲法是一种采用背对背的通信方式征询专家小组成员的意见的预测方法，经过几轮征询，使专家小组的预测意见趋于集中，最后给出符合市场未来发展趋势的预测结论。

② 定量预测方法包括时间序列预测法和回归分析预测法。

时间序列预测法，是将预测对象的历史资料按时间序列进行分析，判断未来时期发展趋势的一种预测方法。时间序列预测一般包括：简单平均法、加权平均法、移动平均法、加权移动平均法、趋势预测法、指数平滑法、季节性趋势预测法、生命周期预测法等。

回归分析是探寻变量间因果关系的主要方法，因此回归分析预测法和因果分析预测法可以同等看待。回归分析预测一般包括一元回归预测、多元回归预测和自回归预测 3 种，一元回归预测和多元回归预测就是指一个自变量或多个自变量与因变量之间的相关关系，而自回归预测是指用同一个变量不同时期的取值来作为因变量和自变量来分析预测某个数量变化受历史因素影响较大的观测对象。

[课外作业]

德尔菲法的具体内容是什么？

案 例 分 析

阿里巴巴打造大数据电商新模式

阿里巴巴集团于 1999 年 6 月创立，服务范围达 240 多个国家和地区。通过不断发展完善其电子商务产业链条，目前已经成为集 B2B、B2C、C2C、网上支付、购物搜索、团购和云计算于一身的多元化互联网集团，并且在其产业链的各个环节上均占据领先位置。其中，B2B 阿里国际、B2C 天猫、C2C 淘宝网、阿里中国均在各自细分行业排名第一。

一、艰难起步，逆境而上

阿里巴巴集团基于数据的分析、使用进行参考决策的历史可以追溯到 2003 年，淘宝出于业务需求的驱动，起初非常粗糙，无非数据库、IT 系统，随后开始统计分析行业的基础指标，比如 PV（Pageviews）、UV（Unique Visitor）等。当时淘宝数据部门只有数名员工，而最大的对手易趣（eBay）、亚马逊（Amazon）都已成立成熟的 BI（Business Intelligence，商业智能）部门。

接下来的两年中，淘宝逆转易趣，业务量激增，品类快速扩张，数据量随之跃升。2005 年，淘宝成立 BI 部门，第一款严格意义上的数据产品"淘数据"上线，当时的"淘数据"只是一份经营数据的报表，可以为各业务公司、部门提供经营报表的检索生成工具。同年，阿里切入搜索、广告两项带有天然数据属性的业务，成为阿里大数据运营的开端。

二、双腿并行，内外兼修

2009 年，阿里数据开始进入产品化时代。"淘数据"从一个内部报表系统跃升为内部数据系统。

2009 年 4 月和 12 月，BI 团队又分别开发出可预警的"KPI（Key Performance Indicator）系统"和服务于业务部门的"数据门户"。同时，淘宝推出了基于"雅虎统计"的工具"量子恒道"，为外部商户提供统计分析工具，用于跟踪自有店铺流量、点击、购买等数据的变化。

2010 年，阿里巴巴在内部推出"轻骑兵"的创新业务，核心是阿里希望依托大数据提高供需双方的信息匹配度，进而提升交易效率。同时，"轻骑兵"还将借鉴淘宝和阿里小贷的运营思路，将平台上产生的交易数据作为未来企业信用的参考标准，为企业与银行、担保等金融机构的交易提供信用凭证。2010 年，阿里巴巴提出了"数据开放"的口号。同年，淘宝推出"数据魔方"，第一次向市场开放了全局市场数据，这款付费产品成为了大中型商户追捧的数据利器。

2011 年，"活动直播间"，帮助买家更好地参与促销运营；"页面点击"，监控每个页面的每个位置，用不同的数字和颜色标注出页面点击情况；"观星台"，高度可视化的仪表盘，选择最关键的数据在几秒内展示全局运营状况；"地动仪"，可以看到用户投诉最多的功能有哪些，甚至可以获取最原始的客服电话录音；"卖家云图""黄金策""无量神针""淘宝指数"，以及 2012 年"双十一"期间推出的"淘宝时光机"，一个又一个的数据产品井喷式地出现。

三、架构重筑，高速奔跑

2012 年，阿里集团一系列架构调整，重构了阿里数据"达芬奇密码盘"的排序。阿里云拆分，独立运行；阿里系的数据库和大规模运算资源整合为"数据平台事业部"；同时成立虚拟组织"集团数据委员会"。

2012 年 7 月，阿里巴巴集团的"聚石塔"正式发布，为天猫、淘宝平台上的电商及电商服务商等提供数据云服务。这意味着，整合阿里旗下所有电商模式的"基石"——大数据平台初步成形，阿里巴巴集团全力打造更强壮的数据平台以服务电商，至此"数据分享平台"战略全面展开。从 2012 年阿里巴巴推出的云计算"聚石塔"项目到 2013 年 4 月，已经能处理淘宝网 50% 以上的订单量，服务近 29 万个卖家。

目前，阿里巴巴已经通过建设"大网"体系，对接各大物流公司，实现了物流信息数字化的第一步。2013 年，阿里巴巴集团主导成立基于阿里大数据的"菜鸟网络"，希望在 5~8 年的时间，努力打造遍布全国的开放式、社会化物流基础设施，建立一张能支撑日均 300 亿元（年度约 10 万亿元）网络零售额的智能骨干网络。

2013 年 4 月 29 日，新浪旗下子公司新浪微博与阿里巴巴集团旗下子公司达成战略合作协议，阿里巴巴通过其全资子公司，以 5.86 亿美元购入新浪微博公司发行的优先股和普通股，约占微博公司全稀释摊薄后总股份的 18%。

2013 年 6 月，阿里巴巴上线"余额宝"，使得支付宝用户可以充分利用其支付宝余额，购买基金等理财产品。

分析点评：

1. 阿里巴巴大数据商业模式形成闭环

阿里巴巴打造了一条从电商搜索入口，到 B2B、B2C、C2C，再到支付的完整的电子商务产业链，将整条产业链的企业、个人以及交互数据作为其大数据来源，并建设了阿里云大数据技术平台，为大数据处理提供基础技术支持。最后充分应用于电子商务各个领域，向用户提供推荐服务，向商家提供广告营销服务、消费者分析、信用评价及金融服务，从而打造了一条完善的大数据闭环。在这个大数据闭环中，阿里集团充分发挥了其电子商务大数据的核心优势，用户从搜索到浏览、支付，形成深度的交易链条，其中每一个节点都将产生大量数据。

在信息流闭环中，阿里巴巴通过分析用户搜索、浏览、点击、停留时间、咨询、对比、购买等数据，可以充分地挖掘出用户的需求和兴趣，同时综合分析商家的商品、库存、评价、服务、物流等信息，将用户需求与商家商品精准对应；在物流闭环中，通过分析物流中各个环节的时间开销、经济成本，匹配用户位置与仓储位置，可以提高物流效率，提升用户体验；在金融闭环中，阿里巴巴可以根据支付数据建立一套完整的面向商家和消费者的信用评价体系，并基于这一信用评价体系，对商家进行小额贷款，为消费者提供信用支付。

2．产业链上下游外延，扩充大数据来源

对于用户的信息数据，可以划分为四大类：自然属性、社会属性、长期兴趣和实时需求。阿里巴巴通过淘宝或者一淘的搜索掌握用户的"实时需求"，通过支付宝身份认证掌握用户的"自然属性"，通过收购包括"新浪微博""高德地图"等多家互联网公司的股份，将其大数据来源从自身的电商数据扩展到社交、位置、娱乐、旅游等多种数据源，获得用户的"长期兴趣"和"社会属性"，进而打造了一个完整丰富的来源，从而更有效地整合、分析用户信息，提供更为优质的服务。

思 考 题

1．什么是市场营销信息系统？它由哪些子系统构成？

2．什么是数据仓库？如何建立电信数据仓库？

3．市场调研的流程是怎样的？

4．简述通信市场营销调研的方法。

5．通信市场信息的类型及其特征是什么？

通信顾客价值与顾客满意 | 第5章

企业营销工作的根本目标是通过客户服务，实现客户满意，提升客户价值。本章从客户角度和企业角度定义客户价值，研究通信客户价值的识别和计算方法；介绍顾客满意和顾客忠诚的含义，对顾客满意和顾客忠诚的关系进行研究，运用双因素模型与卡诺模型解释了为什么客户满意不能直接带来客户忠诚；学习客户关系管理的相关理论，说明通信企业如何通过客户关系管理系统的设立提升客户价值和实现客户忠诚。

5.1 通信客户价值

5.1.1 客户价值

1. 客户价值的定义

客户价值从交易的两端来说有着不同的定义。

从客户角度看，客户价值是顾客从企业为其提供的产品和服务中所得到的满足。它是客户从某产品或服务中所能获得的总利益与其购买和拥有时所付出的总代价的比较，也即客户感知利得与感知成本之差。

客户角度的客户价值具有如下特征：① 客户价值是顾客对产品或服务的一种感知，基于客户的个人主观判断；② 客户感知价值的核心是感知利得与感知利失之间的权衡；③ 客户价值从产品属性、属性效用到期望等多方面体现，具有层次性。

从企业角度看，客户价值是企业从客户的购买中所实现的企业收益。它是企业从与其具有长期稳定关系的、并愿意为企业提供的产品和服务承担合适价格的客户中获得的利润，也即顾客对企业的利润贡献。"长期的稳定的关系"表现为客户的时间性，即客户生命周期。一个偶尔与企业接触的客户和一个经常与企业保持接触的客户对于企业来说具有不同的客户价值。企业角度的客户价值，是企业根据客户消费行为和消费特征等变量所测度出的客户能够为企业创造出的价值。

2. 客户价值的分类

可以从不同角度对顾客价值进行分类，主要有以下几类。

（1）从价值的内容属性看，客户价值分为5类：功能性价值、社会性价值、情感性价值、认知价值和条件价值。

（2）从客户评价看，可以把客户价值分为产品价值、使用价值、占有价值和全部价值。

（3）根据价值的实际性，可以将其分为实受价值和期望价值。

（4）从企业角度看，客户价值可分为财务价值（货币收益）、关系价值（身份、地位的社会影响）、口碑价值（意见领袖）等。

3. 客户价值的理论模型

（1）客户让渡价值理论。菲利普·科特勒（PhilipKotler）从为客户让渡价值和顾客满意的角度对客户价值进行了阐述。其研究的前提是：客户将从那些他们认为提供最高认知价值的公司购买产品。所谓客户让渡价值（customer delivered value），是指总客户价值与总客户成本之差，如图 5-1 所示。

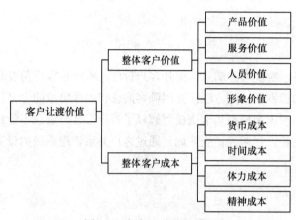

图 5-1　客户让渡价值模型

总客户价值是客户从某一特定产品或服务中获得的一系列利益，包括产品价值、服务价值、人员价值和形象价值等。总客户成本是指客户为了购买产品或服务而付出的一系列成本，包括货币成本、时间成本、精神成本和体力成本。

（2）客户价值层次模型。客户价值层次模型回答客户如何感知企业所提供的价值的问题。该模型提出，客户以途径—目标的方式形成期望价值。如图 5-2 所示，从最底层往上看，在购买和使用某一具体产品的时候，客户将会考虑产品的具体属性和属性效能以及这些属性对实现预期结果的能力。客户还会根据这些结果对客户目标的实现能力形成期望。从最高层向下看，客户会根据自己的目标来确定产品在使用情景下各结果的权重。同样，结果又确定属性和属性实效的相对重要性。层次模型提出，客户通过对每一层次上产品使用前的期望价值和使用后的实受价值的对比，形成每一个层面上的满意感觉。因此，客户对于产品属性、属性效能、使用结果和目标意图的达成度都会感到满意或者不满意。

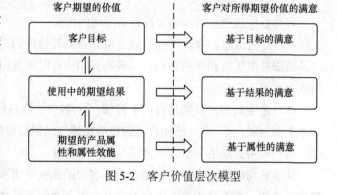

图 5-2　客户价值层次模型

[课外作业]

了解客户价值对营销人员有什么意义？

5.1.2　客户价值管理

从企业角度看，客户价值管理的目标是提升客户价值。

1. 客户价值管理的含义

客户价值管理是企业根据客户交易的历史数据，对客户生命周期价值进行比较和分析，发现最有价值的当前和潜在客户，通过满足其对服务的个性化需求，提高客户忠诚度和保持率，实现客户价值持续贡献，从而全面提升企业盈利能力。客户价值管理是客户关系管理的基础和核心。企业从客户价值管理角度，可将客户价值分为既成价值、潜在价值和影响价值。

（1）既成价值。既成价值是客户对企业当前贡献的价值，包括为企业带来的利润增加、成本节约等方面。

（2）潜在价值。潜在价值是指如果客户得到保持，客户在未来进行的增量购买将给企业带来的价值。潜在价值主要考虑两个因素：企业与客户可能的持续交易时间和客户在交易期内未来每年可能为企业提供的利润。

（3）影响价值。影响价值是指当客户高度满意时，带来的效应不仅是自己会持续购买公司产品，而且通过他们的指引或者参考，影响其他客户购买所产生的价值。

2．客户价值管理的意义

客户价值管理的意义主要包括：

（1）指导企业资源分配。掌握不同客户价值，将有限的资源定位于准确的客户。

（2）提高客户满意度。关注客户价值的变化，根据客户价值的变动可以及时发现客户行为的改变，从而能够提前给高价值客户进行奖励或者减少其不满意度，以维持和提高价值。

（3）指导企业市场决策。帮助形成恰当的市场活动决策，比如决定吸引高价值客户的最好的方法和途径。

3．客户价值管理的流程

完整的客户价值管理包括三个步骤：

（1）所需数据采集。

（2）客户价值分析。判断客户的不同价值和等级。

（3）决策。根据不同客户价值来决定各个方面应该采取的措施。

[案例 5-1]

顾问式服务提升客户价值

重庆联通的相关数据显示，截至 2013 年，重庆联通 3G VIP 用户到期续约率接近五成，存量 3G VIP 客户保有率达到 90%，在联通集团排名第三位。这得益于重庆联通面向 3G VIP 客户推出的顾问式服务，变被动响应为主动关怀，提升客户感知，及时预测客户工作中存在的问题，促进客户的保有和价值的提升。

在价值挖掘核心理念的指引下，重庆联通大力推进 3G VIP 客户服务营销转型。针对存量预警用户，通过对其历史消费行为进行分析，为每位预警用户匹配对应的挽留策略并以"帮客户理财"为切入点，由客户经理主动向用户开展原号续约、银行代扣、套餐迁移等服务型产品推荐，改变以往客户经理被动响应用户需求的服务模式，主动为用户设计适合的续约政策及资费套餐，将以往盲目的产品推销变为基于用户价值挖掘的关怀式顾问服务。

为消除服务死角，提升服务感知，重庆联通以满足用户需求为出发点，全面梳理 3G VIP 用户服务流程，制定了营业厅预约服务流程规范。3G VIP 用户只需拨打 10018 转接客户经理，即可提前一周预约指定的时间及营业厅办理业务，预约信息将通过工单流系统流转至对应营业厅，3G VIP 用户在预约时间到指定营业厅即可快捷办理业务。预约流程的建立和执行解决了 VIP 用户到营业厅办理业务等待时间长的问题，目前客户经理月受理预约工单约 1 600 人次，3G VIP 用户预约服务满意率达 96%，大大提高了 3G VIP 用户的业务办理效率，提升了 3G VIP 用户的服务感知。

为开展好顾问式服务，重庆联通对 3G VIP 客户经理组织开展了服务技能提升训练营活动。通过案例分享、情景模拟、举例说明、观看视频等多种教学方式，从理念上提升了客户经理对优质服务的认识，通过日常工作中的真实案例，与顾问式服务理论相结合，使客户经理的服务意识向顾问式服务转型，有效提升了客户经理的服务技能水平。

趣味讨论：对于通信企业来说，顾问式服务的具体内容是什么？

5.1.3 RFM 模型

客户关系管理的关键问题是客户分类，通过客户分类，可区分出不同价值的客户，从而使企业针对不同价值的客户采取不同的服务策略。

1. RFM 模型的定义

RFM 是最近一次消费（Recency）、消费频率（Frequency）、消费金额（Monetary）三个要素的总称，是由美国数据库营销研究所 ArthurHughes 研究发现，用以分析客户数据的营销工具。RFM 模型通过三项指标来描述顾客的价值状况，能够较好地评价顾客价值及其为企业带来的收益。

2. RFM 模型的含义

最近一次消费是指距离观测时间点最近的一次顾客消费，主要用于考量顾客最近一次购买的时间有多远。一般的，买过某企业商品、服务或是曾经光顾过该企业门店的消费者，是最有可能再向该企业购买东西的顾客。对于企业来说，上一次消费时间越近的顾客价值越高，对提供即时的商品或是服务也最有可能会有反应。

消费频率是指在一定时间内的顾客购买次数，考量不同顾客在相同时间周期内的购买意愿，如一年内客户的手机话费交费次数等。购买最频繁的顾客也是满意度最高、忠诚度最高的顾客。

消费金额是指在一定时间内顾客用于购买的货币总和，主要用于对重要顾客的甄别以及对所有顾客的分类排序等，如电子商务网通过一年内顾客购买支付总额发现那些为企业创利较高的顾客。

3. RFM 模型的顾客分类方法

ArthurHughes 以最近一次消费、消费频率、消费金额为 3 个维度，按照 5 等分的方法对顾客进行分类。

（1）记录数据。记录购买的原始数据，必须含有客户 ID、购买时间、购买金额 3 个基本字段，以为使用数据分析软件做好数据支撑，从而进行客户等级分类，制定相应的营销策略。

（2）顾客评分。按照记录的数据分别对最近一次消费、消费频率、消费金额 3 个维度进行顾客评分。以对顾客最近一次消费评分为例，具体方法为：查询出一定时期内的顾客消费记录，将距离观测时间最近的前20%的顾客评分为5，前20%～40%的评分为4，前40%～60%的评分为3，前60%～80%的评分为2，最后20%的评分为1。运用同样的5等分法将不同消费频率、消费金额的顾客分别进行评分。

（3）顾客分类。评分后，每个顾客可以通过其 R、F、M 的 3 个数值被识别，而每一个维度有 5 个分类，继而可将不同类型的顾客细分为 125 个类别。但是 125 个类别在实际使用中并不方便，因此，可以根据 R、F、M 值的大小将顾客分为 8 个类别，以便迅速识别出某个顾客的价值，这 8 个类别分别为：重要发展顾客、重要价值顾客、重要挽留顾客、重要保持顾客、一般发展顾客、一般价值顾客、一般挽留顾客、一般保持顾客，如图 5-3 所示。

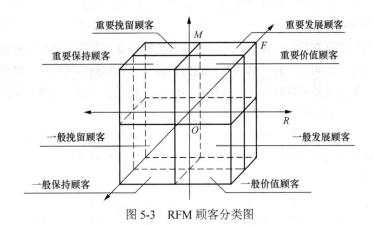

图 5-3　RFM 顾客分类图

另外，也可以将对应顾客的 R、F、M 评分相加，通过总的得分对顾客价值进行认定，具体分类见表 5-1。

表 5-1　顾客得分与顾客价值

得　　分	顾客分类
>14	超优质顾客
10 ~ 13	优质顾客
6 ~ 9	一般顾客
3 ~ 5	低贡献顾客

在同等资源投入的情况下，一名超优质顾客的回报将会是优质顾客的 5 倍，因此，在资源有限的前提下，满足顾客的顺序应该也是自上而下的。

5.1.4　通信客户价值的含义与特点

1. 通信客户价值的含义、类型

从企业角度看，通信客户价值是指通信客户对通信运营企业的利益贡献。

通信客户的货币价值可以分为以下类型。

（1）通信客户的终生价值。通信客户终生价值是指在客户的生命周期内，该客户持续使用通信企业产品和服务而使企业所获得的利益，即对一个客户在未来能给公司带来的直接成本和利润的期望净现值。

（2）通信客户的当前价值。从形式上，通信客户价值可以分为现实价值和潜在价值。现实价值是通信客户已经和正在对通信企业产生的利益贡献。现实价值又可分为两个部分，一部分是历史价值，另一部分是当前价值。

通信客户当前价值可以分为货币贡献与非货币贡献。其中，货币贡献包括客户的消费支出与以营销费用和服务费用为主的销售费用以及业务成本之差。

（3）通信客户的潜在价值。通信客户的潜在价值是指将来购买给企业带来的价值。通信客户的潜在价值包括稳定性价值和可靠性价值。其中，稳定性价值可以用客户重复购买的次数、客户购买量的额度、客户对价格的敏感程度和客户对竞争产品的态度等来衡量。

2. 通信客户价值的特点

（1）通信客户价值具有长期持续性，可以持续衡量和计算。通信企业与客户的关系不同于一般行业，通信企业与客户之间是一种持续的契约式的关系，以及契约存续期间持续的货币关系。通信企业与客户之间的契约关系可以持续相当长的一段时间，甚至直至客户终老，例如固定电话普通客户。因此，通信客户是通信企业的一项持续的资源。

（2）通信客户价值受多因素影响。首先，通信客户价值的评价受时间因素影响。通信客户在不同时间的货币贡献和非货币贡献不一定相同，因此客户价值评价的考察时间点不同，而获得通信客户价值的高低也不相同。

其次，通信客户价值的评价受人为因素影响。通信客户价值是由通信企业所感知的，通信企业内部决策者不同，影响到对客户当前利益贡献以及未来可能的利益贡献相对重要性的估计，从而最终影响到对客户价值的评价。

最后，通信客户价值的评价受情景因素影响。通信企业自身的因素以及其所处的外部环境，同样会影响决策者对当前利益贡献和未来利益贡献的相对重要性的认识，从而对客户价值感知产生影响。如在起步阶段的企业与稳定发展阶段的企业对客户价值的感知效果是不一样的。同样，经济繁荣和经济萧条环境下的生存状况会明显影响到企业的关键决策者对客户价值的感知。

[课外作业]

什么是通信客户的终生价值、当前价值、潜在价值？

5.1.5 通信客户价值的计算

通信客户价值的计算，根据运营商考察的重点不同，可以有不同的计算方法，如可以从个体角度来设计每个个体客户给企业带来的价值，也可以从总体上计算某类客户给企业带来的价值。另外，不同区域、不同时期，运营商客户差异大，指标设计和指标赋权都会不同。这里给出的计算方法是探讨性的范例。

1. 通信个体客户价值的计算

（1）客户价值评价指标体系。电信运营商评价单个客户价值的简单方法是 ARPU 值，即平均每个客户每月给企业带来的业务收入。但 ARPU 值的主要缺陷是：不反映成本花费；不反映客户潜在价值；太粗略，仅用单个的收入指标。因此，有必要开发出全面反映客户价值的指标体系，用来弥补 ARPU 值在衡量客户质量方面的不足。

由于通信客户的社会影响价值较难衡量，故在此忽略，只考虑财务价值。则从企业角度看，通信客户价值就是企业感知到的来自客户的净现金流及未来净现金流的能力，即通信客户的当前价值和未来潜在价值的总和。

当前价值的评价指标包括利润贡献指标和成本占用指标。因为未来长期的潜在价值难以预测，故可以用未来短期价值评价指标表示。短期价值评价指标可以用忠诚度指标和信用度指标来衡量，这两个指标表征的是客户将来为企业创造利润的稳定性和可能性。

（2）电信运营商客户价值指标设计范例。电信企业 3G VIP 客户价值指标设计如图 5-4 所示。

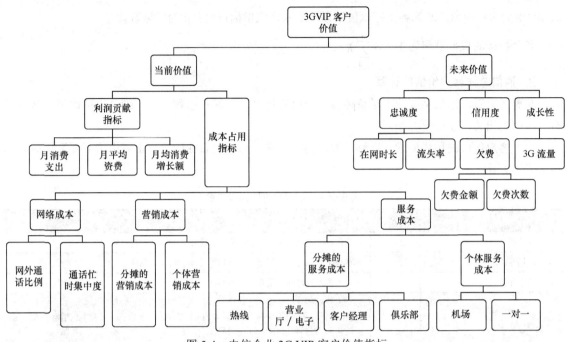

图 5-4 电信企业 3G VIP 客户价值指标

① 指标定义。

• 月消费支出：客户每月通信消费支出总额。

• 月平均资费：客户每月通信消费支出总和除以相应业务使用量。

• 月平均消费增长额：一个时期内客户当月通信消费支出和上月消费支出之差的平均数。

• 网外通话比例：客户每月与其他运营商通话时长占总通话时长的比例。该指标高，说明客户占用资源大，对企业成本耗费高。

• 通话忙时集中度：客户在企业认定的通话忙时时段内的通话时长占客户总通话时长的比例。运营商最大的成本是网络建设成本，忙时通话多，对资源占用多。

• 分摊的营销成本：企业整体营销成本除以参与活动的客户数。

• 个体营销成本：针对个体营销所付出的成本，如积分兑换礼品等。

• 分摊的服务成本：针对整体客户服务所付出的成本除以享受该服务的有效客户数。

• 个体服务成本：针对个体营销所付出的成本，如机场绿色通道，客户每使用一次，企业就要给机场支付一次费用。

• 在网时长：客户入网至今的在网总月数。

• 信用度：可以利用信用度预测模型来计算客户信用度分值，也可以用欠费指标来表示。

• 成长性：可用每月 3G 流量消费额来表示。

②客户价值计算方法。先为不同的指标赋予不同的权重，各指标中预先设定连续性取值区间，并为不同区间设定相应的分值范围（百分制），通过函数映射的方法确定客户该指标下取值。然后，对各指标进行加权求和，得出客户的价值。

$$Y = \sum_{i=1}^{n} R_i X_i$$

式中，Y 为客户价值；X_i 为各指标赋值结果；R_i 为相应指标权值；n 为指标数。

各分指标的权值总和为 1，即 $\sum\limits_{i=1}^{n} R_i = 1$。

2. 通信总体客户价值的计算

从整体来看，通信某细分市场总体客户价值的计算，与客户总数、客户细分市场比例、客户保有率等因素相关，设计范例如下。

（1）客户价值的构成要素。以移动通信为例来看，通信类企业的客户价值由诸多要素构成，具体如表 5-2 所示。

表 5-2　通信客户价值构成要素

要素名称	符号	要素定义
客户保留率	R	客户保留率是指对客户忠诚度的一种测量，即 1 减去客户流失率
每客户年收入	S	每客户年收入是指每年某一类客户的移动通信消费总额
客户关系保持时间	n	客户关系保持时间是指客户在网时间，单位是年
可变成本	V	移动运营商核算可变成本比较困难，但从长期来看，这种核算非常必要，它有助于企业在制定营销决策中明确目标客户和测算营销的效果。可变成本包括客户在网时间内移动运营商支出的用于销售和服务的费用，如营业成本、话费补贴成本、手机补贴成本、客户服务成本等
客户细分市场比例	P	客户细分市场比例是指某一类客户所占总客户的比例
总客户数	N	总客户数是指移动运营商的在网客户总数
折现率	η	折现率体现资金的贴现率或者资金的成本。折现率 = $(1+i \cdot r_f)^n$。式中，i 为市场利率；r_f 为风险因素，即影响客户提前离网的可能性；n 为预测的客户在网时间
每年客户中产生推荐人的数目	N_t	每年客户中产生推荐人的数目是指忠诚客户每年推荐产生的新客户数
新客户的全部获得成本	A_c	新客户的全部获得成本是指移动运营商发展新客户所支出的总成本
推荐客户所减少的获得成本	A_d	推荐客户所减少的获得成本是指由于忠诚客户推荐每年少支出的成本

（2）通信客户价值的计算公式。

客户价值计算公式为

$$CLV = \sum_{i=t+1}^{n} P \cdot N \cdot R [(S_t - V_t) + N_t(A_c - A_d)] / (1 + r_f)^t - A_c$$

从上式可以看出，客户价值是由企业收益与客户获取、发展和保有成本的差值。只有当企业得到的净现金流大于获取、发展和保有的支出额时，客户关系才有价值。

3. 客户角度的通信客户价值的分析方法

通过绘制客户价值图，运营商可以了解自己的产品相对于竞争对手的产品是否具有更高的客户价值，可以了解自己的产品与服务在目标市场中和竞争者相比所表现的差异程度。绘制客户价值图可分以下步骤进行。

步骤一：市场观点的品质剖析

首先征询目标客户，请其列出各项足以影响其采购决策的品质因素，并列出每一因素的相对权重。再请其针对上述各项因素，比较各运营商的差异性。

步骤二：市场观点的价格剖析

征询目标市场的客户，包括运营商的客户在内，请其列出影响采购的各项价格因素，并了解其对各项价格因素的权重。之后再请其针对步骤一中所列各项价格因素，比较各运营商价格高低的个别差异性。

步骤三：客户价值图的绘制与分析

客户价值图如图 5-5 所示。它是以各竞争产品的相对品质为横轴，以各运营商产品的相对价格为纵轴，再以目标市场客户对品质因素与价格因素的相对权重为斜率画一直线，用以判断客户价值。

通过客户价值图的绘制与分析，运营商对自己的各项产品在市场上被客户所感受的相对价值一目了然，为运营商定位自身产品的品质与制定价格策略提供了依据。

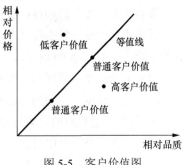

图 5-5　客户价值图

[课外作业]

如何绘制客户价值图？

5.2 顾客满意与顾客忠诚

5.2.1　顾客满意

1. 顾客满意的定义

顾客满意是顾客通过对某一消费过程的期望与实际消费经历比较后所形成的感觉状态。顾客满意水平是产品或服务可感知绩效与期望之间的差异函数。可感知效果低于期望，顾客不会满意；可感知效果与期望相匹配，顾客感到满意；可感知效果超过期望，顾客会高度满意或惊喜。

特定交易的顾客满意是企业在某件产品销售或某次服务中为顾客所提供的满意。但消费者并不是以某一次消费经历，而是以累积起来的所有消费经历为基础，做出未来是否重复购买的决策。因此，与特定交易的顾客满意相比，累计的顾客满意能更好地预测顾客忠诚及企业绩效。

顾客满意度是对顾客满意做出的定量描述，是顾客对企业产品和服务的实际感受与其期望值比较的程度。

2. 顾客满意的内涵和特征

顾客满意包括产品满意、服务满意和社会满意三个层次。

（1）产品满意是指企业产品带给顾客的满足状态，包括产品的内在质量、价格、设计、包装、时效等方面的满意。产品的质量满意是构成顾客满意的基础因素。

（2）服务满意是指产品售前、售中、售后以及产品生命周期的不同阶段采取的服务措施令顾客满意。这主要是指在服务过程的每一个环节上都能设身处地为顾客着想，做到有利于顾客、方便顾客。

（3）社会满意是指顾客在对企业产品和服务的消费过程中所体验到的对社会利益的维护，主要指顾客整体社会满意，它要求企业的经营活动要有利于社会文明进步。

顾客满意具有四方面的特性，即顾客满意的主观性、顾客满意的层次性、顾客满意的相对性和顾客满意的阶段性。

3. 顾客满意的程度划分

顾客满意级度是指顾客在消费相应的产品或服务之后，所产生的满足状态等次。

顾客满意度是一种心理状态，是一种自我体验。心理学家认为情感体验可以按梯级理论进行划分若干层次，相应地可以把顾客满意程度分成七个级度或五个级度。

（1）七个级度，分别为：很不满意、不满意、不太满意、一般、较满意、满意和很满意。

（2）五个级度，分别为：很不满意、不满意、一般、满意和很满意。

4. 顾客满意信息的收集与分析

收集顾客满意信息的目的，是针对顾客不满意的因素寻找改进措施，提高产品和服务质量。因此，需要对收集到的顾客满意度信息进行分析整理，找出不满意的主要因素，确定纠正措施并付之实施，以达到预期的改进目标。

顾客满意信息的收集方式多种多样，企业需根据信息收集的目的、信息的性质和资金等来确定收集信息的最佳方法。收集顾客满意信息的渠道主要有：顾客投诉、与顾客的直接沟通、问卷和调查、密切关注的团体、消费者组织的报告、各种媒体的报告、行业研究的结果等。

顾客满意信息的收集应该常规化，企业应对顾客满意信息的收集进行策划，确定责任部门，对收集方式、频次、分析、对策及跟踪验证等做出规定。

在收集和分析顾客满意信息时，必须注意两点。

（1）顾客有时是根据自己在消费商品或服务之后所产生的主观感觉来评定满意或不满意的。因此，往往会由于某种偏见或情绪障碍和关系障碍，使顾客可能会对心中完全满意的产品或服务也说很不满意。此时的判定也不能仅靠顾客主观感觉的报告，同时也应考虑是否符合客观标准的评价。

（2）顾客对产品或服务消费后，遇到不满意时，也不一定都会提出投诉或意见。因此，企业应针对这一部分顾客的心理状态，利用更亲情的方法，以获得这部分顾客的意见。

5. 通信企业的顾客满意

通信企业的顾客满意是指顾客接受通信服务过程的期望与实际消费经历比较后的感觉状态。通信企业的顾客满意有接触满意和总体满意之分。服务的接触满意是客户对非连续的服务接触的满意程度，而总体满意是客户基于对通信企业的全部服务接触和经历的总体满意程度。接触满意是总体满意的构成要素之一，服务接触的满意积累会产生对服务接触的总体质量的评价，接触满意对总体满意和服务质量产生直接作用，进而通过总体满意影响顾客忠诚。

6. 通信业顾客满意的影响因素

影响顾客对通信企业满意程度的因素主要有以下方面。

（1）企业形象。它包括企业的知名度、营业厅的环境、产品或服务的熟悉度、产品或服务的可靠性等。

（2）服务质量。它包括网络覆盖、网络质量、套餐的适合程度、服务人员业务能力、充值与交费的便利性、话费查询的方便性、客服热线的服务质量等。

（3）顾客角度的客户价值。它包括资费水平、与竞争对手的资费差等。

（4）服务公平。它包括信息公平性、企业与客户的平等性、公司诚信、服务等待时间、服务人员的真诚热情程度等。

5.2.2　顾客忠诚

1. 顾客忠诚的定义

顾客忠诚（CustomerLoyalty，CL）是指顾客对企业的产品或服务的依恋或爱慕的感情，通过顾客的情感忠诚、行为忠诚和意识忠诚表现出来。其中，情感忠诚表现为顾客对企业的理念、行为和视觉形象的高度认同和满意，对企业及其产品和服务产生的高强度的心理依恋；行为忠诚表现为顾客再次消费时对企业的产品和服务的重复购买行为以及对该产品和服务的宣传推荐；意识忠诚则表现为顾客做出的对企业的产品和服务的未来消费意向。

顾客忠诚度是测量顾客忠诚程度的指标，指由于受质量、价格、服务等诸多因素的影响，使顾客对某一企业的产品或服务产生感情，形成偏爱并长期重复购买该企业产品或服务的程度。

2. 通信企业客户忠诚度的衡量

衡量客户对通信企业是否忠诚可以用如下 3 个标准。

（1）客户重复缴费的次数。在同一时间间隔内，客户对通信企业某个业务的缴费次数或缴费金额越多，说明客户对该项业务的忠诚度越高，反之则越低。

（2）客户挑选和使用业务的时间。由于依赖程度存在差异，客户对不同商品购买的挑选时间以及使用时间是不同的。因此，从办理业务挑选时间以及使用业务的时间长短上也可以鉴别客户对电信业务的忠诚度。

（3）客户对竞争业务的态度。客户对某家通信企业态度的变化大多是通过与竞争产品质量的比较而产生的。根据客户对通信竞争业务服务质量的态度，能够判断其对某个业务或某家企业的忠诚度。

3. 通信企业客户忠诚的制约因素

通信企业客户忠诚的制约因素主要有以下 3 个。

（1）完全竞争。不同企业的产品或服务没有差异，出现完全竞争的情况。用户对各个企业的产品或服务认知都相同，其感知风险低，对所用产品或企业的忠诚度也低，品牌转换的倾向性会变高。

（2）求变行为。当用户长时间使用或接受同一种没有创新的产品或服务时，产生厌烦情绪而寻求不同的产品或服务时，忠诚度降低。

（3）低参与。低参与是指个人客户对某种产品或服务的低水平的人际关系或感知重要性。低参与者会对某类产品兴趣不足，不会产生相应的忠诚度。通信行业的低参与型客户可能仅满足于基本的语音通信而对通信企业不断推出的增值业务反应并不大。

4. 提升通信企业客户忠诚的策略

提升通信企业客户忠诚的策略如下。

（1）为了赢得客户，首先要赢得员工，员工是企业的第一客户，这里包括 4 点：招募优秀的员工；赢得员工在工作中的忠诚；赢得高级管理人员的支持；保证员工不"跳槽"。

（2）通过个性化服务满足客户的期望，这可以通过产品产异化和客户差异化两种策略来实现。

① 产品差异化，指通信企业应尽可能地为客户提供与竞争对手不同的产品或服务，以保证自己在市场的"特有"地位。例如中国电信推出的"号码百事通"，中国移动推出的"飞信"，中国联通开通微博服务等。

② 客户差异化，指企业需按照客户的需求、偏好、特征等因素将其分类，并采取不同的营销策略。客户差异化营销策略的步骤是：关系细分—识别忠诚客户群体—对不同的消费群体进行准确的

营销定位。

（3）通过完善服务将客户抱怨化作客户忠诚。解决客户抱怨的企业存在的问题，将客户抱怨转化为客户忠诚，抱怨的客户是对企业寄予希望的客户，企业真诚为其解决问题，就能够赢得客户。流失的客户常常是默默放弃企业的客户。

（4）超越客户期望，赢得客户忠诚。为客户提供超越期望的服务，是赢得客户忠诚的根本，企业通过创新来解决资源和超越期望矛盾的问题。目前，制造业中出现的"新名牌""新好产品"，即低价名牌、低价好产品的思路值得借鉴。

5.2.3 顾客满意与顾客忠诚的关系

1. 顾客满意与顾客忠诚的关系

学术界对顾客满意和顾客忠诚之间的关系没有形成共识。许多学者认为顾客满意会导致顾客忠诚，顾客忠诚的可能性随着其满意程度的提高而增大。

一些实证研究表明，顾客满意与顾客忠诚的关系十分复杂，并非呈线性相关关系。

1995 年，美国学者琼斯（Joner）和赛斯（Sasser）对竞争强度不同的 5 个产业——汽车、商用计算机、医院、民用航空和地方电话（竞争的强度按照从高到低排列）进行的顾客满意度与顾客忠诚度的实证研究表明：二者的关系受行业竞争状况的影响。在高度竞争状况下，顾客有许多选择机会，转换成本较低。完全满意的顾客远比满意的顾客忠诚。在低度竞争情况下，不满的顾客很难跳槽，不得不继续重复购买行为。影响竞争状况的因素主要包括以下四类：限制竞争的法律、高昂的改购代价、专有技术和有效的常客奖励计划。

如图 5-6 所示，45°线左上方表示低度竞争区，45°线右下方表示高度竞争区，曲线 1 和曲线 2 分别表示高度竞争的行业和低度竞争的行业中顾客满意程度与顾客忠诚可能性的关系。

如曲线 1 所示，在高度竞争的行业中，完全满意的顾客远比满意的顾客忠诚。在曲线右端（顾客满意程度评分），只要顾客满意程度稍稍下降一点，顾客忠诚的可能性就会急剧下降。这表明，要培育顾客忠诚，企业必须尽力使顾客完全满意。

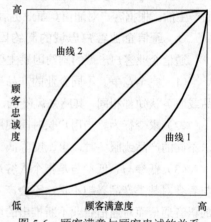

图 5-6　顾客满意与顾客忠诚的关系

曲线 2 说明，在低度竞争的行业中，似乎顾客满意程度对顾客忠诚度的影响较小。但这是一种假象，限制竞争的障碍消除之后，曲线 2 很快就会变得和曲线 1 一样。因为在低度竞争情况下，顾客的选择空间有限，即使不满意，他们出于无奈仍会继续使用原企业的产品和服务，是虚假忠诚。

可见，顾客满意和顾客的行为忠诚之间并不总是强正相关关系。但无论在高度竞争的行业还是低度竞争的行业，顾客的高度满意都是形成顾客忠诚度的必要条件，而顾客忠诚度会对顾客行为产生巨大影响。

2. 顾客满意与顾客忠诚关系的调节因素

在多数情况下顾客满意和顾客忠诚并不是简单的线性关系。这说明在顾客满意和顾客忠诚两个变量之间存在着一些调节变量。这些调节变量及其作用强度会因行业的不同而有所差异。已有研究辨识出的调节变量有以下几个。

（1）社会规范。主观的行为规范会受到社会规范的影响。例如，当一个少年消费者对一件时尚款式的服装表现出极高的态度倾向时，他也许会觉得他的父母对他穿此类服装感到反感而取消购买的决定。

（2）产品经验。顾客先前的经验和知识在很大程度上会影响顾客的态度与行为。顾客经验构成了今后使用该服务满意度的门槛。在顾客忠诚的形成过程中，产品经验通常作为一个情景因素发挥着调节作用。

（3）替代选择性。如果顾客感知现有企业的竞争者能够提供价廉、便利和齐全的服务项目或者较高的利益回报，他们就可能决定终止现有关系而接受竞争者的服务或者产品。如果顾客没有发现富有吸引力的竞争企业，那么他们将保持现有关系，即使这种关系被顾客感知不太满意。

（4）转换成本。转换成本是指顾客从现有厂商处购买商品转向从其他厂商购买商品时面临的一次性成本。由于存在转换成本，若顾客终结当前的关系，先前的投资就会受到损失，于是就被迫维持当前与供应商之间的关系，即使顾客对这种关系不满意。因此，顾客转换成本较高时，顾客的行为忠诚也较高。

5.3

顾客满意陷阱

顾客忠诚与企业的生存发展息息相关，美国学者 Reicheld 和 Sasser 的研究表明，顾客忠诚度提高 5%，行业的平均利润率提高 25%～85%。因此，企业采取大量的措施提高顾客的满意度，希望激发顾客忠诚。但是实践和研究发现，在高度竞争的行业中，顾客满意度和忠诚度之间并非是简单的线性关系。

5.3.1　顾客满意陷阱的概念

顾客满意陷阱最早是由 Hart 和 Johnson 在对顾客满意与顾客忠诚之间的关系研究中发现的。他们通过对施乐公司的实证研究发现，顾客满意与顾客忠诚之间的关系是正相关关系，但却不一定是线性相关，其中存在"质量不敏感区（Zone of Indifference）"。在质量不敏感区内，顾客满意与顾客忠诚关系曲线上出现一段较为平缓的线段，即顾客的满意水平的提高并没有使顾客忠诚度得到相应的提高。后来有些学者将这一顾客满意无法引致顾客忠诚的现象称为顾客满意陷阱。顾客满意陷阱的存在说明那些宣称基本满意和满意的顾客的忠诚度和重购率都很低，只有那些非常满意的顾客才表现出极高的重购率，并乐于为企业传播好的口碑。

5.3.2　顾客满意陷阱的成因

如图 5-7 所示，顾客在接受企业的服务之前存在一系列的期望，顾客会有意无意地确定必要的服务（顾客愿意接受的服务水平）和渴望的服务（顾客希望得到的服务水平），在这两者之间是容忍范围。在接受服务的过程中，顾客会根据期望衡量企业的服务。如果顾客认为企业的服务在必要的服务水平之下，这种服务是不可接受的，其结果是不满意，更谈不上忠诚。如果服务超过了顾客渴望的服务水平，顾客完全满意，在未来会重购企业服务，而且不会因为市场态势的变化和竞争性企业营销努力的吸引而产生转移行为，从而形成顾客忠诚。当服务落在容忍范围内，顾客感到满意，其满意程度随着服务水平的提高而提高，但这种满意与顾客忠诚的相关性很低。因为无论企业的服务水平有多高，只要在顾客期望的范围内，就无法使顾客惊喜，难以给顾客留下深刻印象，所以无法激励顾客忠诚。这是形成顾客满意陷阱的最根本原因。

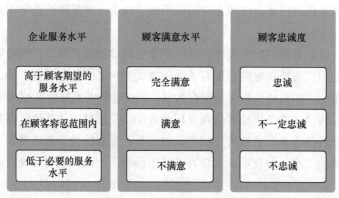

图 5-7　顾客满意陷阱的成因

5.3.3　双因素模型

双因素理论（Two Factor Theory）又称激励、保健因素理论（Motivator-Hygiene Theory），是美国的行为科学家弗雷德里克·赫茨伯格（Fredrick Herzberg）在研究员工激励问题时提出的理论。双因素理论认为，满意的对立面是没有满意，不满意的对立面是没有不满意，而不像传统理论那样认为，满意的对立面就是不满意。因此，影响员工工作积极性的因素可分为两类：保健因素和激励因素，这两种因素彼此独立，并且以不同的方式影响人们的工作行为。消除了工作中的不满意因素，并不一定能使员工感到满意。双因素理论来自对员工激励的因素研究，但该研究成果，同样适用于激励客户的分析。

在企业营销过程中，企业必须明确客户产生购买行为的驱动力，了解客户实现购买行为的目的，以合理定义产品或服务的保健因素和激励因素。

如果将双因素理论用于顾客购买行为的激励分析中，可将顾客所获得的价值要素分成保健要素和激励要素，如图 5-8 所示。保健要素是指顾客认为理应从产品和服务中得到的价值要素，它与核心服务有关，如果缺乏则会对顾客感知价值和再购买意向造成严重不良影响，但是大幅度改进也无助于顾客感知价值和忠诚度的明显提高。例如银行服务的诚实、安全、可靠，服务的可获得性和效率等要素。激励要素则是那些能使顾客欣喜或愉悦的要素，多与服务的提供过程或提供程度超出了顾客的正面预期有关，如果缺乏也不会对顾客感知价值和再购买意向造成不良影响，但是只要存在就会使顾客感知价值和忠诚度明显提高。例如银行服务的关心、照顾和友善等要素。

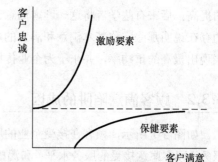

图 5-8　双因素客户满意与客户忠诚关系图

可见，顾客满意对顾客忠诚的影响取决于顾客所接受的服务价值的种类。产品或服务的价值属性不同，顾客满意水平提高所引致的顾客忠诚的变化也不同。如果管理者将大笔的资金投到超出理想程度的保健要素上，而忽略在激励要素上投资，可能会掉入质量改进或追求卓越的"顾客满意陷阱"。反之，如果在保健要素未达到可接受的适当程度时，就将大笔资金投入到激励要素上，同样也不会使顾客满意，更谈不上忠诚。

5.3.4 卡诺模型

卡诺博士（Noriaki Kano）研究发现，不论是制造业或服务业，客户对品质的评价都不是一维的。一维评价认为，对于一项品质来说，具备时客户会满意，不具备时客户会不满意，甚至认为具备的程度越高，客户会越满意。但事实上，客户对不同品质的评价和需求是有差异的，因此客户对品质满意性显示出二维模式。在卡诺二维品质模型中（见图 5-9），横坐标表示某项品质要素的具备程度，越向右边表示该品质要素的具备程度越高，越向左边表示欠缺程度越高。而纵坐标表示客户的满意程度，越向上，满意程度越高，越向下，越不满意。利用坐标的相对关系，可以把品质类别分为五大类：必备品质要素（类似于保健因素）、线性品质要素、魅力或惊喜品质要素（类似于激励因素）、无差异品质要素和反向品质要素。

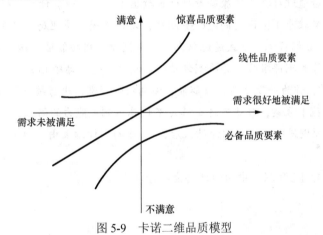

图 5-9 卡诺二维品质模型

可见，如果企业一味通过提高产品和服务的当然质量或期望质量追求客户满意就有可能掉进顾客满意的陷阱。因为，企业提供可使顾客满意的产品或服务质量标准是顾客期望范围之内的，顾客认为这是企业应该或者必须提供的，所以客户的满意度和忠诚度不会大幅度提高。企业要想赢得客户忠诚，必须保证当然质量，不断改进期望质量，积极开发迷人质量，通过给客户一份超出其预期的惊喜来打造客户忠诚。

[案例 5-2]

中国电信服务质量用户满意度指数（TCSI）

电信服务质量用户满意度指数（TCSI）是衡量电信服务水平的重要指标，是世界上许多国家和地区测评电信服务质量的通行做法。2003 年 11 月 20 日，信息产业部颁发了《电信服务质量用户满意度指数（TCSI）测评方案》（试行），并在全国范围内推广。

中国 TCSI 测评模型包括的测评要素是：

● 预期质量，即用户在购买该产品或服务前对其质量的预期或要求。

- 感知质量，即用户购买或使用该产品或服务后对质量的实际感受。
- 感知价值，即用户通过购买或使用该产品或服务对其价值的实际感受。
- 用户满意度，即对用户使用产品或接受服务后的心理状态的反应，是用户的预期和实际感受的差异函数。
- 用户抱怨，即用户对该产品或服务表示不满。
- 用户忠诚度，是用户和企业关系紧密程度的量度，忠诚用户表现为重复购买、主动推荐和稳定性强等。
- 品牌（企业）形象，用户由间接和直接经验形成对某企业、品牌或某产品/服务的整体印象。

TCSI 是根据消费行为学的研究成果，构造出上述 7 个要素的相互作用的关系模型。上述 7 个因素为潜变量，每个潜变量都由与之对应的观测变量决定。所有观测变量通过问卷调查所获得的基础数据得出。

通过既定的统计模型，建立了基础数据、观测变量和潜变量之间的关系。

根据规定，TCSI 测评是对测评对象（某个被测评企业的某个被测评业务的所有终端用户）进行抽样，并对被抽中的用户采用统一的标准问卷进行访问调查，调查后获得的有效问卷的所有选项答案即为原始数据，然后通过对收集的原始数据进行数据汇总、整理、计算分析等，得到测评结果。

各省（自治区、直辖市）范围内的 TCSI 测评，均由省通信管理局组织完成样本抽样、问卷调查和数据汇总；汇总的数据按统一格式通过信息产业部网站专用功能区上传信息产业部电信管理局，由部组织完成指数计算和测评报告，并将测评结果和测评报告反馈给相关省局。

TCSI 的测评工作，作为一项政府行政职能，由电信管理部门进行统一管理、统一组织。各省通信管理局负责组织实施本方案，具体测评工作可委托具备相关能力的第三方承担。测评全过程按照公开、公正、公平的原则进行。每年测评结束后，TCSI 的测评结果由当地省、自治区、直辖市通信管理局负责发布。

趣味讨论： 如何对 TCSI 测评中的测评要素进行评价打分？

5.4 通信客户关系管理

5.4.1 客户关系管理

1. 客户关系管理的含义

客户关系管理（Customer Relationship Management，CRM）有广义和狭义之分，广义 CRM 是企业以客户为中心的管理思想，指企业在经营过程中不断累积客户信息，并使用获得的客户信息来制定市场战略以满足客户个性化需求。其意义在于明确顾客的需求，提供满足顾客需求的产品和服务，为顾客提供全方位的持续的服务，有效地管理顾客关系，确保顾客获得较高的满意度，推动重复购买，从而与客户建立长期稳定的关系。

狭义 CRM 是智能化的信息系统，企业利用信息技术（Information Technology，IT）和互联网技术实现对客户的整合营销，注重是与客户的交流，并为客户提供多种交流的渠道。CRM 的应用体现在客户关系的整个生命周期。从售前的客户分析鉴别、市场调查研究、市场推广、发掘潜在客户，到销售的追踪实施，再到产品、服务的交付，直至售后的客户反馈信息的收集和客户关怀的实施。在这个周期中，CRM是企业对内对外的统一的连接点，帮助企业最大限度地利用其以客户为中心的各种资源，并将这些资源集中运用于企业的现有客户和潜在客户身上。CRM可以使企业实现"一对一"的市场，即为客户实施一对一的个性化服务，同时它还为企业提供了全方位的各个层次关系的维护。它能有效地维护客户与企业之间的关系，企业零售商、分销商与企业之间的关系，客户与企业零售商和分销商之间的关系，企业内各部门、个工作组之间的关系等。

客户关系管理是一个不断加强与客户交流，不断了解客户需求，并不断对产品及服务进行改进和提高，以满足客户需求的连续的过程。客户关系管理系统是在客户关系管理理念指导下形成的客户关系管理手段。

2. 客户关系管理的特点

客户关系管理具有如下特点。

（1）重新诠释客户。客户对象不仅是已经与企业发生业务往来的现有客户，它还应包括企业的目标客户、潜在客户、业务合作伙伴等。

（2）重新定义客户管理范畴。客户关系管理重新定义了客户管理，将其内容扩大到相应的市场管理、销售管理、服务管理、客户关怀、分析决策、销售机会挖掘、合作伙伴管理、竞争对手管理、产品管理和员工管理等。

（3）强调业务流程管理。业务流程管理包括：业务产生、业务跟踪、业务控制、业务落实和业务评价等环节。通过业务流程的管理，实现市场、销售、服务的协同工作，是确保企业目标达成的有效手段。

（4）客户价值管理是核心。客户关系管理通过对客户价值的量化评估，帮助企业找到高价值客户，将更多的关注投向高价值客户。通过满足高价值客户个性化需求，提高客户忠诚度和保持率，增加销售，扩展市场，全面提升企业的赢利能力和竞争力。在提供市场营销的全程业务管理的同时，对客户购买行为和价值取向进行深入分析，为企业挖掘新的销售机会，并对未来产品发展方向提供科学、量化的指导依据，使企业在快速变化的市场环境中保持永续发展能力。

3. 客户关系管理的作用

（1）客户关系管理在市场营销过程中的作用。客户关系管理系统在市场营销过程中，可有效帮助市场人员分析现有的目标客户群体，如主要客户群体集中的行业、职业、年龄层次、地域等，从而帮助市场人员实现精准营销。客户关系管理能有效分析每一次市场活动的投入产出比，根据与市场活动相关联的回款记录及举行市场活动的报销单据计算，统计出所有市场活动的效果报表。

（2）客户关系管理在销售过程中的作用。销售是客户关系管理系统中的主要组成部分，主要包括潜在客户、客户、联系人、业务机会、订单、回款单、报表统计图等模块。业务员通过记录沟通内容、建立日程安排、查询预约提醒、快速浏览客户数据有效缩短了工作时间，而大额业务提醒、销售漏斗分析、业绩指标统计、业务阶段划分等功能又可以有效帮助管理人员提高整个公司的成单率、缩短销售周期，从而实现最大效益的业务增长。

（3）客户关系管理在客户服务过程中的作用。客户服务主要是用于快速及时地获得问题客户的信息及客户历史问题记录等，这样可以有针对性并且高效地为客户解决问题，提高客户满意度，提升企业形象。其主要功能包括客户反馈、解决方案、满意度调查等。

4. 客户关系管理的水平

客户管理不是简单的被动服务加关系营销。它是一个从客户需要出发，以客户满意为终极目标的生产经营系统。科特勒认为公司与客户有五种关系管理水平，如表 5-3 所示。

表 5-3　客户关系管理水平

类型	含义
基本型	销售人员把产品销售出去就不再与客户接触
被动型	销售人员把产品销售出去并鼓励客户在遇到问题或有意见的时候与公司联系
负责型	销售人员把产品销售出去以后联系客户，询问产品是否符合客户的要求，是否有改进意见以及任何特殊的缺陷和不足，以帮助公司不断地改进产品，使之更加符合客户需求
能动型	销售人员不断地联系客户，提供有关改进产品用途的建议以及新产品的消息
伙伴型	公司不断与客户共同努力，帮助客户解决问题，支持客户成功，实现共同发展

[案例 5-3]

4G 时代运营商的客户关系管理

2013 年 12 月 4 日，工业和信息化部（简称工信部）正式向三大运营商发放 4G 牌照，宣告我国通信行业进入 4G 时代。

4G 时代的到来，极大地拉近了移动通信网和互联网的距离。根据统计，目前我国手机用户数接近 12 亿，占全国人口数 85% 以上，全国的网民数 6.04 亿，其中手机网民 4.2 亿，而 4G 技术的推广普及更会刺激手机网民的暴增。以上两者的服务群体几乎遍及全国，是客户群体最大的行业之一。

由于 4G 的核心要求是移动通信网和互联网高效率的跨境合作，甚至逐步将 4G 手机变成一台微型计算机、一台小型电视、一个视频电话系统、一个物联网的控制系统等。其功能上的兼容性，会让用户对手机的依赖度更高，对网络服务质量的要求更多。

4G 时代到来后，"三网"的渗透发展，使得原本较为割裂的客户集中到一个平台上。原有的盈利模式和利益格局将会受到冲击、重组。当"三网"中客户的个性化需求得到系统分析后，运营商将会有更大的平台和机会去实现这种个性化需求，从而创造盈利。

由于 4G 系统致力于打造兼容性更强的信息集成平台，以使"三网"更好地渗透融合。要实现以上兼容性的目标和功能，故需要更为完整的供应链体系予以支撑。

针对以上 4G 时代客户关系管理的新特点，运营商可以从建立完整的、多样化的客户信息收集平台，加快不同阶段通信技术的转化来保有旧客户资源等方法入手，进一步找到满足客户需求的切入点，将 4G 前用户转化为 4G 用户，并吸纳新的用户资源。

基于客户群体规模大、需求多样化的事实，运营商进行客户关系管理的第一步应反思原有的信息收集平台，特别是由移动通信网向互联网、广播电视网渗透的部分，其原有的处理方法和结论均需进一步改变以适应局势。同时，由于互联网的引入，信息交流的渠道进一步拓展，诸多互联网的即时通信工具，如 QQ、微博、微信、视频等，均可作为信息收集的渠道，从而找到更多满足客户需求的摄入点。

按照目前我国通信行业的形势，12 亿手机用户中还有接近 8 亿多使用 2G 网络，接近 4 亿使用 3G 网络，可以说还处在一个 2G 占据主体，3G 方兴未艾，4G 刚刚萌芽的阶段。运营商在前期对 2G、

3G 已经投入了大量的人力、物力进行基础的网络建设，后期还有非常大的成本回收空间。正如 3G 时代联通、电信追赶移动的先例一样，4G 时代谁能抢占先机，就有可能一招先处处先。三大运营商与其将此种变革看成一种挑战，不如振奋精神，在 4G 迎头赶上。由于移动公司 2G 网络用户数占比高达 76%，总量高达 5.8 亿人，其应最有兴趣实现 4G 时代。届时由于使用习惯，如移动公司能较好地把 2G 用户直接转换为 4G 用户，就可在 4G 竞争中再一次取得较大优势。而联通、电信的策略也是一样，首先应该保有现在的 3G 用户，并通过 4G 吸纳新用户资源。

趣味讨论：4G 时代运营商如何利用客户关系管理打造其核心竞争力？

5.4.2　通信客户关系管理系统

随着 3G 和 4G 应用的普及，通信市场已由网络竞争、规模竞争、产品竞争转向为客户竞争。各大通信企业认识到了客户关系塑造和维护的重要性，从理论知识层面和实践技术层面采取各种策略加强和深化客户关系管理。

1. 通信客户关系管理系统的建立原则

（1）客户为中心的原则。将提供多样化及个性化服务，满足客户需求，充分融入客户关系管理的理念精髓，以吸引客户、方便客户、满足客户、为客户提供多样化及个性化服务作为设计通信客户关系管理系统的首要原则。将企业与客户服务的全部界面层进行整合、规范，组成统一的客户服务模块，满足客户需求，提升客户价值。

（2）提升企业核心能力的原则。通信企业要发展成为一个符合现代企业制度要求的现代化企业，其运营目标是为社会、为客户、为股东、为员工创造更大价值。企业需要通过良好的客户关系建设，巩固和发展忠诚客户群体，提高忠诚客户群体价值，增强企业的核心竞争力。

（3）适度超前和创新的原则。客户关系管理系统的各项业务功能应能提供充分的扩展能力，满足各种创新的需求，以适应全新的领域，满足未来多种电信业务经营和发展的需要，为各项客户服务管理业务的发展奠定坚实的物质技术基础。

2. 通信客户关系管理系统的类型

按照通信客户关系管理系统的功能，可把通信客户关系管理系统分为如下三类。

（1）协作型通信客户关系管理系统，也称为渠道型通信客户关系管理系统。目前，各类型通信企业与客户的接触渠道日益多样，除了传统的营业窗口、面对面的现场服务外，还有传真、呼叫中心、互联网等其他沟通渠道。如何将客户与运营商的各种接触渠道进行整合，通过统一的标准化接口与后台的支撑系统、业务网中的业务平台（如音信互动的业务平台）和业务管理平台以及其他的外部系统实现互联，客户的同一个服务请求可以在各个相关系统平台上得到统一的展示，构建"多渠道接入，全业务服务"的统一客户接触门户是协作型通信客户关系管理系统所要完成的任务。

（2）操作型通信客户关系管理系统。操作型通信客户关系管理系统可以帮助通信企业实现营销、销售、服务等业务环节的流程自动化，做到利用软件技术来提高运营商的运作效率、降低运作成本。通过实施操作型通信客户关系管理系统，通信企业最终能够建立起一套以客户为中心的运作流程及管理制度，同时有助于培养员工的服务意识，销售、服务、营销部门的业绩也会得到明显提升。

（3）分析型通信客户关系管理系统。分析型通信客户关系管理系统将包括以上两种系统的功能，同时提供商业智能的能力，使运营商将宝贵的客户信息转变为客户知识。分析型通信客户关系管理系统能够将企业原有的客户信息管理系统提升到客户知识管理系统的高度。通过建立数据仓库、运用数据挖掘、商业智能等技术手段，对大量的客户信息进行分析，可以让通信企业更好地了解客户的消费模式，并对客户进行分类，从而能针对不同类型客户的实际需求，制定相应的营销战略。

通信客户关系管理系统的实施与企业的内部和外部系统紧密相关。其涉及市场、营销、销售、实施、客户服务与支持等一系列循环过程。一个完整的通信客户关系管理系统不仅包括与客户的多渠道接触，还包括市场的定位和分割、营销策略的制定和客户细分、销售机会的把握、销售的执行、客户的管理与分析、客户的反馈与策略的评判等。

3. 通信客户关系管理系统的作用

（1）整合通信企业的资源体系。完整的客户关系管理系统在通信企业资源配置体系中发挥承前启后的作用。向前它可以朝移动运营商、网络提供商等与客户的全面联系渠道伸展，综合传统的手机计费、移动上网、网上信息点播、短信息、信息服务等，构架起动态的服务体系；向后它能渗透到通信企业的业务管理、信息服务、业务发展、财务、人力资源等部门，整合 MIS（Management Information System，管理信息系统）、DSS（Decision Support System，决策支持系统）、ERP（Enterprise Resource Planning，企业资源计划）等系统，使通信行业的信息和资源流高效顺畅地运行，实现企业效率的全面提高，促进行业内的信息共享、业务处理流程的自动化和员工工作能力的提升。

（2）优化通信服务。首先，通信客户关系管理系统能使通信企业更好地把握客户和市场需求，提高客户满意度和忠诚度，保留更多的老客户并不断吸引新客户。其次，通信客户关系管理系统将全方位扩大移动信息领域的服务范围，提供实时创新的增值服务、把握市场机会，提高市场占有率和效益深度。再次，通信客户关系管理系统能够优化内部管理平台，搭建业务部门共享信息的自动化工作平台，提高企业运营效率。

（3）加强通信核心竞争力。通信核心竞争力是指支撑通信企业可持续性竞争优势的开发独特产品、创造独特营销方式的能力，是通信类企业现有业务资源优势与运行机制的有机融合。通信客户关系管理的实施，使通信行业以客户为中心的理念得以有效执行，优化通信行业组织体系和职能架构，形成通信业务高效运行的管理系统和信息系统，提升通信行业的信息化、电子化建设水平和全员的知识技术和工作能力，从而为培育和打造通信行业的核心竞争力提供全面而有力的保障。

案 例 分 析

苹果的客户满意之道

苹果公司，原称苹果电脑公司（Apple Computer，Inc.），由史蒂夫·沃兹尼亚克、史蒂夫·乔布斯和罗恩·韦恩于 1976 年 4 月 1 日创立，2007 年改名为苹果公司，其核心业务为电子科技产品。苹果创立之初是市场中唯一既做硬件又做软件，生产全套产品的个人计算机（俗称电脑）公司，是个人电脑最早的倡导者和著名的生产商。公司发展一波三折，经历辉煌之后走向低谷，却又在生死存亡之际，起死回生，走向了一个新的高点。

2001 年，苹果公司开始开设苹果零售店，推出便携式 MP3 播放器 iPod，同时发布了用于将 MP3 文件从 Mac 传输到 iPod 的工具软件 iTunes。自此，iPod、iPodmini、iPodVideo、iPodshuffle、iPodnano、iMac、MacBookPro、MacBook Air、iPodtouch、iPad、iPhone 等产品不断推陈出新，让具有此类产品偏好的顾客充分感受到追赶信息潮流的快乐。

2001 年 5 月，苹果在弗吉尼亚的高端购物中心 Tysons Corner 和加州格伦代尔市（Glendale）的 Glendale Galleria 开设了最早的两家零售店。仅仅两年后苹果就在芝加哥、檀香山和东京等地开设了 70 多家店铺。苹果店的各个区域更像是一个整体解决方案，如电脑区域，相机、便携式摄像机和 MP3 与电脑联系在一起。运行中的机器可以展示 Mac 电脑如何用于数字摄影、视频编辑和音乐制作等客户可能真正想做的事情。大部分电脑商店都会展出可以运行的模型机，但是客户无法安装软件，与网络连接，或者从自己的数码相机上上传相片。而在苹果店，客户可以免费地测试机器的各个方面。苹果公司倾向于招聘刚刚从学校毕业的富有创意的电脑迷，通过为他们提供内部培训作为奖励。对员工的管理也取消了电子消费品零售业销售佣金的标准做法，而换以提拔的方式作为员工激励。因此相对于整个零售行业平均 50%的人员更新率，苹果店的人员更新率只有 20%。

苹果曾拿下 2007 年、2008 年的最短解决问题通话记录，在一个常见问题的咨询中，苹果客服不到一分钟就解决了用户问题，而有些厂商则高达 5 分钟。苹果的产品价格高昂，但是消费者却依然痴迷不悔，是因为其产品性价比高吗？苹果公司以独具匠心的产品设计创造了巨大的附加值乃至品牌价值，从 iMac、iPod 到 iPhone，苹果的电子产品在电脑、手机领域和音乐播放机都取得巨大成功，并成为价格昂贵的高端时尚品牌的象征。

苹果在 2009 年的 Laptop 的售后技术支持服务排名中，成为唯一一家总评"A"的企业。无论在线支持和电话支持，苹果都取得最高分，并且苹果的电话技术支持平均通话时间保持在 5 分钟以下。当用户的电脑或电子设备有问题时，寻求客服往往是一件很麻烦的事，把这些产品送出去修理就更麻烦了。为了解决此类问题，苹果就动用了零售商店中的 GeniusBar（天才吧）。无论购买地是哪里，天才吧的客服人员都会免费检查所有的苹果产品。他们不仅会修复一些与苹果无关的软件问题，甚至会帮用户完成一些与技术支持无关的任务。苹果不会因此收取任何费用，只有超出保修期的商品才会收费。通过这一服务，苹果用户的产品一旦有问题就可以到这里寻求解答。此服务帮助苹果成为了市场上提供最好客服的公司。由于 Windows 较为强大影响力，全球大量用户也因此对使用 Mac 感到了一丝担忧。为了解决这一问题，苹果举行了特殊的辅导班，让用户了解使用 Mac 的基本经验，并尽可能地让用户感受更加简洁的体验。

分析点评：

1. 产品外观、技术支持、广告周边三维一体的产品设计

苹果公司自成立以来，一直以产品创新闻名于世，绚丽的产品外观、完善的技术支持让苹果的忠实粉丝永不离弃。产品外观是影响消费者购买决策的重要影响因素之一，消费者在面对同类型、同功能的不同产品时往往会根据产品的外观做出选择。在技术支持方面，苹果始终受其忠实用户所推崇，用户在购买苹果笔记本电脑时会获得附带的应用软件套装产品（iLife）。当你第一次打开电脑的时候，就已经可以达到基本的使用需求，无须再购买安装额外的应用软件。另外，同时生产硬件和软件产品的特点，让用户在使用苹果产品的过程中遇到任何问题都只需向苹果一家公司进行咨询获取支持即可。苹果的广告也体现出宣传者强烈的洞察力和市场意识。

2. 打造注重客户体验的零售店

苹果公司控制着客户在苹果零售店的整个体验过程，从货架上的产品、员工的培训到商店的整体设计，以及商店里提供的使用苹果产品的教育课程等。苹果公司零售店的构思目标是围绕客户体验设计商店。在苹果零售店不会遇到随时劝说客户购买昂贵配件的售货员，也没有刺耳的声音和晃眼的灯光。苹果店一般分为 4 个区域，每个区域都专门以"方案解决区域"为中心，其目的是创造

一个客户可以找到解决问题的"整体方案"的地方。

3．全面、高效、迅捷的客户服务

苹果的网站搜索非常高效而有序，PDF 手册资料也非常完整，方便查阅。同时其热线接通率也非常高，回答问题的响应时间是最少的，准确性也是最高的。

思 考 题

1．什么是客户价值？什么是客户价值管理？

2．什么是通信客户价值？通信客户价值如何计算？

3．简述客户满意与客户忠诚的关系。

4．如何提高通信客户满意与客户忠诚？

5．简述双因素模型和卡诺模型。

6．什么是客户关系管理？通信客户关系管理系统有哪些类型？

通信消费者市场的购买行为 | 第6章

消费者行为（consumer behavior）研究的是个人、群体和组织如何挑选、购买、使用和处置产品、服务、构思或体验来满足其需要和欲望的过程。通信企业如何从庞大的顾客群体中识别潜在客户，分析其购买行为特征，认识、适应并主动地采取相应的营销策略开展营销工作，是通信企业市场营销工作的基本任务。

关于通信客户购买行为分析分两章进行，本章分析通信消费者市场购买行为，第7章分析通信政企客户市场购买行为。本章首先从普遍意义上认识大众消费者市场购买行为，然后对通信消费者的购买心理与行为特征进行具体分析。

6.1
消费者市场购买行为概要

6.1.1 消费者市场的定义与特征

1. 消费者市场的定义

消费者市场也称为最终消费者市场、消费品市场或生活资料市场，它是指为满足自身需要而购买的一切个人和家庭构成的市场。由于消费是产品和服务流通的终点，因此消费者市场是市场体系的基础，是市场交换中起决定作用的部分。

2. 消费者市场的特征

从不同维度来看，消费者市场具有不同的特征，如图6-1所示。

（1）从交易的商品看，消费者市场具有层次性和可替代性。

① 层次性。消费者市场提供的是人们最终消费的产品，购买者是个人或家庭，他们收入水平不同，所处社会阶层不同，文化修养、欣赏习惯等都有差异，因而对产品的需求也会表现出一定的层次性，所以市场中的产品花色多样、品种复杂，产品的生命周期短。

② 可替代性。消费者市场商品的品种繁多，相互之间可替代性强，除了少数商品不可替代外，大多数商品都可找到

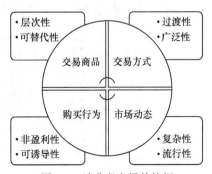

图6-1 消费者市场的特征

替代品或可以互换使用的商品，因而商品的价格需求弹性较大，即价格变动对需求量的影响较大。

（2）从交易的方式和规模看，消费者市场具有过渡性和广泛性。

① 过渡性。消费品市场购买者众多，市场分散，成交频繁，但交易数量零星，因此绝大部分的

商品都不是生产商直接提供给消费者进行交易的，而是由中间商过渡，从生产商处购买再提供给消费者。

② 广泛性。消费者市场上，不仅购买者人数众多，而且购买者地域分布广。从城市到乡村，从国内到国外，消费者市场无处不在。

（3）从购买行为看，消费者市场具有非盈利性、可诱导性和自发性。

① 非盈利性。在消费者市场中，消费者购买商品是为了获得某种使用价值，满足自身的生活消费的需要，不是为了盈利去转手销售。

② 可诱导性。对于大众消费者来说，他们往往缺乏专业的商品知识和市场知识，因此他们在购买商品时，容易受到厂家、商家的广告宣传、促销方式、商品包装和服务态度等因素的影响。消费者市场上的购买有时具有自发性、感情冲动性。

（4）从市场动态看，消费者市场具有复杂性和流行性。

① 复杂性。随着城乡交往、地区间往来的日益频繁，旅游事业的发展，国际交往的增多，人口的流动性越来越大，购买力的流动性也随之加强，消费者对产品或服务的需求越来越复杂，供求矛盾也越来越频繁。

② 流行性。消费需求不仅受消费者内在因素的影响，还会受环境、时尚、价值观等外在因素的影响。时代不同，消费者的需求也会随之不同，消费者市场中的商品具有一定的流行性。

6.1.2 消费者购买行为模式

人类行为的一般模式是"刺激—反应"模式，即人们对外在刺激做出相应的反应，产生行动。消费者行为亦如此，是对刺激做出相应的消费反应的过程，这种 S-O-R 模式如图 6-2 所示。消费者的购买行为是由刺激引起的，这种刺激既来自于内部消费者自身的生理、心理因素，也来自于外部的环境。消费者在各种因素的刺激下产生动机，在动机的驱使下做出购买商品的决策，实施购买行为。

图 6-2　S-O-R 模式

在人类行为"刺激—反应"模式的基础上，研究者对消费者行为做了更深入的研究，形成了不同的消费者购买行为模式的理论，其中影响较大的当属尼科西亚模式、霍华德—谢思模式、科特勒行为选择模式。菲利普·科特勒行为选择模式如图 6-3 所示。

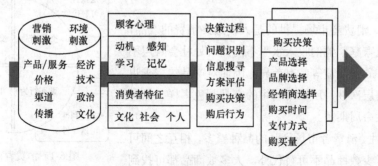

图 6-3　科特勒行为选择模式

营销刺激和环境刺激进入消费者的意识，接下来，一套结合消费者特征的心理过程导致了决策过程和购买决策。不同特征的消费者会产生不同的心理活动的过程，通过消费者的决策过程，导致了一定的购买决定，最终形成了消费者对产品、品牌、经销商、购买数量、购买时间和支付方式的选择。

[课外作业]

尼科西亚模式、霍华德——谢思消费者行为模式的主要内容是什么？

6.1.3 影响消费者购买决策的因素

影响消费者购买决策的因素有四类：文化因素、社会因素、个人因素以及心理反应，如图 6-4 所示。其中，前三类因素通过心理反应影响购买行为。

图 6-4 消费者购买决策的影响因素

1. 文化因素

（1）文化。文化是指人类在社会发展过程中所创造的物质财富和精神财富的总和，是根植于一定的物质、社会、历史传统基础上形成的特定价值观念、信仰、思维方式、宗教、习俗等的综合体。文化是影响人们欲望和行为的基本因素。大部分人尊重自己的文化，接受自己文化中的共同的价值观，遵循文化的道德规范和风俗习惯。文化背景不同的人，有不同的消费需求和不同的购买行为。

（2）亚文化群。在每一种文化中，往往还存在许多在一定范围内具有文化同一性的群体，被称为亚文化群，如民族亚文化、宗教亚文化。民族亚文化是指各民族经过长期发展形成了各自的语言、风俗、习惯、爱好，他们在饮食、服饰、居住、婚丧、节日、礼仪等物质和文化生活方面各有特点，这会影响他们的购买行为。宗教亚文化：不同的宗教群体，在生活方式、习俗、信仰、价值观、禁忌等方面存在差异，从而影响信仰不同宗教的人们的购买行为。

（3）社会阶层。社会阶层是在一个社会中，具有相对同质和持久性的群体，他们按等级排列，每一阶层的成员具有类似的社会经济地位、价值观、兴趣爱好和行为方式。因此，同一社会阶层的人群在消费偏好、购买行为方面也具有相似性。

2. 社会因素

（1）参照群体，参照群体是指对个人的态度、意见偏好和行为有直接或间接影响的所有群体。存在直接影响的群体称为成员群体，包括初级群体、次级群体。初级群体如家庭、朋友、同事等，成员之间存在较持续、非正式的互动；次级群体如宗教、职业和工会群体等，成员之间关系更正式，但互动的持续性较差。一个人希望加入的群体是渴望群体，而反对其价值观和行为的群体为疏离群体。相关群体对消费者购买行为的影响大，因而，商家应设法影响相关群体的意见领袖，从而起到广泛的宣传和推广作用。

（2）家庭。家庭是最重要的消费和购买单位，也是影响消费者购买行为的重要因素。原生家庭包括一个人的双亲和兄弟姐妹，每个人都从父母处获得关于宗教、政治、经济等方面的引导和关于个人抱负、自我价值等方面的感知，父母的购买行为对子女有重要影响。再生家庭是夫妻加子女的家庭，对于不同的商品，夫、妻、子女参与购买决策的程度不同。如汽车、人寿保险等的购买，以丈夫决策为主；洗衣机、地毯、衣食、杂品等的购买以妻子的决策为主；住宅、家具、度假、娱乐等，由夫妻共同决定。

（3）角色和地位。个人在群体中的位置通过角色和地位确定。角色由一个人应该进行的各项活动组成。一个人有多重角色，每个角色的地位都反映社会所赋予的尊重程度，人们会选择与其角色地位相称的商品。

3. 个人因素

个人的一些基本属性如年龄、性别、种族、民族、收入、家庭、生活周期、职业等会对购买行为产生影响。

（1）年龄和家庭生命周期。不同年龄的消费者的兴趣、欲望、爱好不同，他们购买或消费的商品的种类和式样也不同，如儿童需要玩具，老年人需要保健品等。家庭生命周期是指消费者从年轻时离开父母家庭独立生活，到年老后并入子女家庭或独居进而死亡的家庭生活全过程。处在家庭生命周期不同阶段上的家庭购买行为不同。

（2）职业和经济状况。职业会影响消费模式，有些营销者为特定职业定制产品。经济状况决定人们的可支配收入的水平、储蓄和资产、对支出和储蓄的态度等，从而决定其购买力。

（3）个性和自我观念。个性是指一组显著的人类心理特质，这些特质会导致人们对环境刺激做出相对一致且持久的反应（包括购买行为），个性可以用自信、控制力、自主性、顺从性、社交能力、防范能力和适应能力等特质来描述。自我观念是每个人在心目中为自己描绘的一副形象。自我形象是主观的，但消费者在实际购物时，如果认为该商品与自我形象一致，往往就会决定购买；反之，则不会购买。购买行为是消费者表现自我形象的一种方式。

（4）生活方式和价值观。生活方式是指人们根据自己的价值观念等安排生活的模式，并通过其活动、兴趣、意见表现出来，不同生活方式的人具有不同的购买决策。核心价值观是形成态度与行为的信念体系，决定人们长期决策和需求。

4. 心理反应因素

上述诸因素是通过消费者的心理反应对购买行为产生影响的。

（1）动机。动机是激励一个人的行动朝一定目标迈进的一种内部运力。当消费者的需要达到一定强度而驱使其采取行动时，需要就变成购买动机。动机具有方向性，促使消费者选择一个目标而不是另一个；动机也具有强度，决定消费者以或多或少的精力去追求目的。

最著名的动机理论有三种：弗洛伊德（Sigmund Freud）的无意识理论、马斯洛（Abraham Maslow）的需求层次理论和赫茨伯格（Frederick Herzberg）的双因素理论。

弗洛伊德认为，形成人们行为的心理因素大部分是无意识的，一个人不可能完全理解自己的动机。消费者考查某产品或品牌，不仅会对其明确性能做出反应，也会对那些无明确意识的因素做出反应，如产品形状、重量、材质、颜色等。营销者需要破解消费者购买行为背后的"密码"，才能真正发现消费者的购买动机，做出最佳的产品定位。

马斯洛认为，按照需要的迫切程度，由低到高可以将人类的需要分为 5 个层次：生存需要（如食物、水、住所）、安全需要（如安全、保护）、社会需要（如归属、爱）、尊重需要（如自尊、身份、地位）、自我实现需要（如自我发展与自我实现）。

赫茨伯格的双因素理论将顾客对产品的不满意因素和满意因素进行了区分，不满意的对立面是没有不满意，而不是满意；满意的对立面是没有满意。只消除不满意因素是不足以激发购买的，产品必须具有满意因素。因此，首先，卖家应该尽可能地消除不满意因素，消除这些因素不一定能导致购买，但不消除这些因素一定会毁掉交易；其次，卖家要认清使产品令人满意的因素和购买动机，以提供恰当的产品。

消费者在进行购买决策时往往受到多个而不是一个动机的影响，而且这些动机在不同时段对消费者的影响程度也不同。当多个动机趋向于同一种购买决策时，消费者可能很快做出决定，反之，当动机都趋向于不同的决策方向，就会给决策者带来较大的压力而使之无法做出决策。

（2）感知。感知是一个人选择、组织并解释接收到的信息，以形成对外部世界有意义的描绘的过程。感知取决于物理刺激，并依赖于刺激物与环境的关系和个人所处的状况。

不同的人会对同一刺激物形成不同的感知，因为感知具有以下三个特点：选择性注意、选择性曲解和选择性保留。选择性注意是指人们将多余刺激物筛选掉的过程，营销者要研究哪些刺激物会引起人们注意。选择性曲解是指人们按先入之见来解读信息的倾向，营销者需要建立强势品牌，以使消费者对产品和品牌形成积极正面的先入之见。选择性保留指消费者会记住自己喜欢的产品的优点，而忘记其他同类品牌的优点，营销者需要不断重复发送信息，以确保信息不会被忽视。

潜意识感知是指消费者没有意识到的感知。虽然一些信息没有被消费者意识到，但这些信息影响了他们的行为。营销者可尽量将潜藏的、潜意识信息植入广告或包装中，以影响消费者行为。

（3）学习。学习是指由经验改变行为的过程。经验包括由于信息和经历所引起的个人行为的变化。个人行为的结果强烈地影响着经验积累过程。如果个人的活动带来了满意的结果，那么他在以后相同的情况下，会重复以前的做法。如果行为没有带来满意的结果，那么将来他可能采取完全不同的做法。

（4）记忆。记忆是对信息的储存。生活中积累的信息和经验可以成为记忆。营销者要努力将产品和品牌的信息以及消费者良好的消费体验储存在消费者的记忆中。

（5）信念和态度。信念是指人们所持的认识。人们对产品和品牌的信念有的是建立在科学的基础上，有的建立在信任的基础上，有的是建立在偏见和误传的基础上。

态度是指人们长期保持的关于某种事物的是非观、好恶观。不同的信念可导致不同的态度，态度一旦形成往往难以改变。

[课外作业]

弗洛伊德的无意识理论、马斯洛的需求层次理论和赫茨伯格的双因素理论的具体内容是什么？

[案例 6-1]

广东省消费者手机终端购买行为

2013 年 2 月，由广东现代国际市场研究公司完成的《广东省消费者手机终端购买行为调查报告》

（下称调查报告）出炉，得出如下结论。

（1）网络应用的手机化日趋明显，网络接入速度影响消费者对移动业务的忠诚度。

通过在广东省一二三线城市市民的随机抽样调查中发现，在18～40岁的人群中超过七成的人拥有智能手机，学生和工薪一族是智能手机的主要使用者。除了通电话和收发短信外，手机的休闲娱乐性和实用性功能需求越来越突出，手机与网络的关系越来越紧密。

（2）消费者基本形成"CPU越高级，手机越值钱"的认知，而单核智能手机在被访者的感知里面已被定位为低端手机。

消费者普遍认为单核手机定价应该少于2 000元。双核智能手机作为市场的主流产品价格相对稳定，1 000～2 999元都是大部分消费者接受的价格区间，而中坚消费层（31～35岁）和白领等有消费能力的群体可接受相对较高的价格。四核智能手机是目前高端智能手机的标志。

对于手机的屏幕尺寸，消费者普遍认为与手机价格关系不大。对比消费者对屏幕尺寸和内存两个方面的需求偏好，发现当购机预算提高时，对屏幕尺寸的需求比较分散；而被访者对手机内存等影响手机运行速度的硬件配置的要求较高。

而对于终端本身性能的三个要素：CPU、屏幕尺寸大小和内存，消费者已基本形成"CPU越高级，手机越值钱"的认知，但在屏幕尺寸大小方面则普遍比较认可4.0～4.5英寸的屏幕尺寸，而对内存的要求则更倾向于大容量的内存。

（3）强化终端营业厅与手机专卖店终端销售渠道的差异化需要靠服务。

从调研数据反映，78%的消费者偏好在手机专卖店购买手机，运营商服务厅的比例仅有22.7%，而在服营厅购买手机时考虑的因素里，依次是品牌（69.7%）、价格（63.3%）和售后服务（51.7%）。消费者最希望在服营厅获取的有关信息依次是个性化套餐信息、销售特价信息、售后服务信息，最认可移动的一线营业员工为他们提供相关的信息内容。

趣味讨论：移动运营商应该如何根据消费者手机终端购买行为制定相应策略以提高顾客满意？

6.1.4 消费者购买行为阶段

消费者购买行为可以从购买行为的时间顺序和认知过程进行不同的阶段划分。

1. 按照购买行为的时间顺序划分

按照购买行为的时间顺序可以将其分为5个阶段，即确认需求、收集信息、比较评价、购买决策、购后行为，如图6-5所示。

图6-5　消费者购买行为的5个阶段

（1）确认需求。当消费者的需要不能被现有条件所满足时，受到内在或外在因素的刺激产生了对某种商品有需要的意识，购买过程就开始了。它是消费者购买行为的直接驱动力。

（2）收集信息。当消费者产生对某类产品需求时，就会收集有关产品的信息。消费者获取信息的来源有四个：个人来源，即从亲朋好友处获得信息；商业来源，从广告、营业员介绍、商品展览、商品包装、说明书等处获得信息；公众来源，报刊、电视等处获得信息；经验来源，通过参观、试验、使用商品获得的经验。

（3）比较评价。消费者根据搜集的信息，对几种备选品牌进行比较评价，以甄选出最能满足自身需求的产品。消费者对产品属性的价值判断，因人、因时、因地而异，有的消费者注重价格，有的消费者注重质量，还有人注重品牌或式样等。

（4）购买决策。消费者通过对产品评价比较，做出选择，形成购买行为。

（5）购后行为。消费者对已购商品通过自己使用或通过他人评估，重新考虑购买这种商品是否正确，是否符合理想，从而形成感受：满意、基本满意、不满意。

购买者购后感受关系到企业产品在市场上的命运。"最好的广告是满意的顾客"，因此，企业要注意收集信息，加强售后服务，改善消费者购后感受，提高产品的适销程度。

2. 按照消费者认知过程划分

按照消费者认知过程划分，可以将购买行为划分为六个阶段，即 KRLPCA 六阶段购买行为模式。

（1）知晓（Know）阶段。消费者发现了自己真实需要的产品的存在，在该阶段，企业提供一个真实的、能够满足消费者需要的产品是关键。

（2）了解（Realize）阶段。该阶段是消费者了解产品的效用的阶段，产品的效用是吸引消费者的核心因素。

（3）喜欢（Like）阶段。在该阶段，消费者对产品产生良好印象。要使产品在消费者心目中有一个良好的印象，产品的外形、性能、效用等必须引起消费者足够的重视，即与其他产品相比，具有独特性、引人注目、使人喜欢。

（4）偏好（Partial）阶段。消费者个人对产品的良好印象已扩大到其他方面。这是一个"爱屋及乌"的心理变化过程，是消费者由前面的对产品的知晓、了解、喜欢产生的。

（5）确信（Certitude）阶段。消费者对产品或销售人员有了"偏好"基础，进而产生购买愿望，消费者认为购买是明智的选择，并且不断地强化这个观念。

（6）购买（Action）阶段。该阶段消费者把自己的购买态度转变为实际的购买行动。

6.2 通信消费者市场的特征

通信客户可分为个体用户和政企用户两类，政企客户的购买最终也是个人使用，因此，个体消费者是通信消费者市场的基础，其购买行为决定了通信市场的发展趋势。企业要想在消费者市场中占有一席之地，就必须研究通信消费者市场消费特征，以便采取相应的对策。

6.2.1 通信消费者市场的宏观特征

从市场角度来看，通信消费者市场的特征在不同的历史时期不尽相同。目前，我国通信消费者市场的宏观特征如下。

1. 信息碎片化

1971 年，经济学家赫伯特·西蒙（Herbert A. Simon）对现代人的注意力匮乏症做出了诊断：信息消耗的是接收者的注意力。因此，聚敛信息必然导致注意力匮乏。互联网让人们的生活更加"碎片化"、注意力更加分散，消费者在获取信息时需要的是片段化的、个性化的能最大效用满足需求的信息产品。人们每天通过手机报、博客、搜索引擎、新闻网站、即时通信等多种方式获取信息。人们在各个生活的间隙获取信息，在吃饭时看一眼电视，在坐公交车时用手机上微博。信息量如此之多，获取信息如此容易，导致人们对大容量、长篇幅的信息内容失去耐心。

2. 泛在式销售

在未来的通信行业中，信息、知识及其他相关产品将会在以物联网为传输介质的高速流通中进行任何时间（Anytime）、任何地点（Anywhere）的泛在式销售，它具有如下 5 个特性：① 永久性，由于网络存储的成本极低，商家可以长时间甚至永久地提供相关的信息产品及其外延，消费者可以随时搜索其所需信息，而不用担心产品下架的问题；② 可获取性，消费者可以通过网络与终端访问到包括文字、图片、视频、音频等任何形式的产品或服务信息，更加容易感受到产品的内涵；③ 直接性，无论消费者在任何地方，都可以直接从服务器或是从对等网络中获取信息，在网速得以保证的情形下这个过程通常是及时的；④ 交互性，消费者可以通过同步或异步的方式与供应商或其他消费者讨论交流，实现信息交互及共享；⑤ 主动性，当服务器定位到有用户进入所属区域时，会主动发送服务内容，供用户选择，主动提供服务。

3. 消费者集聚

网络为人们提供了跨时空聚集的机会。人们利用网络平台找到与自己兴趣、爱好相投者相互交流、学习。聚集起来的网民，自然会产生交流的需求。随着信息交流频率的增加，交流范围不断扩大，形成商品信息交易的网络，意见领袖示范效应形成。企业可以开发消费者集聚平台，或借助消费者集聚的其他平台，可以从多方面与客户进行沟通和交流，如在网站上及时发布有关新产品、新的经营举措信息，提供各种娱乐性强的免费产品和服务或技术指南、疑难解答等有价值的内容，建立爱好者俱乐部、设置电子建议箱，收集客户反馈的信息，营造出良好的网上营销环境。另外，企业通过对网站访问者的有关记录了解和分析消费者的消费心理，以便及时发现和改进产品和经营中的问题。

4. 市场两极化

消费者市场两极分化趋势明显，人们更喜欢追求低价格高产品功能（趋低消费）或优良品牌感受（趋优消费），而不愿为无特色的中档产品买单。通信消费者市场的两极分化在手机市场表现得很明显。消费者要么去购买能够满足通信的低端高品质低价手机，要么去购买具有良好用户体验的高档智能手机，无特色的中档市场在上下挤压下逐渐萎缩。

6.2.2 通信消费者市场的微观特征

1. 消费需求的个性化与差异化

互联网时代，大量的设计多样化的产品满足了不同的消费群体需要，随着定制产品的增多，买卖双方共同打造产品，消费需求的差异化和个性化发展趋势明显。

虽然主流产品仍然在市场中占有主导地位，但是主导能力已有所下降。过去人们使用手机仅仅为了方便联系到别人，语音业务或简单的数据业务就能满足消费者单一的需要，但目前各式各样的数据增值业务不断被运营商或服务商开发出来，消费者的个性消费使通信市场消费需求呈现出差异性。不同的消费者因其生活环境不同，会产生不同的通信需求；不同的消费者，即便在同一需求层次上，他们的通信需求也不同。人们在地铁上用 iPad 看电影，在马路上用手机导航，下班后上网搜索美食、在家里上网购物等，通信业的迅速发展挖掘出了消费者潜在的个性化与差异化需求，如何满足这些个性化与差异化的需求是通信企业通向成功之路的钥匙。

2. 通信消费的平民化与大众化

由于通信规模经济性的出现、通信技术的进步、终端（个人计算机、手机等）成本的降低、通信成本的降低，通信消费已能被广大的普通消费者接受，之前手机用户被社会赋予的地位象征已被弱化。从通信消费者购买决策的内部因素看，其知觉过程与学习过程发生了变化，通信消费决策行为过程相对简单，消费者减少了过去将其作为奢侈品购买时的考虑因素，消费心理由务虚向求实转变，特别是其个性化通信服务。从消费层次看，目前的通信消费者以低端用户为主体，消费者平民化成为通信市场的一个重要群体特征。由于初次购买成本的大大降低，消费者对购买行为的风险评估有了新的认知，大量的普通消费者进入，价格因素成为消费者进行后续购买的重要影响因素。尽管企业都倾向于以各种差别化来减弱消费者对价格的敏感度，避免恶性竞争，但价格始终对消费者的心理产生重要的影响。

3. 消费群体的年轻化

随着年龄的增长，人的感觉过程与学习过程变化会越来越慢，因此年轻人更容易受到外界刺激因素的影响。他们善于接受新事物、习惯于网络的通信方式、讲究品位和时尚、追求前卫，但又受到消费能力不足的限制，所以更倾向于物美价廉的通信数据业务，他们的需求是未来移动数据业务发展的重点。数据表明，我国移动互联网网民年龄在 29 岁以下人群所占比例达 70%以上，占绝对优势。

4. 消费的主动性和互动性增强

消费主动性的增强来源于现代社会不确定性的增加和人类需求心理稳定和平衡的欲望。现代社会，随着消费者消费选择性的增强，消费风险随之上升。在许多大额或高档的消费中，消费者往往主动通过各种可能的渠道获取与商品有关的信息，进行分析和比较，以降低消费风险，获得安全感，从中得到心理的平衡，并增加对产品的信任程度和心理上的满足感。

传统的商业流通渠道由生产者、商业机构和消费者组成，其中商业机构起着重要的作用，生产者不能直接了解市场，消费者也不能直接向生产者表达自己的消费需求。而在现代通信环境下，消费者能直接参与到生产和流通中来，与生产者直接进行沟通，增强了互动性，减少了市场的不确定性。

从通信市场本身看，消费者的消费主动性和互动性也随通信业务的多元化而不断增强。

5. 消费者对便捷性的需求增强

现代通信市场上，人们消费过程出现了两种追求的趋势：一种工作压力较大、紧张程度高的消费者以方便性购买为目标，他们追求的是时间和劳动成本的尽量节省，越方便快捷越好；而另一种消费者，是由于劳动生产率的提高，自由支配时间增多，他们希望通过消费来寻找生活的乐趣。而在通信消费过程中，消费者可以更多地获取产品本身以外的相关信息，从而获得产品外延的获取感受。例如网络购物，消费者除了能够完成实际的购物需求外，还能获得许多信息并与其他消费者沟通，获得实体商店不能获得的乐趣。这两种消费心理都要求通信企业提供方便、快捷的服务。

6. 消费过程的理性化

由于通信产品和业务日趋多样化，大量的新产品和个性化定制产品的出现，使消费者难以一一通过产品和服务体验来做出评价并做出购买决策，消费者通过搜集各种信息对业务进行比较，这些信息包括业务的技术规格参数、产品描述等，从而使通信产品的选择和消费过程更具理性化。

6.3 通信消费者市场的购买心理与购买决策

6.3.1 一般消费者的购买心理

消费者购买心理是指消费者在与卖方进行交易过程中产生的心理活动，包括对产品的评价、产品满足自身需求的评价，对产品成交的数量、价格、付款方式、支付条件等方面的评价和选择。促成消费者购买的购买心理类型大致有如下方面。

1. 求实心理

消费者购买商品时，注重商品的实际效用、使用方便及其使用耐久性等实用价值。

营销者要关注商品的实际质量与消费者所感受到的质量之间的差别，前者是指技术测试部门所验证的质量，后者是指消费者对某产品质量的主观评价，即感知质量。两者有时存在不一致，导致有时优质的产品没有市场，而质量一般的产品却成为全球名牌。营销者应注重研究消费者的感知质量。

2. 求廉心理

消费者以追求价廉物美、经济与节俭为原则购买商品。这类消费者在选择商品时要进行大量比较，寻求所购商品价格上的优势。对价格的变化敏感性高，对优惠价、特价、折扣价的商品特别感兴趣，求廉心理是一种非常普遍的购买心理。

3. 求新心理

求新心理是指消费者在选择购买商品时主要考虑产品是否新颖、是否时尚，这类消费者强调与众不同，追求时尚。

4. 求美心理

消费者在选择商品时，重视商品的造型、色彩、包装等，希望在消费商品的同时，达到艺术欣赏和美的享受。

5. 便利心理

消费者追求购买过程的方便、快捷、省时等便利。具有便利心理的消费者时间、效率观念强，希望能够简单、迅速地完成交易，不能容忍烦琐的手续和长时间的等待，对商品本身和价格不太挑剔。

6. 惠顾心理

惠顾心理是以表示信任、感谢为主要目的的购买心理。消费者由于某些原因对特定商店、特定品牌，或对某些营销人员产生特殊的好感、信任，从而习惯地、重复地光顾某一商店，或反复地、习惯地购买某一品牌的商品，成为企业忠实的支持者。

7. 从众心理

从众指个人的观念与行为由于受群体的引导或压力，而趋向于与大多数人相一致的现象。消费者在很多购买决策上，会表现出从众倾向。比如，购物时喜欢到人多的商店；在品牌选择时，偏向那些市场占有率高的品牌；在选择旅游点时，偏向热点城市和热点线路。

8. 偏好心理

消费者以满足个人特殊爱好或情趣为目的的购买心理。有些消费者由于受习惯爱好、学识修养、职业特点、生活环境等因素的影响，会对某种特殊商品产生稳定、持续的追求和偏爱。如有收集嗜好的消费者购买收藏品时常常伴随强烈的偏好心理。

9. 炫耀心理

消费者为了显示自己的地位和威望,购买那些带给消费者心理满足远远超过实用满足的消费品,从而达到"炫耀"的目的。这类消费者普遍存在于社会各个阶层，他们追求名牌，一方面为了能够提高生活质量，另一方面主要是为了能够体现出他们的社会地位。

10. 攀比心理

消费者的攀比心理是基于消费者对自己所处的阶层、身份以及地位的认同，从而选择所在阶层的人群为参照而表现出来的消费行为。相比炫耀心理，拥有攀比心理的消费者更注重拥有他人能够或已经拥有的东西，赶上并超过他人，满足心理需要。

11. 习俗心理与习惯

由于地理、民族、宗教、历史、文化、传统观念的影响而产生的习俗心理，会影响人们的消费。如传统节日的特定消费等。

12. 预期心理

消费者购买还受预期的影响，如认为某种商品近期可能会供不应求，就会加速购买甚至抢购；如认为某种商品近期会供过于求，就会持币待购，采取观望态度。

6.3.2　通信消费者市场的购买心理

1. 通信消费者的需求和购买动机

通信消费者对通信产品的购买动机源于对通信服务的需求，消费者的通信服务需求主要有如下方面。

（1）传递信息的需求。人们需要与家人、朋友、工作伙伴等及时传递信息，能够及时与他人沟通甚至成为人们的安全需要，拥有移动通信终端，消费者可以立即找到他人，也可以被他人立即找到，从而产生安全感。电信运营商正通过提供通话、电子邮件、即时通信等业务为消费者提供任何时间、任何地点和任何人的通信服务。

（2）获取信息的需求。传递信息和获取信息很多情况下是同时进行的，如通话既是传递信息也是获取信息的方式。随着互联网和移动互联网的快速发展，网络日益成为获取信息的重要来源。从事研究开发、教育、媒体和管理等知识密集型工作的人员需要的信息量大，对通信服务和网络的信息获取功能也更加依赖。

（3）日常生活的需求。随着信息技术的发展，人们日常生活中涉及的很多信息和数据都可以进行远程处理，从而使电信服务介入到人们日常生活中，成为完成日常生活中许多活动的新方式。如人们可以通过电话和互联网购物完成金融交易，通过远程获得医疗、教育等方面的服务，人们还可通过互联网了解新闻、天气、财经等实用信息。

（4）社交、娱乐消费的需求。社交、娱乐日益成为消费者使用电信服务的重要目的，人们通过博客、微博等发布信息、发表观点，通过评论等工具实现与他人交流，互联网越来越成为人们实现个性化交流的途径。年轻人对社交、娱乐需求表现得更加明显，如年轻人对网络社交、网络游戏、视频点播、音频、图片下载等服务都有强烈的需求。

2. 电信消费者市场的购买心理

消费者的行为特征背后是消费心理在起作用，对消费的需要反映出消费者物质和文化生活的要求，消费心理是消费需要的具体表现。

电信用户的消费心理类型可以具体分为以下 9 种。

（1）交流型。电信用户的电信消费需求受到亲情、友情和感情等因素的影响，重点需要满足与他人交流的目的。

（2）习惯型。电信用户的电信消费需求受使用方便和习以为常等因素的影响。例如，用户总是习惯于到营业厅申请安装电话、改换电信服务套餐等。

（3）价格型。电信用户的电信消费需求受电信资费和服务质量等因素的影响。例如，当电信资费下调或电信服务质量提高时，电信用户会增加。

（4）偏好型。电信用户的电信消费需求受偏好和喜怒哀乐等因素的影响。例如，有的用户喜好用电话与亲友联络，则通话费用支出较大；有的用户喜欢用网络交流和获取信息，则上网流量费用支出较多。

（5）保险型。电信用户的电信消费需求受品牌、信誉、安全和可靠等因素的影响。

（6）从众型。电信用户的电信消费需求受媒体宣传和公关手段等因素的影响。运营商的促销活动常常能够推动用户的购买。

（7）攀比型。电信用户的电信消费需求受社会群体、时代风尚、消费风气等因素的影响。例如，亲朋好友、左邻右舍之间相互影响，不甘居后。

（8）优越型。电信用户的电信消费需求受知识能力、选择能力、支付能力和争强好胜等因素的影响。

（9）好奇型。电信用户的电信消费需求受用户的追求奇特、标新立异、喜新厌旧等因素的影响。不断创新的新业务很好地满足了一些用户的好奇心理。

3. 网络消费者的购买心理

随着网民数量持续增长，网民的特征结构也在发生相应的变化。网民低龄化的年龄结构，使网络消费呈现一定的年轻态势。

（1）追求时尚和新颖的消费心理。青年人的特点是热情奔放、思想活跃、富于幻想、喜欢冒险，这些特点反映在消费心理上，就是追求时尚和新颖，喜欢购买新产品，尝试新生活，他们愿意为此支出较高的购买费用。移动互联网各种应用的主要用户群是青年。

（2）表现自我和体现个性的消费心理。30 岁以下青少年的自我意识日益增强，强烈地追求独立自主，他们在各类活动中都会有意无意地表现出与众不同。因此，在进行网络应用消费时，他们不仅仅是追新逐异，而且要求在消费中反映他们的个性。

（3）满足方便、快捷的消费心理。现代化的生活节奏使越来越多的消费者珍惜闲暇时间，以购物的方便性为目标，追求尽量节省时间和劳动成本。

（4）追求价廉的消费心理。即使营销人员倾向于以其他营销差别来降低消费者对价格的敏感度，但价格始终对消费心理有着重要的影响。互联网和移动互联网的诸多应用，一旦价格降幅达到消费者的心理预期，消费者就有可能被吸引并产生购买行为。

（5）保持与外界的广泛联系，减少孤独感的消费心理。大量的信息平台提供了具有相似经历的人们聚集的机会，通过网络而聚集起来的群体是一个极为民主性的群体。在这样一个群体中，所有的成员都是平等的，每个成员都有独立发表自己意见的权利，这可以帮助在现实社会中经常处于紧张状态的人们减轻一些心理压力。

6.3.3　通信消费者市场的购买决策

从经济学角度对信息消费行为进行分析发现，信息消费具有偏好行为、选择行为及共享行为三个过程。信息消费的偏好行为是指信息消费者根据自己的意愿，对可供消费的信息产品进行选择和排序的过程。信息消费者的偏好行为差异将导致其采取不同的消费决策。当一个信息消费者根据自己的偏好，决定按既定价格购买一定数量的信息产品，实际上就是一种选择行为。选择了信息消费后，就进入实际的信息共享过程，与他人实现信息的共享和交流。

通信消费者进行购买决策的实质是在收入与价格所制约范围之内，根据偏好进行选择。但是由于消费者数量的庞大使得通信消费这一行为表现出一定的多样性，不同的消费者有不同的消费需求、动机、偏好和价值取向，即使同一个消费者也会因为时间、地点等外部环境的不同而产生不同的购买决策，因此作为通信企业必须注意识别消费者潜在动机的差异，采取积极的、有针对性的营销策略，刺激、诱导消费者购买产品并成为企业的忠诚客户，达到消费者与通信企业间的良性互动，实现市场资源的优化配置。

通信消费者需求心理和行为机制如图 6-6 所示。

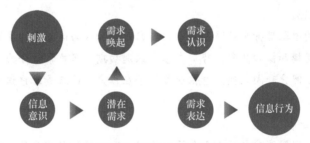

图 6-6　通信消费者需求心理与消费行为机制

每一个通信消费者都有着一定的信息意识。在一定的刺激因素下，信息意识被唤醒。消费者信息意识彼此差别很大，即使是同一消费者在不同时期也具有不同的意识状态。当外界刺激消费者时，消费者便会产生信息需求。由于刺激强度、消费者信息意识和知识结构等方面的差别，信息需求将处于不同的认识状态，其中部分需求可能是潜在的。对于认识到的需求，消费者将做出反应，产生满足需求的行为；对于潜在需求，消费者也将在外界作用下加以转化，表现出行为倾向。

[案例 6-2]

电信客户全生命周期管理

1. 客户全生命周期管理的概念

客户关系生命周期是指客户关系发展水平随时间变化呈现出明显的阶段特性。消费者在作为企业客户的存续期间的动态变化过程，一般可分为识别期、发展期、稳定期和衰退期。因此客户全生命周期管理是指围绕着这四个阶段客户关系的特征，采取时间序列上连续、动态的管理。客户全生命周期管理是一种系统的动态的管理客户关系的方法体系，通过动态跟踪、引导、管理客户，使客户长期价值达到最大化，并通过持续不断的信息互动，为客户创造优异的消费体验，达到两者的双赢。

2. 电信客户全生命周期管理模型

电信客户全生命周期管理模型如图 6-7 所示，电信客户全生命周期经历客户关系识别期、发展期、稳定期和衰退期 4 个阶段，在不同的阶段，企业的客户管理策略不同。

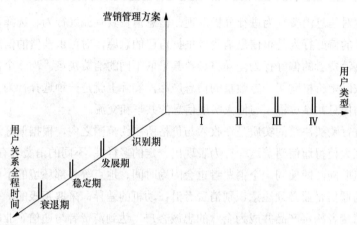

图 6-7　电信客户全生命周期管理模型

3. 各阶段的管理要点

（1）潜在客户的识别

客户既是运营商的争取目标又是服务对象，新客户的加入为运营商的发展带来可靠的现金流，又增强运营商的客户规模和核心竞争优势。在客户识别初期，客户常被分为三类：本企业的流失客户、竞争对手中的潜在客户和尚未使用电信业务的潜在客户。这三类客户识别的方法以及管理策略各不相同。

（2）客户价值的提升

将潜在客户转变为现实客户之后，需要运营商引导客户使用电信业务，同时提高客户总通信消费量中本企业消费的比例，即提高客户的钱包份额。运营商需要采取客户价值提升策略完成客户关系从识别期到发展期的平滑过渡。如开创新业务，针对企业建立一揽子解决方案等。

（3）客户保持与存量竞争

由于市场被开发得越来越充分，电信运营商之间的竞争方向越来越转向"存量竞争"，保持客户非常重要。实施客户保持策略中，需要定期进行分析调查，找到客户离网、转网的原因。通过定期的客户满意度/忠诚度调查找到客户在网的满意因素和离网的不满意因素，并权衡改进客户服务的各项内容，最大限度地满足客户，降低客户离网率。

（4）客户关系衰退期管理

及时察觉客户流失倾向，尽早采取关系恢复策略，重新赢得客户，是一项重要的客户关系补救措施。在衰退期，企业必须通过归因分析得到"去或留"的决定。在对客户挽留决策制定前，需要计算客户挽留的成本和长期收益，力求做出正确、客观的决断。

趣味讨论：营销人员在电信客户全生命周期各个阶段的任务是什么？

案例分析

手机 QQ 浏览器

2013 年 11 月的中国创新营销峰会上，QQ 浏览器凭借"我要的现在就要"的品牌新主张，斩获 2013 年度创新营销案例奖，成为跨界营销的成功典型。

2013 年 6 月，腾讯手机管家宣布吴奇隆、刘诗诗成为其品牌形象代言人。此次 QQ 浏览器出街的"我不耐烦我要的现在就要"主题下的 3 支 TVC 与海报，试图向 80、90 后一代传递"快"的重要性，传递 QQ 浏览器带给用户的畅快浏览体验。80、90 后是数字的一代，是网络冲浪长大的一代，他们渴望"快"，渴望"追求梦想，立即行动"，他们也渴望品牌或产品能够对这种社会转型期的心态变化给予体验式回应。在这种消费者洞察的基准上，中国台湾地区的奥美为 QQ 浏览器打造出了"我不耐烦，我要的现在就要"的品牌 Campaign（标识策略），在 QQ 浏览器 3 支 TVC 的文案部分中，"能快则快，废话不说，费事不做，费时不候""梦想哪来时间打盹""我忙着急，急着成长急着尝试急着证明"，道出了年轻一代的心声，有点儿懒的个性。独白之外，抖脚、按笔、咬指甲等类似的动作也均是人们在着急与不耐烦的情境中下意识的感情流露，这对于依赖网络环境表达自我，追求流行文化的 80、90 后来说，所使用的手机浏览器也必须满足"我不耐烦，我要的现在就要"这样的要求。这组只有短短半分钟的视频在网上引起共鸣，播放次数达到 1 700 万，转评 60 万次，话题讨论数 700 万，连续一周登上微博话题排行榜，并在网络上掀起一场"我要体验"的梦想宣言，成功地将品牌主张转化成用户心声，获得年轻人的高度认同感。

手机 QQ 浏览器继"我要的现在就要"Campaign 后，在社会化媒体上发起系列传播，基于广告平面作品中相同的基调，赋予不同的代言人及文案，除了林志颖、吴莫愁、张靓颖、芙蓉姐姐、苏醒、刘同、苏岑等微博"大 V"根据各自对"我要的现在就要"一句的感触发布微博。林志颖在微博中称："有梦敢梦才是完整的人生"；80 后作家刘同大喊"你可以等自己一万年，但世界不会多等你一秒"；美女作家苏岑号召"去疯去梦去行动，别让梦想输给空想"。这些 80、90 后推崇的偶像人物的摇旗呐喊，将这个活动推向了高潮，实现了全民参与，甚至连《人民日报》也参与到这一话题中，发表题为《实现梦想才是对梦想最好的尊重》的评论文章，鼓励年轻人为梦想奋斗。

在线下，除了传统的广告投放外，自 2013 年 8 月起，QQ 浏览器就针对大学生群体，在全国 280 所高校展开"校园行"，与三大运营商合作，在每所学校进行长达一天的路演活动，将品牌主张的宣传渗入庞大的大学生群体。此外，QQ 浏览器还搭乘热点事件，实现了跨界合作，选择了同样鼓励年轻人追求梦想的中国好声音，强势登陆《中国好声音》"巅峰之夜"。中国好声音的媒介影响力和目标用户的覆盖度，让 QQ 浏览器对目标用户实现了有效的触达。通过线上、线下双线运作，将品牌主张的触角最大限度地伸向了目标群体，激发全民参与，引爆"我要"主张的流行。

第二季《中国好声音》决赛"巅峰之夜"已由学员导师之间的较量转变成一场品牌商间的抗衡与暗战。手机 QQ 浏览器借势炙手可热的《中国好声音》将品牌形象传递给更多的电视大众。腾讯移动互联网事业群市场部副总经理曾在采访时表示"手机 QQ 浏览器'拥有梦想，立即行动'的品牌主张与中国好声音学员们追求音乐梦想的精神相契合，这也是选择该档电视娱乐节目的原因之一。"

在充分了解到产品用户的诉求后，腾讯 QQ 浏览器团队经过 3 年多的精耕细磨，打造出了"一触即达"的 QQ 浏览器，"快、简、阅"成为了它与众不同的亮点。在炫酷、时尚的外表背后，最新版的 QQ 浏览器还拥有一颗强劲的 X5 内核。基于优秀开源 Webkit 深度研发的技术，使它完美地支持 HTML5，并拥有强大的页面渲染能力。

此外，考虑到国内特有的网络环境，针对较高的流量费、网络设施的不完善、强网络与弱网络切换等问题，最新版 QQ 浏览器在优化网络服务上采用了创新性的转换技术和分布式云计算技术，在弱网络接入以及节约流量等方面都做了大量的优化，不仅减少了 90% 的网间流量，还大大地提升了浏览速度。在 3G、2G、Wi-Fi 等不同的网络环境下，用户都能享受到同等的网页浏览体验。

针对未来趋势，QQ 浏览器突破性地融入了"跨屏穿越"功能，用户登录同一账号就能实现多终端的穿越；在最新版本中，它添加了"扫描二维码分享"和"啾啾分享"这两项创新功能，使跨屏不限于同一账号，让用户之间的分享变得更便捷。

针对不同的屏幕特性，QQ 浏览器的后台还对网页进行了广告过滤、内容精简和排版优化，让网页浏览真正做到快速、简单、方便阅读。在跨屏穿越的同时，保证用户在不同的设备之间保持一种连续阅读的体验，而这一体验还在"微收藏"功能中得到了延伸。有别于传统的网页书签，除了能抽取正文内容，及帮用户清洗掉所收藏页面中的广告、目录、评论等"垃圾"信息外，该功能还能重新排版、自动优化页面，给用户的是"完全干净无杂质的内容"。

分析点评：

1．找准目标用户，抓住用户心理

浏览器的主要用户集中在 19～28 岁这个年龄段，该年龄段用户希望能有更快的成长，在获取信息的时候，对速度的追求更高，而浏览器本身的产品定位就应该是获取信息的最佳平台。从年轻人的视角出发，是贯穿于整个营销活动始终的一个原则。在 Campaign 活动过程当中，QQ 浏览器通过搭建各种方法、渠道，始终保持着与消费者的沟通，收获目标用户群体的声音，以帮助接下来的工作做出判断和选择。事实证明，QQ 浏览器的品牌主张恰如其分地表达了 80、90 后用户群的心声，也迅速抓住了他们的注意力。

2．融合三大客户端，探索新型平台

随着 QQ 浏览器全平台的逐步整合和发力，QQ 浏览器已经遍布手机、PC 和 PAD 三大类客户端，并在移动阅读、视频浏览等方面持续深耕。"跨屏穿越"将手机、PC、PAD 三大客户端无缝衔接，成为用户上网换屏的一种时尚。由于各类内容的聚合和产品服务本身的再创新，QQ 浏览器的品牌效应和行业地位逐步凸显。QQ 浏览器所占领的市场和多年来所培养的用户使用习惯，使其在行业领域占有天然的优势，逐步成为浏览器市场的中坚力量。伴随着浏览器全平台价值的凸显，未来的浏览器或许会成为用户与实体世界的一个连接点，搭建起连接用户、产品、内容的平台，承载更多腾讯丰富的内容和服务，为用户开创一片移动浏览的全新天地。

思 考 题

1．简述消费者购买行为模式。

2．影响消费者购买决策的因素有哪些？

3．消费者市场上购买决策的行为阶段有哪些？

4．通信消费者市场的市场消费特征有哪些？

5．通信消费者的需求和购买动机主要有哪些？

通信政企客户市场的购买行为 | 第 7 章

【本章导读】

7.1　通信政企客户的界定与分类

7.2　通信政企客户市场的特点

7.3　通信政企客户的购买行为

市场营销学中的市场购买行为分析将市场分为两类：消费者市场和组织市场。前者是个人购买，后者是法人购买。组织市场包括生产者市场、中间商市场和政府及其他非营利机构市场，其中生产者市场是研究重点。本书第 6 章研究了通信消费者市场，本章研究通信政企客户市场。政企客户市场包括生产者市场和政府及其他非营利机构市场，中间商市场部分本书将在渠道策略中涉及。

通信政企客户对于通信企业的意义在于：① 提供大量的直接收入。通信政企客户有着多元化和专业化的通信需求，其使用通信业务和服务中表现出的"两高一低"，即 ARPU 值高、收入占比高和离网率低的特性，是获得通信运营商重视的首要因素。② 具有社会和行业的影响力，能够带动其他客户群收入增长。一些通信政企客户在企业价值链中处于龙头地位，可以带动下游产品的发展，延伸通信产业链。③ 政企客户利用其特殊的社会地位和影响力回馈给运营商在品牌、专业服务能力、社会影响力等多方面的增值价值。因此，通信政企客户成为各通信企业市场竞争的焦点。研究通信政企客户市场购买行为，以及通信企业如何有针对性地提供服务，是通信市场营销学要研究的关键问题。

政企客户的购买行为与个人消费者的购买行为有很多相同之处，因此，很多对于通信个人消费者购买行为的分析方法和结论也适用于政企客户，但两者购买行为存在很多不同。

7.1　通信政企客户的界定与分类

不同的通信企业对政企客户有不同的界定和分类。

7.1.1　通信政企客户的界定

通信政企客户是指从事生产、销售、公共服务等活动以及政府部门和非营利组织为履行职责而需要购买通信产品和服务的法人客户。政企客户是个人和家庭客户之外的一切组织客户，包括工商企业、政府机构、事业单位和社会团体等。目前，国内通信企业对政企客户的界定情况如下。

1. 中国移动

中国移动集团公司对政企客户的定义是：以组织名义与中国移动签署协议，订购并使用移动通信产品和服务，并在中国移动建立其政企客户关系的法人单位及所附属的产业活动单位。

中国移动政企客户定义中的"法人单位"是指依法成立，有其名称、组织机构和场所，能独立承担民事责任；独立拥有和使用（或授权使用）资产，有权与其他单位签订合同；会计上独立核算，能够编制资产负债表的单位，包括企业法人、事业单位法人、机关法人、社会团体法人和其他法人。"产业活动单位"指在一个场所从事一种或主要从事一种社会经济活动；相对独立组织生产或业务活动；能够掌握收入和支出等业务资料的单位。它分为营利性产业活动单位和非营利性产业活动单位。产业活动单位接受法人单位的管理和控制。

2005 年 9 月，中国移动按照客户分类进行机构设置，在中国移动集团公司总部正式成立了集团客户部，即现在的政企客户部，对政企客户进行管理。此后，在各省市公司陆续建立政企客户部。2009 年 6 月，中国移动集团公司正式发布政企客户品牌动力 100 标识，建立了针对政企客户的完善的服务营销系统。

2. 中国电信

中国电信政企客户指政府部门、企事业单位等单位客户。

2002 年中国电信面向政企客户市场，建立了集团公司、省（区、市）公司、地（市）分公司三级大客户部，加强垂直一体化管理和控制，实行纵向与横向相结合的双重考核。2005 年中国电信成立政企客户事业部，形成总部、省、地市三级组织架构和矩阵式的事业部机制，纵向一体化的全国协同营销模式形成。中国电信政企客户事业部包含综合管理部、市场拓展部、客户服务部、产品部、一站式客户服务运营中心、党政客户服务中心、金融客户服务中心、大企业客户中心、聚类客户服务中心、中小企业客户服务中心。

3. 中国联通

中国联通对政企客户的定义是：与联通公司签订相关协议的政府机构、企事业单位、社会团体及其下属机构（法人单位、产业活动单位），其拥有统一付费的用户或者业务、或者拥有协议影响下而付费的用户。

联通公司总部于 2002 年成立大客户部，2004 年改为集团客户部，后改为政企客户部。其主要服务对象分为两类，一类是集团客户，另一类是行业客户（行业客户一定是集团客户，但是集团客户不一定是行业客户）。到 2008 年重组前，中国联通集团客户服务体系为三级一体化体系，总公司、省分公司和地市分公司都设集团客户部，部分发达县级分公司设立集团客户发展中心（部分）。2008 年 5 月原联通和原网通合并，原联通的集团客户部、网通的商务客户营销中心和政企客户营销中心三个部门合并而成新联通的集团客户部。新联通集团客户部采用准事业部运营体制，全面负责政企客户的服务营销工作。

4. 中国邮政

中国邮政组织客户常称为大客户。

中国邮政首次在我国引入了大客户营销理念，并运用到实践中。2001 年国家邮政局提出《关于做好邮政大客户市场营销工作的指导意见》，"大客户营销"一词首次出现在公开文件刊物上。2005 年 6 月，国家邮政局出台了《邮政大客户管理办法》，该办法界定的邮政大客户，是指在一定时期内用邮量较大，给邮政带来较大收益，且相对稳定的客户。

5. 通信设备企业

通信设备制造商的组织客户是通信设备的购买者，包括公网运营商、政府和企业用户等，均为班企客户。在国内，通信设备企业的客户主要是中国电信、中国移动、中国联通和企业专网用户等。

7.1.2 通信政企客户的分类

对通信政企客户分类的目的是对不同类别的政企客户进行差异化营销。通信政企客户的分类可以根据不同的标准进行分类，从国内的情况来看，主要的分类标准和分类情况如下。

1. 按照客户价值分类

中国电信公司曾经将大客户分为重要客户、高值客户、集团客户、战略客户，就是按客户的价值进行分类的。

中国移动根据三大维度 11 项指标对政企客户价值高低进行评估，将政企客户分为 A 类、B 类、C 类、D 类共 4 个大类。其中，A、B、C 这 3 大类仅针对机构类型为法人单位的政企客户进行评级；D 类评级对象为个体经营户。中国移动政企客户价值评估模型如表 7-1 所示。

表 7-1　中国移动政企客户价值评估模型

维度	客户贡献维度	客户属性维度	客户影响力维度
指标	政企个人客户账单收入；信息化收入；统一付费收入	政企员工数；政企 V 网用户数；移动信息化业务使用；信息化水平；移动签约时间；政企个人客户离网率	行业/政策影响力；收入/利税排名

2. 按照客户规模分类

中国联通公司按照政企客户的用户规模和出账收入等指标，将政企客户分成 A 类、B 类、C 类、D 类、E 类共 5 类客户。

邮政企业按大客户为企业提供的业务量和收入分类，将大客户分为省局大客户、市局大客户、县局（专业中心、分局）大客户、班组（支局、所）大客户。对各级大客户实行分级服务与管理。

3. 按照政企客户机构类型分类

中国移动公司按照政企客户机构类型将其分为法人单位、个体经营户、聚类客户 3 类。

法人单位，包括法人单位及法人单位所属的产业活动单位，如机关法人、企业法人、事业单位法人、社会团体法人和其他法人。个体经营户，指除农户外，生产资料归劳动者个人所有，以个体劳动为基础，劳动成果归劳动者个人占有和支配的一种经营单位。聚类客户，是具备以下条件的群体客户：① 该群体内的成员非隶属于同一组织机构的员工；② 该群体内的成员具有相互联系的通信需求；③ 以个人名义或部分成员所隶属的组织机构名义订购了集团产品的群体客户。

4. 按照所属行业分类

各运营商基本都对客户进行了行业分类，因为不同行业客户的通信需求具有不同的行业特点。

中国移动公司对政企客户的行业分类与《国民经济行业分类》（GB/T 4754—2002）相同，分 20 个行业大类。中国联通公司按照政企客户所属的行业特性，将集团客户共分为 13 个行业客户。

邮政企业将大客户可分为行业性大客户和非行业性大客户。行业大客户，可分为电信行业大客户、金融业大客户、建筑业大客户、制造业大客户等。行业性大客户对邮政业务的使用往往体现在总量的规模性和易推广性、品种的同一性、价格的可参照性方面。对行业性大客户、省局大客户中心和各专业局承担着开发与服务的重要责任，一旦在省级层面开发成功，对各市局大客户的开发将起着非常重要的导向作用。

5. 按照政企客户经营区域类型分类

中国移动公司按照政企客户经营区域类型，将政企客户分为跨国政企客户、跨省政企客户、本地政企客户三个类别。

6. 根据政企客户战略地位分类

根据政企客户对企业经营的战略地位，可以将政企客户划分为不同的类型。中国联通公司按照客户群发展策略将政企客户分为政要客户、金融客户、大企业客户、中小企业客户。其中，政要客户包括工商、卫生、公安、军队非公务通信、教育、税务、交通等。

7. 按照客户使用业务情况分类

邮政企业按客户用邮种类划分客户，将大客户分为综合大客户和专业大客户。

综合大客户是指对邮政产品和服务呈多样性需求的客户。专业大客户是指对邮政产品和服务呈单一性需求且使用邮政业务量大的客户。专业大客户具体分为：信函业务大客户、物流业务大客户、速递业务大客户、包裹业务大客户、报刊业务大客户、金融业务大客户、信息业务大客户、集邮业务大客户。

[课外作业]

目前电信运营商的"聚类客户"主要有哪些类型？

7.2
通信政企客户市场的特点

7.2.1 通信政企客户市场与公众客户市场相比较的特点

通信政企客户市场属于组织市场，一般组织市场的特征在通信政企客户市场中都有体现。政企客户市场与公众客户市场相比较，具有如下特点。

1. 政企客户需求是派生需求

政企客户使用通信企业的业务和服务是为了给自己的服务对象提供所需的商品或服务，因此，对通信业务和服务的需求是由其产品的市场需求派生而来，并且随着其产品需求的变化而变化。因此，通信企业需要关注客户的客户的购买模式。例如，银行使用短信业务帮助其实现储户的存取款提醒及消费提醒，储户欢迎这项服务，则银行客户满意度提高。使用通信业务，帮助了银行更好地服务其客户。

运营商在提供给客户服务和业务时，除了要能够对现有标准化产品提供一些个性化服务外，还要提高产品的柔性程度及可重构程度。

2. 购买者数量少、规模大、区域相对集中

政企客户购买者数量比公众客户市场购买者数量少，但购买的数量和金额比公众客户市场大很多。而且，受政治、经济和自然条件的影响，通信政企客户在地理位置上多集中在城市区域。相比之下，公众客户市场的人口分布更广泛。

3. 系统采购

组织购买者在大宗采购时，往往是购买一系列相互关联的产品或需要提供系统服务，而不是零散购买不同产品再把它们组合起来。因此，组织购买者更愿意从一个或少数供应商处购买成套产品或系统服务，常常采取招标的方式，寻找能够提供成套产品或系统服务的供应商。

对于通信政企客户来说，使用通信业务与相关单位和人员进行信息沟通交流，以及集团群体内部便捷顺畅地进行通信是其机构运转和企业经营活动的重要保障。通信政企客户获取信息的渠道和手段较一般公众用户要多元化。而不同的通信业务有不同的信息传递特点，这就决定了通信行业政企客户对通信业务的需求是综合性的，通信政企客户既有强烈的政企群体内部通信的便捷高效需求，又要求在任何地点任何情况下与任何必需的另一方进行信息共享或沟通交流，他们对综合的整体通

信解决方案具有极高的要求。因此，在购买通信业务中，倾向于系统购买，即从一个运营商处购买一揽子通信服务。

4. 理性购买

组织采购经常涉及大笔资金和复杂的技术经济因素，对自身发展影响大，因而常常要投入众多的人员和花费更多的时间来制订购买决策。因此，组织市场的采购是理性的购买，一般都是由内行的专业人员担任，有组织地制订购买决策。

由于通信业务的使用对于政企客户自身运转和经营活动作用大、影响大，政企客户在对通信业务的购买进行决策时，非常谨慎和理性，很少有感情色彩。政企客户要考虑通信业务所能够带来的便利、效率、节约等内在因素，根据企业的工作、生产、经营需要，综合考虑企业的规模和经济实力等因素，由企业领导层研究决定通信业务的购买。大多数政企客户在需要付出较大的财务投入购买通信新业务时，需要经过深入了解、反复咨询，对可行性、性价比等问题进行一系列考证和研究后，才进行购买决策。因此，政企客户的购买属于理智型购买。

5. 需求价格弹性小

一般来说，消费者对商品价格更为敏感，而组织受价格变动的影响小，特别是在短期内。在购买条款中，组织用户更注重产品性能、规格符合需要，供货及时，服务可靠等，价格的重要性相对较低。

通信政企客户所使用的通信服务与其工作联系紧密，通信产品使用量越大的政企客户，其工作生活对通信服务的依赖程度越高，同时，他们对通信服务的水平与质量的要求就越高。服务水平和质量水平的高低一方面体现在通信网络的通信质量等硬件方面，另一方面还体现在通信运营商提供的通信方案是否能够最大限度地满足政企客户在工作和生活中对通信质量的基本要求、能否提供快速的通信连接、快速的通信故障处理能力、畅通的服务渠道以及服务人员与用户的沟通能力和及时反应能力等软件方面。政企客户对通信服务质量的要求高，对高质量的通信服务愿意支付相对较高的价格，而不会以通信质量降低为代价换取低价格，通信服务价格是次要关心的问题。

6. 供需双方关系密切

在组织市场由于购买者人数较少，大客户对供应商更具重要性。供应商常常根据客户在技术规格和交货期等方面的特殊要求提供定制产品。因此，销售总是在合作密切、关系融洽的供需双方中达成。

通信政企客户的需求常常需要量身定制，通信企业必须要参与到客户的工作流程中，才能提供专业化、个性化的通信服务。因此，通信企业和政企客户之间联系密切，常常是互为客户，相互提供服务。

7. 采购专业化

组织购买必须遵守组织的采购政策、约束和要求，很多采购规定，如报价要求、建议书和购买合同等都是组织市场购买特有的。同时，一般消费者对所购买的商品不具备专业知识，而组织购买者的采购人员一般是专业人士，了解所购买的产品性能、质量、规格及技术等细节，对采购方法、谈判技巧也更专业。

通信政企客户市场的采购人员都是具有技术背景的专业人员，采购人员的专业见解对于服务供应很有影响。比如，在为客户提供 MAS（Mobile Agent Server，移动代理服务器）等服务时，政企客户采购人员和技术人员的意见很重要，其意见很大程度上直接影响客户的选择。面临政企业务需求的专业化，运营商在为客户服务时，要提供详细的技术资料和特殊的服务，从技术的角度说明其产品和服务的优点。

8. 直接采购

在组织市场中，很多采购都不经过中间环节，而是从生产商那里直接购买。一般来说，技术越复杂、价值越贵重，越倾向于采用直接采购的方式。在通信市场上，政企客户的购买也基本是直接从运营商处购买。

9. 参与购买决策的人较多，购买时间长

通信政企客户的购买，尤其是对一些重要项目的购买，参与购买决策的人较多，这些参与者是在某方面受过训练的专家，担负着自己所在部门的责任，受组织制定的各种政策、制度的限制和指导。

政企业务与产品的购买是一个较漫长的过程。尤其是行业应用的一些项目，从需求挖掘到意向性接洽，然后经过立项及与之相关的各项工作部署、申请、施工、测试，最后交付客户使用，整个过程涉及部门、人员繁多。针对政企客户特点以及业务特点，通信企业会在项目立项时，就由项目经理牵头成立一个包括客户经理、技术支撑、网络部门、工程部门等相关人员的项目团队，专门为某政企客户进行项目的开发和实施。

7.2.2 通信政企客户的需求特征

通信政企客户的需求特征，给运营商经营活动带了机会和挑战。

1. 通信政企客户需求的三个层次

通信政企客户的通信需求可分为三个层次：基本通信需求；拓展通信需求，包括互联网接入和应用服务等增值需求；整体通信需求，即个性化通信需求，包括行业应用服务。目前，针对通信集团客户需求的三个层次，运营商提供的相应业务如表 7-2 所示。

表 7-2 通信政企客户需求层次及相应业务

需求层次	各层次需求所含业务
基础语音业务	固定语音业务；移动语音业务；长途语音业务；电话会议业务；企业短信业务；被叫集中付费；语音热线查询
互联网相关业务	物理网络接入；无线网络接入；网络托管业务；物理专线租赁；无线专线业务；网络外包服务；网络内容增值
行业应用业务	定制铃音业务；通用型增值；视频网络业务；定制行业增值

（1）基本通信需求包括基础语音业务以及基础通信产品。

① 基础语音业务，帮助政企客户解决基本的语音通话需求，如固定和移动电话等业务。以基础语音业务为主的时代，客户注重的是基本通话质量的保障和资费能否进一步降低。

② 基础通信产品，就是建立在语音套餐类业务基础上，以集团成员间的语音服务作为主要产品内容的集团产品，如移动总机、集团间虚拟专用移动网（Virtual Private Mobile Network，VPMN）等，这类产品能够为用户提供成员间的通话资费优惠，帮助运营商稳定政企成员市场。

基本通信需求阶段的主要特点为：IT、电信融合不明显，信息系统采取分离的设计、采购、建设、维护的方式；对电信业务需求集中在标准化的电信产品，以及基于标准产品的质量保证；重视

电信服务商在售前、售中、售后环节的服务表现以及标准化的服务水平承诺。

（2）拓展通信需求是增值需求，包括互联网相关业务、信息化应用产品等。

① 互联网相关业务，满足政企客户互联网访问和高速数据传输等需求，如宽带上网等业务。

② 信息化应用产品，则是针对企业的实际情况，直接或间接需要利用企业 IT 系统才能实现的通信类政企产品。比如手机邮箱产品，需要在客户端建立相关的软硬件系统，与客户的内部或者外部的邮件网络相连接，从而实现实时收发邮件并严格保密的集团客户产品。

增值需求阶段的主要特点为：IT、电信需求融合，信息系统设计、采购、建设、维护趋向一体化；需要提供基于自身行业属性、应用属性的电信产品解决方案，要求提供端到端的解决方案及 SLA（Service-Level Agreement，服务水平协议）；重视核心业务的信息技术风险，开始接受服务的附加价值，要求服务提供商对重点业务提供专项支持服务。

（3）整体通信需求（个性化需求）。行业应用业务，是帮助政企客户提高生产运营效率，满足政企客户信息化发展的政企客户业务，如企业邮箱、视频监控等业务。政企客户希望最适合的信息化应用能够融入企业日常管理运作的过程中。

行业应用产品，即针对某一行业或特定用户群，专门实现的政企客户产品。比如针对医患的医信通，针对农村客户的农信通，针对在校师生及家长的校讯通等。这些产品不是一个产品的简单应用，而是结合了目标客户的实际情况，将两个以上通信产品相结合的结果，包含短信服务、通话套餐、无线网络传输、邮件收发等多个方面，以满足客户的整体需求。

整体需求阶段的主要特点为：IT、电信完全一体化或大部分一体化，从整体信息资源角度整合信息系统的设计、采购、建设、维护；要求服务提供商能够实现灵活动态的服务提供方式，要求提供基于自身信息系统架构的 SLA；需要从自身业务需求、财务需求、知识需求出发，要求服务提供商提供满足自身多元需求的专业化服务。

[案例 7-1]

中国移动政企客户产品分类

中国移动公司以产品与客户端应用系统结合的紧密程度作为分类标准，将政企客户产品划分为简单型、配置型和开发型三种类型。三种不同类别产品对应的具体产品如表 7-3 所示。

表 7-3 中国移动政企客户产品分类

类别	产品特性	产品
简单型	无需接入客户内部应用系统的产品和业务	短信集群网、集团彩铃、企业名片、企信通、综合 VPMN、企业邮箱
配置型	接入客户系统，但无需移动或合作伙伴进行二次开发的产品和业务	移动总机、移动 800、小区短信、手机邮箱、MAS 信息机、短信直联、GPRS 企业接入、集团彩铃、IP 专线、校讯通、农信通
开发型	接入客户系统，且需要移动或合作伙伴进行二次开发的应用解决方案	银信通、企信通（中小企业信息平台）、警务通、医药通、政务通、物流通、其他个性化解决方案

趣味讨论：中国移动公司以产品与客户端应用系统结合的紧密程度为标准来为政企客户产品分类有何意义？

2. 通信政企客户的需求特点

（1）对通信的高质量、高安全性、高稳定性需求。通信政企客户对通信信息服务的第一需求是高质量、高安全性和高稳定性，因为通信服务质量直接对政企客户的运转和经营活动产生影响，而如果通信服务产生故障，其后果常无法弥补，损失无法估量。如银行、债券交易、交通等行业对通信服务质量缺陷都是零容忍。

（2）综合通信服务需求。政企客户对信息产品的需求涵盖了多极化需求，多样性的行业信息化方案、高性能、高科技的多元化产品才符合政企客户的需求。

（3）对新业务的需求相对强烈，对信息化的需求与日俱增。现代公司的信息化需求与公司信息化、IT系统的建设日益紧密，他们已经认识到通过信息化带动公司组织结构、业务流程、业务开拓、发展的重要性。通信政企客户的信息化需求的程度远远高于一般的普通用户，他们愿意花费更多的费用用于公司的信息化建设。通信行业作为信息产业的上游产业，是信息技术的应用者。信息技术的飞速发展，使得通信运营商应该不断开发出丰富多彩的增值业务来满足发展的需求。

（4）更高的完备服务和快速反应要求。通信政企客户需要运营商提供更高水平的服务，运营商从产品功能到服务功能、从技术培训到产品维护、从质量服务到客户关系维护等都要有完备的服务体系来满足政企客户的服务需求。同时，政企客户需要运营商对其提出的通信需求和服务改进能够快速反应，及时解决问题。为此，通信运营商内部各个部门要密切协作，协同服务贯穿于售前、售中和售后的全部过程。

（5）重视品牌优势。政企客户在选择产品时，重视产品本身的品牌效应，因为品牌优势在某种程度上反映了产品本身的完备性和权威性，同时也能迎合政企客户彰显行业地位的要求。

[案例 7-2]

KDDI 公司集团客户与产品的匹配

日本电信运营商 KDDI 公司五大服务品牌中，服务于集团客户的有 4 个。其中 For Business 为主要的集团客户服务的品牌，AU 品牌也为小型和 SOHO 企业提供了网络平台，不同的业务品牌对应了不同的客户类型，如图 7-1 所示。

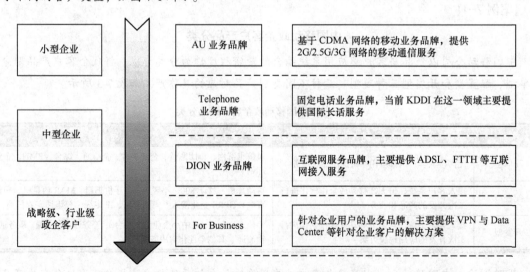

图 7-1　KDDI 公司政企客户服务品牌与业务

趣味讨论： KDDI 公司的政企客户服务品牌建设对我国运营商有何启示？

7.3 通信政企客户的购买行为

7.3.1 通信政企客户的购买类型

1. 根据购买决策的复杂程度不同分类

通信政企客户在进行一项采购时会面对很多决策，按照采购所需做出的决策数量和复杂程度，可以将政企客户的购买分为直接重购、修正重购和新购三类。

（1）直接重购是用户按照常规持续购买。政企客户采购部门根据过去的订购目录和要求继续向原来的通信企业订购业务和服务，不做大的变动，可能会有数量上的调整。

直接重购中，政企客户所做出的购买决策数量最少，决策简单，政企客户将向已确定的提供商采购看作是例行公事。对于通信企业来说，要继续保持通信业务质量和服务水平，努力降低成本，以稳定现有的客户。对于未进入客户视野的通信供应商，可以争取小部分业务服务订单，努力促使客户通过使用、比较，重新考虑通信服务供应源。

（2）修正重购是用户要求修改采购条件，如业务种类、价格、付款条件等，然后再进行订购。

修正重购的购买决策相对复杂一些，参与购买决策的人员也会多一些。如果客户要进行某些方面的调整和改变，就可能改变服务提供商，或要求与原服务商重新洽谈、协商。修正重购对原服务提供商来说是威胁，他们需要努力达到客户的要求，以保证自己的提供商地位；而对于新提供商来说是机会，他们有机会通过提供更好的业务和服务来获得订单。

（3）新购是客户的初次购买。

新购的购买决策复杂，参与购买决策的人数多。新购中，购买者需要对购买的业务种类、价格范围、交易条件、服务条件、支付条件、购买数量、可接受的服务商及所选定的服务商等方面做出决策。

在新购情况下，对所有的通信服务商来说都是机会。因此，通信企业常常成立专门的销售团队，尽可能多地接触主要的采购参与者，向其提供有用的信息和协助。销售团队常常为新购买者建立整体通信解决方案，通过提供充分的参考资料和沟通，使客户的行动与公司的销售行动一致。

一旦获得客户，通信服务商会努力为其提供附加价值，以促使其重复购买。

2. 根据购买决策的动机不同分类

通信政企客户的购买除了一般性的满足使用需要的动机外，还有其他方面的考虑。根据购买决策的动机不同，可以将购买分为直接购买、经营购买和合作购买三类。

（1）直接购买的购买动机是单纯为了使用通信业务和服务。

由于政企客户购买专业性强、购买批量大、客户数量少、社会影响大，所以各大运营商均设立专门的集团客户服务机构，由专职的政企客户经理上门提供服务，并签订购买合同。在通信市场，直接购买是政企客户主要的购买方式。针对政企客户直接购买的特点，各运营商都建立政企客户部，对政企客户按名单制管理，提供一站式服务，即提供一点受理、一点付费、一点申告的服务和端到端全面的解决方案。

（2）经营购买的购买动机是经营。

　　许多政企客户本身就掌握一定的市场，或者其本身就具有一定规模的市场，这样的政企客户或出于政策的原因，或出于获利的目的，具有对单位内部二次运营通信业务的特点。如电力、钢厂等政企客户，一般都建有内部的专网，通过租用运营商的出口，实现与公网的连接，但这些客户内部的通信市场，运营商则无法介入，而是由客户自己的通信管理部门来负责提供通信服务。如大学、大型写字楼、工业园区等，向通信运营商批发通信业务，在自己控制的范围内进行通信业务的经营活动，以获取利益。许多政企客户同时也是运营商的代理商。

　　（3）合作购买的购买动机是合作，即以合作为条件而进行的购买。

　　只要有可能，政企客户购买者往往选择那些购买自己产品的运营商作为供应商。彼此相互购买对方的产品并相互给予优惠，这样有助于双方建立更为稳固的产销关系。合作购买主要有业务置换、利益共同体和资源共享等方式。

　　① 业务置换是指运营商和其政企客户互相采购对方的产品，并相互给予优惠的一种关系。如运营商使用某银行的金融业务，换取该银行使用其数据电路组建内部局域网；IT 公司使用通信运营商的业务，也要求运营商购买其网络产品等。业务置换是激烈竞争的产物，也是一种较为稳固的产销关系，因此成为运营商和其政企客户都互相追求的一种合作购买方式。

　　② 利益共同体是指运营商和其政企客户共同合作经营某类业务，形成一荣俱荣、一损俱损的关系。如商旅服务类的政企客户使用某运营商的呼叫中心平台，双方共同经营，收入分成；某政企客户利用运营商的收费渠道代收费，双方分成。政企客户与运营商要成为利益共同体，应具备一定的条件，即双方有共同的市场，在营销手段上可以互补。

　　③ 资源共享是指政企客户与运营商共享双方的市场客户资源、营销资源、技术资源等，以达到"1+1>2"的效果。如某政企客户与运营商共享客户资源，大大减少了培育客户关系所需的营销成本，信息共享提高双方的竞争力；某银行与运营商共享技术资源和市场资源，推出既可打电话又可消费的联名卡业务等。

　　根据政企客户的购买特点，运营商必须努力构建与政企客户的合作模式，这种合作模式突破了简单的买卖关系，使双方互为甲乙方，通过深层次的业务合作，建立稳定的合作关系，以应对竞争，降低购买成本，实现双方的利益最大化。

[案例 7-3]

通信政企客户营销中的合作伙伴关系管理

1. PRM 的基本理论

合作伙伴关系管理（Partner Relationship Management，PRM）是企业的销售、营销、客户服务以及其他企业功能向合作伙伴的引申，它的目的是建立更具合作性的渠道伙伴关系。

随着客户的要求越来越严格，市场越来越全球化和分散化，企业越来越难以独自有效地满足客户的全部需要和更好地服务于客户。因此，企业需要与商业伙伴合作，共同为客户服务。商业伙伴包括供应商、代理商、联合的产品开发者或是外购服务的供应商等。PRM 是企业选择和管理合作伙伴的战略和系统，主要用以优化企业的价值。从效果上看，意味着企业需要选择正确的合作伙伴，与其协同工作并共同成功。在处理共同客户方面，企业需要确保合作伙伴和终端客户能感到满意和取得成功。

2. 政企客户营销中的 PRM

信息时代要求通信企业必须与上游的设备制造商和下游的应用服务提供商合作，形成良好的合作关系，才能不断推出对电信客户有吸引力的产品，从而在激烈的市场竞争中取胜。

对于通信企业来说，PRM 的主要对象是：

① 内容服务商。目前的电信业务多种多样，通信企业由于资源的有限性和维护其核心竞争力的需要，必然不能独自完成所有业务的提供和服务，他们需要引入服务的第三方，由他们来提供运营商无法提供的内容服务（天气、新闻、运动、游戏等）。

② 虚拟运营商与社会渠道成员。通过 PRM 加强对虚拟运营商和社会渠道成员的合作与管理，拓展市场并给用户提供更多的便利。

③ 上游供应商。通信企业通过整合客户信息提供给上游通信产品的生产企业和下游应用服务的提供商，使他们快速调整，迅速推出新的产品以适应市场的变化。

客户服务管理与 PRM 的应用整合使得大规模定制成为可能，它在提高客户服务质量的同时，简化了整个需求判断的过程，企业只有提供那些能够符合客户特定需要的产品和服务才能长久地获得竞争优势。

在政企客户营销中，有的政企客户是共同开发市场的合作伙伴，与运营商是合作共赢关系，通过将政企客户纳入 PRM 系统，能够实现更进一步的市场扩展。

趣味讨论：中国联通针对腾讯公司是如何进行合作伙伴关系管理的？

7.3.2 通信政企客户购买过程的参与者

政企客户的购买参与者，是指那些参与购买决策过程的个人和群体。所有参与购买决策过程的人员构成采购组织的决策单位，市场营销学中称之为"采购中心"，采购中心的所有成员在采购决策过程中扮演了 7 个角色：发起者、使用者、影响者、决策者、批准者、采购者及信息控制者。

（1）发起者：提出采购需求的人，他们可能是使用者或组织中的其他人。

（2）使用者：即企业将要实际使用通信业务和服务的人员。使用者一般也是采购该业务和服务的建议者，并在计划购买何种业务、规格的决策上有较大影响。

（3）影响者：直接或间接对采购决策有影响的人员。他们参加拟定采购计划、协助确定采购业务和服务的技术要求、规格等因素，如工程师审查产品标准，会计师审查成本费用等。

（4）决策者：有权决定采购项目和供应者的人。在交易大而复杂的情况下，企业的关键决策者是有权签订高额订单或协议的人，如采购经理、生产主管等。小型企业的购买决策权也可直接由厂长（总经理）担当。

（5）批准者：有权批准决定者或购买者所提方案的人。

（6）采购者：被企业正式授权具体执行采购任务的人员。对于简单的、重复的购买行为，采购者往往就是决策者。对于数额较大、较复杂的购买活动，采购者可以起参谋作用。

（7）信息控制者：指在企业外部和内部能控制市场信息流转到决策者、使用者的人员。如企业的采购代理商、接待员、电话员和秘书以及为购买决策提供必要信息资料的技术人员等。

在"采购中心"中，上述 7 种人员凭借其权威、资历、影响力和说服力的不同，在购买决策过程中充当不同的角色，发挥不同的作用。但"采购中心"并不是组织内部一个固定和正式划分的单位，其规模和人员组成也会随着不同的产品和不同的购买情况而发生变化。对于一些日常购买，一个采购人员就可以承担"采购中心"的所有角色，可以是唯一的决策者；对于复杂的购买，"采购中心"会包括来自组织内部不同层次和部门的许多人员。

[课外作业]

在政府招标采购的情况下，采购过程的参与者有哪些主体？

7.3.3 影响通信政企客户购买行为的主要因素

1. 政企客户购买行为的影响因素

通信政企客户购买行为的影响因素有很多，主要影响因素如表 7-4 所示。

表 7-4 影响政企客户购买行为的主要因素

环境因素	组织因素	人际因素	个人因素
经济前景、需求水平、技术创新、政治法律、市场竞争	企业目标、组织结构、购买政策、规章制度、工作流程	地位、职权、志趣、说服力、影响力	年龄、个性、教育水平、工作职务、价值尺度、风险态度

（1）环境因素指政企客户外部、周围的环境，包括经济前景、需求水平、技术创新、政治法律、市场竞争等。

① 政治法律环境。政治环境难以预测，而政治环境带来的影响有时是非常关键的。法律法规、政府产业策略等如果倾向于支持、鼓励某产业发展，有关的生产者就会增加投资，也就会增加对通信业务和服务的购买。

② 经济环境。从经济景气状况看，如果市场需求看好，就会促使企业扩大投资和购买。相反当整体的经济环境不景气或者出现较大的滑坡时，企业的投资项目减少，企业利润受到影响，通信政企客户的购买也会受到抑制。

③ 技术环境。技术的发展会改变产业结构，也会影响组织的采购方式。技术更新变化越快，采购团体的主导中心作用越会下降，当技术变革非常明显时，技术、工程人员在采购中的作用会更加重要、突出。

④ 市场竞争环境。通信政企客户所处的市场竞争环境越激烈，其对改进效率、客户关系管理等方面的需求就越迫切，对通信相关产品的购买就会越积极主动。

（2）组织因素指通信政企客户自身的因素，如组织目标、战略、政策、组织结构、制度体系、工作流程等因素。如一个追求市场领先地位的企业，会对效率更高、更先进的通信业务有浓厚的兴趣。在诸多组织因素中，需要特别关注组织中采购部门的情况和组织采购文化。

① 采购部门在组织中的地位。采购部门在组织中的地位决定了采购决策权力的分散程度，权力越分散，采购效率越低，过程越复杂，不确定性越大。

② 组织文化。组织文化主要是指组织的"个性"，如组织对成就、纪律、创新、勤奋的态度都会引导、影响采购成员的工作态度。采购团体内部的权力文化，也就是每一个参与采购者对决策的影响程度，决定了采购决策是集权还是分权及营销活动的难易程度。

（3）人际因素。通信政企客户内部有个实际存在或虚拟存在的"采购中心"，与购买有关的人员在其中扮演着不同的角色，他们的职权、地位、态度、说服力以及相互之间的关系不同。通信服务提供商需要了解政企客户中有多少人参与决策，他们是谁，他们能够影响哪些决策，他们选择、评价的标准是什么，组织中对他们有什么要求和限制。

有的通信政企客户中的相关人员是该行业或该领域的带头人，有着很高的地位，他们能够在某种程度上影响该客户的采购决策，甚至影响同行业其他客户的采购决策。因此，通信企业需要发掘关键人物的感染力与说服力，从而实现对政企客户的销售。

（4）个人因素。虽然供应品采购是组织、集团采购，但做购买决策的是个人，任何采购都是由人（采购组织成员）主持完成的。因此，采购难免会受到个人因素的影响，这些因素包括个人的年龄、阅历、收入、家庭、受教育程度、职业特点、好恶倾向、动机、性格、习惯，以及对风险的态度等。在个人因素中，个人的价值尺度和对降低风险的态度值得关注。

① 个人价值尺度。评价尺度适用于比较供应商的产品及服务，但采购成员对同一产品或服务的感觉和评价却不同，这种差异主要来自个人阅历、受教育程度、职业特点、好恶倾向、动机、性格、习惯，以及对以往有关信息的理解和记忆等，最终形成对产品技术、个人成就与收益（包括受领导赏识）、成本、使用效果、服务、品牌需求等方面不同程度的关注。客户一般具有各种各样的个性，这导致了采购行为的不同，客户一般倾向于采购与其具有相似"个性"的产品，或者采购那些可以强化并提高自我个性的产品。

② 对降低风险的态度。每一个采购成员都有回避和减少采购风险的强烈愿望。风险主要来自决策结果的不确定性、决策错误带来的后果、专业知识与信息的局限等。一般直接重购和修订重购的风险较小，组织倾向于形成规范、系统的采购程序，主要由个人决策；当企业面临修订重购和新购时，一般倾向于采用集体决策。

2. 政企客户在选择运营商时重点考虑的因素

（1）通信产品的质量。政企客户使用电信产品，最基本的目的就是为了满足工作和生产经营活动的需要，与个人用户相比，对通信产品的质量有更高的要求。

（2）通信产品使用的延续性。政企客户对通信产品的使用有较大的延续性，一旦选定了某家运营商并接受了该家的通信产品，就不会轻易改变，否则可能会付出更大的代价。

（3）运营商的品牌。良好的品牌往往意味着良好的产品质量和服务质量，同样，对注重品牌的企业来说，也会选择有良好信誉品牌的运营商。

（4）通信价格。虽然政企客户的电信业务需求缺乏弹性，受电信资费价格涨落的影响较小，但通信费用也是企业内的一项成本支出，需要认真核算，特别是对小型、效益相对较差的企业来说，更是如此。

（5）服务质量。售前和售后的服务对政企客户至关重要，因为这是维系通信质量的保证。

7.3.4　通信政企客户购买行为的阶段

1. 通信政企客户的购买行为

组织购买行为是指各类组织机构确定其对产品和服务的需要，并在可供选择的品牌与供应商之间进行识别、评价和挑选的决策过程。通信政企客户的购买行为是通信政企客户确定其对通信业务和服务的需要，并在可供选择的提供商和品牌之间进行识别、评价和选择的决策过程。

2. 通信政企客户购买行为的8个阶段

通信政企客户的购买行为可分为以下8个阶段。

（1）认识需要。通信政企客户的正常经营和运转，是将一定的投入通过中间环节转换为输出的过程。在这个过程中必然对通信业务和服务产生需求。当有关人员认识到要购买某项业务或服务以满足组织需要时，采购过程就开始了。需要的产生可能是因为内在的或外在的刺激引发的。从内部因素看，常见的原因是：组织推出一种新产品或服务，对通信业务和服务产生新的需要；原有通信业务和服务提供量不能满足需求；原有通信业务和服务不尽如人意，需要寻找新的提供商；采购负责人认为还有可能找到更质优价廉的提供商，需要重新寻找。从外部因素看，采购者受到销售者的营销刺激，如推销介绍、广告等，也可能使其产生购买欲望。

（2）确定需要。认识了某种需要之后，采购者便着手进一步确定所需通信业务或服务的特征和数量。对于通用的标准化通信业务和直接重购来说，这一阶段并不复杂，一般由采购人员直接决定即可。但对于非标准化产品或修正重购和新购而言，采购人员要与使用者、技术人员等共同研究才能做出决定，必要时还要辅之以图纸、文字说明，以弄清所需品种的特征和数量。

（3）说明需要。总体需要确定以后，就要对所需产品从技术和经济两个方面，详细说明该项需要的类型、型号以及经济性能。对于复杂的购买项目，需要请有关专家进一步对需购通信产品类型进行论证和价值分析。在价值分析时，一般就如下问题做出回答：使用该通信业务能否增加价值；该业务的价格与用处是否成比例；该通信业务的所有特性是否都是必需的；就某一用途而言，还有没有其他更好的通信产品；能否找到可以使用的标准产品。通过价值分析，往往能够对企业生产所需的各种通信业务和服务实行标准化或重新设计，从而降低运营成本。专业人员依据最佳通信产品的特征拟定详细的说明书，以便采购人员购买符合预期标准的产品。

（4）物色提供商。采购人员会对通信业务和服务的提供商进行对比，广泛搜集资料，对通信业务提供商的业务提供、人员配备、服务及信誉等方面进行调查和综合评估，从中选出理想的提供商作为备选。

（5）征询供应信息。向被列入提供商名单的企业发函，请他们提供通信业务和服务说明书和报价单等有关资料。采购人员通过分析报价单，与报价合适的供应商进一步洽谈。

（6）选择提供商。即购买决策者对合适的通信服务提供商及其报价进行全面的评估和权衡，以确定最终的提供商。选择供应商考虑的因素主要有：企业服务能力；通信业务和服务的质量和类型；业务和服务的价格；企业信誉及历来表现；维修服务能力；技术和生存能力；财务状况；客户关系建设情况；地理位置和方便性等。采购人员在不同的情况下，对上述条件的重视程度会有所不同，有的政企客户会从通信安全和竞争考虑，会选择两个提供商。

（7）正式采购。提供商一经决定，采购部门就要给选定的提供商发出采购订单，列出所需通信业务和服务的技术规格、拟购数量、付款方式、产品保证条款和措施等内容，并正式签订采购合同。

（8）履约评估和使用效果评价。合同签订之后，采购部门就要考察提供商的履约情况，以决定今后对该提供商的态度。购进通信服务后，采购部门还要及时与使用部门联系，了解他们的使用情况和满意程度，并通过搜集本单位使用部门对提供商所供业务和服务的意见，从不同的角度对使用效果进行全面评价，以决定是否继续购买。

[课外作业]

在直接重购、修正重购和新购三种情况下，购买的 8 个阶段有无可以简化或省略的情况？请分类列举出来。

案 例 分 析

中国联通智慧城市

1. 智慧城市在全球的蓬勃发展

"智慧城市"是以新一代信息技术为支撑，以泛在互联网络和数据中心等基础设施为基础，以知识社会的创新和智能融合应用为主要内容的城市发展高级形态。

欧洲早在 2007 年就提出了一整套"智慧城市"建设目标，并付诸实施。欧洲的"智慧城市"评价标准包括智慧经济、智慧移动性、智慧环境、智慧治理等。建设"智慧城市"已经成为世界的潮流。市场买菜用手机刷卡，小区遇有突发事件自动报警，用手机可以远程操控家里的电器、窗帘、门窗，可以随时知道孩子的去向，校车是否安全……智慧城市让普通老百姓的生活更智慧化。

早在 2003 年，韩国政府推出"U-Korea"发展战略，希望把韩国建设成智能社会。"U"是英文单词"Ubiquitous"（无所不在）的简写。这个战略以无线传感器为基础，把韩国所有的资源数字化、网络化、可视化、智能化，从而促进韩国的经济发展和社会变革。这个国家级宏观战略具体通过建设"U-City"来实现。"U-City"把信息技术包含在所有的城市元素中，使市民可以在任何时间、任何地点通过任何设备访问和使用城市元素。

韩国智慧城市分为四个阶段。一是 2008 年以前的物理融合阶段，政府实施了大量信息化工程，很多物理基础设施实现共享、共用。二是 2008～2013 年的公共服务融合阶段，随着政府的各个应用系统建设逐步完成，各个系统开始对接，建设共同标准、共同接口、共同规范，逐渐消除信息孤岛效应。三是 2013～2015 年的公共服务和民间服务连接阶段，政府很多公共服务系统建设相对完善，这些服务要推广到企业和普通百姓中去，公共服务要同民间很多服务进行连接。四是 2015 年以后的政府公共服务和企业服务完成阶段，官方、民间各种各样关于智慧城市的服务实现了完全的融合，出现新的业务模式、运营模式。

2. 智慧城市样板——韩国松岛

韩国的松岛被看成全球智能城市的模板，由于松岛的信息系统紧密相连，因此被称为"盒子里的城市"，是许多高科技的示范地，也是人们梦寐以求的理想城市。该项目 2005 年开始动工，总投资 350 亿美元，位于黄海附近。

松岛到处都是传感器，如电梯只有有人乘坐时才会启动。在各家各户，远程呈现设备非常普遍。住户不仅能控制供暖和防盗，还配备视频会议设备，能接受教育、医疗和公共福利。公司和学校也连接了这个网络。

智能的松岛是思科公司的智慧结晶，该公司为这座城市提供了全部的网络技术。该市在 2015 年竣工，全市住户将达 65 000 人，在该市就业的人数将达 30 万。

3. 联通的智慧城市

作为国内首家发布"智慧城市"战略的电信运营商，中国联通一直高度关注并致力于推动"智慧城市"的发展。通过依托强大的移动通信网络和有线宽带网络的优势，以及庞大的行业应用体系，中国联通与多省签署信息化类项目。为各行各业打造了丰富的智慧应用，引领着我国智慧城市前行。

目前，智慧城市产业链中"政府+服务提供商+内容提供商"的模式被广泛认同，通信运营商作为运营和应用的提供者，成为产业中的重要力量。中国联通在智慧城市产业链中定位于基础信息通信设施的服务者、智慧城市云承载平台的提供者、智慧应用和基础信息数据的聚合者，并确立了长远的工作目标，即联合政府部门，整合产业资源，聚合智慧应用，打造共赢的商业模式和可持续发展的运营模式，实现"智"于管理，"慧"及民生，共创城市智慧未来。

由于智慧城市更加注重基础设施的物联感知、城市信息的共享协同以及业务和科技的创新应用，对建设者提出了更高的要求。中国联通提出"共建·汇聚·开放"三大智慧城市战略。目前，中国联通已经与 23 个省份的 118 个城市政府签约共建智慧城市。中国联通正依托云计算、物联网、移动互联网等核心技术，结合基础通信优势资源，通过 56 个云计算节点打造全国统一的智慧城市云承载平台，汇集城市公共数据、运行数据、智慧应用信息，通过底层数据关联交互实现城市基础数据信息在行业间、应用间共享；通过平台开放、产业开放，积极引导全社会共同参与，实现智慧产业的协同创新，为"智慧城市"的发展助力。

分析点评：

区别于中国移动的"无线城市"建设和中国电信的"光网城市"建设，中国联通"智慧城市"战略以应用为突破口，集中于三大领域、八大行业，其中三大领域包括移动办公、物联网和电子商务；八大行业包括智慧政务、智慧金融、智慧交通、智能医疗、智慧安全、智慧能源、智慧文教和智慧物流，几乎涵盖了人们衣食住行的各个方面。

思 考 题

1. 什么是通信政企客户？通信政企客户是如何分类的？
2. 通信政企客户市场有什么特点？
3. 通信政企客户的购买类型有哪些？
4. 通信政企客户购买决策中有哪些参与者？
5. 通信政企客户购买行为有哪些阶段？

第 3 部分

通信营销战略

第 8 章 通信目标市场战略

现代企业营销战略的核心被称为 STP 营销，即市场细分（Segmenting）、目标市场选择（Targeting）和市场定位（Positioning）。企业在市场营销环境分析的基础上，实行市场细分化、目标化和定位，是决定营销成败的关键。

目标市场营销分为 3 个步骤，如图 8-1 所示。第一步是市场细分，即根据购买者对产品或营销组合的不同需要，将市场划分为不同的顾客群体，并勾勒出细分市场轮廓的行为。第二步是目标市场选择，即评估每个细分市场的吸引力，进而选择要进入的一个或多个细分市场的行为。第三步是市场定位，即为产品和具体的营销组合确定一个富有竞争力的、与众不同的位置的行为。本章将论述通信市场细分、目标市场选择和市场定位的相关具体内容。

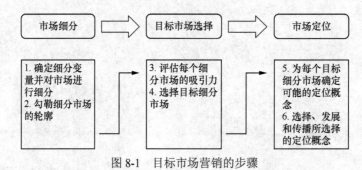

图 8-1 目标市场营销的步骤

8.1

通信市场细分

8.1.1 市场细分的概念和理论依据

1. 市场细分的概念

市场细分是由美国市场营销学家温德尔·史密斯于 1956 年在《市场营销战略中的产品差异化与市场细分》一文中提出的。他主张凡是市场上的产品或劳务的购买者超过两人以上，这个市场就有被细分为若干小区域的可能。这一主张顺应了第二次世界大战后美国众多产品由卖方市场向买方市场转变这一新的市场形式，因此，受到了广泛的认可并被誉为创新性的新概念，成为一个重要的市场营销理论。

市场细分（Market Segmentation），是指企业根据消费者之间需求的差异性，把一个整体市场划分为若干个消费者群体，从而确定企业目标市场（Target Market）的活动过程。每一个需求特点类似的消费者群体叫作一个细分市场（Market Segment）。满足顾客需求是企业生存和发展的基本条件，客观地讲，除极个别的产品外，顾客对绝大多数产品的需求特点存在较显著的差别。市场细分实际上就是致力于分析、确认顾客需求的差别，按照"求大同，存小异"的原则，将一个错综复杂的具体市场划分为若干个部分，使各个部门内部的异质性减少，而表现出较多的同质性。需要特别指出的是，市场细分不是根据产品分类进行的，而是从消费者角度划分的。

2. 市场细分的理论依据

（1）顾客需求的差异性是市场细分的内在依据。消费者个人由于地理、文化背景、社会地位、价值观、审美观、年龄、性别、职业、教育、生活方式、经济情况等方面的差异，形成了各种各样的兴趣、偏好，对商品的性能、质地、价格、款式、色彩等有不同的要求，体现出对商品需求的差异性。

顾客的需求模式可分为同质型偏好、分散型偏好和群组型偏好。

（2）企业资源的限制和进行有效竞争是市场细分的外在限制条件。现代企业由于受到自身实力的限制，任何一家企业都不可能向市场提供满足一切需求的产品和服务，也无法在市场营销中占据绝对优势。同时，为了进行有效的竞争，企业必须进行市场细分，选择最有利可图的目标细分市场，集中企业的资源，制定有效的竞争策略，以取得和扩大竞争优势。

[课外作业]

根据顾客不同的需求模式，通信企业应该如何提供产品、满足需求？

8.1.2 市场细分的作用

市场细分是一个重要的营销概念，是顺应"企业的行为以顾客需求为导向"的时代潮流的，对企业营销的成功具有重要的作用。

1. 有利于企业挖掘市场机会，形成新的富有吸引力的目标市场

市场细分是形成目标市场的一个必备条件，通过市场细分，企业可以明确哪类消费需求已经满足，哪类满足不够，哪类尚无适销对路的产品去满足；哪些市场竞争激烈，哪些市场的竞争者较少或尚待开发，同时结合自身资源状况从中选择出适合自己的目标市场，从而找到对自己最有利的营销机会。移动运营商对移动通信充值卡市场进行细分后发现，部分使用手机频率相对较低的用户群，如低龄使用者及老年人的需求未能得到满足，于是开始向市场上提供面值更加丰富的手机充值卡，如发行 5 元、10 元面值的手机充值卡，或对这部分客户的手机充值给予倾斜政策，取消有效期，以解决手机话费越充越多消化不完的问题。

2. 有利于选择目标市场和制定市场营销策略

市场细分后的子市场比较具体，比较容易了解和把握消费者的需求特点。企业可以根据自身的资源情况，选择目标服务对象，针对较小的目标市场，便于制定差异化的市场营销策略。同时，在细分的市场中，信息容易了解和反馈，一旦发生变化，企业可迅速改变或调整营销策略，提高企业的应变能力和竞争力。

3. 有利于集中人力、物力投入目标市场，形成有效的竞争

任何一个企业的资源、人力、物力和资金等都是有限的，通过细分市场，选择了适合自己的目标市场之后，企业可以集中人、财、物等各种资源去争取局部市场上的优势，开展有针对性的营销，形成在该市场领域内巨大的竞争力，然后逐步占领自己的目标市场，减少企业经营风险。中国移动

在 2013 年年底正式开启 4G 试商用，到目前为止，无论是基站数、终端种类，还是覆盖城市、用户数，移动 4G 都已遥遥领先于其他两家运营商。其关键因素就在于中国移动将 4G 市场细分为乡村、景区、海岛、高铁、地铁、校园六个子市场，针对各个子市场建设基站并且推出不同的业务，由此形成了强大的竞争力。

4. 有利于企业提高经营效益

市场细分对提高企业经营效益的作用主要体现在以下两个方面。

（1）在市场细分的基础上，企业可以集中资源投入目标市场，使有限的资源能集中使用，从而发挥最大的经济效益。2014 年虚拟运营商正式登台亮相，获得了此前被三大运营商垄断的移动业务转授许可。在这几十家虚拟运营商中，多数计划整合现有资源和业务，通过提供个性化产品和服务来聚拢消费者，实现盈利。比如苏州的蜗牛移动，寄希望于"通信+游戏"的方式向用户提供业务；京东、阿里等电子商务企业，则将电商业务与通信业务结合起来；国美极信、苏宁互联等线上、线下都有较强渠道能力的零售企业，将购物奖励特权、消费返赠等一系列优惠反馈到通信业务中，不但可以与用户建立更加稳定而长期的业务关系，还为未来的移动互联网销售渠道铺垫通道。

（2）在市场细分后，企业可以针对目标市场的特点制定和实施有效的市场营销组合策略，以提高经营效益。在不同的细分市场上，消费者的要求、偏好、消费行为都不同，因此，企业只有根据目标市场的特点，有针对性地综合运用各种营销手段，才能取得事半功倍的效果。随着移动互联网的快速发展、4G 的广泛普及，客户对国际及港澳台漫游上网业务的需求日益强烈，但高额的国际漫游价格和时而出现的"天价账单"却让客户有些"不敢上网"。中国移动针对此目标市场于 2014 年 1 月 25 日推出了覆盖 80 个国家和地区的国际及港澳台漫游"3 元/6 元/9 元流量包"。新资费推出后得到广泛认可，手机上网比例提高了 18%，户均流量增长了一倍多。在给予客户实惠的同时，也提高了企业的经济效益和竞争能力。

5. 有利于取得较好的社会效益

市场细分有利于满足不断变化的、千差万别的社会消费需求。当前，越来越多的企业奉行市场细分化策略，尚未满足的消费需求就会逐一成为新的市场机会、目标市场，这样一来，新产品就会层出不穷，同类产品的花色品种就会丰富繁多，消费者或用户也就有可能在市场上购买到各种称心如意的商品。例如，打开最新款的智能手机，从中可以看到各种各样的应用，手机的功能也越来越多样化，这都是得益于与移动运营商及终端商合作的成千上万家内容与服务提供商们（CP/SP），它们可能只是一些规模很小的公司，但正是瞄准了消费者各式各样的差异化需求偏好，通过与移动运营商及终端商的合作，不断向公众推出各种创新的应用服务，体现出自身价值，同时也取得了良好的社会效益。

8.1.3 市场细分的原则和标准

1. 市场细分的原则

企业可根据单一因素或多个因素对市场进行细分。选用的细分标准越多，相应的子市场也就越多，每一子市场的容量相应就越小，反之亦然。如何寻找合适的细分标准对市场进行有效细分，在营销实践中并非易事。一般而言，成功、有效的市场细分应遵循以下基本原则。

（1）可区分性。可区分性是指细分后的市场应该是存在着明显区别的市场，而且这种区别是能够被很好地认知、识别并掌握的。如果差别不明显，则没有必要进行细分。

（2）可衡量性。可衡量性是指细分出来的市场不仅范围比较清晰，而且也能大致判断出该市场的大小。要保证细分市场的可衡量性。

（3）可进入性。可进入性是指企业容易进入细分市场并为之服务。一方面，被选定细分市场的消费者能有效地了解企业的产品，并对产品产生购买行为，能通过各种销售渠道购买到产品；另一方面，企业通过营销努力，诸如广告及人员推销等，可进入已选定的细分市场。

（4）可赢利性。可赢利性主要指市场细分要有适当的规模和购买力，同时还要有一定的发展潜力，这样才能保证企业有利可图。若该细分市场的规模小、消费者少、购买力有限、细分工作烦琐、成本花费很大、获利低，那就不值得去细分；反之，细分范围也不能过大，否则会使细分的市场不具体和不准确，不利于企业选择目标市场。此外，对于企业来说，细分市场还必须具备未来发展潜力，如果市场容量有限、经济效益不佳，同样也不值得去细分。

（5）稳定性。稳定性是指各个细分市场的特征在一定时期内能保持相对不变。细分市场变化太快不利于企业制定长远营销战略，特别是对于通信行业而言，投资周期长、转产慢，因此，要选择相对稳定的因素对市场进行细分，以保证细分市场在未来一定时期内的特征不会发生太大变化。

2. 消费者市场细分的标准

市场细分是以顾客特征为基础的，市场细分的出发点是消费者对商品与劳务的不同需求与欲望。消费者市场细分的标准主要包括地理因素、人口因素、心理因素和消费者购买行为因素，如表 8-1 所示。

表 8-1 消费者市场细分的主要标准

类型	细分标准
地理因素	国家、区域、市乡镇、气候、人口密度、地形、交通状况等
人口因素	年龄、性别、收入、职业、教育文化水平、宗教、信仰、种族、国籍、社会阶层、家庭结构和家庭生命周期等
心理因素	生活方式、社会阶层、保守或激进态度、自主能力、服从权力、领导能力、成就感等
购买行为因素	购买动机、购买状况、使用习惯、对品牌的忠诚度、对市场营销因素的敏感度等

3. 电信消费者市场常用的细分标准

电信运营商主要采用以下几种标准对初级用户市场进行细分：① 基于用户人口统计因素的细分；② 基于用户心理的细分；③ 基于用户行为的细分；④ 基于用户价值的细分。

[课外作业]

电信运营商是如何对电信消费者市场进行细分的？

8.1.4 市场细分的方法与步骤

1. 市场细分的方法

（1）单一因素法。单一因素法即根据影响消费者需求的某一个因素，对市场进行细分。韩国最大的电信运营商 SK 公司根据年龄因素，将市场细分为 3 个子市场，分别推出不同的产品。面向 13～18 岁的青少年推出了 Ting 品牌，主打学习服务；面向 19～24 岁的年轻人推出 TTL 品牌，提供娱乐信息业务；面向 25～35 岁的上班族则推出 UTO 品牌，提供职业培训、休闲娱乐信息等业务。利用单一因素细分市场比较简便易行，但是很难反映消费者复杂多变的需求。这种细分方法有两个使用条件：第一，市场竞争不太激烈，市场细分程度不高，用单一变量就能够细分出有效市场；第二，影响消费者购买的因素中有一项主导因素，其影响最为强烈。

（2）综合因素法。综合因素法即运用两个或两个以上的因素，同时从多个角度进行市场细分。

由于顾客需求千差万别，形成原因复杂，只有从多个方面去分析，才能更准确地反映出需求的差别。例如，中国电信根据职业、年龄等因素将电信市场细分为"天翼领航""天翼e家"和"天翼飞Young"3个子市场。

（3）系列因素法。这是对上述两种方法的综合运用，指采用两个或两个以上的标准，由大到小、由粗到细地分层次进行市场细分。具体做法是，首先选用某项指标细分市场，从中选择某个分市场作为大致的目标市场，然后再利用另一项指标对之进行细分……这样逐次细分，市场越来越细化，目标市场也越来越明确具体。大多数电信运营企业进行市场细分时，都采用多种变量交叉细分。具体细分方法为：首先按某变量作为基准，将用户进行初步细分，如根据电信消费的用途先将用户划分为商业用户和住宅用户；其次，根据其他的细分变量将细分后的市场进一步细分，如按电信消费水平、用户规模或用户营业额等将商业客户进行细分。

2. 市场细分的步骤

企业在进行市场细分时，可按如下步骤进行，如图8-2所示。

（1）根据需求选定产品市场范围。每一个企业都应该依据自己的营销战略目标，确定所要进入的行业，选定可能的产品市场范围。需要注意的是，产品市场范围应以市场的需求而不是产品特性来定。

（2）列举潜在顾客的基本需求。选定产品市场范围以后，公司的市场营销专家们可以通过消费者市场细分标准，从地理因素、人口因素、心理因素和行为因素几个方面，大致列举出潜在顾客的一般性需求。

第一步	根据需求选定产品市场范围
第二步	列举潜在顾客的基本需求
第三步	分析潜在顾客的不同需求
第四步	移去潜在顾客的共同需求
第五步	为分市场暂时命名
第六步	进一步认识各分市场的特点
第七步	测量各分市场的规模和潜力

图8-2　市场细分的步骤

（3）分析潜在顾客的不同需求。企业在初步列举的基础上，需要进一步分析、了解不同潜在顾客的差异性需求和特殊需求，掌握哪些需求对他们更为重要，由此确定各分市场雏形。

（4）移去潜在顾客的共同需求。在这个阶段，企业需要移去各分市场或各顾客群的共同需求，这些共同需求固然很重要，但它们只是设计和开发产品的最低要求，不能作为市场细分的基础，而市场细分是为了能够更好地发现和找出具备差异性的需求类型，并以此为依据制定企业市场营销组合策略。

（5）为分市场暂时命名。企业对各分市场表现出的顾客差异化需求做进一步分析，并结合各分市场的特点，划分出不同的群体或分市场，并赋予它们一定的名称。

（6）进一步认识各分市场的特点。在这个阶段，企业要对每一个分市场的顾客需求及其购买行为做更深入的考察，了解各分市场的特点，以便进一步明确各分市场有无进一步细分或重新合并的必要。

（7）测量各分市场的规模和潜力。企业应着手估计和测量各分市场潜在顾客的数量，因为每个细分市场的容量直接影响着企业未来的获利能力。同时，也要对分市场上的产品竞争状况及发展趋势做出分析。

[案例8-1]

反细分战略

市场细分的目的是为了挖掘市场机会，而不是为了细分而细分。若市场被过度细分，则会导致产品从设计、生产到销售都趋于复杂化,增加生产成本和销售成本,最终影响企业利润。于是反细分战略应运而生。

(1)反细分战略内涵

反细分战略并不是反对市场细分,而是将许多过于狭小的细分市场组合起来,以便能够以较低的价格去实现较大的市场利益,它是对细分战略的一个补充。如果把细分战略比喻为纵向营销的话,反细分战略则是一种横向营销,突破原有细分市场去开拓新市场。

(2)反细分战略的方法

一是通过缩减产品线,减少细分市场。有些企业因过度讲求产品差异化,使生产和营销成本迅速增加。减少产品线,主动放弃较小或无利的细分市场,同时以不同品质、不同特色的产品来吸引目标顾客,并不会影响企业的市场占有率。

二是将几个较小的细分市场,整合为较大的细分市场。如有的企业通过分析发现自身的细分市场一、细分市场二和细分市场三是相近的子市场,因而将三个子市场合并成细分市场a,通过提供标准化产品,以较低的价格和较普通的产品吸引顾客,从而有效地增强了竞争力,如图8-3所示。

图 8-3 从市场细分到反细分战略

趣味讨论: 从细分战略与反细分战略来看,怎样确定市场细分的"度"?

8.2 通信目标市场选择

企业对整体市场进行细分的最终目的是选择和确定目标市场。企业的一切市场营销活动都是围绕目标市场进行的。确定目标市场、实施目标市场策略是目标市场选择的重要内容。

8.2.1 评估细分市场

企业为了选择适当的目标市场,必须对各个细分市场进行认真的评估,主要从以下 3 个方面考虑。

1. 细分市场的规模和增长潜力

评估一个细分市场,首先要看其是否具有适当的规模和增长潜力。细分市场的好坏不在于规模的大小,而在于是否与企业的规模和实力相匹配。较小的市场对于大企业而言,不值得涉足;而较大的市场对于小企业,又缺乏足够的资源供其进入,即使进入,也无法与实力雄厚的大企业相抗衡。

另外,市场的增长潜力关系到企业的销售和利润的增长,评估市场的增长潜力要具体考察产品所处的生命周期的阶段。如处在投入期和成长期的新产品,其增长较为迅速,进入市场的壁垒较少,市场需求旺盛,那么企业可以考虑把这样的细分市场作为目标市场;如果产品已进入成熟期,市场上消费者的需求呈现多样化并且竞争较为激烈，市场的增长潜力较小，那么市场开拓的难度则很大。

2. 细分市场的吸引力

细分市场可能具有适当规模和成长潜力，然而从长期赢利的观点来看，细分市场未必具有吸引力，这里的吸引力主要是指细分市场的长期获利能力。通常情况下，以下 5 种力量影响并决定着整个市场或其中任何一个细分市场的长期的内在吸引力：同行业竞争者，潜在的、新进入的竞争者，替代产品，购买者和供应商的讨价还价能力。

3. 企业的目标和资源

进行细分市场的评估除考虑以上两点外，企业还需将自身的目标和资源与其所在细分市场的情况结合在一起考虑。有时虽然某细分市场对企业具有很大的吸引力，而且企业有能力进入，但与企业长远目标相违背，那么企业选择进入该细分市场可能会带来短时间内利润的上升，但未来会导致企业的资源被分散，长远目标无法实现，结果得不偿失。例如，在苹果 iPhone 的带领下，在世界范围内刮起了一阵智能手机热，但国内运营商却没有跟进手机终端的生产线，原因就在于手机生产线要占据大量的资金及人员资源，增加企业管理的难度，这必将对运营商自身的发展目标造成很大的影响，因此，即使手机终端再火爆，运营商也没有涉足该市场，而仅仅是采取合作定制的方法。

8.2.2 目标市场

目标市场（Target Market）是企业决定进入的市场，即企业准备提供产品或服务来满足其需求的特定的客户群。

市场细分和目标市场是两个既相互区别又相互联系的概念。市场细分是企业根据消费者需求的差异性对消费者群体进行划分的过程；而目标市场是在市场细分的基础上，企业根据自身条件和特点选择一个或几个细分市场作为营销对象的过程。所以，市场细分是目标市场选择的前提和条件，而目标市场选择则是市场细分的目的和归宿。

8.2.3 选择目标市场的模式

经过市场细分以后，企业会发现有一个或几个细分市场是值得进入的。此时，企业需要进行选择，以确定进入哪些细分市场。一般来说，企业目标市场的模式有以下 5 种。

1. 产品—市场集中化

产品—市场集中化是一种最简单的目标市场模式。无论是从产品角度还是市场角度来看，企业的目标市场高度集中在一个市场面上，企业只生产一种产品，供应一个顾客群。许多小企业由于资源有限，往往采用这种模式。而一些新成立的企业，由于初次进入市场，缺乏生产经营经验，也可能把一个细分市场作为继续发展、扩张的起始点。

选择产品—市场集中模式一般基于以下考虑：企业具备在该细分市场从事专业化经营或取胜的优势条件；限于资金能力，只能经营一个细分市场；该细分市场中没有竞争对手；准备以某一细分市场为出发点，成功后向更多的细分市场扩展。

产品—市场集中模式使企业的经营对象单一，企业可以集中力量在一个细分市场中获得较高的市场占有率。如果细分市场选择恰当的话，也可获得较高的投资收益率。但是，采用这种模式，由于目标市场范围较窄，因而经营风险较高。

2. 产品专门化

产品专门化是企业集中生产一种产品，并向各类顾客销售这种产品。通信企业便是这样，服务的宗旨是普遍服务，面对的是社会上各阶层用户，单从产品的角度看，虽然提供的业务不同，但是都起到了传递信息的作用。采用这种模式，企业的市场面广，有利于摆脱对个别市场的依赖，可降低风险。同时，生产相对集中，有利于形成和发展技术和服务优势，在某种基础产品方面赢得较好的声誉。

3. 市场专门化

市场专门化是企业面对某一顾客群，生产和销售他们所需要的各种产品。如只与某一家运营商合作的内容或服务提供商，他们的直接客户只有该运营商一家，专门为其提供某一种专门的技术或内容服务。采用这种模式，有助于发展和利用与客户之间的关系，降低交易成本，并在客户中树立良好的形象。当然，一旦该运营商的购买下降，这些内容或服务提供商的收益就会受到较大影响，因此，市场专门化要承担相当大的风险。

4. 选择性专门化

企业在对市场细分的基础上，经过仔细考虑，结合本企业的长处，有选择性地生产几种产品，有目的地进入某几个市场，满足这些市场的不同要求。实际上，这是一种多角化经营的模式，可以较好地分散企业的经营风险。但是，采用这种模式应当十分谨慎，必须以几个细分市场均有相当的吸引力为前提，并且也需要企业具有较强的资源和营销实力。

5. 全面进入

企业为所有细分以后的各个细分市场生产各种不同的产品，分别满足各类顾客的不同需求，以期覆盖整个市场。一般是大型的、资源雄厚的，或者在市场竞争中处于绝对优势的企业和公司，为了在市场上占据领导地位甚至力图垄断全部市场时所采取的方法。

如果以 M1、M2、M3 代表细分市场，P1、P2、P3 代表产品种类，那么上述 5 种目标市场选择模式可以通过图 8-4 来反映。

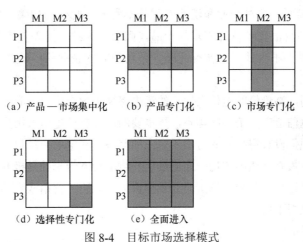

图 8-4　目标市场选择模式

8.2.4　目标市场策略

从前面介绍的目标市场选择模式不难看出，各企业选择的目标市场的范围是不一样的，有的企业的目标市场比较狭窄，集中服务于少量细分市场；而有的企业则面对为数众多的顾客，甚至所有的顾客。企业的目标市场范围不同，采取的营销策略必然有所差别。概括起来看，企业的目标市场策略可以分为无差异市场策略、差异性市场策略和集中性市场策略 3 种类型。

1. 无差异市场策略

无差异市场策略是指企业把整体市场看作一个大的目标市场，认为市场上所有消费者对本企业产品的需求不存在差别，或差别较小，可以忽略不计，如图 8-5 所示。因此，企业只向市场推出单一的标准化产品，并以统一的营销组合方式销售。

图 8-5　无差异市场策略

实行无差异市场策略的优点在于以下几点。

（1）它比较有效地适用于广泛需求的品种、规格，款式简单，并能够标准化的大量生产、大量分销的产品。因而，它凭借广泛的分销渠道和大规模的广告宣传，往往能够在消费者或用户心目中建立起"超级产品"的高大且坚不可摧的形象。一般来说，在顾客需求差别较小或供不应求的市场中，采取这种策略是比较可行的。

（2）它可大大降低成本费用。首先，标准化和大批量生产可降低生产、存储、分销和运输成本；其次，无差异市场营销的广告等促销活动可降低产品的推广费用；再次，它不必对各子市场进行市场营销的研究和计划工作，可以降低市场营销研究和产品管理成本。这种战略可充分发挥经验曲线的作用，即当产品生产量和销售量成倍增长时，其成本可下降 20%～30%。

（3）它简单易行，便于管理。单一的市场营销组合便于企业统一计划、组织、实施和监督等管理活动，减少了管理的复杂性，易于操作。

无差异市场策略的最大优点是企业可以依靠大规模的生产和储运，降低单位产品的成本；利用无差异的广告宣传，节约营销费用，从而取得成本上和价格上的优势。但是，这种成本优势的取得是以牺牲顾客需求差别为代价的。客观地讲，除极少数产品外，消费者对绝大多数产品的需求是不会完全相同的。当众多企业推行无差异市场策略时，往往会形成整体市场竞争激烈，而顾客个别需求得不到满足的局面，这对企业和消费者都是不利的。此外，如果有的企业能针对某些细分市场的特点推出更能满足消费者特殊需求的产品，则会大大冲击无差异市场企业的成本优势。正是由于这些原因，世界上不少曾长期实行无差异市场策略的企业纷纷改弦易辙，转而推行差异性市场策略。

市场分析结果表明，高价值的电信大用户的流失率高于大众用户，其原因不仅仅是市场竞争激烈，高价值用户成为电信运营商争夺的焦点，更重要的原因在于电信大用户得到的服务与低价值的用户几乎完全一致，他们没有得到与其付出相对应的服务。在电信市场日趋激烈的今天，无差别服务将使电信运营商失去最有价值的市场，而低端用户给运营商带来的是极其微薄的利润，甚至是亏损。因此，电信运营商选择无差异市场策略要承担极大的风险，营销成本的降低将以失去高价值客户为代价，结果可能是得不偿失。

2. 差异性市场策略

差异性市场策略指的是企业在对整体市场细分的基础上，针对每个细分市场的需求特点，设计和生产不同的产品，制定并实施不同的市场营销组合策略，试图以差异性的产品满足差异性的市场需求，如图 8-6 所示。

图 8-6　差异性市场策略

差异性市场营销策略的优点主要有以下几个。

（1）企业通过不同的市场营销组合服务于不同的子市场，能更好地满足不同消费者的需求和偏好。

（2）企业的产品种类如果同时在几个子市场中都具有优势，就会大大增强消费者对企业的信任感，进而提高重复购买率，提高企业的市场占有率及提升企业形象。

（3）对企业市场经营风险的分散具有重要意义。

（4）通过多样化的渠道和多样化的产品线进行销售，有利于扩大企业的销售总额。

近年来，越来越多的企业，特别是较大的企业，开始采用这种策略，并取得了十分明显的效果。然而，实行差异性市场策略也需要一些条件，并不是任何企业、任何时候都可以采用的。首先，实行这种策略必然要增加产品的品种、型号、规格，导致生产费用、研究开发费用和行政管理费用的增加，而且销售渠道的扩展及广告宣传活动的复杂化也必然带来销售费用的增加。因此，这一策略的运用必须限制在一定范围内，即通过销售额的扩大所带来的利益必须要超过生产经营费用的增加。其次，推行这种策略使企业生产营销多样化、复杂化，这要求企业必须具备雄厚的财力、较强的技术实力和高素质的营销人员。这使得相当一部分企业，尤其是小企业，无力采用这种策略。为了减少上述诸因素的影响，一些企业采取一种适中的差异性策略，即差异性产品的品种不是太多，而又能在较大范围内满足消费者的需求，这往往也能取得较好的效果。

目前我国电信行业仍处于寡头垄断的市场局面，为数不多的几家运营商提供近乎同质的产品，差异化价格和差异化服务是运营商偏爱的目标市场策略。在原有成熟的业务领域，如语音、宽带、短信等业务，价格差异化成为各方的首选策略，通过价格优势维持老用户的数量，减少用户流失；而在新的业务领域，如 4G 数据业务，差异化服务水平成为确立竞争优势的关键，通过优质的服务更贴近地满足用户的需求，从而争取到更多的客户群。

3. 集中性市场策略

集中性市场策略，又称为产品—市场集中化策略，是指企业把全部力量集中在某个或几个细分市场上，实行高度专业化的生产和销售，如图 8-7 所示。集中性市场策略所追求的目标市场则只是一个或少数几个细分市场，向纵深发展，不追求整体市场或较大的市场，只占有较小的市场份额。实行这种策略的企业，其生产经营重点突出，不去盲目追求和扩大市场范围，而试图通过集中力量于一个或少数几个细分市场，在较小的市场中取得较好的甚至是支配地位的市场份额。

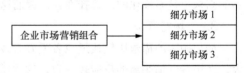

图 8-7　集中性市场策略

集中性市场策略的优点主要表现在以下几个方面。

（1）它特别适合于那些资源有限的中小企业或初次进入新市场的大企业。由于服务对象较集中、实行生产和市场营销的专业化，因此可以比较容易地在这一特定市场中取得支配地位。

（2）由于生产和市场营销的专业化，再加上子市场选择得当，因而可大大节省成本支出，使企业获得较高的投资收益率。

（3）信息灵敏度强。由于服务对象集中，因此企业可对一个或几个特定市场有较深入的了解。如需求量的大小、顾客对市场营销组合的反应以及竞争者的强弱等信息，这些信息企业都易于掌握。

由于集中性市场策略具有上述明显优点，因此往往成为新企业用以战胜老企业或小企业战胜大企业的有效策略。但是，实行集中性市场策略，企业面临的风险比较大。由于目标市场比较单一和狭窄，一旦市场形势发生变化，例如消费者的偏好转移、购买力下降或出现强大的竞争对手与之相抗衡，企业就有可能陷入困境，造成严重的经济损失，甚至难以为继。

集中性市场策略经常被一些内容/服务提供商（CP/SP）所采用，这些企业由于自身实力有限，为避开与大企业的直接竞争，只选择某一个或几个细分市场进入，如只专注于语音信息、电子信箱、电视会议、视像点播的服务提供商。对于全业务运营的大型电信运营商而言，集中性市场策略也是一个不错的策略，在新产品推广过程中，运营商通常会选择条件较好的省、市作为试点，采用集中性市场策略可使新产品迅速在试点地区得到普及，同时为在全国范围内推广积累了经验，最终取得意想不到的成果。

[课外作业]

虚拟运营商在与传统电信运营商竞争的过程中，应如何选择目标市场策略？

8.2.5　选择目标市场策略考虑的因素

上述 3 种目标市场策略各有优缺点，分别适用于不同的场合和条件。企业在实际选择目标市场策略时，通常要考虑以下一些因素。

1. 企业资源和实力

如果企业实力雄厚，资源充裕，具有较多的高素质的生产技术人员和经营管理人员，则可以选择较大的市场作为服务对象，采用无差异或差异性市场策略。相反，如果企业资源有限，人力、物力、财力不足，则较适宜于选择集中性市场策略，使有限的资源集中化。

2. 产品特点

对于大多数初级产品或生活必需品，如钢铁、煤炭、大米、食盐等，产品之间的差异不大，同质性较强，而且顾客对这些产品的差别一般也不太重视或不加区别，市场竞争主要体现在价格和服务方面，因而这类产品宜于采取无差异市场策略。对于许多加工制造类产品，如汽车、家电、服装等，它们在品质、性能、品种、规格等方面具有较大的差异性，属于异质产品，而且顾客对这些产品的需求也是多样化的，选择性强，因而这类产品宜选择差异性或集中性市场策略。

3. 市场特点

如果顾客的需求比较接近或者爱好大致相同、购买习惯类似，对产品供应和销售的要求差别不大，对市场营销刺激的反应较一致，这说明市场是同质的或相似的，在这种情况下，企业可以选择无差异市场策略；反之，则应采用差异性或集中性市场策略。

4. 产品生命周期

处于投入期或成长期的新产品，竞争者少，同类产品不多，可以采用无差异市场策略，以价格优势或产品的新颖性吸引潜在顾客。当产品进入成熟期后，同类企业增多，市场竞争加剧，就应实行差异性市场策略，开拓新市场，刺激新需求。当产品进入衰退期后，企业可以考虑集中性市场策略，设法保持原有市场，延长产品生命周期。

5. 市场供求

如果产品在未来一段时期内供不应求，出现卖方市场形态，消费者的选择性大为弱化，他们关注的是能否买到商品，这时企业可采用无差异市场策略；相反，则应选择差异性或集中性市场策略。

6. 竞争对手的策略

企业采取何种目标市场策略，往往要视竞争对手的情况而定。如果竞争对手实力较弱，企业可采取与之相同的目标市场策略；如果竞争对手实力强大，并已采用无差异市场策略，企业则应采取差异性市场策略，利用差别优势与之抗衡；如果强大的竞争对手已采用了差异性市场策略，企业用无差异市场策略将很难取胜，那么就应在对市场进一步细分的基础上，采用差异性更大的市场策略或以集中性市场策略与之较量。

一般而言，企业选择目标市场策略时应综合考虑上述各种因素，权衡利弊方可做出决策。目标市场策略应有相对的稳定性，但这并不意味着目标市场策略一经确立就不能改变，当企业的内、外条件发生重大变化时，目标市场策略也需进行调整和转变。

[案例 8-2]

中国电信的差异化终端市场显优势

根据赛诺 2014 年 12 月手机市场报告显示，中国电信 3G+4G 终端市场份额达到 20.5%，这是自 2008 年电信运营商重组以来，首次超越了中国联通。

中国电信经过历次重组以后，在行业一直处于相对弱势。特别是在 3G 时代，三家运营商起点差距显然是很大的。中国电信的移动业务 3G 制式 CDMA2000，从全球产业链来看，总体发展弱于联通的 WCDMA，而进入 4G 时代以后，中国移动又率先拿到 4G 牌照，抢先发力，中国电信又一次处于相对被动地位。

在面临着巨大的压力和挑战的前提下，中国电信采用差异化目标市场策略，针对不同的目标人群，推出了相应的终端产品。全网通是中国电信 2014 上半年推出的终端类型，一经推出即受到零售商和用户的欢迎。安全手机是中国电信推出的新手机品类，在手机信息安全问题日益增多的情况下，借助天翼网络先天具有的保密、防窃听优势，终端厂商与中国电信联合研发了手机端信息安全技术，为用户提供放心的手机通信服务。酷派、华为等手机厂商积极响应中国电信需求，推出了第一批安全手机系列；中兴、海信等国内手机厂商与中国电信合力打造 20 余款全网通安全手机，供有通信安全需求的各类消费者选择。中国电信还与腾讯、阿里巴巴等互联网厂商合作，与终端厂商联手打造"视频手机""老人智能机""自拍王""待机王""抢网帝"等一系列的特色终端，引领终端产业迈向"精耕"客户需求的时代。

趣味讨论：在互联网时代，电信运营商企业如何选择目标市场策略，获取市场份额？

8.3

通信市场定位

市场定位是企业进行目标市场营销的最后一个步骤。市场定位的目标是提供差异化的产品或服务，使之区别和优越于竞争对手的产品或服务，在顾客心目中占据一个独特而有利的位置，增强企业的竞争能力。

8.3.1 市场定位及其意义

1. 市场定位的概念

市场定位（Market Positioning）是 20 世纪 70 年代由美国学者阿尔·里斯和杰克·特劳特提出的一个重要的营销学概念。所谓市场定位，是指企业根据目标市场上同类产品的竞争状况，针对顾客对该类产品某些特征或属性的重视程度，为本企业产品塑造强有力的、与众不同的鲜明个性，并将其形象生动地传递给顾客，求得顾客认同，从而在目标市场上获得竞争优势。其实质是使本企业与其他企业严格区分开来，使顾客明显感觉和认识到这种差别，从而在顾客心目中占有特殊的位置。

2. 市场定位的意义

总的看来，市场定位在两个方面为企业提供了制胜的法宝。

首先，市场定位有利于企业及产品在市场中建立自己的特色，是参与现代市场竞争的有力武器。在现代社会中，几乎每个市场都存在供过于求的现象，众多生产同类产品的厂家争夺有限的顾客，从而导致市场竞争异常激烈。通过市场定位可以使自己的产品与竞争对手的产品区别开来。定位成功的关键在于"寻找或制造差异"，这种差异性可能来自自己的产品与竞争对手之间的"真实"的区别，也可能来自人为制造的差别，与竞争对手的差别越多，便掌握了更多的竞争优势，产品形象也会更加突出。

其次，市场定位决策是企业制定市场营销组合策略的基础，市场定位在企业的营销工作中具有极为重要的战略意义。企业的市场营销组合要受到企业市场定位的制约，定位决定了产品应该面向哪一类目标人群，针对哪个目标市场，也就决定了企业市场营销组合策略的制定。

8.3.2 市场定位的方法

各个企业经营的产品不同，面对的顾客不同，所处的竞争环境也不同，因而，市场定位的方法自然也不一样。总的来说，企业进行市场定位的方法有以下几种。

1. 根据具体的产品特点定位

构成产品内在特色的许多因素都可以作为市场定位的依据，这种特色应该是竞争产品所不具备的，同时这种特色对消费者来说又具有实际意义，具体可包括产品的功效、品质、价格等。例如，移动电话的外观、功能、机械性能、技术成分等产品要素，不同的消费者对它们有着不同的需要，有的人喜欢用手机上网，有的人喜欢用手机听歌等，据此终端商可以根据产品的特点将手机定位为"上网手机""音乐手机"等，以此树立企业、产品与众不同的个性。

2. 根据特定的使用场合及用途定位

为老产品找到一种新用途，是为该产品创造新的市场定位的好方法。不同业务由于使用者的用途不同，因而定位也不同。我国的邮票邮品最初定位为个人收藏，后来发现不少顾客购买是为了馈赠，又将之定位为礼品。

3. 根据顾客得到的利益定位

根据产品属性及其给顾客能够带来的特定利益进行定位，这种产品属性实际上就是顾客希望从产品中所获得的利益，是顾客能够切实体验到的。例如，CDMA 制式手机刚进入市场的时候，由于专卡专用的原因，很少有人问津，但从技术角度上来看，通话时 CDMA 的辐射是 GSM 的 1/20，因此，CDMA 手机被定位于"绿色手机"，并逐步获得消费者青睐。

4. 根据使用者的类型定位

企业常常试图将其产品指向某一类特定的使用者，以便根据这些顾客的看法塑造恰当的形象。豆瓣网将小众化的阅读者作为目标市场，提供了书目推荐和以共同兴趣交友等多种服务功能，用户可以自由发表有关书籍、电影、音乐的评论，可以搜索别人的推荐，所有的内容、分类、筛选、排序都由用户产生和决定，甚至在豆瓣主页出现的内容也取决于用户的选择，大大满足了这类小众人群的需求。

5. 根据竞争的需要定位

根据竞争的需要定位，即将产品定位于与竞争直接相关的不同属性或利益。如在竞争异常激烈的即时通信软件市场上，许多公司都推出了自己的即时通信软件，后进入者为了与之前的公司展开竞争，将产品的某些新的属性或强于对手的特点作为产品的定位，以此与其他企业进行竞争。

8.3.3 市场定位的步骤

市场定位的关键是企业要设法在自己的产品上找出比竞争者更具有优势的特性，主要包括以下3 个步骤。

1. 明确潜在的竞争优势

竞争优势有两大基本类型：成本优势和差异化优势。在成本方面，企业需要检查自身每一项经营活动的成本及经营情况，同时对竞争者的成本及经营情况做出估计，然后将二者进行比较。在差异化上，取得竞争优势的关键在于，企业必须向顾客提供有别于竞争对手的差异化产品或服务，才能与竞争对手区分开来，才能给顾客带来比竞争对手更大的价值，从而获得顾客的忠诚，取得差异化优势。这种差异化可以体现在产品、价格、渠道、促销、服务等多个方面。

2. 选择竞争优势

企业如果拥有几项潜在的竞争优势，企业就必须从中做出选择，确定以其中的一个或几个竞争优势作为市场定位的基础。在识别竞争优势时，应把企业的全部营销活动加以分类，并对各主要环节在成本和经营方面与竞争者进行比较分析，最终形成企业的竞争优势。

3. 显示独特的竞争优势

显示独特竞争优势即准确地向市场传播企业的定位概念。企业做出市场定位决策后，其竞争优势不会自动在市场上显示出来，必须要与选定的目标市场进行有效的沟通，包括建立并巩固与市场定位相一致的形象，让目标顾客群知道、了解并熟悉企业的市场定位。苹果公司定位于高端消费者和个人专业市场，将目标人群分为追求生活品质、彰显个性的张扬派和追求功能性价比的务实派。无论其产品、销售方式，还是精神领袖乔布斯，都在传达着公司的价值信号：强势、个性、与众不同，不断加深苹果在消费者心目中"高端、创新、时尚"的形象。

在传播企业定位形象的过程中，企业所要传达的形象并不一定会被消费者准确地接受，所以要及时矫正消费者心目中不一致的理解或误会，保证企业定位的形象准确地在消费者的心目中得到塑造。

8.3.4 市场定位的类型

市场定位是一种竞争性定位，它反映市场竞争各方的关系，是为企业有效参与市场竞争服务的，其类型有以下 3 种。

1. 避强定位

这是一种避开强有力的竞争对手进行市场定位的模式。企业不与对手直接对抗，将自己置于某个市场"空隙"，发展目前市场上没有的特色产品，开拓新的市场领域，也称为创新式定位。这种定位的优点是：能够迅速地在市场上站稳脚跟，并在消费者心中尽快树立起自己的形象。由于这种定位方式的市场风险较小，成功率较高，常常被多数企业所采用。如中国移动的飞信作为一个新的业务投向市场的时候，市场上已经有众多的即时通信软件，如腾讯 QQ、微软 MSN 等，飞信从正面是无法与这些成熟的即时通信软件提供商相抗衡的，但中国移动数据部对飞信的定位是：飞信是中国移动综合通信服务的体现，并没有一味地宣传飞信是即时通信业务。中国移动利用其在移动互联网上的优势，通过飞信向用户提供诸如资讯信息、小额支付等功能，以"综合信息服务"赢取消费者的青睐，此举可谓高瞻远瞩，与企业整体战略相匹配，又避免了与腾讯等公司的直接竞争，但实际上，飞信本质上就是一款即时通信业务。

2. 迎头定位

这是一种与在市场上居支配地位的竞争对手"对着干"的定位方式，即企业选择与竞争对手重合的市场位置，争取同样的目标顾客，彼此在产品、价格、分销、促销等方面少有差别，也称为对峙性定位或竞争性定位。这是一种风险较大的定位策略，一旦成功就会取得巨大的市场优势，因此对某些实力较强的企业有较大的吸引力。实行迎头定位，一方面要做到知己知彼，了解市场上是否可以容纳两个或两个以上的竞争者，自己是否拥有比竞争者更多的资源和能力，是不是可以比竞争对手做得更好；另一方面还要求市场有较大的容量。例如，大多数人不屑一顾、在日本市场推广失败的"小灵通"在中国移动通信市场获得了巨大的成功，小灵通采取的就是"迎头定位"的策略。同样是提供无线语音、短信服务，面对同样快速增长的移动通信用户，小灵通凭借其价格上的巨大优势获得了广大低端移动用户的偏爱，在短短几年间席卷全国，为中国电信及 UT 斯达康创造了骄人的效益。

3. 重新定位

重新定位通常是指对那些销路少、市场反应差的产品进行二次定位。初次定位后，随着时间的推移，新的竞争者进入市场，选择与本企业相近的市场位置，致使本企业已有的市场占有率下降；或者由于顾客需求偏好发生转移，原来喜欢本企业产品的消费者转而喜欢其他企业的产品，因而市场对本企业产品的需求减少。在这些情况下，企业就需要对其产品进行重新定位。所以，一般来讲，重新定位是企业为了摆脱经营困境，寻求重新获得竞争力和增长的手段。不过，重新定位也可作为一种战术策略，并不一定是因为陷入了困境，相反，可能是由于发现新产品市场范围引起的。例如，手机厂商以前面向消费者个体直接推销 3G 智能手机，但随着运营商之间的客户争夺战越演越烈，运营商实行"充话费送手机"的活动，手机终端商发现可以为运营商生产定制手机，双方各取所需，因而，运营商也成为了手机厂商的顾客，原来的产品定位由于新市场的出现发生了改变。

[案例 8-3]

定位"草根"的余额宝

余额宝是普惠型的财富管理，余额宝的出现，让每一个人即使只有几百块钱同样可以理财，这一产品的出现推动了金融产品改革，显示了创新和进步。截至 2014 年年末，余额宝规模增至 5 789 亿元。

余额宝定位于"月光族""小白"等草根客户，掀起 1 元起卖的"草根理财盛宴"，并且随时随地，触手可及，不排队、不填单，也不被网上开户折磨，易学好用。众所周知，商业银行从不把草根客户放在视线内，一些银行甚至规定，账户里低于一定钱数，将向账户收取管理费；银行理财的购买起点也往往以万元计算，草根用户往往并没有足够的可支配收入去购买理财产品。但是，草根客户资金有限，并不代表他们没有理财意愿，积少成多，总金额也将是个不小的数字。这一由草根客户构成的客群被称作长尾，著名的"二八法则"在这里也得到了直接的体现：占所有客户 80%的草根客户只贡献了 20% 的收入。余额宝定位于草根，成功地吸引了草根客户的目光，所谓积少成多，集腋成裘，草根客户聚集起来也产生了很大的能量。

趣味讨论：随着互联网的发展，"草根经济学"跃然出现，生活中还有哪些互联网产品是定位于"草根"的？

案 例 分 析

三星手机的目标市场选择

1. 三星公司简介

"三星创造了品牌的奇迹，三星用事实证明了以尖端的技术和卓越的品牌营销足以创造奇迹。"英国经济周刊《经济学人》曾这样评价三星。在发达国家市场曾以生产廉价家电产品而闻名的三星，虽然在 1997 年韩国金融危机期间面临过濒临破产的危机，但在其后短短不到 10 年的时间内，却一举成长为引领数字时代的全球知名电子厂商。2013 年 3 月，三星于美国纽约发布的 SamsungGalaxy S4，创下全球三项第一：第一款双四核架构的应用处理器 Exynos 5 Octa、第一款导入 5 英寸 1080p AMOLED 屏幕、第一只导入 LPDDR3 的手机。美国市场调查机构 SA 公布的数据显示，2013 年三星智能手机年销量首破 3 亿部大关，达到 3.198 亿部，创下了历史最高纪录。2014 年第三季度，三星智能手机出货量为 7 810 万部，是苹果的 2 倍、小米的 4.5 倍，迄今为止，三星依然稳坐全球智能手机第一的宝座。

2. 三星手机目标市场选择和策略分析

（1）目标市场的选择。三星通过种类众多的安卓智能手机明显拉开了与苹果之间的距离。三星每年都推出许多新款智能手机，可以满足市场上从高端到低端的各个层次的需求。这种多样化市场策略使得三星手机的目标范围更加广泛，不像苹果手机，只关注高端市场，使产品受众有限。

三星通过对手机消费者的消费特点、各类消费群体的市场潜力及其给企业盈利带来的影响进行分析，结合自身的竞争地位，将自己的手机产品主要定位于年龄在 18~45 岁，追求时尚的外观或商务多功能应用的人群。这部分消费群体具备经济实力，乐于接受新鲜事物，是手机产品的主要消费群体，他们的消费观念很大程度上代表了手机消费者的价值取向。另外，三星每年也会针对消费能力一般和较低的人群相应地推出少数低价位、配置较低的手机。由此，三星公司根据自己的资源和实力以及对市场的准确细分，确定了自己的三大目标市场：面向白领及大学生的中高端市场、面向商务人士的高端市场和面向大众人群的中低端市场。

三星电子的手机产品在市场上赢得了很高的顾客满意度。三星电子在较短的时间内由普通制造商一跃成为国际知名电子设备厂商，成就辉煌。在发展壮大过程中，它面临的主要考验是如何进行目标市场选择和确定相对应的营销战略。

（2）针对目标市场营销策略分析。三星采用差异性市场营销战略，满足了不同目标市场上消费者的需求。

白领及大学生群体是具有一定的消费能力，喜欢尝试新事物，年龄在 18~35 岁的年轻人。他们在购买电子产品时最注重的是两个方面：外观设计和性价比。据消费者品牌满意度调查显示，三星电子的外观设计排在第一位，三星每隔几个月就会推出新产品，外观设计上十分强调个性，始终与时尚紧密结合在一起，这恰恰能满足目标消费者的需求。这类目标市场的消费者也注重产品的性价比与科技性，由此三星注重科技的创新，不断为自己的产品注入新的功能。三星向这类人群推出的是中高档机型，如 Samsung Galaxy 系列，使用这种智能手机的消费者品牌忠诚度较高，此目标市场是企业的主要利润来源。

商务人士因为经常出差、开会，奔波于各地，那么在商务旅行途中如果可以利用手机查看邮件、处理业务、参加会议等，将会使他们更加充分地利用自己的时间，更高效地工作，这类人群有着较高的收入，对价格也不敏感，追求的就是手机产品的功能全、移动办公能力强。三星"心系天下"系列是针对商务人士推出的高端旗舰机型，如 2014 年推出的三星 W2014，定位于各界精英人士，这也让整机凸显其高贵气质，无论是外形配色还是硬件配置都可谓极尽豪华。

大众人群消费水平较低，三星针对此目标市场推出的主要是千元智能机，在技术参数上不如中高端，人们的可接受度更广。千元以下的低端机型，多为普通学生机和一些非智能手机以及主要针对于农村市场的超低端手机。这类产品通常利润低甚至是没有利润，却是三星用来扩大市场占有率的有力武器，其地位不容忽视。

分析点评：

三星的许多新产品只是对技术的小步改进，但这是基于对市场和客户需求的极致把握。过硬的技术基础，准确的需求定位，加上独有的垂直整合优势，造就了"与众不同"的产品，使三星在竞争中赢得了先机和主动。这种创新策略非常值得众多缺乏"核心技术"的中国企业学习。

对中国企业的启示：① 根据消费者心理细分市场，确定目标市场，通过结合企业自身的实力，针对各个市场制定目标市场战略；② 重视目标市场的个性化和差异性，在实行目标市场策略时要注重产品的差异性；③ 分析自己的优势，找准市场定位，国内企业有自己的优势，但要懂得发挥自己的优势。

思 考 题

1. 什么是市场细分？市场细分的依据与原则有哪些？

2. 如何确定目标市场？选择目标市场应考虑哪些因素？

3. 怎样进行市场定位？市场定位的类型有哪些？

4. 目前各大通信运营商都实行全业务运营，每个业务市场上竞争都异常激烈，试选取某一业务市场，运用所学的知识对通信运营商的定位策略进行分析。

第9章 通信市场竞争战略

竞争是市场经济的一般特征：只要商品生产和商品交换存在，就必然有竞争。菲利普·科特勒说："忽略了竞争对手的公司往往成为绩效差的公司；效仿竞争者的公司往往是表现平平的公司；在竞赛中获胜的公司则在领导着它们的竞争者。"企业在分析环境后准确把握市场机会，必须考虑顾客需求之外的另一个重要因素——竞争者。有效竞争的基本前提是探究并顺应竞争规律，理性地制定符合企业实力和目标市场的竞争战略，预判企业面对的各种竞争压力，客观分析主要竞争者的实力与阶段性的竞争策略，采取避强与抢先等应对措施，才能收放自如，达到竞合的目的。

本章主要介绍竞争力与竞争者分析，通信市场竞争战略，通信行业的市场竞争特征、竞争结构，通信企业竞争地位及对应的竞争战略。

9.1 竞争力分析

9.1.1 影响市场吸引力的五种力量

在经济学和管理学界，竞争战略理论研究长久置于学术前沿。早在 20 世纪 80 年代初，美国管理学家迈克尔·波特就提出了以行业分析为基础的竞争战略理论。理论认为，一个行业中存在着决定竞争规模和程度的五种力量——新进入者的威胁、替代品的威胁、现有竞争对手的威胁、购买者讨价还价能力的威胁、供应商的讨价还价能力的威胁，这五种力量决定着该产业的竞争强度和利润潜力，长期影响着整体市场或细分市场的内在吸引力。

1. 新进入者的威胁

一个特定市场，新的竞争者会增加生产能力和资源市场份额的争夺，导致现有企业盈利水平的降低，甚至危及已有企业的生存，其威胁取决于两方面的因素——进入新领域的障碍大小；预期现有企业对进入者的反应程度。新进入者如果遇到市场森严的壁垒，并且遭受到原有公司的强烈报复，便很难进入。

2. 替代产品的威胁

市场上存在着大量现实或者潜在替代产品，这些会使人们对新的竞争者失去吸引力。这些替代产品会限制既有产品价格和利润的增长，当替代产品的技术迅猛发展并且竞争日趋激烈时，既有产品的价格和利润可能就会下降。

3. 现有竞争对手的威胁

若市场存在众多庞大或者拼抢意识强的竞争者，该市场的发展趋势就会趋于稳定或者衰退，这将直接引发价格战、广告争夺战，每家企业都必须付出高昂的代价，残酷的市场竞争会逐渐失去对企业的吸引力。

4. 购买者讨价还价能力的威胁

购买者设法压低价格的同时，对产品的质量和服务会提出更高的要求，并挑起竞争者互相争斗，销售商的利润被损失。

5. 供应商讨价还价能力的威胁

该威胁主要表现在：各供应商能够有组织地集中；替代产品少，转换成本高；供应商可以前向联合。如果供应商能够擅自提价、减少供应数量，那么该市场就会没有吸引力。

[课外作业]

在不完全竞争市场波特五力模型还成立吗？竞争模型会有怎样的变化？

9.1.2 竞争者分析

若要判断自身地位，要对公司的主要竞争者进行准确的分析。菲利普·科特勒等 1996 年提出，竞争者分析包括以下六个步骤，如图 9-1 所示。

图 9-1 竞争者分析的步骤

1. 识别公司的竞争者

识别竞争者似乎是轻而易举的，其实不然，三家运营商在移动通信领域互相视对方为主要竞争对手，但在移动互联网多元化发展的今天，却在某种程度上忽略了竞争存在的 4 种层次。

（1）品牌竞争。满足消费者愿望的同种产品中不同品牌之间的竞争，即为品牌竞争者。如中国移动的"and 和"、中国电信的"天翼 4G"和中国联通的"沃 4G"。

（2）行业竞争。生产同类或者替代产品，即为行业竞争。在通信领域中，飞信、微信、米聊成为替代语音和短信业务的行业竞争者，并引起了通信行业颠覆性的变革。

（3）形式竞争。企业可将所有提供相同或可替代的产品与服务的企业都视为竞争者。比如新浪网，可以将所有的门户信息类网站都视为竞争对手，甚至可以把计算机与网络类网站、科技与教育类、工业与商业类等都看作是未来阶段性发展战略中的潜在对手。

（4）一般竞争。一般竞争是最广泛的竞争，所有因争取相同顾客而竞争的企业都可以视作竞争者。从争夺相同客户的刚性消费标准来讲，通信设备制造商、电器公司、百货公司甚至旅游公司都是电信运营商的竞争者。

2. 判断并确定竞争者的目标

判定主要竞争威胁就必须判定竞争者追求的市场目标是什么，竞争行为背后的动机是什么。

竞争者的目标往往是一个目标组合：获利能力、市场占有率、现金流量、成本控制、技术创新和服务水平领先等。探究目标组合的内容、侧重点以及先后次序，可以预测对不同竞争性行为的反应。长远地看，企业还应随时了解竞争对手进入新的细分市场或开发新产品的目标，以预先有所准备或提前制定应对措施。

3. 识别竞争者的策略

识别竞争者的策略能够帮助企业客观地认识对手，提高预测竞争者未来行动的准确性。

竞争者的策略可以通过对竞争者进行市场行为分析而得出，在大多数产业中，可以根据竞争者采用策略的不同，将采用相同或相似竞争策略的竞争者划分为同一策略群。同一策略群中的企业竞争关系最直接，竞争程度最激烈。分析竞争者的竞争策略和策略群可以帮助企业避开最激烈的战略群，选择进入竞争强度相对较低的环境。

4. 评估竞争者优势与劣势

评估竞争者的优势和劣势，目的是制定明确的营销方针和策略，有的放矢地打击竞争者。收集竞争者的重要业务资料并认真加以分析研究，熟识竞争者以往的优势和业绩；掌握反映其现状的资料，分析其现有的长处和短板；通过积极的手段对其服务的顾客、供应商和中间商进行调查以加深了解。

5. 判断竞争者的反应模式

竞争者的一方必须预判竞争对手受到进攻和挑战时的反应，有针对性地制定和实施竞争战略。竞争者的反应模式主要有以下 4 种。

（1）从容型竞争者。对来自竞争对手的挑战恍若不知，不做任何反应或反应不甚强烈。经营业务活动和营销策略一如既往。之所以处之泰然，大多是稳居最大的市场占有率，竞争者无力回天；也可能是源于顾客的忠诚度；或是充分相信自己的营销战略；还有就是对市场的敏感度较低，或是缺乏足够的资源和精力应对。

（2）选择型竞争者。只对某一类或几类攻击做出反应，而对其他动作不做出条件反射：竞争者可能对削价反应强烈，从而更大幅度地降价；敏锐调整抗衡的公关和广告策略。如 20 世纪 90 年代激越中原、震动全国的郑州"商战"。

（3）强烈型竞争者。竞争者对向其所有领域发动的任何进攻，都会做出迅速而强烈的反应，对所有挑战的竞争予以打击，旨在表明立场——最好避免对其进行任何攻击，攻击羊比攻击老虎好。

（4）随机型竞争者。无明显迹象表露且难以被预测做何反应的一种反应模式，根据其经济实力、企业竞争历史或其他方面的情况，都无法准确预见将会如何行事。

6. 选择要攻击或回避的竞争者，制定竞争战略

圈定主要竞争者，把注意力集中在该竞争对手上，竞争者的类型有以下几种。

（1）强大或弱小的竞争者。大部分企业习惯于将攻击目标指向弱小的竞争者，这样做需要投入的资源和时间较少，其实，往往得不偿失。从磨炼企业的能力角度上讲，应该正向地与强大的对手抗衡，实力再强大的对手，也会有弱点，在与高手的对抗中成长，回报较大。

评估对手强弱的一种常用工具是顾客价值分析。首先，将顾客重视的产品和服务价值属性按其重要性排名；其次，评估自己和对手的差距。如果所有重要的价值属性上均超出竞争者，就可以追求更多的现实利润，或者获得更高的市场份额；反之，主要价值属性比对手差，则必须增强这些价值属性或强化领先属性。

（2）实力接近的竞争者。大部分企业都选择实力相当者竞争。其实，在摧毁一个实力相当的竞争对手的同时，要防止此竞争对手被迫卖给较大的公司，引来更难对付的竞争者。

（3）品行良好的竞争者和具有破坏性的竞争者。从某种意义上说，企业也会受益于竞争者。因为竞争者分担了产品及市场开发成本，竞争中助力推出新技术；服务于共同的细分市场，有助于满

足全面的和差异的需求；会降低社会反托拉斯活动带来的风险，并提升与劳卫组织或管制机构的谈判能力。

但每个行业都有品行良好的竞争者和破坏性的竞争者。前者遵守行业规则，维护一个稳定、健康的行业，理性接受合理利润和市场份额。与此相反，后者破坏行业规则，并试图更改、颠覆规则，崇尚大风险、占领大份额。

[案例 9-1]

互联网经济时代新思维——合作竞争理论

合作竞争理论源于对竞争对抗性固有缺点的认识和适应复杂经营环境的需要。经营活动是一种可以实现双赢的非零和博弈；企业之间既有竞争，也有合作，由此提出了合作竞争的新理念。它是网络经济时代企业如何创造和获取价值的新思维，强调合作的重要性，克服了传统企业经营战略过分强调竞争的弊端，为战略管理理论注入了崭新的思想。

合作竞争联合了企业的优势，共同开拓市场，正向参与竞争，增强了竞争力。

1. 规模效应

它使企业实现了规模经济。首先，单个企业各自的相对优势得到了更大程度的发挥，降低了单位成本；其次，合作使专业化和分工程度提高，对生产、成品、研发和营销等各个环节的优势进行了优化组合，放大了规模效应；最后，通过制定行业技术标准，增强了网络的外部性。

2. 成本效应

降低了企业的外部交易成本和内部组织成本。通过契约建立起稳定的交易关系，降低了因市场的不确定和频繁的交易而导致的较高交易费用。同时，企业间可进行信息交流、沟通，缓解了信息不完整的问题，降低了内部管理成本。

3. 协同效应

同一类型的资源在不同企业中表现出很强的异质性，这就为企业资源互补融合提出了要求。合作竞争扩大了企业的资源边界，可以充分利用异质性资源，提高资源的利用效率。此外，也节约了企业在资源方面的投入，减少了企业的沉没成本，产生了"1+1>2"的协同效应，使企业整体的竞争力得到了提升。

4. 创新效应

企业近距离的相互学习，有利于合作企业间传播、创新和应用知识，同时，自身的能力与合作企业的能力相结合能创造出新的能力。此外，合作组织整体的信息搜集、沟通成本较低，大大增强了企业的创新能力和应对外部环境的能力。

趣味讨论： 互联网经济新思维给电信运营商的发展带来哪些启示？

9.2

市场竞争战略

9.2.1 一般竞争战略

竞争战略是指企业在一定的产业或市场中，用什么样的战略思想去参加竞争。市场竞争取决于企业或公司（Corporation）、顾客（Customer）和竞争对手（Competitor）三者的关系，称为竞争三角关系（3C 关系）。商业管理界公认的"竞争战略之父"、哈佛商学院的大学教授迈克尔·波特，将可供企业选择的一般性竞争战略高度概括为三种模式：成本领先战略、差异化战略、重点集中战略。

1. 成本领先战略

成本领先战略的核心是总成本在本行业中处于最低水平，企业的各项工作都要围绕降低产品的成本来进行，争取使产品能有较大的降价空间，可以低价格赢得消费者，占领市场。

（1）企业获取低成本优势的途径。需要生产设施规模有效，加强成本与管理费用的控制，合理减少市场开发、服务推广、推销、广告等方面的成本费用，具体措施包括：

① 采购活动中应保持同供应商的良好关系，提高进货质量或降低进价。

② 生产环节应通过技术创新提高工艺水平，通过规模经济降低生产成本。

③ 在销售活动中应更有效地降低客户服务、推销、广告等各方面的成本费用。

④ 严格控制日常各项管理费用等。

（2）成本领先战略的适用范围。

① 市场需求的价格弹性越大，成本领先战略的效果越好。

② 行业提供的是标准化的产品，产品品质差异小，不同企业的产品有较大的可比性。

③ 顾客以相同的方式使用产品时，价格成为主要因素，质量和其他因素退居次位。

④ 转换成本低，选购者可以很容易地从一个供应者转移到另一个供应者。

（3）成本领先战略的优点。

① 扩展了市场空间。

② 企业从薄利多销中获得了多销厚利的结果。

③ 增加了进入障碍，阻止了其他企业进入本行业。

④ 提高了企业获得优质资源的能力。

⑤ 与竞争对手进行价格战时，确保企业保持领先的地位。

（4）成本领先战略的缺点。

① 技术进步导致原有生产设备和技术变得陈旧落后；竞争对手采用更先进的技术而获得较低的成本。

② 容易忽视对价格不甚敏感、差异化产品市场需求变化。

③ 原材料和能源价格急剧上扬时导致成本上升，竞争优势被削弱。

2. 差异化战略

差异化战略是指企业向市场提供与众不同的产品和服务，以满足顾客特殊的需求，从而形成企业竞争优势的战略。实现差异化可以有许多方式，如在产品设计、品牌形象、技术特点、外观特色、客户服务、营销网络等方面呈现独特性和别具一格。与成本领先战略不同的是，其优先考虑的重点是产品和服务的独占性价值，而不是成本优先。

（1）获取产品差异化的途径。顾客关心的产品价值属性不止一个，企业在执行差异化战略时也就有了多种选择。

① 产品质量：提供竞争者不可比拟的高质量产品。

② 产品可靠性：可靠性与质量战略相关，如通信网络的稳定是可靠性的基本体现。

③ 产品创新：重视新产品研发，适时更新换代。如中国移动的"飞聊"业务，曾强劲领先市场。

④ 产品品牌：品牌成为企业最重要的优势。在顾客心目中，"可口可乐"成为饮料的代名词，"奔驰"意味着豪华和优质。顾客愿意为品牌产品支付更高的价格。

⑤产品服务：服务是竞争的手段。通常，产品很容易被模仿，而无形的服务往往能够独树一帜。如中国移动的 10086、中国联通的 10010、中国电信的 10000 服务热线，在服务差异化上将扮演着更重要的角色。

（2）差异化战略的适用条件。

① 用户需求多样化，不同顾客群有不同的需求并能够识别。

② 自身的实力和特色适合在某类顾客群的兴趣点上形成差异化。

③ 只有极少数竞争者会采取类似的差异化战略。

（3）差异化战略的优点。

① 能帮助企业树立行业领导者形象。

② 增加了其他企业进入市场的障碍。

③ 有效地防止替代产品的威胁。

（4）差异化战略的缺点。

① 成本过高，本企业产品的价格与市价差距过大，可能失掉某些顾客。

② 竞争对手通过模仿使原有的差别缩小，仍会给企业带来威胁。

3. 重点集中战略

重点集中战略也称"聚焦战略"，指企业将经营范围集中于行业内某一细分市场，将企业的有限资源进行专业化经营，以期在该市场领域内获得竞争优势。

（1）适用条件。

① 行业内存在着不同的细分市场。

② 企业有能力在行业规模、成长率、获利水平有吸引力的市场中赢得竞争优势。

③ 企业资源有限，客观上不允许盲目追求更广泛的市场。

（2）重点集中战略的优点。

① 可以通过扩大产量、提高专业化程度和产品质量，增加规模经济效益。

② 随着多样化和专业化程度的提高，大企业需要这些专业化程度高、产品质量好的中小企业为其提供配套产品，中小企业也能够逐渐走上以小补大、以专补缺的良性发展道路。

③ 可以最大限度地发挥中小企业的竞争优势，尽可能地削减本身存在的缺陷。

（3）重点集中战略的缺点。

① 竞争对手在该细分市场中进一步细分客户。

② 产品和服务在细分后的市场与整体目标市场之间的差距模糊。

③ 耗费的成本比面向整体目标市场高出太多，丧失成本优势。

[课外作业]

请分析三大电信运营商分别主要采取了什么竞争战略？

9.2.2 不同地位竞争者的竞争战略

根据在目标市场上所起的作用，将企业分为市场领导者、市场挑战者、市场追随者和市场补缺者四种类型，不同地位的企业在战略、目标、实力等方面有很大的差异，所采取的竞争战略也不相同。

1. 市场领导者竞争战略

市场领导者在行业中实力最强、市场占有份额最大、竞争中处于优势地位，通常是资金、技术、人员素质、产品或服务都很强的大中型企业。行业中大都有一家或若干家公认的市场领导者，他们在价格、新技术、新产品开发、分销渠道，促销强度等方面均居主导地位。一批国际著名的公司，如苹果、Google、可口可乐等均在行业中居领导地位。

成为同行业的市场领导者，并不意味着可以高枕无忧，除非它享有法定的专利权。同业者会不断地发起挑战。因此，它必须不断地寻求并利用机会摆脱威胁。

（1）扩大整体市场规模。它的销售额与行业整体规模密切相关，当整体规模扩大时，从中受益最大。因此，在扩大市场整体需求规模方面抱有最大的热情。

① 开发新用户。

● 将潜在购买者转变为现实购买者，说服那些尚未使用本行业产品的人开始使用。

● 进入新的细分市场。例如，将婴幼儿沐浴露细分推广，争取进入成人市场。

② 寻找新用途。

设法找出新用法和新用途以增加销售。也许难以置信，凡士林刚刚问世时是被用作机器润滑油，后来发现了它还有很多其他的用途——做润肤膏和药膏。

③ 增加使用量。

● 增加每次使用量。法国米其林轮胎公司，出版并赠送带有地图和沿线风景的导游书，鼓励人们更多地自驾车旅游。

● 提高使用频率。果汁新理念的广告侧重说服人们不仅在待客时饮用，平时更要饮用果汁以增加维生素。

● 增加使用场所。电视机生产企业宣传在卧室和客厅等不同房间分别摆放电视机的好处，打破只买一台的习惯和节俭思想。

（2）保护市场份额。市场领导者总有一个或少数几个实力雄厚的主要竞争对手，所以不能满足现状，要持续创新，在新产品、顾客服务、分销效率和成本降低等方面追求领先。

为了保持已有的市场份额，主导者可以抓住对手的弱点主动出击，以攻为守，也可以采取的防御策略，以防丢失细分市场，造成机会损失。如中国移动在 2014 年全面进军 4G 市场，占据了主导地位。

（3）提高市场占有率。在一些规模较大的市场上，市场占有率每提高一个百分点就意味着很大数量的销售收入，提高市场占有率可以在市场价格不变的前提下提高企业的利润率。

要在现有市场上扩大份额，就意味着要向其他竞争者发起进攻，选择进攻对象时要考虑：

① 进攻强者还是进攻弱者。向实力较弱的竞争对手展开进攻，费时少、风险小，但是在提高自身能力上收获不大；进攻实力较强的竞争对手则可以提高自身能力。

② 进攻近者还是远者。"远""近"是指对手与本企业经营范围、产品的相似程度。一般企业容易将经营范围与自己最接近者作为进攻对象，风险是成功后可能引来新的更强有力的企业加入竞争，成为更危险的敌人。

2. 市场挑战者竞争战略

市场挑战者是指市场份额仅次于市场领导者并且积极发起进攻的企业。虽然在销售额、资金规模、销售渠道、人员规模、促销强度等方面弱于市场领导者，但顽强奋战，表现出高昂的挑战姿态。

其竞争战略决策涉及两方面：确定进攻的对象和目标；选择适当的进攻战略。

（1）确定进攻的对象和目标。选择下面一类作为进攻对象，最终目标是扩大市场占有率并提高收益率。

① 攻击市场领导者。该战略潜在利益大，风险也大，当市场领导者的服务效果令顾客不满，或对较大的细分市场未给予足够关注时，采用这一战略会带来显著的利益。

② 攻击实力相当者。选择和自己的实力相当，但是经营不善或者经营资源不足的企业作为攻击对象，争夺它们的顾客，是市场挑战者常用的战略之一。

③ 攻击实力更弱者。攻击这些小企业，可以通过竞争手段争夺市场份额，也可以通过兼并收购企业来实现，不过，不要以为进攻实力弱小的企业风险就小。实际上，企业的规模越小，就会越努力地保卫自己拥有的市场份额，所以，"弱者"不一定是理想的进攻对象。

（2）选择适当的进攻战略。菲利普·科特勒借用军事战略家的术语将市场挑战者的进攻战略归纳为五种形式。

① 正面进攻。针对对手的产品、广告、价格等发起攻击，胜败的关键是实力，有较强实力的一方将会取得战斗的胜利，挑战者必须保证在进攻的市场上拥有实力优势。

② 侧翼进攻。多数挑战者不会一开始就正面进攻，而会选择侧翼展开进攻；商战中敌方的侧翼是弱点或者缺口，可以沿着两个战略角度——地理的或者细分的发动攻击。

③ 包围进攻。包围进攻比侧翼进攻的范围大，挑战者选定进攻对象后从多条战线上同时展开进攻，争取在最短时间内实现目标。

④ 迂回进攻。着手开发新产品满足未被对手关注的需求，开展多角化经营，进入与对手不相关的行业；寻找新地理市场。它帮助企业增强自身实力，等待时机成熟后转入包围进攻甚至正面进攻。

⑤ 游击进攻。向对方领域发动小规模的、断断续续的进攻，逐渐削弱对手，使自己最终夺取永久性的市场领域，适用于小公司攻击大公司。其主要方法是在局部市场上有选择地降价、开展短期的密集促销等，旨在打乱对手的战略部署而己方不冒太大的风险。每种战略都有优点，也有风险，可以组合使用。不存在最好或者最差的战略，关键在于使用的时间、地点和条件的匹配。

3. 市场追随者竞争战略

市场追随者在市场占有率、技术能力、市场能力、销售渠道、促销措施、资金和人员规模等方面都比不上市场的挑战者，更不用说市场领导者。它只是追随和模仿市场领导者或挑战者的一些做法，发动攻势的能力较弱，目标是在整体市场中获得较小份额，甚至满足于维持原状，不思进取。

市场追随者竞争战略分为三种。

（1）紧密跟随。尽可能从各个方面模仿市场领导者的行为，同时注意不要过分地刺激市场领导者，希望依赖领导者对市场或产品的前期开发，利用后发优势和市场一起成长。

（2）距离追随。在影响竞争优势的主要方面紧随领导者，而在一些次要方面采取有差别的距离行为。

（3）有选择的追随。在某些方面追随领导者，在另一些方面则自行其是，希望有所创新和突破，以后有发展成市场挑战者的可能。

此外，还有一种"跟随者"，它们的存在对许多国际驰名的大公司是一个巨大的威胁，即名牌的伪造者或仿制者，这类"跟随者"是违法的。据报道，巴黎的假冒名牌的流通量竟比真品多出 8 倍。一件真正的鳄鱼牌高级衬衣标价 350 法郎，而在一些店铺里用几十法郎就可以买到冒牌货。

4．市场补缺者竞争战略

市场补缺者也称市场利基者，指在行业中实力规模最小，仅在那些不为实力雄厚的企业所关注的专业性市场上，从事本小利微经营的小型企业。它缺乏正面竞争的实力而有意避免与之交锋，产品和服务比较专一化，经营手段和场地简单，扬长避短，专一经营特殊产品，从而获得发展的机会。

作为弱小者，主要风险是竞争者入侵或目标市场的消费习惯变化有可能陷入绝境。因此，它的主要生存任务有三项：创造、扩大、保护市场。

9.3 竞争地位与竞争策略

9.3.1　通信行业市场竞争结构

竞争作为市场经济的基本特征，可以实现优胜劣汰的资源优化配置。我国通信服务行业引入竞争机制，就是为了打破垄断地位，优化国有资源的战略性配置。3G 时代和 4G 时代，基础服务业务不再是运营商的唯一主要业务，内容提供商、服务供应商、软件集成商和终端制造商的地位也在显著提升，而运营商将面临传统语音业务利润空间的缩水。此外，宏观环境上看，电信与广电行业的业务重组、行业管制政策逐步放宽、三家移动运营商争夺相同客户资源，都使得行业竞争加剧，市场结构已经发生重大变化。

1．基础服务业务呈现寡头垄断

寡头垄断是指少数几家大企业控制绝大部分产量和销售量，企业数量少，产品基本无差异。随着技术进步带来的市场发展，传统电信业的内涵属性、业务范围、服务对象都发生了重大变化，我国电信市场从曾经的独家垄断走向良性的市场竞争。然而，由于电信网的技术特性（网络经济特性、全程全网性、网络正效应性）、经济特性（规模经济、范围经济、边际成本弱相关、成本的沉淀性、成本的分布不均匀性）、行为特性（规模扩张、价格竞争的非理性、互联矛盾的根本性），形成了基础业务市场的寡头垄断局面。

2．数据应用增值业务呈现垄断性竞争

垄断性竞争是指一个行业中有许多企业生产和销售同一种类产品，每一个企业的产量或销售量只占总销售量的一小部分，而每个卖家的产品各具特点，企业数量较多，产品和服务种类、数量丰富。

增值业务是利用基础电信硬件资源开发出的新业务，使得整个电信业务得到了增值，业务开展的媒介仍然依靠传统的基础电信业务。相对于投资额极其巨大的基础电信业务而言，投资额较少，市场进入壁垒低，这些特点决定了数据应用和增值业务市场是垄断性竞争市场。

3．移动互联网时代运营商陷入"被管道化"的危机

从全球范围看，互联网和其他领域的商业巨头涌入移动互联网产业，给运营商在移动业务领域的发展带来了强有力的威胁，其中，终端设备商、系统平台提供商、应用服务商等既有的市场成为

这些商业巨头争夺的焦点。运营商一直不遗余力地建立信息高速公路，为用户提供手机、平板计算机等可随时随地接入的互联网络，但很明显，这些信息管道虽很发达，却不能给运营商带来收入的同比增长。反而会因数据增值业务收入比例过低，存在被边缘化的风险。

移动互联网的快速发展，应用和内容体系逐渐丰富，用户获取服务和信息的渠道开始多样化，运营商原有的控制用户界面的优势开始丧失，这就直接威胁了运营商的长远发展；特别是 OTT 类颠覆性业务对电信运营商的基础业务造成了足够大的威胁，加速了运营商陷入被"管道化"的巨大危机。

OTT 即 Over The Top，是指互联网公司越过运营商，利用运营商的宽带网络发展基于开放互联网的各种视频及数据服务业务，强调服务与物理网络的无关性。在 OTT 业务中，互联网企业利用运营商的宽带网络发展自己的业务，如国外的谷歌、苹果、Skype、Netflix，国内的 QQ，其中，Netflix 网络视频以及各种移动应用商店里的应用都是 OTT。与此相似，不少 OTT 服务商直接面向用户提供服务和计费，使运营商沦为单纯的"传输管道"，根本无法触及管道中传输的巨大价值。这些服务看似与运营商的服务无直接关系，但是却在无形中影响着运营商。

[课外作业]

运营商怎样应对"被管道化"危机？

[案例 9-2]

微信业务与三大运营商之争

2014 年 2 月 27 日，工业和信息化部召开了关于 OTT 业务对电信运营商影响的专题会议。3 月 11 日，再次召集三大运营商和 OTT 企业召开内部会议，重点讨论微信业务对运营商网络资源的占用问题。至此，微信业务与三大运营商之争已成正面交锋。

1. 微信与运营商之争原因

微信与运营商之争也可以理解为微信收费之争，争端的原因主要有两点：

① 运营商资源被占用。微信需要持续占用通信网络的信令资源，有"免费搭车"嫌疑，在中国的社交工具中占用了通信网络中 60%的信令资源，但只为运营商贡献了 10%的流量收入。

② 运营商基础业务被侵犯。微信触碰了电信运营商独享的"大蛋糕"，网民可以绕过运营商，直接享受类似短信、语音但更低廉便利的服务，这大大影响了运营商的利润，导致运营商面临被管道化、收入降低、流量价值下降等问题。

2. 合作双赢是趋势

渲染微信与运营商的对立可能陷入某种逻辑陷阱。微信等 OTT 应用是技术发展的趋势，借助技术革命，互联网企业推出物美价廉的产品，是电信运营商不可阻挡的。三大电信运营商自身推出的 OTT 业务，比如中国移动的"飞聊"、中国电信的"翼信"、中国联通的"沃友"，由于产品体验的原因，不足以与腾讯公司的"微信"抗衡。相比对立竞争而言，在这个拥抱变化、开放共赢的时代，多为用户着想，找准契机"合作双赢"才是正道。

顺应需求，中国联通广东分公司与腾讯公司合作，推出"微信沃卡"，旨在面向中高端客户推出定制套餐，让客户享用更多微信功能、更多流量套餐、无限靓号等特权。对此，中国联通公司希望借助微信业务扩展客户资源、带来流量收入；而腾讯公司则可通过运营商的定制业务推广其增值服务。

腾讯公司与运营商的合作，对双方来说是双赢，一方面，对微信功能增加、改善有好处，可以充分满足多元化的市场需求；另一方面，正向引导电信网改造升级，也是运营商"去电信化"的转型道路上植入互联网基因的成果。

在激烈的竞争中，企业既要警觉现实的竞争者，也要独具慧眼地识别出潜在的竞争者，对极具成长性和可持续发展的强劲竞争者，寻找合作共赢才是符合规律的竞争之道。

趣味讨论：运营商与微信可以在哪些业务上进行有效的合作？

9.3.2　通信企业竞争地位分析

竞争地位是指企业在目标市场中所占据的位置，是企业规划竞争战略的重要依据；企业的竞争地位不同，其竞争战略也不同。在目标市场中的竞争地位主要根据其所拥有的竞争优势和劣势来确立，对优势和劣势进行衡量和评价后，测定自己在市场中的竞争地位。

根据阿瑟·D·利特尔咨询公司的观点，一个公司在其目标市场中有 6 种竞争地位。

（1）主宰型。其控制着整个目标市场，可以选择多种竞争战略。

（2）强壮型。它可以单独行动，而且能稳定其长期地位。

（3）优势型。在一定的战略中能利用较多的力量，并有较多机会改善其竞争地位。

（4）防守型。经营现状较好，能继续经营，但发展机会不多。

（5）虚弱型。经营现状不佳，但仍有机会改善其不利地位。

（6）难以生存型。经营现状差，而且没有机会改变被淘汰的命运。

在通信行业，随着 4G 时代的到来，形成了新的竞争格局。在 2G 时代中国移动一家独大；在 3G 时代中国联通突显网络优势，而中国移动则受限于网络制式，上网速度有很大缺陷，暂时落后；4G 时代到来，中国移动采取了最激进的策略，快速建网、大规模覆盖、大力发展用户，利用牌照先发优势快速抢占市场。管中窥豹，4G 时代将使运营商原有竞争格局再次扭转，而且三大运营商以及虚拟运营商的竞争地位也将发生根本性的改变。

9.3.3　通信行业市场竞争策略

目前，中国移动、中国电信和中国联通三家巨头构成我国移动通信市场的竞争格局。三家竞争日益激烈，并同样面对着互联网企业各种新兴业务的挑战。在网络外部性的情况下，要求不同地位的运营商采取不同的市场竞争策略。

1. 品牌竞争策略

品牌竞争策略最有效，有助于企业提高市场份额，增强竞争力，是企业取胜的核心资源，从产品层面的竞争延展到品牌层面的竞争也是市场发展的必然趋势。

（1）多品牌策略，可以强化企业品牌形象，增强消费者偏好。这不仅延长了每个产品的生命周期，也在消费者心中留下实力雄厚的企业形象。3G 时代中国移动有"全球通""神州行"和"动感地带"三大品牌，它们针对不同的细分市场进行精准的定位，在当时取得了巨大的成功。但是，多品牌策略实施不当也容易造成品牌定位模糊、消费者难以识别、自身品牌相互竞争等问题，在实际操作中应注意将多个品牌形成体系，同时针对不同的细分市场整体运营，显得至关重要。进入 4G 时代，中国移动改变多品牌战略，推出"和 4G"，旨在用统一新品牌强化 4G 市场的优势地位。

（2）以客户为导向的品牌策略，更能满足用户需求，增加用户的认同感。运营商的品牌通常大多以业务（"全球通""神州行"）或技术（"联通新时空"）为导向，而以客户为导向的"动感地带""天翼飞 young"品牌策略取得巨大成功，表明了以业务或技术为导向的品牌策略向以客户为导向的品牌策略的转变，会使品牌更具生命力。

2. 差异化策略

差异化有助于企业提高市场均衡价格，增强竞争力。

（1）产品差异化。在 2G 时代，主营业务是话音，而网络是最核心的资源，产品基本是同质化的，运营商采取的是标准化、大众化的营销策略。3G 业务的特点是多元化，各种产品都有很大的差异空间，差异化的移动增值和数据业务将在竞争中发挥着重要作用。进入 4G 时代，在共同强调"快速"的前提下，差异化、人性化的服务的趋势将更为明显。

（2）服务差异化。3G 业务对个人用户来说，意味着更多个性化的服务，并能降低选择成本，运营商通过增加产品和服务的黏性，提高用户对产品的偏好程度。可以优先结盟与用户衣食住行联系紧密的公共服务提供商——银行、电力公司等，为用户提供随时随地便利的服务，中国移动的定制终端"心机"很好地体现了这一策略。

3. 扩大安装基础策略

通信市场存在明显的网络外部性，增强网络外部性强度可以提高企业市场份额，增强竞争力，当网络外部性优势大到一定程度，还会出现"赢家通吃"的局面。所以，扩大安装基础是网络型企业区别于传统企业的一种主流策略。

4. 预期管理策略

消费者预期也是影响网络外部性作用的重要因素。预期管理的形式主要有预告和广告，预告即是宣布一种即将推出的产品，诱导消费者，进而冻结竞争对手的销售；广告则给消费者造成自身处于领导地位的印象，以此来吸引消费者，移动运营商的预期管理应该着眼于"移动互联网能够改变我们的未来"。

5. 核心技术优势策略

核心技术是企业较长时期积累的一组先进复杂的、具有较大用户价值的技术和能力的集合体，而不是单个分散的技术或服务，有独特的市场价值，能够解决重大的市场问题。虽然核心技术能够确保企业的绝对领先优势，但国内企业对核心技术也要量力而行，选择自己最具实力的环节深入下去，同时，要求规避脱离市场需求的技术崇拜。

6. 整合合作优势策略

电信运营商和虚拟运营商之间的"竞合关系"，将有助于基础电信运营商获得新的、自身不擅长领域的收入来源。更为重要的是，虚拟网络运营商可以帮助基础电信运营商拓展新的细分用户市场，而后者也不至于很快丧失"移动互联网运营主体"的地位。因此，与合适的虚拟运营商达成良好的竞合关系将非常有助于电信运营商的快速稳定发展。

[案例 9-3]

滴滴快的合并——掀起互联网竞合新浪潮

2015 年 2 月 14 日，滴滴打车和快的打车发表联合声明称实现战略合并，新公司实行联合 CEO 制度，两家公司在人员架构上保持不变，业务继续平行发展，并将保留各自的品牌和业务独立性。

滴滴打车和快的打车均为免费打车软件，两个应用程序均有中国电子商务巨头支持：快的由阿里巴巴支持；滴滴由腾讯支持。滴滴打车和快的打车两家公司的生意模式、盈利模式完全相同。从

2014年年初开始，这两家"巨无霸"为了争夺市场份额，开始了疯狂的烧钱补贴大战，然而在这场疯狂大战当中谁也奈何不了谁，长此以往的打下去，对两者都没有好处，合并成了最佳选择，合并后两家公司在以下几个方面具备了一定的优势：

① 结束在补贴上的恶性竞争，提高对出租车、乘客的补贴议价能力。

② 滴滴快的合并后，微信支付和支付宝两个渠道将可以同时使用，方便了用户使用。

③ 腾讯与阿里的公关资源发挥协同作用，整合资源，优势互补。

移动出行在全球都是全新的领域，通过聚合人才，快速发展，不仅可以在中国完成大业，更有机会走向全球。双方合并后，将集中两家公司的优势技术、产品人才，不断推出更为完美的出行服务产品，加速市场拓展速度，产生协同效应，更积极有效地推动整个移动出行行业的发展。

趣味讨论： 滴滴打车和快的打车的合并会由恶意竞争转向非法垄断吗？

案例分析

中国互联网巨头 BAT 的市场竞争策略

中国互联网三巨头简称BAT，指的是搜索引擎巨头百度、占中国电子商务市场80%的阿里巴巴，以及市值高达1320亿美元的游戏和社交媒体巨头腾讯。过去多年，这三大互联网巨头专注于各自领域的发展。然而，腾讯支持的滴滴打车和阿里巴巴支持的快的打车之间的竞争被誉为"互联网行业第一次世界大战的第一场战役"，引起了众人的关注。进入2014年，这些公司开始了疯狂的收购，在所有可以想得到的市场中展开相互竞争。

百度、阿里巴巴、腾讯占据了互联网的三大流量入口：信息搜索、网上购物、社交，积累了数目庞大的用户量。在具备用户量之后，他们分别找到了可行、有效的盈利模式，即主要以广告、电商、游戏为内容的增值服务。正是这种"入口+增值服务"的竞争战略成就了他们在中国互联网行业的无可置疑的巨头地位。在移动互联网时代，这个竞争战略依旧没有改变。只不过战略的表现形式和实现战略的战术手段较之前有所区别。

三家巨头在入口端争先恐后地布局，构建产品集群，整合价值链，巩固优势地盘，主要体现在以下几个方面。

1. 平台级产品

平台级产品是指可以公开应用程序编程接口（API）给第三方的服务接入的信息化产品。在移动互联网时代，它将成为互联网巨头企业武器库中的"航空母舰"。巨头企业提供平台，开放用户与数据资源，供下游开发者使用。应用产品的丰富则会吸引不同群体的用户停留于该生态系统，产生大量的运营内容，促进生态系统的繁荣。

（1）百度。于2009年启动PC端开发平台的建设，包括数据开放平台和应用开放平台。数据开放平台开放百度网页搜索的数据，同时，百度还开放了百度空间、百度贴吧等产品，向第三方提供内容运营和二次开发的接口。2010年12月，开放平台上线，向移动开发者开放网站转码、移动建站、框计算、移动行为分析平台和手机地图等服务。

（2）阿里巴巴。开放平台产品众多，最有代表性的业务开放平台是淘宝开放平台。其使命是将淘宝网的商品、用户、交易、物流等一系列的电子商务支撑服务，作为基础设施提供给淘宝网的各类用户。继而，开放平台于 2012 年成立，通过该平台可以植入智能手机，比如水电缴费、手机充值、聚划算、淘金币等，为一大批第三方应用带来了较大的收益，例如美丽说、蘑菇街等。

（3）腾讯。游戏是互联网吸金能力最强的业务，腾讯的开放平台从游戏业务开始。2008 年，开放游戏平台，引进第三方游戏开发商进驻。之后，相继推出了财付通、社区、Q+、搜搜、拍拍、微博等业务开放平台。在移动互联网领域，微信开放平台是一座里程碑。

微信是腾讯公司在 2011 年推出的一款手机社交软件，具备网络语音消息、视频、图片、文字、群聊功能。通过微信开放平台，第三方可以向多接收方发布内容与应用；以公众账号为模式的内容发布渠道，吸引了众多线上媒体从事新型媒体的发布；二维码扫描功能吸引了很多线下商家入驻，这类应用模式已经成为 O2O 模式的教科书。

2. 收购扩张

收购行为可分为两类：以增强自身业务产品线能力为目的的业务收购，和以占据移动互联网入口、完善移动互联网布局为目的的战略收购。

（1）百度——垂直领域收购。百度的产品与服务分为两类，第一类是搜索类的产品，如百度搜索、百度贴吧、百度地图等；第二类是非搜索产品，如奇艺视频、百度游戏等。非搜索类产品需借助搜索类产品推广，搜索类产品需要非搜索类产品提供内容。百度收购主要集中在搜索领域之外的垂直领域，全资或部分收购了齐家网、PPS 的视频业务、爱奇艺、安居客、去哪儿网、番薯网、36团等产品。此外，在移动互联网入口上，百度收购或投资了魔图精灵、卓大师、点心等移动端软件公司。

（2）阿里巴巴——完善 O2O 布局。2014 年，阿里巴巴投资新浪微博、全资收购高德地图软件。在此之前，自 2006 年以来陆续收购了口碑网、虾米网，增持丁丁网，入股友盟、UCWeb、陌陌等公司。可见，在移动互联网时代，主要是移动终端入口类的战略收购，目的是为了完善 O2O 的布局。

（3）腾讯——全面出击。腾讯近两年在收购上视野宽阔，动作频频，全面出击。游戏领域，连续收购了热酷、Riot、网域、游戏谷等游戏公司；电子商务方面，收购了同程网、好乐买、柯蓝钻石、高朋、易迅、艺龙等公司；社区方面，收购了康盛创想公司；移动终端方面，收购了乐娃科技、刷机精灵、魔乐软件等公司。此外，还参股了创新工厂和金山软件，触角还进入了文化内容行业，参股了华谊兄弟、财新传媒公司。

3. 数据与盈利模式

移动互联网时代，丰富的入口带来数据的爆发式增长，互联网的价值中心呈现出向云端数据迁移的趋势。所以，从数据中挖掘价值有望成为移动互联网有效的盈利途径。

百度推出百度指数，它是以百度海量网民行为数据为基础的数据分享平台。积累的数据主要是用户搜索表征的需求数据和搜索引擎爬虫获取的公共网站数据。目前，已经与宝洁、平安等公司合作，为其提供消费者行为分析和挖掘服务，通过数据分析指导企业推出产品。

阿里巴巴积累的数据主要是由电子商务产生的交易数据和信用数据，虽然覆盖面有限，但是其数据离钱更近，更容易挖掘出商业价值，容易变现。此外，它通过收购掌握了部分社交数据、移动地图数据，并引入了新浪微博数据，这些对于电子商务数据都是有效的补充。阿里巴巴已经开始执行"数据、金融和平台的战略"，利用交易数据，分析中小企业信用风险，发放贷款，获取盈利。

腾讯拥有用户关系数据和基于此产生的社交数据，通过这些数据可以分析出人们生活行为习惯，甚至可以挖掘出政治、社会、文化、商业、健康等领域信息，从而对政府社会、企业生产、个人生活管理产生指导价值。

分析点评：

BAT 早期发展有着不同的领域，但移动互联网的发展使它们向同样的模式集中，造成了更多的业务重叠，这就是当前的竞争所在。这些巨头希望深入到普通人日常生活的各个领域，7×24 小时陪伴用户的生活。移动互联网时代为 BAT 的发展带来的不仅是机会还有挑战，一个时期的胜利并不能称之为永久的胜利，只有顺应时代潮流并不断挖掘新需求，不断创新，才能永葆巨头风采。

思 考 题

1. 市场竞争的"五力"是指哪些？分析竞争者的步骤包括哪些？
2. 试从市场的角度分析通信行业运营商有哪些潜在竞争者。
3. 市场竞争的一般性竞争战略有哪三种？它们的获取方式、适用范围以及优劣势是什么？
4. 试述不同地位竞争者的竞争战略，并简单举例。
5. 通信行业有哪些市场特征？移动互联网时代通信行业与传统通信行业的市场结构有什么不同？

第 4 部分

通信营销策略

第10章 通信产品策略

产品策略是市场营销 4P 组合的核心，是价格策略、分销策略和促销策略的基础，也是服务营销 7P 组合的核心。本章介绍通信产品整体概念、产品生命周期、新产品开发策略、通信服务产品的特征。

10.1 产品整体概念与产品组合

10.1.1　产品的整体概念

人们生活中通常理解的产品，是指具有某种特定物质形状和用途的物品，是看得见、摸得着的东西，这是一种狭义的定义。而广义的产品，是指人们通过购买而获得的能够满足某种需求和欲望的物品的总和，它既包括具有物质形态的产品实体，又包括非物质形态的利益，这就是产品的整体概念。

现代市场营销理论认为，产品整体概念包含核心产品、有形产品、附加产品、期望产品和潜在产品五个层次。

1. 核心产品

核心产品是产品整体概念中最基本，也是最主要的部分，是消费者购买某种产品时所追求的利益，是顾客真正要买的功能。消费者购买某种产品，是为了获得能满足某种需要的效用或利益。如购买手机，并不是为了手机本身这个有形实体，而是为了通过手机这个载体实现信息的传递与沟通。从这个角度来讲，电信企业形式上是在出售手机产品，而本质上是在出售信息转移和传递服务。

2. 有形产品

有形产品是核心产品借以实现的形式和载体，即向市场提供的实体或服务的形象，表现为产品质量水平、外观特色、式样、品牌名称和包装等，产品的基本效用通过这些具体的形式得以实现。通信市场的电信网络、终端设备、电信业务种类、通信质量、电信品牌等都属于电信产品的形式产品。

3. 附加产品

附加产品是指顾客购买有形产品时所获得的全部附加服务和利益，包括提供信贷、免费送货、质量保证、安装、售后服务等。附加产品的概念是基于对市场需求的深刻认识，购买某一产品的目的是为了满足某种需要，希望得到与满足该项需要有关的一切。电信产品的附加产品更多地体现在为客户提供的附加服务，包括售前服务、交易服务、售后服务，以服务体现自身优势。

4. 期望产品

期望产品是指购买者购买某种产品通常所希望和默认的一组产品属性和条件，顾客在购买某种产品时，会根据以往的消费经验和企业的营销宣传，对所欲购买的产品形成一种期望。如期望的电信产品是上网速度快、通话质量高、通信费用低、终端能够满足个性化需求等。

5. 潜在产品

潜在产品是指产品最终可能实现的全部附加部分和新增加的功能。许多企业通过对现有产品的附加与扩展，不断提供潜在产品，给予顾客的不仅是对现有产品满意，还能在潜在产品变成现实的产品时，使顾客得到更多的意外惊喜。它要求企业不断寻求满足顾客的新方法，我们可以大胆想象，智能手机的哪些功能属于潜在商品，哪些功能转化成现实产品时，能让顾客眼睛为之一亮，相信仁者见仁智者见智，不同厂家开发的重点功能会有所不同。

核心产品、形式产品、附加产品、期望产品和潜在产品作为产品整体概念的五个层次，是不可分割的一个整体。通过五个层次的不同组合，可以满足同一产品的差异性需求。

10.1.2　产品整体概念的意义

产品整体概念是在市场条件下对产品的完整、系统、科学的表述，它的意义表现在以下几个方面。

（1）以消费者基本利益为核心，指导营销管理活动，是企业营销观念的基础。营销管理的根本目的就是要保证消费者的基本利益，消费者追求的基本利益大致包括功能和非功能两个方面的要求，对前者的要求是出于实际使用的需要，而对后者的要求则往往是出于社会心理动机。而这两个方面的需要又往往交织在一起，甚至非功能需求所占的比例越来越大。而产品整体概念，对生产经营者一语中的，要竭尽全力地通过产品的五大层次去实现功能和非功能的要求，充分满足消费者的需求。

（2）只有通过产品五个层次的最佳组合才能确立产品的市场地位。营销人员要把各种服务也看作是产品实体的统一体。随着消费者对切身利益关切度的提高，产品的独特营销形式越来越困难，消费者也难以确认整体效果最好的产品独属哪个厂家、哪种品牌的产品是自己喜爱和满意的。对于营销者来说，产品如果能以一种消费者易觉察的形式来体现消费者的关心因素，必能获得好的产品形象，就能确立独特的市场地位。

（3）产品差异构造企业特色。要在激烈的竞争中取胜，必须致力于创造自身特色。不同产品项目的差异是非常明显的，这种差异表现的形式有：功能上或设计风格、品牌、包装上的独到之处，甚至与之相联系的文化因素，如各种服装的差异；或表现在产品的附加利益上，比如不同的服务，可使同一产品各具特色。企业所提供的附加产品在竞争中越来越重要，把握产品整体概念的五个层次，可以与竞争产品区别开来并形成自己的特色，许多企业的成功经验很好地诠释了服务等附加产品在产品整体概念中的重要地位。

10.1.3　产品组合的定义及要素

产品组合是提供给购买者的一组产品，它包括所有产品线和产品项目。产品线是许多产品项目的集合，这些产品项目之所以组成一条产品线，是因为这些产品项目具有功能相似、用户相同、分销渠道统一、消费关联的特点。产品项目是指产品大类中各种不同品种、规格、质量的特定产品，企业产品目录中列出的每一个具体的品种就是一个产品项目。

产品组合包括四个要素：宽度、长度、深度和关联度。

（1）产品组合的宽度。它是指一个企业拥有多少条不同的产品线，产品线越多，说明该企业的产品组合的宽度越广，宽度反映了市场服务面的宽窄程度和承担投资风险的能力。

（2）产品组合的长度。它是指产品组合中产品项目的总数。以产品项目总数除以产品线数目即可得到产品线的平均长度。

（3）产品组合的深度。它是指每条产品线上的产品项目数，也就是每条产品线有多少个品种。产品线中包含的产品项目越多，产品组合深度越深，它反映了一个企业在同类细分市场中，满足客户不同需求的程度。

（4）产品组合的关联度。它是指各个产品线在最终使用、生产条件、分销渠道等方面相互关联的程度。关联程度越密切，说明各产品线之间越具有一致性。

包含的上述四个因素不同，就构成了不同的组合，某电信企业的产品组合如表 10-1 所示。

表 10-1　某电信企业产品组合介绍

	产品名称	产品组合的深度
产品组合的宽度	我的 e 家	E9（以固话、宽带和手机融合为基础，并附带增值包），E8（以固话和宽带融合为基础，并附带增值包），E6（以固话和手机融合为基础，并附带增值包）
	天翼	商旅套餐，无线宽带套餐，畅聊套餐，大众套餐，时尚套餐
	商务领航	政企全业务套餐，行业应用，通信应用，信息应用

可以看出，该公司产品组合的宽度为 3，产品组合的平均长度为产品项目总数除以产品线数，即产品组合的平均长度为 12/3=4，该电信企业的 3 条产品线关联度较强。

一般情况下，电信企业拓展产品组合宽度，有利于扩大经营范围，发挥特长，提高经济效益，分散经营风险；增加产品组合的深度，可占领更多细分市场，满足广泛的需求和爱好，吸引更多的客户；而增加产品组合关联度，则可以提高竞争力，加强市场地位。

[课外作业]

请分析三大运营商的产品组合策略和形式。

10.1.4　通信产品组合策略

针对市场的变化，依据产品线分析，调整现有产品结构，从而寻求和保持产品结构最优化，这就是产品组合策略。电信企业在调整产品组合时，可以针对不同电信产品的市场情况和自身实力选用以下产品组合策略。

1. 扩大产品组合策略

扩大产品组合策略即开拓产品组合的宽度和加强产品组合的深度。开拓产品组合宽度是指增添产品线，拓宽产品经营领域；加强产品组合深度是指在原有的产品线内增加新的产品项目。具体方式有：增加同一产品的规格、型号和款式；增加不同品质和价格的同一种产品；增加与原产品相类似的产品；增加与原产品毫不相关的产品。

优点有：满足不同偏好的消费者多方面需求，提高市场占有率；充分利用企业信誉和商标知名度，完善产品系列，扩大经营规模；充分利用企业资源和剩余生产能力，提高经济效益；减小市场需求变动性的影响，分散市场风险，降低损失程度。

2. 缩减产品组合策略

缩减产品组合策略即削减产品线或产品项目，特别是要取消那些获利小的产品项目，集中力量经营获利较大的产品线和产品项目。具体方式有：减少产品线数量，实现专业化生产经营；保留原产品线，削减产品项目；停止生产某类产品，外购同类产品继续销售。

优点有：集中资源和技术力量改进产品的品质，提高产品商标的知名度；生产经营专业化，提高生产效率，降低生产成本；向市场的纵深发展，寻求合适的目标市场；减少资金占用，加速资金周转。

3. 产品线组合延伸策略

企业根据市场的需求，重新对全部或部分产品进行市场定位，具体有以下三种。

（1）向下延伸。企业原来定位于中高端市场，现在向下扩展其产品线，进入低端市场。原因在于：产品在中高端市场上受到竞争者的威胁，销售增长速度趋于缓慢，企业向下延伸寻找经济新的增长点。但值得企业警惕的是采用这种策略时，可能会损坏高端产品的声誉，给企业经营带来风险。

（2）向上延伸。企业原来定位于低端市场，目前向上扩展其产品线，进入高端市场。原因在于：高端市场有较高的增长率和利润率；为使自己生产经营的产品档次更全、占领更多市场；提高产品的市场形象。采用这一策略带来的风险是，改变产品在消费者心目中的地位是相当困难的；可能引起竞争者采取向下延伸策略，增加了自己原有市场的竞争压力。

（3）双向延伸。原来定位于中端市场的企业掌握了市场优势后，决定向上向下两个方向扩展其产品线，一方面增加高档产品，另一方面增加低档产品，扩大市场阵地。采用这一策略主要是为了扩大市场范围，开拓新市场，满足更多消费者的需求，获得更大的利润。

[课外作业]

请分析中国移动"和4G"业务策略属于上述哪种策略？有什么优势？

10.2 通信产品生命周期

10.2.1 产品生命周期的概念及划分

产品生命周期（Product Life Cycle，PLC），是指一种新产品从开始进入市场到被市场淘汰的整个过程，一般可以分成四个阶段，即引入期、成长期、成熟期和衰退期，它是一个很重要的概念，也是营销人员用来描述产品和市场运作方法的有力工具。产品在市场上存在的时间长度，受到顾客需求变化、产品更新换代速度等因素的影响，而不是产品自身的使用寿命；它和产品策略以及企业营销策略有着直接的联系，产品在生命周期的各阶段具有不同特征，只有针对各阶段产品特征制定相应策略，才能提高企业的经济效益。产品生命周期曲线如图 10-1 所示。

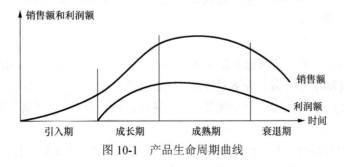

图 10-1 产品生命周期曲线

10.2.2 产品生命周期各阶段的特点

1. 引入期

引入期一般是指新产品试制成功到进入市场试销的阶段。该阶段的主要特征是:

(1) 销售增长缓慢。产品刚开始试销,消费者对产品不太了解,企业必须通过各种促销方法提高产品的市场知名度,加上产品的性能质量不稳定,因此该阶段销售额一般增长缓慢;

(2) 生产成本和销售费用较高。由于生产技术的限制,产品生产批量小,制造成本高,广告费用大,产品销售价格偏高,销售量极为有限,企业通常不能获利,反而可能亏损;

(3) 产品品种较少。新产品投放市场,除少数追求新奇的顾客外,几乎无人实际购买该产品;

(4) 竞争对手少。新产品投入市场后,还不能很快被市场所认可和接受,加上利润微薄,所以市场上除了少数的仿制品外,一般没有同行竞争对手。

2. 成长期

新产品试销取得成功以后,转入成批生产和扩大市场销售额的阶段。该阶段的主要特征是:

(1) 销售额迅速上升。产品经过引入期后,逐渐被广大消费者所接受,在市场上打开了销路,需求量和销售额迅速上升;

(2) 利润迅速增长。该阶段生产技术已基本成型,开始批量生产,生产成本大幅度下降,消费者已普遍熟悉了产品,广告促销费用相对降低,产品总成本降低,而销售量增加,所以利润相应地增加;

(3) 出现竞争对手。利润的迅速增加引起了行业其他企业的关注,竞争者看到有利可图,将进入市场参与竞争,生产或提供该类产品,市场竞争模式开始出现。

3. 成熟期

产品进入大批量生产,市场竞争处于最激烈的阶段,是四个阶段中持续时间最长的时期,企业也将采取一切营销手段延长这一时期。该阶段又可以分为三个时期:增长成熟期、稳定成熟期、衰退成熟期。该阶段的主要特征是:

(1) 销售量达到最高,利润最大。该阶段消费者已经完全熟悉了产品,产品生产量大,成本低,销售量大,持续时间长;

(2) 市场竞争激烈。消费需求增加,对产品的品牌、外观式样、规格、质量等个性化的需求涌现;该阶段利润达到最大,很多同类新产品进入市场,价格战、广告战不断发生,导致市场竞争异常激烈;

(3) 增长成熟期市场需求趋于饱和,销售增长率开始减少,但仍为正值;稳定成熟期市场需求已经达到饱和,销售增长率为零,利润达到最大值;而衰退成熟期市场需求开始减少,销售增长率为负值,利润也相应地下降。

4. 衰退期

产品已经逐渐老化,原有市场已不被认可,产品转入了更新换代的阶段。该阶段的主要特征是:

(1) 销售量和利润持续下降。随着科技的发展以及消费习惯的改变,既有产品在市场上已经老化,不能适应市场需求,市场上已经出现其他性能更好、价格更低的新产品,并且能够满足消费者的需求;

(2) 竞争对手陆续减少。由于利润的明显下降,成本较高的企业就会由于无利可图而停止生产,该类产品的生命周期也就陆续结束，以至最后完全撤出市场，转向生产其他新产品；

（3）产品竞争变为价格竞争。此时产品的价格开始降至最低。

在产品生命周期的不同阶段，销售量、利润、购买者、市场竞争者等都有不同的特征，如表 10-2 所示。

表 10-2　产品生命周期不同阶段特征

	引入期	成长期	成熟期			衰退期
			前期	中期	后期	
销售量	较低	快速增加	继续增长	达到顶峰	出现下降趋势	下降
利润	微小或负值	高	逐渐上升	高峰	逐渐下降	较低或负值
消费者	爱好新奇者	增多	大众	大众	大众	后跟随者
竞争者	特别少	增加	增加	增加	最多	减少

[案例 10-1]

通信产品的市场生命周期

通信产品作为产品的一个种类，遵循着产品生命周期的一般规律，然而它跟一般产品相比，还具有特殊性。这表现在，一般产品随着用户的频繁多次使用，产品价值会不断减小；而通信产品本身只是一个组合的概念，相对抽象，它本身不具备多少价值，通过给用户提供服务，并且用户持续使用着这些服务，这种状态下它的价值就会体现，并且可以延续。依据通信产品的生产和通信产品服务投入市场的时间点不同，可以将通信产品的生命周期分为两个，一个是通信产品的研发周期，另一个是通信产品的市场生命周期，二者构成通信产品的完整生命周期，如图 10-2 所示。

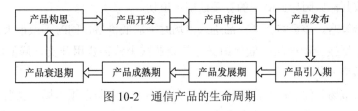

图 10-2　通信产品的生命周期

通信产品研发周期包括四个部分：产品构思、产品开发、产品审批、产品发布。未来随着增值业务成为竞争的焦点，在网络建设之前就构思通信业务产品会越来越成为普遍的现象。通信产品的开发与通信网络建设关系密切。通信网络是通信产品存在的物质基础，通信产品依靠通信网络和其他支撑网络的支持，产品的开发可以在网络建设之前就开始提出，但其发布必须在网络竣工以后。

通信产品经过发布之后，就可以进行市场推广，供用户订购使用了。至此，通信产品在市场上发挥功效，也就进入了其市场生命周期的四个阶段：产品引入期、产品发展期、产品成熟期、产品衰退期，这跟制造业中产品生命周期划分标准一致，只是由于通信产品的特殊性，所以在每个时期的划分上会有一些细微区别。

趣味讨论：如何根据通信产品的生命周期特点制定营销策略？

10.2.3　通信产品生命周期各阶段的营销策略

每个通信企业所面临的生命周期阶段各不相同，应针对各阶段的特征，结合自身的特长，制定相应的营销策略。

1. 引入期的营销策略

在引入期，企业营销的重点主要集中在价格策略和促销策略方面。一般有以下四种可供选择的市场策略。

（1）迅速撇油策略。该策略以高价格和高促销费用推出新产品，企业迅速扩大销售量来加速对市场的渗透，其目的在于先声夺人，抢先占领市场，并希望在竞争还没有大量出现之前就能收回成本，获得利润。

适合该策略的市场条件为：产品比市场上的同类优秀得多，依据市场调查，市场有很大的潜在需求量；产品属于需求弹性小、促销弹性大的产品；产品的品质特别高，功效又比较特殊，很少有其他产品可以替代，消费者一旦了解这种产品，愿意出高价购买；企业面临着潜在的竞争对手，期望快速建立良好的品牌形象，建立消费者品牌偏好。

（2）迅速渗透策略。该策略在采用低价格的同时，做出巨大的促销努力。其目的是先发制人，以最快的速度打入市场，争取得到更多消费者的认可，获取最大的市场份额，该策略的适应性很广泛。

适合该策略的市场条件为：产品有很大的市场容量，企业可以在大量销售的同时逐步降低成本；消费者对产品不太了解，对价格又十分敏感，有较多的现实和潜在竞争者；潜在的市场竞争会比较激烈。

（3）缓慢撇油战略。该策略以高价格和低促销费用推出新产品，采用这一策略可以获得最大利润。高价格的目的在于能够及时收回投资，获取利润；同时低促销又可以减少销售成本。

适合该策略的市场条件为：产品的市场规模有限，竞争者很少；大部分潜在的消费者已经熟悉该产品，无须强力促销，他们愿意出高价购买；产品的生产和经营有一定的难度和要求，普通企业无法参与竞争，或其他原因导致潜在的竞争欲望不迫切。

（4）缓慢渗透策略。该策略在新产品进入市场时采取低价格，同时不做很大的促销努力。低价格有助于市场快速地接受新产品；低促销又能使企业减少营销费用开支，降低成本，以弥补低价格造成的低利润或者亏损。

适合该策略的市场条件为：产品的市场容量大，不急于立即占领市场；消费者对该产品有所了解，同时对价格又十分敏感；市场竞争非常激烈。

2. 成长期的营销策略

在产品进入成长期以后，有越来越多的消费者开始接受并使用，销售额直线上升，利润增加。在此情况下，竞争对手也会纷至沓来，威胁企业的市场地位。因此，在这一阶段电信企业营销策略的重点应突出一个"好"字，它是产品发展的黄金阶段。在这一时期应抓住机会，迅速扩大生产能力和销售能力，以取得最大的经济效益，这一阶段的营销策略有以下几种。

（1）提高产品质量。不断提高产品质量、改进产品性能、开发产品的用途等，提高产品竞争能力，满足消费者更广泛的需求，吸引更多的客户。

（2）开辟新市场。通过市场细分寻找新的目标市场，挖掘新用户，以扩大销售额。在新市场要着力建立新的分销渠道，扩大销售网点，并建立良好的经销商管理制度。

（3）改变促销重点。该类产品已被市场接受，而同类产品的各种品牌也都开始走俏。此时，广告的侧重点要突出企业品牌，力争把处于上升通道的市场需求集中到本企业的品牌上来。在广告宣传上，从介绍产品转为建立企业形象，进一步提高产品在社会上的声誉。

（4）适当降价。在扩大生产规模、降低生产成本的基础上，选择适当时机降价，适应多数消费者的需求，并限制竞争者加入。当然，降价会暂时减少企业的利润，但是随着市场份额的扩大，长期利润还可望增加。

3. 成熟期的营销策略

进入成熟期以后，市场竞争非常激烈，这一阶段比前两个阶段持续的时间更长，大多数商品均处在该阶段，因此管理也大多是在处理成熟产品的问题。这一阶段，电信企业营销策略的重点应突出"改"字，改变既有的经营观念，采取积极进攻的策略。

（1）市场修正策略。该策略通过努力开发新的市场，发现产品的新用途、寻求新的客户或改变推销方式等，来保持和扩大自己的商品市场份额。具体来说，可以采用以下三种方式：通过努力寻找市场中未被开发的部分，例如，将非使用者转变为使用者；通过宣传推广，促使顾客更频繁地使用或每一次使用更多的量，以增加现有顾客的购买量；通过市场细分，努力打入新的市场区域，按照地理、人口、用途进行市场细分，争取赢得竞争者的顾客。

（2）产品改良策略。该策略是指企业可以通过改变产品特征，来提高销售量。产品改良的方式有多种，对产品整体概念任何一种层次的改革，均可视为产品改良。一般来说，有以下三种方式：品质改良，指对产品的质量进行改进，注重增加产品的功能特性，提高产品的耐用性、可靠性；特性改良，指增加产品的新特性，扩大产品的高效性、安全性或者方便性；式样改良，这主要是基于人们的美学欣赏观念而改变终端款式、外观。对于标准化产品的通信行业而言，产品改良更多的是指服务改良，即企业适时增加服务内容，提高服务竞争能力。

（3）营销组合调整策略。该策略是指对产品、定价、渠道、促销四个市场营销组合因素综合调整，刺激销售量的回升。常用的方法有：通过降低售价来加强竞争力；改变广告方式以引起消费者的兴趣；采用多种促销方式如捆绑销售、附赠礼品；扩展销售渠道，提高服务质量等。

4. 衰退期的营销战略

当产品进入衰退期时，企业既不能简单地舍弃了之，也不应该犹豫不决，勉强维持原有的生产和销售规模。在这一阶段，电信企业营销策略的重点应突出"转"字，必须研究产品在市场的真实地位，然后决定是继续经营下去，还是决定转型。

（1）维持策略。维持策略即企业在目标市场、价格、销售渠道、促销等方面维持现状。由于这一阶段很多企业会退出市场，因此，对一些有条件的企业来说，并不一定会减少销售量和利润。使用这一策略的企业可采用延长产品生命周期的方法和措施，大多有以下几种：通过价值分析，降低产品成本，进一步降低产品价格；通过科学研究，增加产品功能，开辟新的用途；加强市场调查研究，开拓新的市场，创造新的内容；改进产品设计，提高产品性能、质量、包装、外观等，从而使产品生命周期不断实现良性再循环。

（2）集中策略。集中策略即企业仍然留在原来的目标市场上继续经营，但是根据市场变动的情况和行业退出壁垒，在规模上做出适当的收缩。这样，把所有的营销力量集中到一个或者少数几个细分市场上，加强了细分市场的营销力量，也可以大幅度地降低市场营销的费用，增加当前的利润。

（3）撤退策略。撤退策略即企业已经准备好替代的新产品，迅速转移该产品的资金，此决断是基于该产品的存在会危害到其他有发展前途的产品，从而当机立断，放弃经营。在决定撤出目标市场时，应该主动思考以下几个问题：产品是否真正进入衰退期，淘汰产品的最佳方式是什么；即将进入哪一个新市场领域，准备经营哪一种新产品，以便有效利用以前的资源；产品品牌及生产设备如何转让或者出卖，保留何种服务内容为原有的顾客服务。

[课外作业]

运营商在电信业务达到饱和后，应采取怎样的转型策略呢？

[案例10-2]

iPhone 的应用推广策略

不同于 Android 等其他应用，iPhone 所有应用统一发布在 App Store 中，在 App Store 中，用户可以购买收费项目和免费项目，可将该应用程序直接下载到 iPhone 或 iPod touch、iPad、Mac。其中包含：游戏、日历、翻译程式、图库，以及许多实用的软件。下面将从几个方面来具体介绍 iPhone 的应用推广策略。

1. Who——战略定位

App Store 是苹果公司战略转型的重要举措之一，战略意义主要有两个方面：一是由终端厂商向服务提供商转型的整体战略定位；二是增加终端产品 iPhone 的产品溢价，增强用户黏性，从而实现以 iPhone 提升苹果公司收益的战略目标。公司基于"iPhone+App Store"，目标用户仍然是追求时尚、流行，并对互联网等娱乐应用有较强需求的客户群体。

2. What——平台开放策略

App Store 是连接开发者与用户之间的桥梁，是专供 iPhone 和 iPod Touch 等下载应用程序的唯一渠道。它通过与 iPhone 终端相结合，一方面向用户提供了持续的固定和移动互联网内容或应用服务；另一方面为软件开发者提供了一个软件售卖的平台。第三方软件的提供者参与其中的积极性空前高涨，适应了手机用户们对个性化软件的需求，从而使得手机软件业开始进入了一个高速、良性发展的轨道。App（英文 Application 的简称，第三方应用程序）作为一种与 iPhone 紧密合作的盈利模式，正在被更多的互联网商业大亨看重，如淘宝网的开放平台、腾讯的微博开发平台、百度的应用平台都是 App 思想的具体实践。

3. How to Achieve——推广策略

① 捆绑策略：App Store 是与 iPhone 捆绑在一起的，iPhone 用户使用的所有 App 都必须从这里下载。随着 iPhone 3G、4G 手机的不断推出，App Store 现已随着 iPhone 手机的售卖遍布世界范围内 70 多个国家，如中国、美国、英国、法国、德国、澳大利亚、加拿大、日本、西班牙等国家。iPhone 引领潮流的外观设计、强大的功能展现及创新型的应用集成，对目标人群具有较强的吸引力；通过终端内嵌实现了应用与终端的绑定，且具有稳定数量的忠实的用户群体。

② 专业化推广策略：海量精选的移动 App，均由苹果公司和第三方开发者为 iPhone 度身设计。用户只有用特定的账号登录后才可以下载，这样，既可以保证手机的安全（其他人不能随意给终端下载应用），也奠定了 App Store 的数据基础。管理者可以根据用户使用记录和搜索记录，向用户推荐从前不知道却有需要的新 App；用户也可以按类别随意浏览，或者选购由专家精选的 App 和游戏收藏。同时，苹果公司会对 App Store 中的所有内容进行预防恶意软件的审查。因此，用户购买和下载 App 的来源完全安全可靠。

③ 数据反馈策略：苹果公司经常会公开一些数据分析资料，帮助开发者了解用户最近的需求点，并提供指导性的意见，指导开发者进行应用程序定价、调价或是免费，从而产生一种被戏称为"更能掏空消费者钱包"的盈利模式。

趣味讨论：苹果公司的 App Store 策略为安卓手机应用的发展带来了哪些启示？

10.3 | 通信新产品开发

10.3.1　新产品的概念

对新产品的定义可以从企业、市场和技术三个角度进行。对企业而言，第一次生产销售的产品都叫新产品；对市场来讲则不然，只有第一次出现的产品才称之为新产品；从技术方面看，在产品的原理、结构、功能和形式上发生了改变的产品都可称作新产品。

营销学的新产品包括了前面三者的成分，但更注重消费者的感受与认同，它是从产品整体概念的角度来定义的。凡是对产品整体概念中任何一部分的创新、改进，并能给消费者带来某种新的感受、满足和利益的、相对新的或绝对新的产品，都归为新产品。

由此，依据营销学新产品的定义，可以将它分为全新产品、模仿型新产品、改进型新产品、形成系列型新产品、降低成本型新产品和重新定位型新产品。

1. 全新产品

全新产品指应用新原理、新技术、新材料，具有新结构、新功能的产品。该类新产品率先开发，能开创全新的市场，占新产品类的比例为 10%左右。

2. 模仿型新产品

模仿型新产品是企业对国内外市场上已有的产品进行模仿生产，称为本企业的新产品，占新产品类的比例为 20%左右。

3. 改进型新产品

改进型新产品指在原有产品的基础上进行改进，使产品在结构、功能、品质、花色、款式及包装上，具有新特点和新突破。改进后的新产品，结构更加合理，功能更加齐全，品质更加优良，能更好地满足消费者不断变化的需要，占新产品类的比例为 26%左右。

4. 形成系列型新产品

形成系列型新产品指在原有的产品大类中开发出新的品种、花色、规格等，从而与企业原有产品形成系列，扩大产品的目标市场，占新产品类的比例为 26%左右。

5. 降低成本型新产品

降低成本型新产品是以较低的成本提供同样性能的新产品，主要指企业利用新科技、改进生产工艺或提高生产效率，削减原产品的成本，但保持原有功能不变的新产品，占新产品类的比例为 11%左右。

6. 重新定位型新产品

重新定位型新产品是指企业的老产品进入新的市场而被称为该市场的新产品，占新产品类的比例为 7%左右。

[案例 10-3]

国家标准、行业标准、企业标准

新产品的开发必须受到一些标准的限制，这些标准包括国家标准、行业标准和企业标准，认识和了解这些标准有助于企业更好地开发产品。

对需要在全国范围内统一的技术要求，应当制定国家标准。国家标准由国务院标准化行政主管部门制定。对没有国家标准而又需要在全国某个行业范围内统一的技术要求，可以制定行业标准。

行业标准由国务院有关行政主管部门制定，并报国务院标准化行政主管部门备案，在公布国家标准之后，该项行业标准即行废止。企业生产的产品是没有国家标准和行业标准的，应当制定企业标准，作为组织生产的依据。企业的产品标准须报当地政府标准化行政主管部门和有关行政主管部门备案。已有国家标准或者行业标准的领域，国家鼓励这些企业制定严于国家标准或者行业标准的企业标准，并在企业内部适用。

国家标准是在全国范围使用，又分为强制性标准和推荐性标准，强制性标准主要涉及安全、卫生、资源、环境保护等方面。相比国家标准，企业标准会比国家标准的要求更高一些，而行业标准与企业标准差不多一个性质。行业标准一般涉及某一具体行业，例如，纺织行业标准 FZ、机械行业 JB、商业行业 SB、农业行业 NY、轻工行业 QB 等。

企业标准是在没有国家标准和行业标准的情况下，才制定自己的企业标准，但必须报当地技术监督局备案后方可有效。已有国家标准或者行业标准的，企业还可以制定严于国家标准或者行业标准的企业标准，但不可制定不符合国家标准和行业标准的企业标准。

趣味讨论：通信行业中企业应遵循哪些国家标准、行业标准以及企业标准？

10.3.2　开发通信新产品的意义

1. 开发通信新产品能更好地满足消费者需求的变化

营销的核心是一切以用户的需求为中心，而用户的需求是不断发展变化的，尤其是科学技术的日趋进步，信息技术产业的高速发展，人们对电信产品的消费需求越来越高，要求产品多样化、个性化和高质量化。由此，电信企业必须不断地开发新产品，来满足用户的需求。

2. 开发通信新产品能更好地适应电信竞争的加剧

随着市场经济的发展和电信业务国际化、开放化，电信市场竞争越来越激烈，电信产品的生命周期越来越短，更新换代很快，在这种情况下，谁能提供满足用户需求的新产品，谁就能抢先占领市场，争得竞争的主动权，因此电信企业必须投入大量的人力、物力、财力在开发新产品上，加强自身的竞争优势。

3. 开发通信新产品更能满足企业盈利的需要

近年来，电信市场的激烈竞争，导致很多竞争手段简单地沦为价格战，造成利润下降。电信企业必须开发新产品来开拓新市场，扩大销售量，保持或者增加其盈利额。此外，新产品相对于现有产品来说，更能有效地提高市场份额，推动企业的成长。

4. 开发通信新产品有利于企业更好地适应环境的变化

在社会飞速发展的今天，企业面临的各种环境条件也不断发生着变化，这也就预示着企业的原有产品随时都有可能被淘汰，在此情况下，企业必须寻找合适的替代产品，来适应环境的变化，这也导致了新产品的研究与开发。

10.3.3　通信产品开发的程序

新产品的开发流程由以下八个阶段构成，包括构思、创意筛选、产品概念形成、制定营销规划、市场分析、产品开发、市场试销、市场投放。

（1）构思是指开发电信新产品的设想和创意。电信新产品构思的主要来源有以下四方面：

① 变化中的消费者需求；② 信息和通信科学技术人员的创意；③ 同业竞争的经验和教训；④ 销售人员和企业其他内部人员的构思。

（2）创意筛选的主要目的在于在最短的时间内发现并删除不合理的、不可能实现的产品构思，从而为电信企业节省资源，并可以集中资源保证有发展前景的电信新产品能够顺利开发。

（3）产品概念形成。经过筛选之后，电信企业要把选定的新产品构思转变为更加具体、明确的产品概念，即用文字、图像等对产品构思予以清晰阐述，使之形成客户能够理解和接受的产品。一个产品构思可以形成多个产品概念。

（4）制定营销规划。电信企业选择了最佳的产品概念之后，制定把这种产品引入市场的初步营销规划，并在未来的发展阶段中不断完善。初拟的营销规划包括三个部分：

第一部分，描述目标市场的规模、结构、消费者的购买行为、产品的市场定位，以及短期的销售量、市场占有率和预期利润率等；

第二部分，概述产品预期价格、营销渠道及第一年的营销预算；

第三部分，阐述3～5年的销售额和投资收益率，以及不同阶段的营销组合策略。

（5）市场分析。对预估的销售量、成本和利润等财务情况，以及客户满意程度、市场占有率等情况进行综合分析，判断该电信产品在经济效益方面是否可行，是否满足电信企业开发的目标。

（6）产品开发。由产品开发部门将抽象的产品概念转变成现实产品。

（7）市场试销。将正式产品投放到有代表性的小范围市场上进行试销，旨在核查该产品的市场反应，在此基础上再决定是否大规模投放市场。

（8）市场投放。电信新产品在试销成功、全面推向市场时，应做好以下四项决策。

① 何时推出新产品，即在什么时候将电信产品推向市场最适宜。相对竞争者而言，可以做三种选择：率先进入、平行进入和后期进入。

② 何地推出新产品，即在什么地方首先推出电信新产品。电信企业应选择最有吸引力的或影响力最大的市场区域，作为电信新产品的主要推出地区。

③ 向谁推出新产品，即电信企业应针对最理想的目标用户群推出新产品。

④ 如何推出新产品，即电信企业应制定出详细的电信新产品投放市场的营销计划。

[案例 10-4]

"咪咕之路"——中国移动开启转型新平台

2015年1月15日，咪咕文化科技有限公司在北京正式成立，宣告中国移动在数字内容服务领域正式开展公司化运营。这是中国移动面向移动互联网领域投入运营的第一个专业子公司，整合了中国移动旗下音乐、视频、阅读、游戏、动漫等基地业务，旨在打造传统媒体和新兴媒体融合发展的新型平台，为客户提供数字内容产品及服务。

该公司定位为"立足于打造传统媒体和新兴媒体融合发展的新型平台，致力于为产业链合作伙伴搭建高效、透明、便捷的服务体系，为客户提供精彩纷呈的数字内容产品及服务"。它的挂牌成立是中国移动在移动互联网OTT业务冲击下的新探索，显示出面向移动互联网转型的决心，是去电信化和向数据化转型的重要举措。

随着BAT的崛起，电信运营商被微信等OTT业务颠覆的可能性不断加大，传统的短信、语音甚至宽带业务都受到包括互联网公司在内的各种势力入侵。中国移动走上变革之路已属必然，随着基地模式越来越难适应互联网时代的竞争，公司化模式有助于在一定程度上摆脱行政化弊端，更灵活地适应市场趋势，贴近和把握用户需求，快速反应。中国移动的新转身在一定程度上迎合了新互联网时代的特点，新公司、新模式带来的经济效应拭目以待。

趣味讨论： 中国移动的"咪咕之路"模式值得其他运营商效仿吗？

案 例 分 析

微信产品及开放平台

微信产品，是腾讯公司在 2011 年推出的一款含网络语音消息、视频、图片、文字、群聊功能的手机社交软件。至 2012 年 3 月底，在推出仅 433 天用户就突破 1 亿；而到了 2012 年 9 月 17 日，用户再破 2 亿，此阶段仅用了不到 6 个月；截至 2013 年 1 月 15 日，用户数高达 3 亿，月活跃用户数超过 7 000 万，并开始其国际化进程。公司在逐步开发微信新功能的同时，也为自身奠定了良好的商业基础。目前，以公众账号为代表的内容发布渠道，吸引了众多线上媒体机构从事新型媒体的发布；通过微信开放平台，第三方可以向多接收方发布内容与应用；二维码扫描功能吸引了众多线下商家入驻，商家在该平台上发布营销消息和微信会员卡，这类应用模式已经成为 O2O 模式的教科书。

1. 微信公众平台

微信公众平台是一个自媒体平台，通过这一平台，个人和企业都可以创一个微信的公众账号，可以群发文字、图片、语音、视频、图文消息五个类别的内容。公众账号主要面向名人、政府、媒体、企业等机构推出合作推广业务；各机构可以通过微信发布渠道将品牌推广给上亿的微信用户，减少宣传成本，提高品牌知名度，打造更具影响力的品牌形象。

公众账号的推广采取二维码扫码的方式，符合现代人主观意识，操作起来方便简洁。采纳一点对多点的方式，并设置了自动回复功能，用户可以设置关键词自动处理一些查询和询问，这大大节约了管理成本。2013 年 8 月，新增了数据统计功能，可查看任意时间段内用户数的增长，并可以取消关注和用户属性统计；还可以进行群发图文消息分析，查看任意时间段内图文消息群发效果的统计；可查看消息送达人数、次数等分析。更为吸引人气的是，如果成为公众账号的开发者，就可以查看接口调用的相关统计。

2. 微信开放平台

微信开放平台为第三方移动程序提供接口，使用户可将内容发布给好友或分享至朋友圈，第三方内容提供商获得更广泛的传播，这起到了汇集第三方内容，促进用户分享和活跃的作用。

该平台最大的优势是开通移动支付功能。商家可以开通商家支付接口，操作简单方便，支付认证、支付协议的签署都通过该平台实现。个人用户可以通过该平台开通店铺——"微店"；移动应用开发功能中，支持微信分享、微信收藏和微信支付；网站应用开发功能中，支持使用微信公众账号来登录。

3. 微信二维码扫描功能

微信二维码扫描功能是配合微信使用的添加好友和实现微信支付功能的一种新方式，它含有特定内容格式，是只能被微信软件正确解读的二维码。

俗话说"好记性不如烂笔头"，而现在是"烂笔头不如二维码"，一键扫描登录浏览，免去其他多余的查询步骤，能够让用户在第一时间了解详细信息。二维码的便捷性引发了一个新产品的诞生——"微信会员卡"，用户通过扫描二维码方式，成为商家的会员，享受会员待遇，成为时下主流的 O2O 会员营销模式之一。每个微信用户都是品牌的传播节点，他们将会员卡分享到好友、群、朋友圈，分享最真实的消费感受，从而形成了"病毒营销"。

4. 微信智能开放平台

微信智能开放平台包括微信语音智能平台和微信图像开放平台。微信语音开放平台致力于为开发者提供免费的语音技术，包括在线语音识别、在线语音合成等。其中，语音识别功能已经在微信上使用并好评如潮，它提高了聊天输入效率，准确率达 90% 以上。

微信图像开放平台是面向广大第三方推出的图像识别能力的开发者平台。通过此平台，第三方开发者可以把图像识别的能力集成到自己的应用中，使得此应用具备识别移动视觉搜索的功能。可识别海报、广告、杂志、报纸上的图片和内容，引导受众进行购买、深度阅读、参与互动、点评分享等互动。

分析点评：

随着智能手机的普及，越来越多的商家抓住了手机终端、移动互联网这种营销渠道。随着微信用户数不断增加，也许未来微信又会成为新一轮移动社交营销的热门平台。

微信拥有庞大的用户群，借助移动终端、天然的社交网络和位置定位等优势，每条信息都是可以推送的，并能够让每个个体都有机会接收到这个信息，继而帮助商家实现点对点的精准化营销。微信第三方平台的未来发展趋势如下。

① 智能数据分析处理。未来公众平台的数据处理也是非常有价值的，对于运营一段时间的公众平台，其后台所储存的数据可谓是一大笔财富，其中包含了众多用户的数据，也包括与其他管理系统的对接数据，从中可以分析出大量需求关系、用户行为、各种影响因子等重要内容。

② 多平台整合管理。互联网信息是瞬息万变的，对于企业家们来说，他们要持续地迎合潮流并开辟新的平台。若第三方平台能够实现多个平台的整合，并不断吸收新的元素，那正是企业家们求之不得的。

综上所述，可以看出微信平台发展的两条路径：一方面，进行智能数据的分析，推出了公众平台数据处理功能；另一方面扩展各种平台，第三方营销推广服务商、运营商的产品正在形成"微体系"——微菜单、微官网、微会员、微活动、微商城、微推送、微服务、微统计等。其开放的平台集合了几乎所有互联网的因素，会员卡更是将微信的整合能力拓展至线下电商，微信在互联网浪潮中的良性发展很好地诠释了互联网的需求变化，成为时代的宠儿。

思 考 题

1. 什么是产品？如何理解电信产品的整体概念？

2. 什么是产品组合策略？产品组合的宽度、长度、深度和关联度之间有什么关系？

3. 产品生命周期分为哪几个阶段？试结合具体电信产品实例，说明产品生命周期不同阶段的营销策略。

4. 什么是新产品？新产品开发可以分为哪几个步骤？

5. 通信服务的特征有哪些？

第11章 | 通信品牌策略

品牌是企业最具有价值的无形资产，在经营活动中发挥着重要作用，将品牌资产进行科学的评估对企业管理无形资产和建设强势品牌有着重要意义；无论身处哪个行业，绝大多数的领先者都拥有强势的品牌资源。品牌策略是运营商企业战略的基础，我国的电信运营商已经切身感受到品牌带来的效益，进入品牌策略竞争时代。

本章重点介绍品牌的定义与通信品牌的内涵、品牌资产的构成、品牌策略以及通信品牌的建设策略。

11.1 品牌含义和作用

11.1.1 品牌的定义

1993 年，营销大师哈金森和柯金（Hankison，Cowking），从六大方面阐述了品牌的内涵和外延，即视觉印象和效果、可感知性、市场定位、附加价值、形象、个性化。1999 年，广告专家约翰·菲利普·琼斯（J.P.Jones）对品牌的界定是能为顾客提供其认为值得购买的功能利益及附加价值的产品。美国市场营销学会给出权威和完整定义：品牌是一种名称、术语、标记、符号或设计，或是它们的组合运用，其目的是用于辨认某个销售者，或者某类销售者的产品及服务，并区别于竞争对手的产品和服务。

可见，品牌从本质上说，是在传递一种信息。通常一个产品品牌能表达出 6 层信息。

（1）属性。首先，品牌能传递特定的属性，中国移动隆重推出的 4G 品牌"and 和"，为目标客户群带来产品特定的属性——"4G 网络就在你身边"，期望用快速的网络和丰富的业务满足用户畅行联络和获取信息的需求。

（2）利益。消费者购买的是利益而不仅仅是购买属性。僵硬死板的产品属性需要通过品牌策略转换成鲜活生动的功能和情感利益，才能最终打动消费者。"质量可靠"意味着减少消费者维修费用，给消费者提供节约维修成本的利益，"服务上乘"给客户带来的利益是节约时间、精简成本、尊贵享受。

（3）价值。品牌代表着能提供一定的价值。中国联通的"沃 4G"业务，为用户提供移动互联网的梦想价值：无线高速上网、多媒体下载、在线互动游戏和电影视频点播等。

（4）文化。品牌可以附加和象征一种文化，"动感地带"体现了一种时尚新潮文化，仅从字面上就能让顾客感受到澎湃的活力。

（5）个性。客户品牌"动感地带"的广告词"我的地盘听我的"，传达了年轻一族崇尚自我个性。

（6）使用者。自然地流露出购买或使用该品牌的应该是哪一类消费者，这一类消费者代表一定的文化、个性，对公司细分市场、准确地进行市场定位有很大帮助。

品牌所精准传递的价值、文化和个性，构成了品牌的内涵。

[案例 11-1]

三大通信运营商 4G 品牌解读

1. 中国移动——品牌整合与重塑，品牌哲学的东方式表达

4G 商用时机率先整合品牌元素，提出"和"（英文名 AND，代表 a new dream 的含义）整体商务品牌，持续着品牌符号的东方式表达，完成了从"G3 太极风"到"国学范"的递进。放弃了原有三大目标市场品牌（全球通、动感地带、神州行），统一了商务品牌，将品牌意义聚焦在"和"这个具备普世意义的符号下，定格了品牌诉求的稳定性和延续性，将品牌文化沉淀在具备东方文化特征、体现"中国梦"的品牌符号上。

2. 中国联通——借助 3G 品牌积淀续写辉煌

针对 4G 网络，采用了简单的品牌延伸的方法，实现 3G 时代的良好市场基础，引领 4G 网络商用辉煌的品牌策略。"选 4G，就选沃""一路领先，沃就是快"，通过这些广告标语暗示公司将持续提供优质的网络实现品牌口碑的持续积累。旨在强调 4G 网络将延续 3G 网络的优质表现持续为用户带来优质无线宽带体验。

3. 中国电信——犹抱琵琶半遮面，酝酿新的惊喜，持续吸引用户

另避蹊径，用婴儿作为广告元素大打"感性牌"："美好即将开始""分享美好生活"等。感性的广告标语也昭示着将根据其自身客户基础和网络在 4G 时代持续提供优质网络。因此，中国电信是通过许诺式的广告标语让存量以及潜在客户持续关注和期待电信 4G 网络的商用，以捍卫现有用户格局和整体份额。

趣味讨论：你觉得三大通信运营商的 4G 品牌策略有何不足之处？

11.1.2　品牌的特征

1. 品牌是一种无形资产

品牌是有价值的，拥有者能够不断地获取利润，但价值是无形的，它不像其他有形资产直接体现在资产负债表上。品牌必须通过一定的载体来表现，直接载体就是品牌元素，间接载体就是品牌知名度和美誉度。有时候，品牌价值甚至超过企业有形资产的价值，如可口可乐品牌价值高达 792 亿美元，远高于其有形资产价值。虽然品牌价值的评估还未形成统一的标准，但品牌是一项重要无形资产已是不争之事实。其收益具有不确定性，它需要不断地投资，企业若不紧跟市场的变化及时地调整名牌产品的结构，就可能面临品牌贬值的危险。

2. 品牌赋有特定的个性

品牌赋有特定的个性，也是文化象征。知名品牌的个性尤为突出，例如，"金利来"领带的"男人的世界"主题词，传达了一种阳刚、气度不凡的个性；"娃哈哈饮料"则象征着一种幸福、安康；红豆集团以"红豆相思"中国文化特有内涵，吸引着中外众多认同者。企业塑造品牌个性，赋予品牌一定文化内涵，能够满足广大消费者对文化品位的需求。

3. 品牌具有专有排他性

品牌具有专有排他性是指品牌一经注册或申请专利等，其他企业不得重复使用。产品很容易被竞争者模仿，但品牌却是独一无二的。品牌在经营过程中，通过产品高质量和优质服务，建立起良好的信誉，这种信誉一经消费者认可，很容易形成消费者对品牌的忠诚，也强化了品牌的专有性。

4. 品牌是以消费者为中心的概念

品牌不仅仅是企业的一种商标权，而是以消费者为中心的概念，"没有消费者，就没有品牌"。可见，品牌价值体现在与消费者的互动关系之中，之所以具有知名度和美誉度，是因为它能够给消费者带来利益并创造价值，消费者的优劣评判是品牌价值的权威认定。

5. 品牌是企业竞争的一种重要工具

品牌向消费者传递丰富信息，提供效用和情感价值，促使消费者与品牌之间产生联系，消费者心甘情愿地准备为崇拜的品牌多付钱。由此，品牌策略备受关注，作为企业进军市场的一面大旗而举足轻重。

11.1.3 电信企业品牌的内涵

1. 电信企业品牌的类型

电信品牌建设的目的，是借以品牌来辨认和定义运营商的服务，并使之同竞争对手的产品和服务区别开来。同时，电信品牌建设也是有效的市场竞争法宝。电信企业品牌可分为企业品牌、客户品牌、业务品牌、技术品牌、服务品牌五种大类。电信运营商品牌架构如图 11-1 所示。

企业品牌是电信运营商最大的无形资产，是企业核心竞争力和价值观的外部表现，在品牌体系中占据核心地位，消费者通过认知和识别电信企业品牌来选择该企业的服务。

客户品牌是针对不同的细分市场和特定的客户群而构建的，体现出差异化的需求心理和电信消费行为，对覆盖的人群具有强大的号召力和凝聚力，典型的电信客户品牌如中国移动公司的"动感地带""全球通"。

图 11-1　电信运营商品牌架构

业务品牌是针对具体业务，或者满足同类功能需求的一系列产品推出的品牌。一个业务品牌可以针对特定的目标群，也可以覆盖多个目标用户群，如中国电信公司的"号码百事通""互联星空"、中国联通公司的"116114 信息导航"、中国移动公司的"12580"等。

技术品牌是为运营商电信业务提供支撑的品牌，如 TD-LTE-Advanced 技术。技术是电信运营商经营活动的基础，而消费者不容易理解，很难形成认知，所以应将技术要素在具体的宣传中再去加以强调。

服务品牌是为电信运营商的服务环节或者流程而设计，如中国移动 10086 客户服务热线，纵向贯穿于整个经营活动之中，有助于提高用户满意度和建立用户忠诚度，对企业品牌、客户品牌、业务品牌起着服务支撑作用。

2. 通信品牌的融合

通信品牌各个分类之间的关系是相辅相成的，企业品牌需要客户品牌、业务品牌和技术品牌的支撑，服务品牌贯穿于整个经营活动和品牌体系中。其中，企业品牌的建设适宜自上而下的方式，由集团公司督导，省和地市分公司完成；客户品牌、业务品牌和服务品牌的营销推广则适宜自下而上。

（1）不同阶段品牌策略的调整。从实践活动来看，在不同的市场竞争阶段，采取相似的电信品牌典型的推广做法，由于消费者的消费水平、服务需求及其生活习惯的差异，会导致其对电信企业品牌策略的感受迥然不同。因此，应根据不同竞争阶段的客户需求，从过去的企业品牌和技术品牌主导策略调整为客户品牌、服务品牌和业务品牌主导的阶段。

（2）细分市场中的推广以业务品牌和客户品牌为主。从客户价值的角度分析，仅塑造企业品牌并不能达到最佳效果，因为大家对国内主要的电信运营商都已经有深入的认知度；而一味强调技术品牌，消费者又不容易理解。因此，最佳的品牌策略是：在不同的时期主推不同细分市场的业务品牌和客户品牌，将服务品牌贯穿在整个品牌体系建设的过程中；将技术品牌作为业务品牌和客户品牌的推动力，要善于把技术品牌转化为业务品牌或者客户品牌；强化业务品牌和客户品牌时，企业品牌的传播作为辅助手段，突出其与别的企业的区别。

（3）通过不同类型品牌的合理组合，全面提升电信品牌价值。发挥电信品牌的集中优势，需要将企业品牌、客户品牌、业务品牌、技术品牌和服务品牌进行多方面的组合。中国电信在推出细分市场业务品牌的基础上，强调为个人大客户提供个性化、为集团客户提供专业化、为公众客户提供标准化的分级服务，服务过程中顺势建立了"信之缘"大客户俱乐部，"Focus One 一站通"等服务品牌，全面提升了服务品牌价值。

11.2 品牌资产

11.2.1 品牌资产的构成

品牌资产作为一个系统概念，由一系列因素构成，品牌名称和标识物是品牌资产的物质载体，品牌知名度、品牌美誉度、品牌忠诚度和品牌联想构成品牌资产，而为消费者和企业提供附加利益则是品牌资产管理的实质内容。

1. 品牌知名度

品牌知名度是指被公众知晓、了解的程度，表明被多少或多大比例的消费者所知晓，反映的是顾客对品牌的熟悉程度，也是评价品牌对社会影响大小的指标，名牌就是相对高知名度的品牌。

（1）品牌知名度的层级。它分为 4 个层次：无知名度（Unaware of Brand）、提示知名度（Aided Awareness）、未提示知名度（Unaided Awareness）和第一提及知名度（Top of Mind）。品牌管理重点考虑后三个层次因素，它们呈一个金字塔形，越往上发展，越难实现品牌建设目标。

① 无知名度。它是指消费者对品牌没有任何印象，原因是消费者可能从未接触过，或者该品牌没有任何特色，容易让消费者遗忘，消费者因此一般不会主动购买此品牌的产品。

② 提示知名度。它是指消费者经过提示或某种暗示后，可想起某一品牌，能够说出自己曾经听说过的品牌名称。这是传播活动的第一个目标，在顾客选择品牌时具有重要意义。

③ 未提示知名度。它是指消费者在不需要提示的情况下就能准确区别出先前所见或听到的品牌。对这类产品来说，未提示知名度的往往不是一个产品品牌，而是整个品牌系列。

④ 第一提及知名度。它是指消费者在没有任何提示的情况下，自然想到或说出的某类产品的第一个品牌。有些消费者说到碳酸饮料，脑海中首选"可口可乐"；提到搜索服务，第一个想到的是"百

度"。这种现象表明，在每一个产品领域，都有第一提及知名度的品牌代表着市场领导者，或者说是强势品牌，品牌管理的任务就是设法从金字塔的低层上升到顶层，即让本企业的品牌在产品分类里具有第一提及知名度。

（2）品牌知名度的资产价值体现在以下几方面。

① 有助于人们产生品牌联想。品牌名称就像是人脑海中的一个特殊文件夹，里面可以装进与之相关的事实和情感。如果没有对品牌名称的认知，这些事实和情感就缺少了依托，消费者面临购买决策时，这些信息无法被消费者有效提取。而当以品牌名称为基础的品牌识别建立起来之后，只要将一些新的信息与品牌建立联系即可。如"娃哈哈"是一个知名度很高的品牌，提起它人们就自然联想到快乐、健康的孩子。

② 使人们由熟悉而引发好感。熟悉意味着拉近距离，意味着减少不安全感，消费者喜欢买自己熟悉的品牌，就像人们总是喜欢跟熟人打交道一样，人们也只会对已经非常熟悉的产品产生好感，产生忠诚。

③ 暗示某种承诺。品牌知名度作为企业产品的存在、实力、表现及其特点的信号，对于消费者来说非常重要，人们相信：扬名天下必然有其道理。这种推论向消费者暗示某种承诺的效果；相反，没有一定知名度，人们会自然而然地怀疑背后是否真的有实力企业支撑它。

④ 成为被选购的对象。决定购买某类商品，人们往往会挑选一些候选品牌，一般有三四个品牌。能否进入候选，知名度至关重要，知名度越高，越容易进入消费者的选择域。研究表明，深刻记忆与人们购买态度和行为之间关系存在着正相关，各品牌在测试中被记起的先后次序不同，在被优先选择和购买的可能性上就表现出很大的差别，特别是经常购买的日常消费品，品牌购买决策一般是在去商店之前就做出了。

⑤ 弱化竞争品牌的影响。消费者对信息的吸纳有过滤环节，有用的、新鲜的、有特殊意义的信息才有可能成为"长时记忆"并被储存起来。品牌知名度越高，意味着消费者对该品牌的印象越深刻，竞争品牌进入消费者"印象领域"的难度越大。

2. 品牌美誉度

品牌美誉度是指某品牌获得公众信任、支持和赞许的程度。如果说品牌知名度是一个量的指标，那么品牌美誉度就是一个质的指标，它反映社会影响的好坏。

美誉度越高，"口碑效应"就越明显，品牌的资产价值也就越高。即通过人们的口头称赞，一传十，十传百，引发源源不断的销售。调查报告显示，由口碑信息所引起的购买次数是普通商业广告效果的三倍，是人员推销效果的四倍。

3. 品牌忠诚度

（1）品牌忠诚度的含义。相当一部分消费者在品牌选择上呈现高度的一致性，即在某一段甚至很长时间内重复选择一个或少数几个品牌，很少选择其他品牌。这种重复选择、重复购买的倾向，称为品牌忠诚度。

（2）品牌忠诚度的层级。按品牌忠诚度可以把消费者分为 5 个层级，分别是无忠诚度者（No Brand Loyalty）、习惯购买者（Habitual Buyer）、满意购买者（Satisfied Buyer）、情感购买者（Like a Friend）和忠诚购买者（Committed Buyer）。品牌管理一般考虑后四个群体，它们也呈一个金字塔形。

① 无忠诚度者。指那些从不专注于一个品牌的购买者，他们对品牌不敏感，基本是随机性购买。

② 习惯购买者。指那些对产品满意或起码没有表示不满意的购买者，他们习惯性地选择某些品牌，但受到利益竞争者的影响时，个人转换品牌的可能性较大。

③ 满意购买者。指对产品感到满意并能感觉到品牌转换成本的购买者，购买另一个新品牌，会感到有时间、金钱、适应等方面的成本与风险，与习惯购买者相比，他们转换品牌的可能性更小一些。

④ 情感购买者。这类购买者真正喜欢某一品牌，并把品牌当作自己的朋友和生活中不可或缺的一部分，由衷地对品牌赞美，甚至具有情感的依附。这种情感建立在品牌识别、品质认知、使用经历等联想的基础上。

⑤ 忠诚购买者。忠诚购买者不仅个人持续、重复地购买特定品牌，而且还引以为傲，会向其他人积极推荐，拥有相当多数量忠诚购买者的品牌被誉为最有魅力的品牌。

在实际购买类型中，这五种层级并不总以单纯的形式出现，也有其他的复合形式。

（3）品牌忠诚的资产价值。研究发现，吸引一个新消费者的成本是保持一个已有消费者的 4~6 倍，从品牌忠诚者上获得的利润更是品牌非忠诚者的 9 倍之多。品牌忠诚度作为一项战略性资产，若对其恰当的经营开发，会给企业创造多项价值。

① 降低营销成本。留住老顾客比争取新顾客的成本小得多，拥有一批品牌忠诚者会降低企业的营销成本。

② 增强销售终端的谈判力。销售终端会保证品牌有优先的陈列空间，这些终端商店知道忠诚者会把哪些品牌列入购货清单。这在无形中对销售终端商店的进货决策产生了控制作用，在企业推出新的产品规格、种类或延伸产品时，这种作用尤为明显。

③ 吸引新顾客。这意味着一个使用者就是一个广告员，能自觉地帮助其他消费者树立购买信心，在其他消费者购买行为具有风险性时，这种作用极为明显。

④ 减缓竞争威胁。拥有一批忠诚购买者，抵御竞争产品攻击的能力会大大增强，因为忠诚者对品牌有种眷恋感。这就给竞争对手很大的阻力，并削弱了竞争者的利润潜力；同时，企业也争取到了对竞争做出反应的时间。

4. 品牌联想

（1）品牌联想的含义。联想是一种重要的心理现象和心理活动，事物之间的不同联系反映在人脑中，就会形成心理现象的联想。品牌联想就是消费者想到某一品牌时能记起的与品牌相关联的信息，比如产品特点、使用场合、品牌个性等，它大致可分为三种层次：品牌属性联想、品牌产品利益联想、品牌态度。

① 品牌属性联想是指消费者对于产品或服务特色的联想，比如消费者所认为产品和服务是什么。根据与产品或服务的关联程度，分为与产品有关的属性和与产品无关的属性。与产品有关的属性是指产品的物理组成或服务要求，它决定着产品性能的本质和等级；与产品无关的属性并不直接影响产品性能，但它可能影响购买或消费过程，主要包括产品颜色、包装、制造的厂家或国家、产品出售场所、认同该品牌的群体等。

② 品牌产品利益联想是指消费者认为某一品牌产品或服务属性能给他带来的价值和意义，可分为产品功能利益联想、产品象征利益联想和产品经验利益联想。功能利益是指产品或服务固有的或者内在的提供给消费者的利益，这种利益一般与产品相关属性匹配，是消费者购买的基本动机。例如，购买冰箱，就是为防止食物腐烂、速冻食品。象征利益是指产品或服务能提供给消费者的相对外在的利益，它一般与产品无关属性匹配，主要满足消费者的社交、自尊等较高层次的需要。经验利益是指消费者消费产品或服务后的感受，它既与产品相关属性相配，又与产品无关属性相配，这些利益能使消费者获得某种刺激获得感官愉悦。

③ 品牌态度是最高层次也是最抽象的品牌联想，指消费者对品牌的总体评价，直接影响着消费者品牌的选择，它通常建立在品牌属性和品牌利益上。如消费者对宾馆的品牌态度，大多建立在宾馆的位置便利、房间舒适、外观设计美观、服务质量上乘、娱乐设施齐全、食品安全性等评价上。品牌态度难以改变，从厌恶到喜欢有几个层次，每个层次都有一定的幅度。

（2）品牌联想的资产价值。品牌联想具有较高的资产价值，美好积极的品牌联想意味着被消费者接受认可、喜爱并有竞争力，易于取得成功，资产价值包括如下几个方面。

① 帮助处理信息。品牌联想引发个人传播（Individual Communication，也称自身传播），消费者头脑中汇集的大量信息，可以协助总结出一系列的事实情况和数据，这好比为消费者创造出一个袖珍信息库。此外，品牌联想还能影响到消费者对具体事实的解释和信息的回忆。

② 产生差异化。品牌联想可以为产品的差异化提供重要的基础，有区别的联想可能会成为关键的竞争优势，它给竞争者制造了一道无法逾越的障碍，品牌名称、市场定位、广告等沟通手段都可以创造差异化联想。

③ 提供购买理由。许多品牌联想都涉及产品特征，直接与消费者利益有关，通过表现出的信誉和自信影响消费者的购买决策，从而提供一个充足的理由促使购买或使用。

④ 成为品牌延伸的基础。品牌联想可以用于其他产品的市场推广上，因为它们可以共享同一种联想。例如，本田公司在小型发动机制造方面颇具经验，这种联想有利于它从摩托车生产延伸到摩托艇等产品上。

[案例 11-2]

构建品牌金字塔的五个步骤

任何一个品牌实现品牌全球化与消费情感本地化的最佳组合都不是件容易的事，消费者是决定不同竞争品牌谁能胜出的最终评判者。构建品牌与消费者密切关系的特定属性，虽然不同的国家会有不同的特定属性，但建立这种密切关系的步骤却是一致的，如图 11-2 所示。

图 11-2　品牌金字塔

构建品牌金字塔的五个步骤描述了消费者情感忠诚与品牌的关系的各个阶段。这个模型根据消费者情感忠诚的变化将关系分为五个层级，这种情感忠诚的变化会影响和支撑购买行为，诊断一个品牌的消费情感强度并进行跨品牌业绩比较时，品牌金字塔可以作为一个重要参考工具。

第一层级称为存在（Presence）。当消费者达到存在层级时，他们考虑产品种类时能主动回忆出该品牌，这是因为他们已经试用过或知道某人已经用过，也可能通过其他方式了解到品牌相关的一些信息。而当消费者认为该品牌的利益承诺对他们有些价值，并在可以接受的价格水平上，就达到了第二层级，即相关（Eelevance）。第三层级，即表现（Performance），是人们认为品牌传递了令人满意的基本功能性利益。第四层级即优势层级（Advantage）上，人们至少认为，品牌提供了一些有别于竞争对手的理性或感性利益。第五层级绑定层级（Bonding）的人们则会认为，品牌提供了产品种类中最重要的独有优势，对他们来说这是最好的品牌，人们购买一个自身与之绑定的品牌，比处于存在层级的机会至少高出 10 倍。

趣味讨论：结合自身经验，谈一谈自己心中不同层级的代表品牌。

11.2.2　通信品牌资产

1.　通信品牌资产的构成

通信品牌资产主要由品牌知名度/联想、感知质量、品牌形象、品牌忠诚度几个维度构成，这几个维度并不是孤立存在的，彼此之间都有紧密的联系，其中品牌忠诚度是品牌资产的核心维度。

（1）品牌知名度/联想主要是指消费者对某一电信服务品牌的各个方面产生的认同、记忆以及所引发的脑海中的各种想象。

（2）感知质量也称感知价值，是消费者对品牌效用的总体评价，它是由服务品牌质量的实际感知与对服务品牌的期望之间的差距来决定的，同时，消费者还会考虑自身所付出的成本。

（3）品牌形象是指电信服务品牌在市场上、在消费者的心中所表现出来的个性特征。电信服务的品牌形象包括企业形象、使用者形象和服务自身形象三个层面的内容，品牌形象应该是强有力的、独特的并且具有偏好的。

（4）品牌忠诚度是品牌资产的核心，是消费者在与服务品牌的接触过程中所形成的一种对品牌的偏爱的心理反应，主要包括态度忠诚和行为忠诚两个方面。其中，态度忠诚表现为消费者对品牌的情感共鸣、良好的口碑、推荐；行为忠诚则主要是指重复购买。

2.　通信品牌资产的形成过程

通信业品牌资产的形成与制造业相比既有联系亦有区别，通信品牌资产形成有其行业特色。从消费者角度可以将通信品牌资产界定为，通信服务企业（即电信运营商）的营销努力所引起的消费者心理和行为上对该服务品牌的差异化反应。

品牌之所以具有价值，是因为消费者能够得到内心深处所认可的、由品牌带来的各种效用，而这些效用集中表现为品牌资产，品牌就是这些效用的载体。品牌消费属于人类行为的一种，因此它也符合人类行为的"S—O—R"模式（S（Stimulus）表示刺激，O（Organism）表示个体生理、心理特征，R（Response）意为反应），这是消费者面对内外部的各种品牌信息的刺激，产生复杂的心理活动与行动，进而做出反应和评价的过程。品牌资产也就是在这一过程中逐渐形成起来的，该过程分为三个阶段。

（1）第一个阶段是消费者对通信品牌价值的感知过程。该阶段影响品牌资产形成的主要因素是：各类有关通信服务品牌的外部信息以及消费者本身具有的个性特征。消费者对各类品牌信息接收、感知判断和存储，形成对品牌的初步印象和评价，这些外部品牌信息来源十分广泛，包括企业方面和环境方面的信息。企业方面的信息包括电信运营商的实力、企业文化和企业的营销组合策略，环境方面的信息是指电信行业的法规完善程度与严格执行程度、产业成熟度、企业声誉与口碑、品牌消费意识等信息。

消费者的个性特征主要是指个人经济状况、爱好、价值观与生活方式等，此时消费者对品牌质量的感知主要是基于感性层面，所形成的品牌形象也不够清晰，在此阶段，企业的营销传播活动、内外部沟通交流、企业形象和价值观等都会对消费者产生影响。

（2）第二个阶段是指通信服务品牌的消费决策过程，包括心理和行为两个方面。在这个阶段，通过服务选购的体验，消费者会不自觉地将之前感知、联想与体验进行对照和修正，从而产生新的记忆，并形成对品牌的初步态度——是否购买。此时，企业通过提升顾客购买体验、提高服务质量可以很好地促进交易；同时应该注重对员工的培训管理，从而更好地与消费者沟通交流，展现企业文化和价值观，实现品牌价值。

（3）第三个阶段主要是指消费者形成的对品牌的感知、评价和态度，如果证实了之前对品牌质量的判断，也就最终确立了自己心中的品牌形象，购买后的态度也最终决定了品牌的忠诚度以及重复购买的可能性。在这个阶段，顾客体验仍然对服务质量起着至关重要的作用，当然，跟进的品牌沟通与员工的积极配合也必不可少，顾客根据消费过程中及消费后的体验与感受，给出态度与评价，心理上建立与品牌的关系并最终形成通信服务品牌资产。

[课外作业]

结合本节知识，请用一句话形容通信品牌的价值。

11.3 品牌策略

11.3.1 品牌化决策

品牌化决策是指企业决定产品名称、设计标志的活动。市场不太发达的历史阶段，许多产品曾经不用品牌，生产者和中间商把产品直接从桶、箱子和容器中取出来销售，无须带有供应商的任何辨认凭证。如今，品牌的商业作用日益重要，品牌化迅猛发展，已经很少有产品不使用品牌了，即使水果、蔬菜、大米和肉制品等过去从不使用品牌的商品，现在也以品牌包装形式出售。

品牌化虽然会增加成本费用，但也可以给企业带来以下好处：

（1）有助于企业细分市场。

（2）有助于树立良好的企业形象。

（3）有利于订单处理和对产品的跟踪。

（4）得到法律保护，防止别人模仿、抄袭。

（5）使企业有可能吸引更多的品牌忠诚者，形成品牌资产。

大多数购买者也需要品牌化，这是获得商品信息的重要来源，可更好地了解各种产品的质量好坏，并有助于提高购买效率。

虽说品牌化是商品市场发展的大趋向，但对于单个企业而言，是否使用品牌还必须考虑产品的实际情况，因为在获得品牌带来的利益的同时，建立、维持和保护品牌也要付出巨大的成本，包括包装费、广告费、标签费和法律保护费等。

11.3.2 品牌使用者决策

制造商决定使用本企业的品牌，还是使用经销商的品牌，或两种品牌同时兼用，称为品牌使用者决策。

品牌是制造商的产品标记，享有盛誉的制造商还将其商标租借给其他中小制造商，收取一定的特许使用费。近年来，经销商的品牌日益增多，西方国家许多享有盛誉的百货公司、超级市场、服装商店等都在使用自己的品牌，如著名零售商家美国的沃尔玛经销的很多商品都用自己的品牌；一些强势批发商也积极使用自己的品牌，增强对价格、供货时间等方面的控制能力。

当前，经销商品牌也已经成为品牌竞争的重要因素，使用经销商品牌会带来一些问题：经销商大量订货，需占用资金，承担的风险较大；经销商为扩大自身品牌的声誉，需要大力宣传其品牌，使销售成本增加。同时，经销商使用自身品牌也会获得诸多利益，表现在因进货数量较大而进货成本较低，进而销售价格较低，竞争力较强，利润较高；经销商较好地控制销售价格，可以在某种程度上控制其他中间商。

现实经济中，制造商和经销商之间的品牌经常展开激烈竞争。所谓品牌战，即制造商和经销商之间的品牌竞争，本质上是企业实力的较量。在制造商具有良好的声誉、拥有较大市场份额的条件下，无力经营自己品牌的经销商应多使用制造商的品牌；相反，当经销商品牌在某一市场领域中拥有良好的品牌信誉及庞大、完善的销售体系时，制造商借用经销商的品牌也是有利的。这就要求品牌使用者进行决策时，要结合具体情况，充分考虑制造商与经销商的实力对比，客观决策。

11.3.3　品牌战略决策

品牌战略选择应围绕企业的竞争实力来进行。企业要分析自己的情况，依据行业和市场发展特点，结合产品的特征，选择合适的品牌战略。下面将具体分析几种典型的品牌战略决策：单一品牌策略、主/副品牌策略、多品牌策略、产品线扩展策略、品牌延伸策略、新品牌策略、合作品牌策略。

1. 单一品牌策略

单一品牌策略又称统一品牌，指所有产品都同时使用一个品牌的情形。这样，不同的产品之间形成了一种最强的品牌协同，使品牌资产在完整意义上得到最充分的共享。适用于以下情况：产品具有密切关联性；产品质量水平大致相同；产品的目标客户群大致相同。

它的优势不言而喻，商家可以集中力量塑造一个品牌形象，让一个成功的品牌附带若干种产品，使每一个产品都能够共享品牌的优势。

另一个优势就是品牌宣传的成本低，宣传成本不仅仅指市场推广、广告费用，还包括品牌管理的成本，以及消费者的认知度。单一品牌更能集中体现企业的意志，容易形成市场竞争的核心要素，避免消费者在认识上发生混淆。

该策略也存在一定的风险，它有一荣共荣的优势，也有一损俱损的危险，某一品牌下的某种商品出现了问题，那么该品牌下附带的其他商品也难免会受到株连，甚至整个产品体系可能面临着重大的灾难。另一个方面，单一品牌策略缺少区分度、差异性小，往往不能区分不同产品独特的特征，不利于商家开发不同类型的产品，也不便于消费者有针对性地选择，因而在单一品牌中往往推出副品牌，以弥补这些缺陷。

2. 主/副品牌策略

主/副品牌策略是指在生产或经营多种产品的情况下，以一个统一的成功品牌作为主品牌，涵盖企业的所有产品，同时又给不同的产品冠以富有魅力的副品牌，副品牌可以从功能、品位、规格、档次等各种角度进行区分，以突出不同产品的个性形象。

主品牌和副品牌之间的关联，既可以是名称联系，也可以是视觉设计联系。例如，三九药业的产品品牌都由"999"作为主品牌，对不同的产品冠以各种副品牌：三九胃泰、999 感冒灵、999 皮炎平、999 帕夫林、999 汉莎创可贴等。

对主品牌而言，主要功能是向消费者再次确定，这些产品一定会带来所承诺的优点，因为这个品牌的背后是一个成功的企业。副品牌处于从属地位，主要是为了能形象表达不同产品的优点、个性，同时也弥补了单一品牌过于简单、不生动的缺点。副品牌的使用通常比较口语化、通俗化，具有时代感和冲击力，但是适用面较窄，因此，主、副品牌之间的设计要注意和谐与协调一致。如长虹红双喜、长虹红太阳等副品牌都是喜庆"红"系列，就不要出现不同意境的名称。

3. 多品牌策略

多品牌策略是指企业生产同一种产品，使用两种或两种以上的品牌。企业使用多种品牌，不仅仅是为了区别于其他的商品生产者，也是为了区分自己的不同商品，多品牌策略为每一个品牌各自营造了一个独立的成长空间。目前，中国电信运营企业针对越来越多的产品线而采用了多品牌策略。

（1）多品牌策略可以从不同角度来设计：

① 不同的产品性能，例如海尔的小神童系列、净界系列；

② 不同的目标顾客，例如五粮液按不同的对象推出了浏阳河、劲酒、金六福等产品品牌；

③ 不同的产品质量，如广州顶益食品公司旗下生产的康师傅和福满多系列方便面；

④ 促销角度，例如联想家用计算机为寒假促销而推出的家悦系列电脑。

（2）多品牌策略的优势主要有：

① 根据功能或者价格的差异进行产品划分，有利于企业占领更多的市场份额，面对更多需求的消费者；

② 彼此之间看似是竞争的关系，但是实际上也增强了整体的竞争实力，从而增加了市场的总体占有率；

③ 多品牌可以分散风险，某种商品出现问题，可以避免殃及到其他的商品。

（3）多品牌策略的局限性如下。

① 随着新品牌的引入，其净市场贡献率将呈边际递减的趋势。这一方面是由于企业的内部资源有限，支持一个新的品牌需要缩减原有品牌的预算费用；另一方面，创造新品牌会由于竞争者的反抗而达不到理想的效果，竞争者会推出类似的竞争品牌，或加大对现有品牌的营销力度。此外，在同一产品线上品牌的增多，各品牌之间可能会侵蚀对方的市场，特别是当产品差异化较小，或是同一产品线上不同品牌定位差别不甚显著时，这种品牌间相互蚕食的现象尤为显著。例如，当初中国联通推出 CDMA 业务时，相当一部分客户就是从联通自己的 GSM 客户转网而来的。

② 品牌推广成本大。企业实施多品牌策略，意味着不能将有限的资源分配给获利能力强的少数品牌，各个品牌都需要一个长期、巨额的宣传预算。因此，产品开发与促销费用能否从新品牌的销售额中收回来是实施多品牌策略前必须要考虑的问题。

[课外作业]

结合品牌策略相关知识，分析宝洁公司的多品牌策略的优缺点。

4. 品牌延伸策略

品牌延伸（Brand Extensions），是将一个现有的品牌名称使用到一个新类别的产品上，品牌延伸策略是将现有成功的品牌，用于新产品或修正过的产品上的一种策略。这并非只借用表面上的品牌名称，而是对整个品牌资产的策略性的使用。随着市场竞争的加剧，同类产品的差异化变得越来越困难，因而品牌成为厂商之间较量竞争力的一个重要筹码。于是，使用新品牌还是延伸旧品牌成了企业推出新产品时必须面对的品牌决策。

（1）品牌延伸策略有如下优点：

① 可以加快新产品的定位，保证新产品投资决策的快捷准确。

② 有助于减少新产品的市场风险。新产品一问世就已经实现了品牌化，甚至是知名品牌化，这可以大大缩短被消费者认知、认同、接受、信任的过程，并有效地降低了新产品的市场导入费用。

③ 有助于强化品牌效应，增加品牌这一无形资产的经济价值。

④ 能够增强核心品牌的形象，能够提高整体品牌组合的投资效益。

（2）品牌延伸策略存在以下缺点：

① 可能损害原有品牌形象。通常，强势品牌在消费者心目中有着特殊的形象定位，甚至成为该类产品的代名词。将这一强势品牌进行延伸后，由于"近因效应"的存在，即最近的印象对人们认知的影响较为深刻，就有可能对强势品牌的形象起到巩固或减弱的作用，如品牌延伸运用不当，原有强势品牌所代表的形象就会被弱化。

② 有悖消费心理。一个品牌取得成功的过程，就是消费者对品牌的特定功用、质量等特性产生特定心理定位的过程。企业把强势品牌延伸到和原市场不相容或者毫不相干的产品上时，就有悖于原有的心理定位。

③ 淡化品牌特性。当一个品牌在市场上取得成功后，在消费者心目中就有了特殊的形象定位，如果企业用同一品牌推出功用、质量差异很大的产品，会导致消费者对产品的认知模糊化，使消费者晕头转向，品牌特性就会被淡化。

5. 合作品牌策略

合作品牌策略也称为双重品牌，是两个或更多的品牌在一个产品上联合起来，每个品牌都期望另一个品牌能强化整体的形象或购买意愿。

合作品牌的形式有多种：

（1）中间产品合作品牌，如富豪汽车公司的广告介绍其只使用米其林轮胎。

（2）同一企业合作品牌，如摩托罗拉公司的一款手机品牌是"摩托罗拉掌中宝"，"掌中宝"其实也是公司注册的另一个商标。

（3）合资合作品牌，例如中国移动为动感地带客户定制的手机，会同时使用手机厂商的品牌和中国移动动感地带的品牌标识。

[案例 11-3]

品牌经典理论

随着市场情况的不断变化，品牌的营销理论也在不断推陈出新，以适应新的经济形式。从第二次世界大战后，在人们消费需求释放背景下首先产生的 USP（Unique Selling Proposition）理论，到 20 世纪 70 年代信息爆炸背景下产生的品牌形象理论，以及基于消费者心理而产生的品牌定位理论，都在指导着不同经济环境下的人们构建企业品牌，并让自己的产品脱颖而出。

1. USP 理论

该理论的内涵为"独特销售主张"，瑞夫斯指出：消费者只会记住广告中的一件事情——或是一个强烈的主张，或是一个突出的概念。

瑞夫斯提出了三个理论要点：① 广告必须对消费者提出一个主张，即购买本产品将得到的具体利益，即要告诉广告的受众，购买产品将会得到的特定好处；② 必须是竞争对手所不能或不曾提出过的，其独特之处是品牌的专有特点或是在特定的广告领域中没有提出过的说辞；③ 必须是具有强大促销力的、聚焦在一个点上且能够打动和吸引消费者来购买产品。

2. 品牌形象

该理论的内涵为：① 塑造品牌服务是广告最主要的目标，广告就是要力图使品牌具有并维持一个高知名度的品牌形象；② 任何一个广告都是对品牌的长期投资，广告应该尽力去维护一个好的品牌形象，而不惜牺牲追求短期效益的诉求重点；③ 随着同类产品的差异性减小，同质性增大，描绘品牌的形象比强调产品的具体功能特性重要得多；④ 消费者追求的是实质利益及心理利益，应该重视运用形象来满足其心理的需求。

3. 品牌定位

艾尔·里斯和杰克·特劳特在其著作中提出："定位是针对现有产品的创造性的思维活动，这不是对产品采取什么行动，而是指要针对潜在顾客的心理采取行动，是要将产品定位在顾客心中。并不是改变产品本身，而是要在消费者心中占领一个有利的地位，使品牌与其建立起一种内在的联系，这样，当某种需要一旦产生时，人们会首先想到某一品牌。"

定位理论的主要核心为：① 以打造品牌为中心，创建伟大企业的过程其实就是创造顾客、打造品牌的过程；② 从竞争角度看营销，营销就会有活力，营销必然走向创造顾客创造需求的新境界，不断引领企业开创新的未来；③ 以进入顾客心智为基本点，无论做什么样的营销，主要是让品牌进入顾客的心智，才能使顾客在需要时首先想到某一品牌。

趣味讨论：结合经典品牌理论和具体实例，谈一谈通信运营商应如何优化品牌策略。

11.3.4 品牌更新决策

1. 品牌形象更新

品牌形象更新，顾名思义，就是品牌不断创新形象，适应消费者心理的变化，从而在消费者心目中形成新的印象的过程，它有以下几种情况。

（1）消费观念变化导致企业需要积极调整品牌战略，塑造新形象。如随着人们环保意识的增强，消费者已开始把无公害作为选择的标准，企业这时即可重新塑造产品形象，形象更新为环保形象。

（2）产品档次调整。企业要开发新市场，就需要为新市场而塑造新形象，日本小型汽车在美国市场的形象，就经历了由小巧、省油、耗能低、价廉的形象到高科技概念车型形象的转变，不断地为品牌的成长注入了新的生命力。

2. 定位修正

任何企业都不存在一劳永逸的品牌，时代发展要求品牌的内涵和形式也不断变化，品牌定位修正从某种意义上就是从商业、经济和社会文化的角度对这种变化的再认识和把握。

（1）竞争环境使得企业定位修正。美国著名非可乐品牌"七喜"进入软饮料市场后，经研究发现，可乐饮料的定位总是和保守型的人结合在一起，而那些思想新潮者渴望能够找到象征自己狂放不羁思想的标志物。于是该饮料以新形象新包装上市，并专门鼓励思想新潮者组织各种活动，品牌的新市场定位给他们带来了生机，寻找到市场空隙、避实就虚的营销策略使得"七喜"获得了成功。

（2）时代变化而引起定位修正。创立于1908年的英国、欧洲领先的牛仔裤生产商李库柏（Lee Cooper），也是世界著名的服装品牌，历经近百年来的市场发展，他的品牌形象也在不断地变化。每个时代，都突出时代呼唤的品牌主题并不断更新定位：20世纪40年代——自由无拘束；50年代——叛逆；60年代——轻松时髦；70年代——豪放粗犷；80年代——新浪潮下的标新立异；90年代——返璞归真。

3. 产品更新换代

科学技术作为第一生产力，也是品牌竞争的实力基础。品牌要想在竞争中处于不败之地，就必须保持技术创新，不断地进行产品的更新换代。例如，当年香雪海冰箱的外资合作厂家曾经错误地估计中国技术水平及市场消费能力，误认为无氟制剂技术在几年之内不会获得成功也不可能投入使用，事实上，无氟环保冰箱很快便研制成功并批量上市。由于缺乏准确的市场判断，没有及时地对产品进行更新换代，在大发展的市场机遇下，眼望着竞争者先行一步并抢占商机而懊悔不已。

4. 管理创新

管理创新是企业生存与发展的灵魂，企业与品牌是紧密结合在一起的，企业的兴盛发展必将推动品牌的成长与成熟。品牌的维系，是企业管理的一项重要内容，管理创新是指从企业生存的核心内容来指导品牌的维系与培养，它含有观念创新、技术创新、制度创新、管理过程创新等内容。

11.4 通信品牌建设策略

11.4.1 通信品牌建设步骤

电信运营商培育一个优秀的品牌，需要从多方入手。综合全球行业内外的经验来看，品牌战略的实施过程离不开如下步骤。

1. 通信客户细分

通信客户细分是市场营销的基础，通过市场细分，运营商能够深入了解客户对整个通信产品需求的差异性，有针对性地提供产品和服务。如中国联通曾为青少年打造的"UP 新势力"客户品牌，除为其提供"合身"资费外，还联合手机厂家为其量身定制终端产品，更人性化地提供资费 DIY（自助，Do It Yourself）和服务联盟会员服务。

2. 规划品牌体系

运营商采取多品牌策略，需要重新规划品牌体系，使企业有机会最大限度地覆盖市场。但新品牌的推广费用非常大，将会加大企业的负担，操作起来也比较复杂。

3. 推出客户品牌

在市场细分和品牌体系规划的基础上，运营商以目标市场特征为基础，迎合目标市场需求特点和消费者习惯的客户品牌，提供差异化的产品与服务，包括差异化的客户服务体系，如服务热线、网站、服务经理等，专属渠道，通信内和通信外服务如积分计划，专属套餐，品牌形象等。

4. 组合新老业务

在某一客户品牌下，按照客户群体对通信的需求特点和消费习惯来组合业务品牌，全面满足客户的通信需求，同时降低客户在通信方面的成本。如中国联通公司针对"UP 新势力"用户，提供"互动视界"服务等。通信企业的品牌化建设则要做到保持平衡、稳步增长和理性的发展状态，才能最终品尝到品牌化建设的硕果，实现品牌资产的积累。

总之，一个杰出的品牌既包括良好的外在形象，又包括丰富的内涵。创造品牌的过程同时也是提升企业综合实力的过程。

11.4.2 通信品牌建设对策

1. 丰富品牌内涵

电信运营商品牌建设的驱动要素有：服务、资费套餐、奖励和回馈、渠道和产品，要对不同的品牌驱动要素进行组合，从而实现品牌承诺，丰富品牌内涵，挖掘驱动关键要素。

2. 细分通信客户

对客户进行市场细分，通过品牌战略提升企业竞争力，是许多国际著名电信品牌成功的关键。国外的电信运营商在品牌建设方面已经先行一步，如韩国 SK 电讯、日本 NTT DoCoMo、英国沃达丰、德国电信等都非常重视品牌建设和管理工作，并取得了较高的市场回报。

3. 加强品牌管理

运营商虽然对品牌建设表现出前所未有的重视，并为之投入了巨大的人力、物力和财力，但在品牌管理方面还存在很多不足，集中表现为缺乏明确的品牌责任主体以及统一的规划监控机制，这也是种种问题的根源。为此，运营商需要加强对品牌的管理，主要包括品牌规划与监控、宣传操作两个方面。目前，各个运营商都是由市场部、集团（大）客户部或者战略发展部等负责品牌管理工作，缺乏一支专业的品牌管理团队或组织，未来，运营商可以成立品牌管理委员会或类似机构，专门负责品牌管理。

同时，要明确集团公司与地方公司在品牌管理上的分工，集团公司统一负责品牌的规划与监控，包括建设的方向和思路、梳理品牌结构、统一宣传等；省公司则要利用其接近市场、了解市场的优势，在集团公司的指导下，设计具体的营销组合，包括制定产品策略、定价策略、渠道策略、促销策略等。

另外，还要建立相配合的绩效考核指标，完善激励与约束机制，将品牌管理工作步步落实。

4. 渠道营销支持

当消费者了解到某个品牌及产品功能、打算试用时，如果发现购买很困难或者不方便，或者购买后不能获得及时周到的服务，一样会对品牌失去兴趣，转而投向更容易接近的品牌。强大的渠道支持是品牌实现的保证，以便捷、完善的渠道为客户提供更加周到的服务，让用户真切感到品牌的贴身和贴心，是运营商提升品牌形象的利器。

如果运营商的代理渠道缺乏长期有效的激励和约束机制，会导致代理渠道稳定性差，短期行为明显，渠道忠诚度较低，在品牌形象的树立和品牌资产的维护上不能发挥作用，甚至产生副作用。因此，如何有力地控制渠道并激发渠道与运营商共同树立品牌意识，是值得运营商深入研究的课题。

5. 优势品牌联盟

与优势品牌结成战略联盟是树立自己品牌的捷径，特别是推出新品牌的实力或原有品牌的市场影响力不够时，品牌联盟可以更好地表明自己产品的品质，这意味着联盟中品牌的一方或双方均能取得对方公司的承诺，提升在市场中的地位。

电信运营商已经大步迈出了与优势品牌结盟的步伐，如中国移动与沃达丰的全面战略合作；中国联通与腾讯公司合作，推出"微信沃卡"。这些举措在一定程度上都达到了品牌优势的强强合作，提升了彼此的品牌资产价值。

品牌对电信企业来说，是一项长期的战略任务，品牌维系已成为电信企业日常经营的重要组成部分，在全业务竞争时代，其重要性更是不言而喻，谁的品牌策略运作能力强，意味着谁能引领电信行业竞争的潮流。

[课外作业]

谈谈通信产品品牌建设的意义。

<h1 style="text-align:center">案例分析</h1>

<h2 style="text-align:center">"魅族"品牌营销策略</h2>

成立于 2003 年的珠海魅族科技有限公司，最初生产 MP3 音乐播放器，它从代工起步，发展到自建品牌，再到 2006 年转型主攻智能手机，短短几年时间，实现了从创业之初的三名员工、几十万元资产发展成为员工近千名，年销售额达几十亿元规模的高科技企业，"魅族"品牌也成为国内数码消费产品领域引人关注的品牌之一。公司 2007 年产值 2 亿元，到 2012 年上半年产值就超过 10 亿元，2014 年 MX4 和 MX4 Pro 产品引发粉丝疯抢。而 MX4 产品的发布会更是引爆传播，并拿到了当日百度搜索风云榜 Top1；太平洋、中关村等 IT 垂直频道的版面也都发布了多篇报道，首页被"魅族"独占。那么，"魅族"品牌为什么能够在很短时间内传递无限魅力呢？

1. 产品创新，彰显魅力

通过不断创新，赢得消费者的青睐，是"魅族"品牌的法宝之一，其策略如下。

（1）选准目标消费者群。16～35 岁年龄段的人群，是产品最有力的购买者，从"魅族"名字上看，也就决定了这款手机主要是针对年轻一族的，为此，拥有满足很多青少年需要的功能，比如拍照、智能系统、音乐、游戏等方面的功能。另外，手机的外观所推崇的简约素雅的审美哲学，超越外在、挑战时间的设计宗旨，在用户体验上强调一种长久使用后的舒适感，也是针对年轻人而设计的。因此，"魅族"手机之所以能占据较好的市场份额，最主要的原因就在于抓住了该类群体的需求，这也是其成功的关键。

（2）根据目标消费者需求推出新产品。公司初出茅庐，推出的 MP3 并不被消费者认识，随后推出了开山之作 MX 系列产品，是"魅族"在 MP3 市场里的一个试金石，以性价比高来获取小众忠诚消费者的喜爱；等到主打品牌 Music card、Miniplayer 产品的推出，更是一举击败了当时国内国外所有的 MP3，成为市场销量冠军，"魅族"当仁不让地成为当年"国内 MP3 第一品牌"。随后，"魅族"的知名度越来越高，直到现在还有很多消费者对"魅族"的 MP3 有一种深深的不舍之情。回顾历史，从 2003 年涉足到 2006 年退出 MP3 行业，公司只推出 M3、M6、E6 等几款产品，在几乎没有任何广告宣传的情况下，竟实现了国产 MP3 第一品牌的梦想；播放器的问世在国内名声大震；2014 年推出的 MX4 Pro 更是以八核处理器、超窄边框、2100 万像素，成为当时性价比最高的智能大屏手机，堪称经典之作。

（3）实施模仿创新的战略。进军手机市场后，魅族以苹果公司为标杆，主攻智能手机市场，该市场的快速增长，这给魅族带来很大的发展机遇。针对中国用户的操作习惯，根据安卓系统深度改进定制，自己做成 Flyme 系统，为用户带来更流畅的使用体验。此外，产品靓丽大气的外形一直吸引着广大用户，从产品 MX 沿用不寻常的 3:2 的屏幕，到 MX2 沿用 16:10 的屏幕，在外形及工艺设计上受到大多数追捧者的称赞。

（4）注意塑造产品的特色和个性，区别于众多竞争者。做工极致精细，使其手机越来越趋近于一件工艺品。手机市场是一个快速发展、日新月异的市场，"魅族"手机不仅紧跟最新时代的工艺技术生产手机硬件产品，而且紧跟最新科学技术，配备主流、先进的组装元件，不断地对自己产品进行更新换代，使原有的产品结构和性能得到改良和提高。

（5）善于做减法。为了产品创新的专注性，他们非常善于做减法。例如，曾经投入不少人力物力去开发PC（个人计算机，Personal Computer）套件，从而能够扩展手机的功能，还能用来管理音乐和视频等内容，以及安装应用程序。但是，公司后来终止了PC套件的研发，因为随着云计算技术的普及，有更好的方式来实现PC套件的功能。对此决策，黄章（公司的创始人和CEO）解释到："未来手机是独立和网络连接的终端，和PC可以没关系。"

2. 网络推广，传播魅力

经过几年的探索和发展，通过对网络营销和传统营销手段的整合，魅族的网络营销模式已趋于稳定和成熟，其现有的网络营销手段包括：

（1）企业网站营销。建立了自己的产品社区，产品拥有者可以在线交流，互相探讨产品的应用问题，会有专门的管理员对消费者的问题进行解答。积极活跃的消费者由此获得"魅币"，而币值的多少就可以用来决定消费者参与论坛的级别，如果能够成为VIP会员，他们就会得到参加特别环节的机会。

（2）论坛营销。其整个营销体系几乎都是围绕论坛展开的。论坛版主和工程师经常在论坛与用户交流、互动，与用户一起分享使用心得，实时解决用户遇到的问题。论坛作为人性化的沟通渠道，拉近了公司与用户之间的距离。

（3）微博营销。微博作为一种新型网络营销工具，具有成本低、传播性强、精准度高等优点，双向互动的交流方式拉近了企业与消费者的距离，这样一种可信关系是开展持续营销的关键。公司通过开展"转发微博送手机"的营销活动，吸引广大网友积极参与，不但短时间获得了几十万粉丝，同时也提高了品牌的知名度。

（4）联盟营销。2012年年底，秉承开放合作的理念，魅族与京东商城结为战略合作伙伴关系，签订了8亿元年度采购协议，并与中国联通合作推出"合约机套餐"计划。这一系列动作，不仅丰富了销售方式、拓宽了网络销售渠道，而且借助京东商城和中国联通的平台，更令其品牌形象和销售额获得质和量的提升。到了2014年，魅族又与苏宁电器结为战略合作伙伴关系，进一步拓展销售渠道，提升竞争力。

3. 魅友文化，凝聚魅力

网络营销的直接结果是造就了大批"煤油"（魅友）。据资深"煤油"反映，从第一款产品开始，品牌创始人黄章就以"J.Wong"的名义，平均每天发帖3~4个，或帮用户解释疑问、解决问题；或与开发者探讨技术、交流经验，有时也忍不住像愤青一样毫不留情地指责不守规矩的经销商。不仅黄章老板自己如此，员工每天也都会到互联网上去了解用户反馈的各种信息。对此，一位老员工说，互联网是接触用户和市场的最直接、最有效的媒介。如今，论坛上有超过240万注册用户，每天的发帖量超过6万，同时在线IP可以超过17万个。此外，由"煤油"自发建立但与公司并无往来的"煤油"网站和论坛竟有十来个，有"魅友家""魅友骑行团"等社团，会把参加活动的感想、照片、视频上传到论坛，增强了魅友的凝聚力和对魅族的归属感。

魅友文化已经成为吸引新的消费者选择"魅族"产品的一个因素。"魅族"品牌的口碑效应，形成了魅友与魅友、魅友与一般消费者之间的良性互动式的品牌传播模式。在这个话语权开放的网络时代，公司通过这样的传播渠道，能够收集起反映消费者好恶的信息并加以管理，从而制止不良信息的流传。

4. 整合传播，提升魅力

整合营销传播一方面把广告、促销、公关、直销、CI（Corporate Indentity，企业形象识别）、包装、新闻媒体等一切传播活动都涵盖于营销活动的范围之内,另一方面则使企业能够将统一的传播信息传达给顾客。其中心思想是通过企业与顾客的沟通,发挥不同传播工具的优势,从而使企业实现促销宣传的低成本化,以高强冲击力形成促销高潮。

(1)与广告传播的整合。"魅族"不仅在网络传播上,在广告方面的表现也非常突出,主要传递品牌信息的时尚动感和完美音质,以及带给消费者独特的音乐享受。这类广告虽然没有铺天盖地,更新换代的速度也称不上频繁,但是针对性强,能够抓住消费者。年轻人始终是他们主攻的重点,而年轻人最为喜欢新鲜刺激、好玩,自然而然,在以娱乐节目为主的湖南卫视就可看见"魅族"的广告。

(2)与公关活动的整合。除了常规的广告宣传,从 2005 年起就开始举办"全国音乐校园行"的活动,该活动覆盖十余所城市的百余所高校,是全新的年度全国音乐校园盛会;同时,举行"一切,因您而动"的零距离产品体验,大量精美礼品派送、校园嘉年华、精彩晚会、诱人大奖等。这个活动本身是音乐盛会,和主推的产品音乐播放器有很好的关联度,增加了和目标消费者群接触的机会,为宣传产品和品牌形象提供了最好的传播环境。

(3)与特殊媒介的整合。整合营销传播的精髓在于各类媒体传播信息的统一性,即"用同一个声音说话"。为了显示"魅族"品牌时尚、新潮的品牌价值,它的传播媒介甚至细致到一张邀请函上。例如,2012 年 11 月 27 日,在水立方举办产品 MX2 上市展示会,之前两周左右,很多媒体陆续收到了颇具特色的邀请函——玻璃材质,并制成了手机模样。媒体的老记小编们纷纷对手机配置、价格等进行猜想,在自己媒体发稿,引发了更大范围的关注和讨论。这正是"魅族"的"别有用心"之处。这种"犹抱琵琶半遮面"的适度曝光,制造出一种距离的美感,既满足了大众的好奇心,又激起了更多的探求欲,将人们的心理活动掌握得恰到好处。

(4)与评测活动的整合。依靠"小熊在线""中关村在线"这类传统的 IT 产品评测网站,吸引"玩家"注意,是"魅族"传播的另一利器。大多数"玩家"在购买产品之前都会参考这些网站的评测意见。而一旦在"玩家"中拥有不错的口碑,这些口碑效应又可以通过意见领袖去影响其他消费者。对于资金并不雄厚的魅族公司来说,这是最为行之有效的营销传播模式。

分析点评:

移动互联网时代,手机成为最重要的移动终端,对人们的工作生活产生重大的影响。众所周知,用户为干是移动互联时代手机品牌最需要关注的问题,纵观"魅族"品牌的发展,手机质量以及手机功能不断满足用户的需求是贯彻始终的营销策略,顺应潮流成立的用户交流社区,更是以加强与用户的联系和倾听用户的需求为宗旨。

思 考 题

1. 什么是品牌?什么是通信品牌?通信品牌有何特征?

2. 什么是品牌资产?它是如何形成的?通信品牌资产的形成有何不同?

3. 电信运营商在发展品牌化战略中有哪些重要决策?

4. 通信品牌建设的步骤是什么?通信品牌建设过程中有什么策略?

第12章 通信价格策略

价格策略是指企业通过对顾客需求的估量和产品成本的分析，选择一种能吸引顾客、实现市场营销组合的价格来进行市场推进。价格策略是 4P 营销组合中最活跃的一个因素，是竞争的主要手段，它的运用直接关系到企业营销目标的实现。

价格的变化直接影响顾客的购买行为，也直接影响着商品的销售和利润。企业定价不仅要考虑补偿成本，获取利润，同时还要考虑到消费者对价格的承受能力，如果价格不能被消费者所接受，那么市场营销组合的各种努力都是徒劳无功的。所以，价格策略是营销组合中重要的组成部分，与产品策略、分销渠道策略和促销策略相比，它是企业可控因素中最难以确定的因素。

本章在介绍了影响价格因素的基础上，围绕通信企业，对定价程序和方法、定价策略做了系统的阐述。

12.1 影响价格的因素

价格是表现价值的手段，是商品价值的货币表现形式，一般是以价值为基础。这是价格的本质，也是价格的定义。

商品价格的高低主要是由商品价值量的大小决定的。除此之外，企业在制定其产品或服务的价格时，还会受到其他内外部因素的影响和制约，来自内部的影响因素主要有企业的定价目标、产品成本等；来自外部的影响因素主要有市场结构、市场需求、竞争力量等。

12.1.1 内部因素

内部因素是在企业内部形成的，属于企业可控因素，主要包括定价目标、产品成本、产品差异性和企业销售力量 4 个方面。

1. 定价目标

定价目标是企业在不同发展时期，用以指导产品定价工作的预定目标。定价作为企业经营活动的一项重要内容，其一般目标是在符合社会总体利益的原则下，取得尽可能多的利润。但是由于定价要考虑的因素很多，从而企业的具体目标也呈现出多样化。企业定价的目标主要有 5 种：以利润为目标、以销售为目标、以规模为目标、以竞争为目标、以社会效益为定价目标。

2. 产品成本

产品成本是企业生产和销售产品或提供劳务所耗费的各项费用之和，是企业定价的下限和基础。产品成本越低，商品价格也越低，因此，成本的高低是影响价格的一个重要因素。一般来说，产品价格必须能够补偿产品生产、销售、储运、促销等所有支出，并补偿商品经营者为其所承担的风险支出，产品价格只有高于成本，企业才能在为消费者提供服务的同时获得利润。

电信运营商在提供电信产品（服务）时，需要一次性投入大量资金建设通信网络，网络的构建需要按照用户最大需求量考虑，而网络一旦建成，大部分成本随即成为沉淀成本，随后基于此网络所提供的电信产品（服务）的边际成本却相当低廉，几乎可以忽略不计。因此，运营商所拥有的用户越多，其单位固定成本就越低，将来在价格的制定上也更具优势。此外，电信产品（服务）的成本构成较庞杂，包括核心网络成本、无限网络成本、接入成本、运营维护成本及折旧费用等，因此，运营商很难根据沉淀成本或增量成本来进行产品定价，特别是对新产品（服务）的定价。

3. 产品差异性

产品差异性是指本企业的产品与竞争者的同类产品相比，在功能、质量、外形、包装、售后服务等方面的特色。一般来讲，越有特色、越迎合消费者心理的产品，即使其价格制定得较高，消费者也是乐于接受的。因此，产品差异性会影响企业产品的定价。在北京，拥有固话优势的中国联通将固话产品与 ADSL 宽带业务相捆绑，宽带套餐内终端间通话享有一定的免费时长，加之公司的服务质量较高，因此得到了众多本地网民的青睐，而其略高的价格并未影响到消费者选择的热情。

4. 企业的销售力量

产品从生产者到消费者，一般要经过流通环节。企业可以自建销售网点直销，也可以委托代理商分销，即中间环节可以是零渠道，也可以是多渠道。如果企业的销售力量差，对中间商依赖程度大，那么企业在最终定价时受到的约束就大；反之，如果企业独立销售活动能力强，对中间商依赖程度小，那么企业在最终定价时所受到的约束就小。

12.1.2　外部因素

外部因素是在企业外部形成的，属于企业不可控因素。它主要包括市场结构、市场需求、国家有关政策法规、竞争力量、商品间比价 5 个方面。

1. 市场结构

现代市场经济中，按照竞争的情况，可分为完全竞争、完全垄断、垄断竞争、寡头垄断 4 种市场结构。不同的市场结构条件下，企业间竞争强度不同，企业在市场中所处的位置不同，对产品价格的控制程度也有很大差异。

目前，我国电信业务市场基本属于寡头垄断的市场结构。随着我国通信市场的进一步放开，通信市场格局还将发生变化，作为电信企业的经营者也要顺应这种变化，制定市场竞争价格。

2. 市场需求

消费者的收入、消费观念、商品自身价格、同类产品的价格改变等，必然引起消费者需求的变化，因此市场需求是影响定价的一个重要因素。不同商品的需求特点不同，消费者对价格会有不同的反应。

3. 国家有关政策法规

国家总是密切关注物价的波动，通过规定其所控制的产品或服务的价格，对价格水平施加影响，以防止通货膨胀和保持经济稳定。国家相关的政策法规对企业产品价格决策具有硬约束，企业制定价格时，必须符合国家政策、法律的规定，服从行业条例、法规的管理。

4. 竞争力量

产品的最高价格取决于消费者对该产品的需求，最低价格受限于产品的成本。在最高价格与最低价格之间，究竟能定多高的价格，则要受竞争对手产品价格的影响。通常来讲，企业要根据市场竞争对手的实力和本企业在市场中所占的份额来制定产品的价格。目前，通信行业里存在着三家全业务运营的电信运营商，其竞争的激烈程度自然不言而喻，但在移动通信类产品与服务中，中国移动的实力更为雄厚，其产品和服务也更受欢迎，所以某些产品的定价略高于市场平均价格水平。

5. 商品间比价

商品间比价是指在同一时间内、在同一地点，一种商品与另一商品之间的价格比例。同一企业提供的产品总是有一定的相关性，因此在定价时可以综合考虑各种产品，使它们的价格能相互协调，促使企业的整体效益达到最优。在定价过程中，会发现某些业务之间有很强的相近性。比如 DDN（Digital Data Network，数字数据网）和帧中继业务，它们的传输通路是相同的，在难于测算帧中继业务成本的情况下，利用两者之间的比较来制定帧中继的资费。

[课外作业]

我国通信企业在业务资费制定中是如何落实国家政策法律规定的？

[案例 12-1]

电信资费市场化

2014 年 8 月 15 日，国务院修改《中华人民共和国电信条例》，放开了网间互联协议和电信资费定价的限制。其中，电信资费由原来的"实行以成本为基础的定价"改为"实行市场调节价"，并删除了"政府指导价""政府定价"等相关条款，这一改动实现了电信资费由政府定价向市场定价转变在法规层面的落实。

政府制定全国统一的电信资费标准，是我国在参照发达国家垄断时期的电信资费制定和管制方法的基础上形成的，这种方法曾经有效地支持了中国电信业的发展。但是随着通信业竞争日趋激烈，执行市场调节价显得更加必要。目前运营商的价格竞争仍集中在语音和数据等基础业务上，如果任何一次调整都要经过政府批准或者报备，那必然会在竞争中束缚住手脚，不利于充分竞争的进行。

此外，随着虚拟运营商被批准进入通信市场，市场主体不再三分天下，由市场而非政府主导的电信资费体系将会给运营商带来更多机遇与挑战。放开资费定价限制，有利于运营商加强创新经营管理，提供差异化、多样化的品牌和服务，从而在竞争中立于不败之地，市场竞争也会更加有序、充分和有效。

条例修改后，电信企业可以根据市场情况和用户需求制定电信业务资费标准，自主确定资费结构、资费标准及计费方式。基础电信运营商和民营虚拟运营商均实行自主定价，充分参与市场竞争。主管单位仅作为监督部门，站在维护消费者合法权益的角度，对各个运营商的资费方案进行必要的监管。今后，企业应按照有关部门的要求，用市场机制确定资费价格，充分满足客户的多元化资费需求，同时努力降低经营成本，最终让广大消费者得到最大实惠。

趣味讨论：基础电信运营商和民营虚拟运营商如何充分利用市场机制实行自主定价？

12.2 定价程序和方法

12.2.1 定价程序

企业定价分为以下 6 个步骤,即选择定价目标→需求测定→估算成本→分析竞争因素→选择定价方法→确定最终资费。

1. 选择定价目标

定价目标是企业在对其生产或经营的产品制定价格时,有意识地要求达到的目的和标准。定价目标的确定又是企业制定定价方法和定价策略的依据,所以确定定价目标是制定价格的第一步。企业定价目标大致有以下 5 种类型,如表 12-1 所示。

表 12-1　企业定价目标

定价目标类型	目标具体形式
利润目标	<ul><li>最大利润</li><li>预期利润</li><li>满意利润</li></ul>
销售目标	<ul><li>保持、提高市场占有率</li><li>优化分销渠道</li></ul>
规模目标	<ul><li>维持企业生存</li><li>扩大企业规模</li><li>多品种经营</li></ul>
竞争目标	<ul><li>高于竞争对手</li><li>与竞争对手同价</li><li>低于竞争对手</li></ul>
社会效益目标	<ul><li>社会公共事业</li><li>社会市场营销概念</li></ul>

(1)以利润为目标。许多企业经常以追求利润作为定价目标,它是指企业在一定时期内,通过采用一定的定价方法和制定一系列的定价策略,获取最大利润、预期利润或者满意利润。

① 以最大利润为目标。这一目标下企业要制定一个能达到最大利润的价格。但是,追求最大利润不等于追求最高价格,而是指达到企业长期目标的总利润。

在以最大利润为目标的情况下,电信企业在决定电信产品价格时主要考虑以何种价格出售可以获得最大的利润,因此,当电信运营商所提供的电信产品在市场上享有较高的声誉,在竞争中处于有利地位或产品供不应求时,可以以此作为目标。

② 以预期利润为目标。任何电信企业对其所投入的资金,都希望获得预期的报酬水平,而预期投资报酬水平通常是通过投资收益率来表示的。以实现预期利润为目标,是指电信企业以获取一定投资收益率的利润为定价基点,将成本和费用加上一定的利润作为商品销售价格。在成本费用不变的情况下,电信产品的价格取决于电信企业确定的投资收益率。

③ 以满意利润为目标。由于生产经营活动和市场的不确定性,各种变量因素的复杂多变及决策

者主观条件的制约，最大利润目标往往难以实现，而满意利润才是大多数企业信奉的定价目标。这些企业根据成本制定价格，以确保投资者和管理者获得"满意"程度的利润。

（2）以销售为目标。以销售为目标主要包括两种形式：保持或提高市场占有率和优化分销渠道。

① 保持或提高市场占有率。市场占有率是指企业产品销售量（额）占本行业同类产品总销售量（额）的比例，它能够反映企业的经营状况以及企业产品在市场上的竞争能力，对于企业而言是非常重要的指标。为维持或提高市场份额，企业常采用低价策略扩大企业的销售额，因为较高的销售额会导致较低的单位成本和更好的长期利润。以此为定价目标的企业应具备以下条件：企业必须有充足的资金和原料保证，具有大批量生产的能力；产品需求弹性较大，低价会刺激市场更快地扩大；单位产品的生产和销售成本随生产经验的积累而下降。

② 优化分销渠道。企业在市场营销活动中，分销渠道畅通与否直接关系到企业能否取得良好的销售效果，特别是对于那些主要依赖于中间商完成产品销售的企业更是意义重大。为了获得更多的销售渠道，调动中间商销售产品的积极性，企业通常要在返利政策、售后服务、产品培训等方面比竞争对手更具优势。

（3）以规模为目标。以规模为目标包括3种形式：维持企业生存、扩大企业规模、多品种经营。

维持企业生存的目标，是在既定销售水平下，使销售收入能满足回收成本，并维持简单再生产或转产的需要量的最低定价。

以扩大企业规模或者多品种经营为目标时，需要结合该产品在企业战略中的定位，选择、制定与企业战略发展相符合的价格。

（4）以竞争为目标。企业为了保持或增强竞争地位，经常会利用价格这个最锐利的竞争武器。大多数电信企业对于竞争对手的价格非常敏感，在分析电信企业的产品竞争能力和所处的市场竞争地位后，以对产品价格有决定影响的竞争对手的定价为基础，根据竞争形势以及企业自身情况，来制定产品价格，具体有以下3种情形。

① 高于竞争对手价格。采用高于竞争对手的定价，通常是指那些势力雄厚、产品质量优异、服务水平很高，或受专利权保护、拥有其他产品不可比拟的优势的企业，他们通过高于竞争对手的定价，树立优质产品的形象。

② 与竞争对手同价。当一个企业的产品与其他竞争对手无明显差别，为了保持其在竞争中的地位，常常采取与竞争对手同价的维持价格，这既能稳定产品的市场价格，又能避免挑起价格大战，从而稳定企业的地位。

③ 低于竞争对手价格。在一些情况下，企业可以利用低价维持自身的竞争力，如以低价格阻止竞争对手进入市场；用临时性的降价手段激发顾客的购买欲望；用某一种产品的低价来促进产品线中其他产品的销售等。

（5）以社会效益为目标。当前越来越多的人开始关注环境污染、资源浪费等社会问题，企业为使产品树立社会公共事业的形象或创造社会市场营销概念，可以选择高于同类产品的定价策略，并通过宣传告知公众企业产品的环保性能、资源优势等。这样，企业可以在公众中树立起一种对社会负责任的企业公民的形象。

2. 需求测定

价格与市场需求直接相关，在正常情况下，需求和价格成反比，即价格越高，需求越小，价格越低，需求越大。

消费者在选择电信产品（服务）时会根据自身的收入、职业、年龄、性别及兴趣爱好等各方面因素对其做出选择。周围人群的消费观念、商品自身价格、同类产品价格的改变等，也会引起消费者需求的变化。不同商品的需求特点不同，消费者对价格的变动会有不同的反应，主要可以通过需求的价格弹性、收入弹性、交叉弹性来衡量。

3. 估算成本

需求在很大程度上为企业确定了一个最高价格限度，而成本则决定着价格的底数。产品的成本是定价的基础，产品价格只有高于成本，企业才能在为消费者提供服务的同时获得利润，因此在新产品投产前要估算成本。

4. 分析竞争因素

产品的最高价格取决于消费者对该产品的需求，最低价格受限于产品的成本。在最高价格与最低价格之间，究竟能定多高的价格，则要受竞争对手产品价格的影响。因此，企业要调查研究，做到知己知彼，才能使定价恰到好处，以便在竞争中取胜。

5. 选择定价方法

主要有 3 种定价方法可以选择：成本导向定价法、需求导向定价法和竞争导向定价法。选择定价方法的前提条件是，摸清市场需求、竞争状况和产品成本。

6. 确定最终资费

在完成以上各个步骤之后，就可以计算出可行的基本资费。之后，则需要考虑如下因素的情况下，确定最终资费。

（1）要考虑是否符合政府有关政策法规。

（2）要考虑是否符合消费者的心理。

（3）要考虑企业定价策略与营销策略的配合。

[课外作业]

什么是需求的价格弹性、收入弹性和交叉弹性？试结合通信企业的实例加以说明。

12.2.2 定价方法

为了实现定价目标，企业需要采取适当的定价方法，为企业的产品确定一个基本的价格，并在此基础上依据定价策略进行相应的调整。企业定价方法主要考虑产品成本、市场需求以及竞争状况三大要素，具体的定价方法如图 12-1 所示。

1. 成本导向定价法

成本导向定价法是以产品成本为依据的一种定价方法。根据定价所依据的成本不同，该方法可分为成本加成定价法、盈亏平衡定价法、目标利润定价法和变动成本定价法。

（1）成本加成定价法是成本导向定价法中一种传统的定价方法，它是以产品单

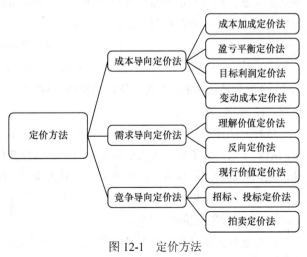

图 12-1　定价方法

位成本为基础，加上一定比例的利润，从而形成产品的价格。其计算公式如下：

$$产品单价=产品单位成本\times(1+成本加成率)$$

成本加成率是预期利润占产品单位成本的百分比。不同行业在不同的时间、地点、市场环境下，加成率也应该不同。电信企业的某一电信产品在特定市场以相同的价格出售时，成本低的企业能够获得较高的利润，并且在价格竞争时可以拥有更大的回旋空间。

（2）盈亏平衡定价法又称收支平衡定价法或保本定价法。它是以销售产品的总收入与产品总成本的平衡，来确定产品价格的一种方法。

盈亏平衡时产品销售量为

$$Q=FC/(P-AVC)$$

保本销售价格为

$$P=(FC+Q\times AVC)/Q$$

式中，Q 为盈亏平衡时的销售量；FC 为固定成本；P 为保本销售价格；AVC 为单位产品变动成本。

以盈亏平衡点确定的价格只能使电信企业的生产消耗得以补偿，而不能得到收益，是电信企业可以承受的最低价格。因而这种定价方法是在企业产品销售遇到了困难，或市场竞争激烈，为了避免更大的损失，将保本经营作为定价的目标时才使用的方法。

（3）目标利润定价法是企业根据预期获得的利润来确定产品价格的方法，计算公式为

$$P=(C+R_o)/Q_o$$

$$C=FC+AVC\times Q_o$$

$$R_o=Iv\times R_a$$

式中，P 为单位产品价格；C 为产品总成本；R_o 为目标利润总额；Q_o 为预测的销售量；FC 为固定成本；AVC 为单位产品变动成本；Iv 为投资总额；R_a 为目标报酬率。

目标利润定价法的优点是：比较全面地考虑了电信企业资本投资的经济收益；有助于确定能获得一定资产报酬而企业又可以接受的最低价格，因而该方法比较适合在选择最佳定价方案和投资方案时采用。但这种定价法是根据计划产品或销售量来推算价格的，而价格又是影响销售量的一个重要因素，因此，据此计算出来的价格不一定能保证销售量达到预期目标，从而影响目标收益的实现。

（4）变动成本定价法又称边际贡献（目标贡献）定价法，是在产品变动成本基础上，加上一定的边际贡献，从而制定产品价格的一种方法。边际贡献是产品价格与变动成本之间的差额，用来补偿固定成本费用的企业盈利，计算公式为

$$MR=P-MC$$

$$P=MC+MR=(C+R)/Q$$

式中，MR 为边际贡献；P 为单位产品价格；MC 为单位变动成本；C 为总变动成本；R 为预期目标贡献；Q 为产（销）量。

这种方法暂时不考虑固定成本，只根据变动成本来确定产品的单价，同时也明确了企业产品价格的最低极限，即价格必须大于其变动成本，这样其所获得的边际贡献才能弥补部分固定成本。由此可见，此定价法的基点是：不求盈利，只求少亏。因此，一般是在卖主竞争激烈时，企业为迅速开拓市场时经常采用的较为灵活的定价方法。

2. 需求导向定价法

这种定价方法又称"顾客导向定价法""市场导向定价法"。需求导向定价法是指企业主要以市

场上对产品（服务）的需求强度和消费者对产品（服务）价值的理解程度为基础来确定价格的一类定价方法，它注重需求的因素而相对不注重成本和竞争因素对定价的影响。需求导向定价主要包括理解价值定价法、反向定价法两种。

（1）理解价值定价法是指电信企业以顾客对电信产品价值的认知程度为依据，运用各种营销策略和手段，影响顾客对电信产品价值的认知，形成对电信企业有利的价值观念，再根据电信产品在顾客心目中的价值制定价格。这种定价方法的基本思想是：认为决定商品价格的关键因素是买方对商品价值的理解水平，而不是卖方的成本。

此种定价法的优越性明显，但能否准确测定和分析顾客对产品的理解价值水平成为定价的关键。目前采用的方法有以下 3 种。

① 直接价格评定法，即邀请与产品相关的人员，如顾客、中间商及有关产品专家等，直接对产品价格进行评议，最后企业根据有关人员的实际出价或平均价格来确定产品的最终售价。

② 相对价值评分法，即用评分方法对多种同类产品进行评分，再按分数的相对比例和现行平均市场价格，推算评定产品的理解价值。这种方法通过将本企业产品与竞争者产品进行比较，来评定本企业产品的相对价值和绝对价格。

③ 属性诊断评议法，即邀请相关人员，用百分制评分法对一种产品的多种属性进行打分，如信誉、功能、质量、可靠性、外观和服务水平等，并根据各种属性的重要性和对价格的影响力，确定相对权数，最后通过加权平均法计算出产品的理解价值。

（2）反向定价法是在产品设计之前，先按消费者能接受的价格确定产品的市场零售价格，然后逆向推出批发价、出厂价以及产品成本的定价方法。

反向定价法是以市场需求作为定价的起点，按照新模式（零售价→批发价→出厂价→产品成本）组织设计、生产和销售。它的指导思想是以消费者需求为中心，使价格更具竞争力。运用反向定价法的关键在于搞好市场调查，确定合理的产品营销价格。电信市场营销过程中对集团用户租用或割脉专线等业务经常采用此种定价方法。

3. 竞争导向定价法

竞争导向定价法是指企业在制定价格时，主要参照市场上相互竞争的同类产品的价格水平，并随市场竞争的变化制定和调整产品价格的方法。通常有现行价值定价法、招投标定价法和拍卖定价法 3 种方法。

（1）现行价值定价法又叫随行就市定价法，是指以电信行业的平均现行价格水平为基础来确定企业电信产品的价格，使本企业电信产品的价格与竞争对手的平均价格保持一致。这种定价法的好处是可以避免价格竞争，使企业获得稳定的市场份额，因此适合于同质产品市场。

（2）招标、投标定价法是采用招标、投标方式，由招标方对两个以上并相互竞争的投标方的出价择优成交的定价方法。该方法使得招标、投标双方相互牵制，特别是使投标方相互竞争，这对于保护双方利益，降低产品成本和工程造价，提高企业和社会经济效益都有很大的作用。

许多通信大客户在准备大量购买通信产品时，都采用招标的方式，以求购到能满足其通信需求且价格合理的通信产品。这要求通信企业需根据竞争者的报价来确定自己的投标价格，而不是按自己的成本费用和市场需求来定价。很显然，企业标价越低，中标的可能性就越大，但标价仍有一个最低界限。即使迫切希望中标的企业，除了个别特殊场合，一般也不愿使自己的标价低于单位产品的边际成本，因为那样企业不但不能回收固定成本，连变动成本也无法补偿。

（3）拍卖定价法是产品所有者或其代理人采取公开叫卖式，引导买方报价，利用买方竞争求购的心理，从中选择最高价格成交。

[案例 12-2]

沃尔玛的价值定价法对通信运营商的借鉴

价值定价法指的是用相对低的价格出售高质量产品。价值定价法不是简单地制定低价，它要求企业重新安排经营活动，降低成本却不牺牲质量，吸引大量的注重产品价值的顾客。价值定价法与理解价值定价法是有区别的，消费者对企业产品的理解价值是主观的感知，并不等于企业产品的客观的真实价值，有时两者之间甚至会有较大的偏离。企业价值定价的目标就是尽量缩小这一差距，让顾客在物有所值的感觉中购买商品，以长期保持顾客对企业产品的忠诚，而不是通过营销手段扩大差距，借高价增加企业盈利。

价值定价法的一个重要形式是天天低价（Every Day Low Pricing，EDLP），它产生于零售商店，典型代表是沃尔玛。它一反由于不断促销、折扣所形成的锯齿形价格，建立了更加一致的"每日"产品基础价，以经久不变的价格消除了每周价格的不确定性，并能与采取促销导向竞争者的高低定价法形成鲜明对比，同样产品的价格总是比竞争者低，而再无经常性的促销和折扣。

趣味讨论：通信运营商应如何运用价值定价法？

12.3

通信定价策略

12.3.1　基本定价策略

企业在确定了定价目标，选择好定价方法后，还要根据不同的市场情况，采用灵活多变的定价策略最终确定产品的价格。另外企业在选择定价策略时，还必须考虑以下 5 个基本因素：真实成本和利润、产品或服务的顾客认知价值、细分市场差别定价、可能的竞争性反应以及市场营销目标。

1. 新产品定价策略

（1）撇脂定价。撇脂定价是指在新产品投放市场时定高价，在竞争者研发出类似的产品之前，尽快地把投资全部收回，并获得相当的利润。当高价销售遇到困难时，可以迅速降价推销，还可获得消费者心理上的良好效果。这种定价策略就像从牛奶中撇取所含的奶油一样，取其精华，因此称之为撇脂定价（Market Skinning Pricing）。

采取撇脂定价策略时需要具备的条件是：产品的质量和形象必须能支持产品的高价格，而且有足够数量的消费者愿意以高价购买该产品；新产品的需求价格弹性小，即需求变动程度小于价格变动程度；市场需求量远远大于供应量，可以用高价限制市场需求；在高价情况下，仍能在一段时间内独家经营；为了树立高档产品的形象。

撇脂定价策略是一种追求短期最大利润的策略，其优点是能尽快收回对新产品的投资，并获得高额利润，但同时又由于利润过高，必然会迅速招来竞争对手，而且不利于迅速开拓市场，容易遭到公众的反对，影响企业的形象。因此，撇脂定价法主要适用于需求弹性较小的有技术支撑的创新产品。苹果公司通过撇脂定价策略成功地将苹果产品的高端形象打入消费者的脑海，因此其产品价格高，销路好是自然而然的。同时，苹果产品更新很快，新一代的产品推出之后，过时的产品随之而迅速降价，让利于消费者。新产品的问世开辟出一条更为宽广的销路，苹果公司从而撷取到了高额的利润。

（2）渗透定价。渗透定价又叫低价策略，与撇脂定价正好相反，在新产品投放市场时定低价，争取更多的顾客，以挤入市场并且能够长期地占领市场。一些资金比较雄厚的大企业往往采用这种策略。

采取渗透定价策略的条件是：新产品不具备相当的优势，市场存在较大的潜在竞争者；新产品的需求价格弹性大，低价会刺激需求的增长；大批量的销售会使生产成本下降，企业利润增加。这种策略的缺点是：新产品的投资回收期长，如遇到强大的竞争对手，会产生亏损；低价可能影响到产品的品牌形象和企业的声誉。小米手机拥有超强的配置，通过网上售卖的销售渠道，直接面对最终消费者，从物流到库存节约了成本，其采取渗透定价策略，迅速占领年轻消费者市场。

（3）满意定价。满意定价策略介于"撇脂"和"渗透"定价策略之间，使价格水平适中，既保证企业获得一定的初期利润，又能被消费者所接受，这种价格也被称为"君子价格"或"温和价格"。

满意定价策略的优点是：产品能较快被市场所接受，且不会引起竞争对手的对抗；可以适当延长产品的生命周期；有利于企业树立信誉、稳步调价，并使顾客满意。现阶段我国通信行业中的某些通信业务还处于较低层次的价格战阶段，通信企业之间进行价格战往往会导致两败俱伤，不利于通信行业的持续发展，通信行业未来的发展方向应该是合作的竞争，运营商之间通过共享网络资源，减少运营成本，提高服务质量，达到有效竞争。

（4）仿制新产品的定价。仿制品是企业模仿国内外市场上的畅销货而生产出的新产品。仿制品面临着产品定位问题，根据新产品的质量和价格区分，有 9 种可供选择的价格策略：优质优价；优质中价；优质低价；中质高价；中质中价；中质低价；低质高价；低质中价；低质低价。

2．心理定价策略

心理定价策略主要是根据消费者的购买心理而采取的价格策略，一般有以下几种。

（1）尾数定价。尾数定价又称非整数定价，是指电信企业利用顾客求廉的心理，制定非整数价格，尽可能在价格上不进位，比如一些移动业务套餐中的固定费定价通常选择 9 为尾数，如 99 元套餐、129 元套餐等，这可以在直观上给顾客一种便宜的感觉，从而激发顾客的购买欲望，促进电信产品销量的增加。

（2）整数定价。整数定价则刚好与尾数定价相反，它有意将商品的价格定位整数，以显示商品的身价，这是一种针对消费者求名心理和自尊心理所采取的定价策略，通常适用于需求的价格弹性小、价格高低不会对需求产生较大影响的中高档电信产品。由于顾客都属于高收入阶层，也甘愿接受较高的价格，因此，整数定价正好迎合了消费者的心理。

（3）声望定价。根据消费者的求名心理来确定商品的价格，此种定价法有两个目的：一是提高产品的形象，以价格说明其名贵名优；二是满足购买者的地位欲望，适应购买者的消费心理。

（4）招徕定价。招徕定价是企业故意将某几个高知名度电信产品的价格定得非常之高或者非常之低，吸引到顾客的好奇心理和观望行为后，再带动其他电信产品的销售。

3．折扣定价策略

为了扩大销售量，加速资金周转，企业在基本价格的基础上，给予消费者一定折扣的定价策略。通信企业中对早付清账单、大量消费、淡季采购等行为，经常采用这一定价策略。常见的折扣定价策略主要有现金折扣、数量折扣、交易折扣、季节折扣和促销折扣。

4. 产品组合定价策略

当某种产品成为产品组合的一部分时，企业就要设法寻找一组能获得最大利润的共同价格，该策略具体包括以下 3 种情况。

（1）组合定价法。许多企业提供具有特色的主要产品及各种选购产品，并以较优惠的价格形成各种组合。其中选购产品的定价应当与主要产品的价格匹配起来，选购产品有时会成为招徕顾客的廉价品，有时又可成为企业高价的获利项目。

（2）产品线定价法。电信企业发展的各条产品线，其中每一种产品都有其特点，并有其在质量上的客观差异。产品线定价法就是在定价时根据同一产品线内不同系列产品间的差异，优质的产品定以高价，稍差的定以低价，突出价格的差别。中国移动的"全球通"定位高端，价格稍高；而"神州行""动感地带"等则面向大众用户，价格稍低。

（3）附带产品定价法。一些行业的企业生产与其主要产品配套使用的产品。这类厂商让附带产品为其带来更多的毛利，而为主要产品制定一个较低的价格，例如手机销售中，毛利高的并不是手机原机而是配套的电池、充电器。

5. 差别定价策略

差别定价策略是指同一种产品对不同的顾客、不同的市场，采取不同的价格，它可以因顾客、地点、时间和式样而异。目前，通信企业对于通信产品定价所采取的"价格歧视"的政策，其本质正是差别定价策略。

实行差别定价的前提条件是：市场必须是可细分的，且各个细分市场的需求强度是不同的；商品不可能转手倒卖；高价市场上不可能有竞争者削价竞争；不致引起顾客反感。

[课外作业]

折扣定价策略有哪几种形式？通信企业在实践中是如何运用的？

[案例 12-3]

定向流量计费模式

在满足用户需求的前提下，电信运营商另辟盈利蹊径，通过对视频、微信等用户关注的热门内容使用定向流量，培养用户的流量消费习惯，用流量来增加用户黏性。

定向流量是指用户通过某一运营商的 3G/4G 手机上网，使用特定业务时产生的数据流量。在运营商和 OTT 的流量合作中，运营商可以将自己的整体流量分解打包成定向套餐，并获取一定的流量分成。由此，定向流量开启了运营商与 OTT 合作的新模式。目前，电信运营商在定向流量方面进行了诸多的尝试，如中国联通推出的"联通沃派 36 元"套餐所包含的 500 MB 定向流量，可覆盖手机 QQ、微信、人人网、手机音乐校园专区、沃阅读校园专区、视频分享、手机电视、超信；中国移动推出的"和视频""移动 MM""咪咕音乐"，中国电信通过"天翼腾讯视频手机"推出的定向网络视频流量等，都在一定程度上促进了用户的上网流量使用。

3G/4G 时代，电信运营商对用户互联网入口的掌控权逐步被终端厂商和应用提供商所取代。定向流量计费模式对产业链合作模式产生了一定影响，改变了运营商以业务、流量单独计费为主的计费方式，变成针对服务内容，采用"内容+流量"组合优惠的资费模式。在这一模式中，运营商对接入的 OTT 应用内容进行管理，通过用户使用行为，筛选并引入更具吸引力、更高质量的内容，实现了运营商、OTT 服务商、用户三方的共赢。

趣味讨论： 在 4G 时代，电信运营商如何与 OTT 服务商合作，进行流量定价？

12.3.2　竞争性调价策略

电信企业在产品价格确定后，由于客观环境和市场情况的变化，电信企业通常会对现行价格进行修改和调整，这种运用价格调整来进行竞争的方法称为竞争性调价策略。

1. 价格调整

（1）降低价格。电信产品降价是比较常见的现象，降价的原因很多，有企业外部需求及竞争等因素的变化，也有企业内部的战略转变、成本变化等，还有国家政策、法律的制约和干预等，这些原因具体体现在以下几个方面。

① 电信企业急需回笼大量资金。

② 电信企业通过降价来开拓市场。

③ 电信企业决策者决定排斥现有市场的竞争者。

④ 电信企业生产能力过剩。

⑤ 预期降价会扩大销售。

⑥ 成本降低，费用减少，使电信企业主动降价成为可能。

⑦ 政策、法律环境及经济形势的变化，迫使企业降价。

（2）提高价格。提价虽然能提高电信企业的利润率，但会导致电信企业的竞争力下降、消费者不满、经销商的抱怨，甚至还会受到政府的干预和同行的指责，从而对电信企业产生不利的影响。虽然如此，实际中仍然存在着较多的提价现象，其主要原因如下。

① 成本提高。导致成本上升的原因很多，如原材料短缺涨价、技术的更新换代、环境的变化等，都会带来行业性成本的提高。

② 通货膨胀。物价普遍上涨，企业生产成本必然增加，货币贬值，企业为保证利润，不得不提价。

③ 产品供不应求。一方面买方之间展开激烈竞争，争夺货源，为企业创造有利条件；另一方面也可以抑制需求过快增长，保持供求平衡。

④ 市场领先者发动提价。为了保持与领先者之间的竞争距离不变，采取市场跟进策略的中小企业，通常也会跟随提高价格。

2. 购买者对调价的反应

购买者对降价可能有以下看法：① 产品样式老了，将被新产品代替；② 产品有缺点，销售不畅；③ 企业财务困难，难以继续经营；④ 价格还要进一步下跌；⑤ 产品质量下降了。

购买者对提价可能有以下反应：① 产品很畅销，不赶快买就买不到了；② 产品很有价值；③ 卖主想赚取更多利润。

购买者对价值不同的产品价格的反应也有所不同。对于价值高，经常购买的产品的价格变动较为敏感；而对于价值低，不经常购买的产品，即使单位价格高，购买者也不大在意。对于价格敏感度高的产品，提价的阻力较大，而降价的预期效果通常较好；而对于价格敏感度低的产品，降价时必须防止购买者价值感觉的降低，才能达到降价目的。

3. 竞争对手对调价的反应

竞争对手对调价的反应有以下几种类型。

（1）顺向式反应。你提价，他涨价；你降价，他也降价。这样一致的行为对企业影响不太大，不会导致严重后果。企业坚持合理营销策略，不会失去市场或减少市场份额。

（2）逆向式反应。你提价，他降价或维持原价不变；你降价，他提价或维持原价不变。这种相互冲突的行为，影响很严重，竞争者的目的也十分清楚，就是乘机争夺市场。对此，企业要进行调查分析，首先摸清竞争者的具体目的，其次要估计竞争者的实力，再次要了解市场的竞争格局。

（3）交叉式反应。众多竞争者对企业调价反应不一，有相向的，有逆向的，有不变的，情况错综复杂。企业在不得不进行价格调整时应注意提高产品质量，加强广告宣传，保持分销渠道畅通等。

4. 企业对竞争对手调价的反应

当竞争对手发动价格变动时，企业应做出何种反应？

（1）同质产品市场。在产品高度同质的市场中，如果竞争者降价，企业应设法改进产品使之增值，如果做不到这一点，企业只有随之削价，否则企业会失去顾客。

当竞争对手在同质市场上提价时，其他企业不一定会做出反应。如果提价会给整个行业带来利益，那么它们会同时提价。但如果其中一家公司不认为提价会对自己或市场有利，则它的不合作将促使市场领导者和其他公司不得不撤销提价。

（2）异质产品市场。在异质产品市场，购买者不仅要考虑产品价格高低，而且要考虑质量、服务、可靠性等因素，因此购买者对较小价格差额无反应或不敏感，则企业对竞争者价格调整的反应有较多自由。企业在做出反应之前，需要考虑以下问题：竞争对手为什么要调价？竞争对手的调价是暂时的还是永久的？如果企业对竞争对手调价置之不理，这将对企业的市场占有率和利润有何影响？其他企业是否会做出反应？竞争对手和其他公司对于本企业的每一种可能的反应又会有什么反应？

企业最佳的反应要视具体情况而定。遭受攻击的公司必须要考虑：产品正处于生命周期的哪个阶段；产品在公司产品组合中的重要性；竞争对手的意图和资源实力；市场对价格和质量的敏感性；成本和产量的相互作用以及公司可以选择的机会等。

当对手发动价格进攻时，对公司可行性方案进行广泛的分析并不总是可行的。这是因为竞争对手可能会花费大量的时间用于准备，而公司必须在几小时或几天内决定如何反应。因此，企业要做出迅速反应，最好事先制定反应程序，到时按程序处理，提高反应的灵活性和有效性。图12-2所示为企业在竞争对手降价时可采取的价格反应过程。

在一定条件下，价格竞争是必要的。但是事实上，依赖价格竞争有很多弊病。

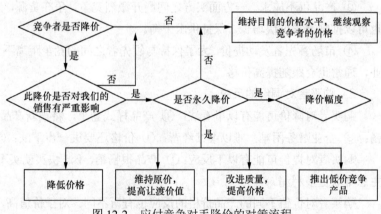

图 12-2　应付竞争对手降价的对策流程

① 价格竞争是竞争对手易于仿效的一种方式，很容易招致竞争对手以牙还牙的报复，以致两败俱伤，最终不能提高经济效益。

② 以削价为手段，虽然可以吸引顾客于一时，但一旦恢复正常价格，销售额也将随之大大减少。

③ 定价太低，往往迫使产品或服务质量下降，以致失去买主，损害企业形象。

④ 价格竞争往往使资金力量雄厚的大企业能继续生存，而那些资金短缺、竞争能力脆弱的小企

业将遭受更多不利。

所以说，价格竞争是一柄双刃剑，企业在决定采用调价的策略来赢得竞争时，一定要充分考虑企业内、外部多方面的因素，谨慎采用。

为了避免竞争性调价策略带来的负面影响，企业应该把握以下原则。

① 平均价格水平在人们观念中常被认为是"合理价格"，易被消费者接受，竞争性调价不应该偏离平均价格水平太多。

② 试图与竞争者和平相处，避免激烈的恶性价格竞争产生的经营风险。

③ 一般要能为企业带来合理、适度的盈利。

12.3.3 电信资费类型及常用资费策略

电信资费就是电信产品价格，指的是用户在享用电信服务时按照规定的资费标准支付的费用单价，即电信企业出售电信产品的价格，这是以电信产品价值为基础的电信产品交换价值的货币体现。

1. 电信资费结构类型

（1）线性资费。线性资费包括线性从量资费和定额资费两种形式。

线性从量资费是以固定的费率乘以用户的使用量来计算的，这种收费方式是最单纯的平均成本定价方式的体现，企业的资费收入随着业务使用量的增加而线性递增。实践中，许多业务的资费都是线性从量资费，例如，制定了每分钟通话费率的电话业务资费。

定额资费是指按需求量订立合同，一年或一个月对用户收取固定的使用费用的资费形式。在这种收费形式下，企业收费总额与使用量无关，是固定的，在定额资费情况下，单位费率随着使用量增加而递减。在现行各项电信业务资费中所实行的包月制就是定额资费的一种体现。

（2）非线性资费。非线性资费在电信资费中相当普遍，常见的主要有二部资费和捆绑资费两种。

二部资费是由与使用量无关的按月或按年支付的基本固定费和按使用量支付的从量费构成的。其中，基本固定费的收取通常是对企业固定成本的补偿，有助于企业经营收入的稳定；从量费可看作是对可变成本的补偿，这种定价方式将定额资费和线性从量资费合二为一，同时也反映了通信业务的成本结构。二部资费是我国最主要的电信业务资费结构，本地固定电话、移动电话都包括月租费和通话费，就属于典型的二部资费。

捆绑资费定价是将不同产品组成产品包，以一个统一的价格进行销售，单个产品不再以单独价格来分别定价的一种特殊的定价方式。这种定价方式经常出现在计算机硬件和软件的销售中。移动通信产品资费制定也逐步从单一产品的定价为主转向以套餐包月形式出现的捆绑定价为主，例如，运营商推出的各种各样的语音捆绑其他增值业务形式的套餐资费包。

对运营商和用户来说，使用捆绑资费的好处是显而易见的。对运营商来讲，通过捆绑不同的业务或服务，可以增强用户整体支付意愿，获得更多的消费者剩余，提升企业利润。而对用户而言，能够满足更多用户需求，从而为用户的使用价值带来整体提升，同时它还可以减少用户对业务或服务在寻找和交易中的认知成本和交易成本。

2. 常用资费策略

（1）选择资费。选择资费是为用户提供两个或两个以上的资费方案，不同的资费方案针对不同的用户群来设计，由用户自己选择资费标准。这种资费方式在使用超过一定数量时，降低从量费的费率，用户可根据对同一业务不同的使用量来选择不同的资费方案。表 12-2 所示为中国移动 WLAN

流量资费方案。

表 12-2 中国移动 WLAN 流量资费选择方案

资费方案	功 能 费	包含 WLAN 流量	超出后资费
5 元 WLAN 流量套餐	5 元/月	300 MB	
10 元 WLAN 流量套餐	10 元/月	700 MB	
20 元 WLAN 流量套餐	20 元/月	1.5 GB	0.1 元/MB
30 元 WLAN 流量套餐	30 元/月	2.8 GB	
50 元 WLAN 流量套餐	50 元/月	5 GB	
100 元 WLAN 流量套餐	100 元/月	20 GB	

（2）差别资费。差别资费可以根据用户的需求差别进行资费制定，如按照用户对某种业务需求的迫切程度不同，对单位平均成本相同的同一种服务，在同一时期对不同用户制定不同资费的企业行为。这些资费之间的差异，反映用户对该业务需求的迫切程度，并不反映有关业务的成本差异。

差别资费也可以根据距离上的差别来确定资费，电信业务的传输要通过覆盖全国的通信网络来实现，而这种通信网络的建设费用随着距离的增加而有所增加。在电信企业的实际应用中，长途电话和本地电话收取不同的资费即是这种资费策略的体现。例如，同样是移动本地通话业务，全国各地间的资费却差别较大，这说明根据地理位置的不同，存在着差别资费。

（3）高峰负荷资费。电信业务量在不同时段分布是不均匀的，业务量较多的时段为高峰负荷阶段，由于电信企业必须按最大需求量置备设备，因此，设备扩充的费用应由高峰时的用户负担，非高峰时的用户则只要负担提供业务的边际运营成本就可以了。高峰阶段的边际成本大于非高峰阶段，因此有必要对高峰负荷阶段制定较高的资费，如表 12-3 所示。

表 12-3 北京移动 M-zone 通话费

	优惠时段（21：00~次日9：00）	其他时段（9：00~21：00）
本地主叫市话	0.12 元/分钟	0.20 元/分钟
本地直拨国内长途（不含港澳台）	0.20 元/分钟	0.30 元/分钟

（4）套餐资费（捆绑资费）。套餐资费是把集中收费项目捆绑在一起进行销售，比如将市话、长话、短信、增值业务等打包来促进业务量和销售。中国联通的沃 3G 46 元套餐，即每月交付 46 元，可享受每月 50 分钟国内语音拨打分钟数、150 MB 国内流量等。

套餐资费是深受消费者喜爱的资费策略，同时也是被电信运营商所广泛采用的。运营商通常针对不同的细分市场设计不同的资费套餐，并且套餐的种类要适时多样地满足用户的需求，更重要的是，要将产品捆绑与套餐资费策略相捆绑，在迎合消费者的同时通过热销产品带动新产品的推广。

案 例 分 析

4G 资费套餐

2013 年 12 月 4 日，工业和信息化部向中国移动、中国电信、中国联通正式发放了第四代移动通信业务牌照，即 4G 牌照，此举标志着我国电信产业正式进入了 4G 时代。

4G 相比 3G 具有明显的带宽优势，并且网络智能化程度更高。因此，以流量、速率为计费基础，以用户智能识别及业务策略控制为手段，以此提升无线宽带资源利用率及有效率，促进流量以及流量价值提升，成为 4G 定价的重要策略之一。

1. 4G 资费分析

在 4G 业务推广初期，运营商一般会根据自己的网络能力和市场竞争需要来制定资费，此后则会根据用户感知，以及对市场需求的把握来调整价格。

（1）中国移动。中国移动的 4G 网络建设大大领先其他两家运营商，初期市场竞争的压力不大，因此在已经推出的套餐中尚未采用四网协同的概念，仅以组合套餐的形式制定资费。但在中国电信、中国联通正式加入 4G 竞争后，中国移动网络组合灵活度的劣势逐渐显现，其套餐组合的灵活度也会相对较弱。

中国移动在多轮下调 4G 资费后，又提出包括持续加强 4G 网络建设、实施清晰透明的订购收费、大力治理垃圾信息等六项服务承诺，并表示尽管公司 4G 套餐不断改革，但 4G 的发展速度远超想象，4G 资费服务还有很大整改空间。

（2）中国电信。从中国电信的网络情况来看，2G 网络的覆盖稍显薄弱，但是 3G 所用的 CDMA2000 的网络覆盖能力可以说与中国联通并驾齐驱，远远超过中国移动的 TD-SCDMA；同时在南方区由于固网的覆盖比较领先，其 WLAN 网络的覆盖能力也优于其他两家运营商。因此，中国电信在四网协同的策略中，4G 网络的资费水平居中，高于中国联通低于中国移动；而 3G 和 WLAN 的资费水平则是三家运营商中最低的，以低廉的资费来满足消费者的上网需求。

中国电信四网的能力较为均衡，便于制定出更加灵活的套餐组合。从内容精细化角度出发，综合虚拟运营商的套餐优势和宣传特点等，对外正式发布了具有"低门槛、大流量、可分享、可自选"等特点的手机 4G 套餐。

（3）中国联通。中国联通的 3G 网络建设在三家运营商中处于领先位置，但其 4G 网络的资金投入在三家运营商中是最弱的；同时 WLAN 的覆盖在北方区有优势，但在电信总体收入占比较高的南方区全面落后于中国移动和中国电信。因此从联通的角度看，其四网协同的能力相对较差，需要在网络建设中充分考虑这一问题，适度进行网络优化。

中国联通根据自身的网络建设情况，采用了 3G/4G 一体化战略，即中国联通 3G 与 4G 资费套餐统一，并在不增加太多支出的情况下为用户增加更多的流量及语音通话时长。在 4G 时代，中国联通如果不能快速地完成大规模的 4G 网络覆盖，其优质的 3G 网络资源反而会成为制约其进一步发展的因素。

三家运营商套餐资费侧重点有所不同，适用于需求不同的用户群体。具体来说，中国移动套餐种类最多，且较多考虑老用户的升级需求，这对于在入网资费上不占优势的中国移动来说，有利于稳定老用户，防止用户流失；中国联通入网门槛最低，且推出预存话费返还计划，弥补了原套餐资费较高的缺陷；中国电信折后最划算，其资费设计的重点在于进入市场初期吸引尽可能多的新用户，因此推出了更多实用、简洁的入网优惠活动，譬如预存话费可享折扣，新入网用户均可在 2014 年 12 月 31 日前享受 500 MB 定向流量等，其推出的 49 元 2G 流量的纯流量云卡，定位中低端，主打流量消费人群，针对性强，也具有较强竞争力。

2. 4G 套餐定价策略

三家运营商的 4G 套餐资费都采用语音与数据捆绑销售的方式，即套餐内包含语音、流量和短信等内容。在资费策略的调整上，4G套餐取消了套内不限流量的资费模式，改为设置上限、超量计费的方式，同时淡化了套餐内的语音和短信资费，强化数据业务等，具体定价策略如下。

（1）套餐模式改变，更多自由选择。一是传统套餐模式以流量为主体。在4G时代，语音已经失去价格弹性，流量成为运营核心要素，三家运营商在资费方案中均采用以流量为主体的融合套餐模式。其次，传统套餐采取基于用户的差异化定价策略。运营商通过用户行为数据，分析不同用户的流量消费价值，设计套餐包，满足不同偏好、不同消费能力的差异化用户需求。

二是自由组合模式出现。这种模式下，用户的自主性体现更强，对IT支撑要求也更高。为了避免与竞争对手的价格战，三家运营商制定了多种资费组合套餐，由消费者自由选择。在2G，3G时代，传统的套餐几乎都是固定的，虽然有不同的价格可供选择，但是肯定无法满足所有人的需求。而4G的自选套餐，由上网流量、语音通话、数据业务三类资费元素组成，由用户自由搭配，大大提高了套餐的灵活性。

（2）淡化话音资费，强化数据优惠。三家运营商均淡化LTE（Long Term Evolution，长期演进）业务组合套餐的话音资费，套餐竞争的焦点主要集中在数据业务上，不仅套餐内流量比原3G套餐有了极大提升，而且还专为4G流量定制了季卡、半年卡、加油包等特色可选包，取消了套餐内不限流量的资费模式，改为设置上限、超量计费的方式，解决了消费者普遍关注的"流量清零""流量爆表"等焦点问题。

（3）出现流量共享，扩大享用群体。随着客户手中的智能终端日益增多，用户对数据流量的使用需求也不断加大。在4G运营中，运营商在设计推出大容量的数据套餐时，在套餐拥有充足的数据流量基础上，提供家庭数据共享套餐，允许家庭成员、不同终端间共享流量，允许用户灵活分配使用流量，更好地满足用户对大流量使用的需求，同时扩大了流量使用客户群体，深度挖掘出流量潜在消费力。

分析点评：

4G资费套餐的定价取决于三个方面的因素。

（1）运营商网络状况。4G时代的竞争优势，在于网络经营和客户服务两个方面，对于4G网络商用成熟度较低的运营商，每兆的流量资费可能会与3G趋同或略低于3G。

（2）运营商的市场策略。从目前的情况看，4G网络仅能提供数据业务服务，语音业务还需通过2G或3G网络支持，因此存在"2G+4G"协同发展、"2G+3G+4G"协同发展等市场策略。

（3）运营商的竞争地位和战略愿景。从通信市场竞争历史看，从2G时代到3G时代，移动市场竞争格局发生了较大变化。而在4G时代，第一阶段三家运营商均拿到TD牌照，中国移动获得运营许可匹配主攻制式的先发优势，其4G的资费政策将对未来的竞争格局产生重要影响，是采用激进还是保守的价格策略尚未可知，而其他两家运营商，从竞争规律上则更可能采取创新激进的价格策略。

思考题

1. 影响价格的因素有哪些？
2. 企业的定价目标主要有哪几种？
3. 比较成本导向、需求导向和竞争导向的定价方法。
4. 企业的定价策略有哪些？结合通信企业，分析比较各种定价策略并研究其适用条件。

通信分销渠道策略 | 第13章

企业根据市场状况、消费者特征和整体营销战略，策略性地构建和管理企业的分销渠道，可以提升企业的渠道竞争力，打造渠道优势，使其成为企业的核心竞争优势。

本章首先论述分销渠道策略的基本理论，然后结合通信行业的特点，对通信市场上的渠道类型与功能、渠道的选择与绩效评估和通信渠道管理等内容进行探讨。

13.1 分销渠道策略概要

渠道（Channels）一词来源于拉丁文的 canalis，意思是运河。营销渠道是生产者和消费者之间的贸易通道，也即产品或服务转移所经过的路径，由参与产品或服务转移活动以使产品或服务便于使用或消费的所有组织与个人构成。分销渠道也被称为"销售通路""贸易渠道"或"营销渠道"。

可以从以下几方面理解分销渠道的含义。

（1）营销渠道是一系列组织（渠道成员）的结合，这些组织之间是交换和协作关系。营销渠道成员之间在获得、处置产品和服务过程中，为创造顾客价值而建立起了各种交换关系。每个成员依赖其他成员协同工作，渠道成员共同努力，渠道工作才能最优化。

（2）营销渠道是一个"过程"，是从销售到售后服务的一系列过程。

（3）营销渠道过程的目的是使商品和服务被使用。所有渠道成员要立足于这个目标，为终端用户服务。

（4）对于企业来说，营销渠道是外部的，不是组织内部机构的一部分，因此，渠道管理是跨组织的管理，而不是组织内部的管理。对于渠道管理，生产商能够拥有影响力，但不一定能有很大控制力。

13.1.1 分销渠道的功能与结构

1. 分销渠道的功能

营销渠道在企业营销活动中，执行的基本功能是销售、促销、服务和信息传递。其功能具体细化如下。

（1）收集和传送信息。营销渠道成员通过市场调研搜集和整理有关消费者、竞争者以及市场营销环境中的其他影响者的信息，通过各种途径将信息传送给渠道内的其他成员。

（2）促销。促销是生产者或经营者为刺激消费者购买所进行的关于商品和企业的宣传、沟通活动。渠道成员需要通过富于创造力的方式，把能够满足顾客需要的产品和服务的信息，以顾客乐于接受、富有吸引力的形式，传递给消费者和用户。

（3）洽谈。洽谈是生产者或经营者寻找潜在的购买者，并与之接触，实现交易的活动。在具体工作中，洽谈表现为争取订单、形成订单和接受订单等一系列活动。

（4）整理分类。渠道成员需要对商品进行分类、分等、组合、搭配等活动，以符合购买者的需要。

（5）物流。物流主要是商品的运输和储存活动。商品从制造商处出厂到最终用户消费，中间要经过实体产品的运送和储存。

（6）降低和承担风险。降低风险是指由于渠道成员的活动而使整个渠道风险降低。承担风险是指在商品流通的过程中，随着商品所有权的转移，市场风险在渠道成员之间的转换和分担。

（7）融资。融资是渠道成员为完成渠道功能而进行的资金融通活动。渠道成员的投入和独立融资，使生产厂商能够很快地回收资金，提高生产厂商的资金使用效率。

（8）服务。它是指渠道成员为最终用户所提供的服务，包括送货、安装、维修、承诺等。

2. 分销渠道的结构

（1）分销渠道的长度结构。渠道长度结构是指因渠道长度不同而形成的不同的渠道结构。理解渠道长度结构要注意以下关键概念：渠道级数、长渠道和短渠道、直接渠道和间接渠道。

① 渠道的级数。根据渠道中间层次的数目可以将渠道分为零级渠道及一级、二级和三级渠道等。对于制造商来说，渠道级数越高，越难控制，获得最终消费者的信息也越困难。对于消费者来说，渠道级数越高，获得的渠道服务水平越高，商品的价格也越高。

② 长渠道和短渠道。为了便于分析和决策，有学者将零级渠道、一级渠道定义为短渠道，而将二级渠道、三级渠道或三级以上渠道称为长渠道。短渠道较适合在小地区范围销售产品或服务；长渠道则能适应在较大范围和更多的细分市场销售产品或服务。

③ 直接渠道和间接渠道。直接渠道（direct- marketing channel）是指没有中间商参与，产品由生产者直接销售给消费者（用户）的渠道类型，也即零级渠道。直接营销的方式有人员直销、目录营销、电话营销、互联网营销、厂商直销等。间接渠道（indirect-marketing channel）是指有一级或多级中间商参与，产品经由一个或多个商业环节销售给消费者或用户的渠道类型。上述一、二、三级渠道统称为间接渠道。

营销渠道的长度结构可以用图13-1来说明。

（2）营销渠道的宽度结构。根据渠道每一层级使用同类型中间商的数量，可以定义渠道的宽度结构。若制造商选择较多的同类中间商（批发商或零售商）经销其产品，称为宽渠道，反之，则称为窄渠道。

分销渠道的宽度结构有下列三种类型。

① 独家分销渠道（Exclusive Distribution），是制造商在某一地区市场仅选择一家批发商或零

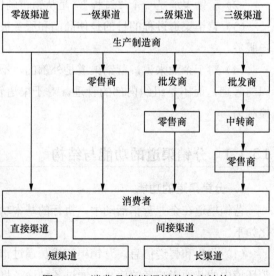

图 13-1　消费品营销渠道的长度结构

售商经销其产品所形成的渠道，独家分销渠道是窄渠道。

②选择性分销渠道（Selective Distribution），是制造商按一定条件选择若干个（一个以上）同类中间商经销产品所形成的渠道。

③密集型分销渠道（Intensive Distribution），是制造商通过尽可能多的批发商、零售商经销其产品所形成的渠道。

（3）渠道系统结构。按渠道成员相互联系的紧密程度，分销渠道还可以分为松散型的渠道系统和密集型的渠道系统两大类型。从企业渠道选择的复杂性来看，有单一的渠道系统和复合渠道系统。

①松散型的渠道系统。松散型的渠道系统成员之间的系统结构是松散的，每一个成员均是独立的，它们往往各自为政，各行其是，很难有一个成员能控制其他成员。

②紧密型的渠道系统。渠道成员之间有紧密的合作和协调，以产权、管理或合同等方式实现渠道合作和共赢。

[课外作业]

紧密型渠道系统有哪些类型？

13.1.2 分销渠道成员

营销渠道的源头是制造商，终端是用户，在制造商和最终用户之间，存在着大量的市场营销中介机构，它们各自有自己的名称，执行着不同的功能。广义上说，这些在商品流转过程中起作用的所有组织都是营销渠道的成员。

1. 提供商

提供商是产品或服务的生产者和创造者。

2. 中介机构

（1）买卖中间商。买卖中间商的工作是买进商品，取得商品所有权，然后卖出商品，获得利益，如批发商、中转商和零售商。

（2）代理中间商。代理中间商的工作是寻找顾客，有时也代表生产者与顾客谈判，但不取得商品所有权，如经纪商、销售代理商。

（3）辅助商。辅助商的工作是帮助进行分销，既不取得商品所有权，也不参与买卖谈判，如运输公司、独立仓库、银行、财务公司、信用卡公司、保险公司、广告代理商、信息技术公司、营销研究公司等。

3. 终端用户

终端用户是渠道成员，因为他们常常承担渠道的责任。

狭义的营销渠道成员是从商品的所有权转移方面来定义的，不包括辅助商，甚至不包括经纪商。

13.1.3 分销渠道设计

渠道设计是指企业为建立营销渠道或对已经存在的渠道进行变更的策略活动，分销渠道设计一般包括以下五个方面活动。

1. 分析服务产出水平

渠道成员提供给终端顾客的增值服务称为服务产出（Service Outputs）。按照路易斯·P·布克林的分类，服务产出分为以下类型。

（1）批量拆分（Bulk-breaking）。产品或服务是大批量制造的，但终端顾客可以以他们想购买的数量购买产品或服务，其原因是渠道提供了批量拆分服务。批量是顾客在购买过程中，营销渠道为其提供的一次购买的产品的数量。营销渠道提供的批量拆分服务水平越高，终端顾客的一次性购买量就可以越小。

（2）空间的便利性（Spatial Convenience）。空间的便利是营销渠道为顾客购买产品所提供的空间上的方便程度。批发和零售市场越分散，空间的便利性就越强。

（3）等待时间（Waiting Time）或递送时间（Delivery Time）。等待时间是指渠道的顾客在订购商品以后等待获得货物的平均时间。通常，终端顾客愿意等待的时间越长，价格就越低。

（4）花色范围（Breadth of Assortment）或产品品种（Product Variety）。花色范围是指渠道提供给顾客的商品花色品种数量。花色范围越广，产品品种越多，渠道的产出水平就越高。

（5）服务支持。服务支持是指分销渠道为顾客提供的附加服务，如信贷、配置、安装、维修、担保等。分销渠道的服务支持越多，渠道工作量越大，顾客的花费也越大。

（6）产品信息、消费者教育。产品信息、消费者教育是指在产品销售前后正式或非正式的信息提供。

2. 确定渠道目标

渠道目标表述为目标服务产出水平。营销渠道结构的设计目标就是确保其结构能产生适合市场定位的市场覆盖率，并确保企业对渠道适当控制和具有一定的灵活性。

3. 制定渠道结构方案

在确定渠道目标及任务之后，需要制定可行的渠道结构方案。

首先，对影响渠道结构的相关因素进行评价，比如顾客特性、产品特性、中间商特性、竞争特性、企业特性等。其次，在明确了影响因素后，企业可以设计几种渠道方案以备选择。一个渠道选择方案包括三方面的要素，即渠道的长度策略、渠道的宽度策略和商业中介结构的类型。

4. 评估主要渠道方案

评估主要渠道方案的任务，是解决在那些看起来都可行的渠道结构方案中，选择出最能满足企业长期营销目标的渠道结构方案。因此，必须运用一定的标准对渠道进行全面评价，其中常用的有经济性、可控制性和适应性三方面的标准。

经济性标准主要考查渠道经济效益，考量的是每个渠道的销售额与成本的关系。控制性标准考查企业对渠道的控制力，衡量控制力和渠道成本及覆盖面的平衡。适应性标准考查面对市场需求和由此产生的各个方面的变化及企业渠道的适应能力。

5. 选择渠道

根据评价结果选出最优的渠道结构。

[案例 13-1]

电信运营商的流量商店

2014 年 8 月，中国电信推出"流量宝"，这是一个以流量币为核心的流量经营新平台，连接起用户与企业，打造"小额流通、三网覆盖、跨网流通、渠道共享"的流量宝生态圈。商家可以向运营商购买流量，随后通过活动的方式让用户完成任务以获得流量。用户通过完成任务获得流量后，可以在流量宝的平台将流量转换成牛币，通过牛币可以实现话费充值等优惠政策。2014 年 11 月，中国电信召开流量宝 3.0 发布会，流量宝实现三网（电信、移动、联通）手机流量兑换、流量赚取以及转赠等功能，并支持 Chinanet、CMCC Wi-Fi 免费上网、海外流量兑换。流量宝已逐步完成合作伙伴、用户及自身的互动合作，流量经营生态圈逐步形成。

2014 年 11 月，中国联通推出"流量银行"，用户下载 APP 或登录网页版（http://bank.wo.cn）使用流量银行，可以享受流量随时查询、存取和购买等服务，富余流量可以转赠他人。用户还可以参加流量平台上企业推广活动，随时随地免费赚取流量。未来，用户甚至还可以将第三方积分（如信用卡积分、超市会员积分等）与流量相互兑换，用流量来进行购物结算，实现流量的货币化功能。中国联通将其定义为：一个针对 3G、4G 用户的流量管理与交易平台；同时也是一个为企业用户提供精准、高效营销服务的推广平台。中国联通"流量银行"也可实现三网无障碍的跨平台运营。

2015 年 1 月，中国移动流量银行类产品"爱流量"微信公众号及 APP 客户端正式上线，可实现"买流量""赠流量""发红包""讨流量""赚流量"等，分别可实现用户购买流量，赠送好友流量、向朋友圈或群发流量红包供好友抢夺以及向好友讨要流量，或是通过参与驻平台企业推出的活动获得流量。此外，爱流量还具有流量账单、赚流量等功能。

趣味讨论：流量商店提供哪些服务产出？

13.1.4　分销渠道管理

分销渠道管理是指在企业经营活动中，根据企业的营销战略与策略，通过计划、组织、激励、控制等环节来协调与整合营销渠道中所有参与者的工作活动，与他们合作，有效和高效地完成分销任务。渠道管理的主要内容有如下几方面。

1. 渠道成员的选择

生产商、中间商、零售商和终端消费者之间和谐关系的建立需要一个长久的建设过程。因此，慎重选择渠道成员是很关键的一步。

（1）确定渠道成员选择的标准。选择理想的渠道成员，首先是确定渠道成员选择的标准。确定渠道成员的标准，主要考查以下问题：中间商的市场范围与本企业产品规划中的销售区域是否一致；中间商的区位优势；中间商的分销网络情况，以及分销网络的开拓能力；中间商销售人员的数量和质量；中间商对产品和服务的知识和经验；中间商的经营实力；中间商的财务及管理水平；中间商的产品政策及其对本企业产品销售的投入情况；中间商的道德水准和信誉能力；中间商与本企业的共同抱负和合作的意愿等。

（2）确定选择中间商的方法。对中间商的选择可以通过定性分析和定量分析方法进行，可以对中间商进行综合评分来确定，也可以通过销售量和销售成本的评估来进行选择。

（3）招募和筛选中间商。招募中间商的途径很多，有广告招募、互联网招募、中介公司服务、顾客推荐、商业展览等。

2. 渠道成员的培训与认证

（1）渠道成员的培训。渠道成员确定后，需要对渠道成员进行培训，才能够使渠道成员完成厂家所设计的任务。而中间商也常常将接受厂家的培训，看成是其成长的过程，或说是其承担销售任务的一种收益，因此，对渠道成员的培训也成为培养渠道成员忠诚度的一项重要内容。

渠道成员的培训内容主要涉及以下三个方面。

① 产品技术培训。培训内容是产品和服务的专业化知识，目的是提高渠道的专业化水平。

② 销售培训。培训的重点在于介绍产品的功能、竞争优势、竞争对手分析、成功案例分析，产品报价方法及其销售技巧等。

③ 管理培训。培训内容集中在企业文化、营销战略、战术以及围绕厂商经营理念方面的培训，使渠道成员对厂商的经营理念、发展目标等有深刻的认识和认同。

（2）渠道成员的认证。对经销商的认证也可分为三类：销售性认证、技术性认证及服务认证。

① 销售性认证是以经销商的销售业绩为主要评价指标进行的认证，通过认证不同业绩规模的经销商，以提供差异化支持。

② 技术性认证是关注渠道成员的技术实力和支持能力，技术含量越高的产品，越有必要对渠道成员进行技术认证。

③ 服务认证则主要是对一家经销商服务能力的考核。

[课外作业]

为什么在 IT 行业渠道成员的认证更为重要和普遍？

3. 渠道成员的激励

（1）利益激励。中间商销售产品的目的是获得盈利，因此，对中间商进行利益激励，激励效果明显。对中间商的利益激励主要有以下形式。

① 返利制度。返利是指厂家根据一定评定标准，对达到标准的中间商进行奖励的激励制度。根据评判标准的不同，可以分为销售额返利和综合返利，根据返利的方式不同可以分为现金返利和非现金返利，根据返利的时间不同可以分为月返、季返和年返。

② 职能付酬方案。制造商根据中间商完成的职能、相应的业绩及合作程度给予报酬激励。

③ 补贴政策。针对中间商在专项职能中所付出的能力，给予奖励性质的各种专项补贴。如广告补贴、商铺陈列补贴、新品推广补贴等。

④ 放宽回款条件。资金流的管理对制造商和中间商而言，都是非常关键的问题，放宽回款条件是极大的优惠条件，能够提供充分的激励。

⑤ 渠道建设投入。制造商或服务提供商在渠道建设中进行一定的专有资产的投入，承担较长期的责任。

（2）参与激励和关系激励。制造商通过和渠道成员及时交流信息，加强沟通，让渠道成员参与到渠道计划工作中来，共同制订渠道发展规划，明确生产厂家和中间商在渠道发展的责权利关系，同时进行经常性的感情交流，发展长久的紧密关系，能够对中间商起到良好的激励作用。

（3）发展激励。中间商参与到渠道工作中来，进行一定的渠道投入，不仅希望得到短期的利益回报，还希望得到长期的事业发展，不断成长。因此，制造商对中间商的发展激励在整个激励体系中具有举足轻重的地位。发展激励主要体现在如下方面：产品的市场前景好，业务发展潜力大；制造商渠道管理工作规范有序，可以将优秀的管理方法向经销商渗透；帮助中间商成长；共同开发新的市场机会等。

（4）渠道支持。制造商对渠道的各种支持政策实际是渠道整体运作的基础，有时比实际的各种奖励措施更加重要。

制造商的渠道支持政策常常有以下几方面。

① 信息支持。制造商通过给中间商提供产品相关的信息，帮助中间商提高销售能力，扩大销售量。

② 市场支持。它是指厂商围绕拓展市场而对渠道提供的一系列支持,包括广告、市场推广活动、提高核心渠道向下一级的拓展力度等。

③ 技术支持和维修服务。

④ 融资支持。它是指厂商为合作伙伴提供直接的融资,或帮助渠道合作伙伴借用外部资金,包括从银行、租赁公司、投资公司或上市公司等机构获取资金。

4. 渠道成员的绩效评估与渠道改进

制造商期望拥有稳定的渠道,但更需要拥有高效率的渠道,因此,要对渠道效率进行评价,并且据此来改进渠道。制造商对中间商绩效评估的标准主要有销售绩效、财务绩效、竞争能力、应变能力、销售增长、顾客满意、合约遵守、存货定量等方面。

通过对中间商的绩效进行评估以后,结果存在三种情况:① 完全不满意,需要进行渠道的全面改革。② 绝大多数中间商绩效水平尚可,少数中间商需要进行改进;③ 完全满意,中间商绩效水平高,不需要改进,保持就可。

[案例 13-2]

某运营商对代理商的考核管理

某运营商对集团业务代理商的考核,重点考核销售、服务、管理三方面的能力,建立起三个维度的分层分级考核办法,考核指标如表 13-1 所示。

表 13-1　某运营商对代理商的考核指标

维度	子维度	指　　标	权重	总分
销售能力 (50 分)	销售规模	销售收入	20	100
	销售增量	销售收入增量	20	
	销售目标完成率	销售目标完成率	10	
服务能力 (30 分)	客户服务	客户满意度	10	
		客户维系	10	
	技术服务	客户投诉排除能力	10	
智能能力 (20 分)	风险管理	欠费收回管理	5	
	规范性管理	渠道冲突管理	5	
		与运营商配合度管理	5	
	忠诚度管理	渠道排他管理	5	

趣味讨论: 以上评价指标反映了运营商对代理渠道的考核重点是什么?

13.2

互联网渠道

随着电子商务的发展,互联网渠道成为企业渠道建设中的必然选择。

13.2.1　互联网渠道定义

互联网渠道(Internet Channel),又称为 E-channel 或 Online Channel,是指企业利用互联网提供

产品和服务，从而使目标市场顾客能够利用计算机或其他可行的技术购物，并通过交互式电子方式完成购买交易。

定义中的"其他可行技术"，包括手机等各种移动终端、网络电视等技术设备。"交互式电子方式"，包括网上下单直接购买，也包括网上浏览信息，通过电话或实体店完成购买。

13.2.2 互联网渠道类型

互联网渠道的类型可以分为间接渠道和直接渠道 2 类。间接渠道即 B2B2C，通过网络经销商向网络顾客销售产品；直接渠道即 B2C，通过企业的官方网上商城或利用第三方电子商务平台向网络顾客销售产品。不同类型渠道的优缺点如表 13-2 所示。

表 13-2 不同类型的互联网渠道的比较

互联网渠道类型		优点	缺点
间接渠道	网络经销商	① 企业资源投入少，借助经销商的力量增加销量； ② 可实现快速扩张	① 不与顾客直接接触，难以在第一时间了解顾客的需求变化； ② 较高的渠道协调和交易成本； ③ 网络渠道和传统实体渠道冲突水平较高
直接渠道	官方网上商城	① 与顾客直接接触； ② 渠道协调和交易成本低	① 需要投入大量的资源建设和维护官网； ② 需投入资源扩大官方网上商城的影响力，吸引顾客
	利用第三方电子商务平台	① 企业资源投入较少； ② 受众面广，易吸引顾客； ③ 与顾客直接接触	需有效协调与第三方电子商务平台公司间的关系

13.2.3 互联网渠道管理

互联网直接渠道由企业自身掌控，主要面对的是如何协调企业内部各部门之间的职能问题以及企业和第三方电子商务平台间的关系问题；而间接渠道则是涉及了企业、网络经销商以及第三方电子商务平台之间的协调问题。

1. 对网络经销商的管理

许多适用于实体经销商的政策都可以灵活应用于网络经销商管理。这些方式包括：① 对网络经销商的资质进行严格筛选，制定相应的细则标准，提高网络经销商的进入门槛，保证企业能够招募到合格的经销商；② 制定详细的网络经销商管理条例，明确企业和网络经销商各自承担的职责、义务，同时明确对网络经销商的奖励和惩罚措施；③ 企业对网络经销商给予相应的支持，帮助其提高销售绩效。同时，网络经销商也可以和企业共同举办促销、推广活动，扩大影响。

2. 企业内部职能部门间的协调

互联网渠道中，网络经销商及最终顾客对企业在配送速度等服务方面具有较高的要求。因此，企业内部及其与其他利益相关者之间需要紧密地协同合作，企业须具备较高的协调能力。在利用互联网渠道的过程中，企业可以通过改变业务流程、增加部门间沟通等方式来提高协调能力，进而提高响应顾客需求的速度。

3. 解决好传统实体渠道与互联网渠道的冲突问题

（1）越来越多的企业都面临着网络销售渠道与实体渠道冲突的问题，冲突主要表现在如下方面。

① 销售量冲突。传统实体渠道和互联网渠道面对的客户群有较大的重叠性，由互联网渠道带来的销量上升会影响原有实体渠道的销售量的增长，甚至导致实体渠道销售量下降。

② 价格冲突。互联网渠道销售的商品由于不存在或者相对较低的物流和仓储成本，也无需负担昂贵的店铺租金和营销成本，因此，同样产品在网上售卖的价格比实体零售店的价格要低。

③ 利益冲突。虽然利用互联网渠道能够提升企业绩效，但是传统企业一般都建立了庞大的销售网络，考虑到以往投入的成本以及这一销售网络带来的收益，企业都会尽力照顾传统渠道的利益，如在产品的分配上优先考虑传统渠道的需求。

（2）企业可以通过如下方法解决网络渠道与实体渠道的冲突，以实现两者的平衡。

① 渠道差异化。首先是产品差异化，企业可以在两类渠道中销售不同类别的产品，或提供渠道专供产品。其次是服务差异化，使消费者在不同渠道购买产品获得不用的体验，增强所购买产品的个性化程度，以更好地满足顾客的个性化需求。

② 善用互联网渠道的媒体属性，带动实体渠道销售。互联网渠道除了传统的渠道属性外，还带有相当程度的媒体属性。有效地利用互联网渠道的媒体属性，可以迅速提升企业的品牌，通过网络营销传播来带动实体渠道的销售。

③ 采用 O2O 模式，让实体渠道分享网络渠道的利益，实现渠道互补。厂家可以通过自建 B2C 官方网站的形式，以厂家的高度面向全国的消费者，打破地域区隔，让原有的线下渠道加盟商全部成为这个官方 Shopping Mall 体系内的有机组成部分。在网络购物的环境逐渐成熟的情况下，可以适当引导用户到线下下单，总部商城根据加盟商的推荐订单给予返利，以解决实体渠道商不愿意，甚至抵触网上销售的顽疾。

4. 通过与第三方电子商务公司合作，打击假货

网络假货对公司利益伤害极大，但单纯依靠企业自身遏制假货，难以奏效。企业需要与网络购物平台等其他组织合作，制定详细的保障条款，打击网络售假。在实体渠道中，企业可以依赖工商管理部门来打击假货。在互联网渠道中，由于网络的虚拟性以及广泛的传播性，打击假货工作更为严峻，与专业网络购物平台等电子商务公司间的合作打假是必须的途径。对于专业的网络购物平台而言，一个充斥着假货的网络商城也不利于网络购物平台的健康发展，所以它同样具有打击假货的意愿。

[案例 13-3]

十种电子商务网站评价标准

1. 新顾客转化率。转化（Convert）是指潜在顾客完成一次商户期望的行动。转化率（Take Rates, Conversions Rates）是指潜在顾客完成转化与总数之比，如网站转化率=进行了相应的动作的访问量/总访问量，用来衡量网站内容对访问者的吸引程度以及网站的宣传效果。新顾客转化率是新顾客中产生购买行为顾客占总新顾客数的百分比。

2. 回头客转化率。它是指回头客中产生购买行为顾客占总回头客数的百分比。

3. 每次访问打开的网页数。它反映网站吸引顾客的程度。

4. 每单产品数。它可根据产品特征推荐顾客增加订单产品数。

5. 平均订单价值。它可用于检测平均订单价值的变化情况。

6. 返回点击率。即返回点击的访客占总访客的百分比。访问者访问网站只点击一次马上撤回，即返回。高返回点击率可能是登录时间过长、内容不相关、网站设计无吸引力等。

7. 登录时间。

8. 资源来源，如直接访问、搜索引擎访问、相关链接等。随着网站品牌的提升，会有更多的直接访问资源。

9. 每年每个顾客的消费额。

10. 购物车/付款放弃比例。它用于衡量在购物的每一步，顾客放弃订单的比率，从而考量付款结账环节是否存在严重问题。

趣味讨论：以上评价标准是否适合于对运营商电子商务网站进行评价？

13.3 通信分销渠道的选择

13.3.1 影响通信分销渠道选择的因素

通信分销渠道选择的影响因素包括以下方面。

1. 市场和顾客因素

营销渠道的选择受到目标市场、顾客人数、使用频率、消费数量、购买习惯等因素的影响。如果目标市场范围大，渠道则较长，反之，则短。目标顾客集中，采用短渠道；顾客分散，采用长渠道。对通信产品消费量大、技术服务要求高的政企用户，应采用直接销售的短渠道。

2. 产品因素

通信产品本身的特点对营销渠道的选择与设计起着决定性作用，不同产品对应不同的渠道。从产品价格方面，价格高的产品，适于采用短渠道。反之，单位价格较低的产品，其利润小，需要大批量销售，宜采取长渠道，以获得有利的市场地位。对产品的技术性能和服务要求高的业务，以及通信组合产品，需要直接销售。

3. 企业自身因素

在选择社会渠道时，社会渠道也在选择企业。因此，企业自身的因素在决定渠道的长短、控制力等方面具有重要影响。这些因素包括：

（1）企业实力强弱。企业实力强，有可能组建自己庞大的销售队伍，将大部分产品的销售集中在自己手中，以实现自己销售业务，加强与消费者的联系；反之，则应选择社会渠道推销产品；

（2）管理能力。如果企业管理能力强，又有丰富的营销经验，则可少用或不用社会渠道，反之，应采用社会渠道；

（3）控制渠道的愿望。若为了有效地控制营销渠道，愿花费较高的直接销售费用，建立短渠道，反之，选择长渠道。

4. 中间商因素

营销渠道的选择要考虑不同类型社会渠道的优劣势，以及社会渠道的数量、信用状况、规模大小、资金实力、接洽顾客的能力、员工素质、网点分布等。

除上述因素外，影响营销渠道选择的因素还包括竞争因素、社会文化环境、经济环境、竞争环境等环境因素。

[案例 13-4]

三大运营商对虚拟运营商的招募

工业和信息化部（简称工信部）于 2013 年 5 月 17 日发布了《关于开展移动通信转售业务试点工作的通告》（工信部通[2013]191 号），规定"拥有移动网络的基础电信业务经营者应在发文之日起15 日内，在其公司网站的显著位置向社会公开移动通信转售业务的接洽部门，并明确与转售企业合作的相关事项。在有转售企业提出合作意向之日起 4 个月内，基础电信业务经营者应与两家以上转售企业签署合作协议，并在试点受理期间与两家以上转售企业开展合作。"

根据工信部规定的时间表，三大运营商均宣布启动移动通信转售业务，开始招募虚拟运营商。

中国移动公告称，"诚挚欢迎符合工业和信息化部《移动通信转售业务试点方案》条件要求，并有意向和我公司合作开展移动通信转售业务试点的企业前来洽谈。我公司将为前来洽谈的企业提供《移动通信转售业务合作需求书》。"

中国联通公告称，"自本公告发布之日起与我公司联系。为方便意向企业，我公司全部采用电子邮件方式受理，不接受当面接洽。具体程序为：（1）初步接洽。意向企业将加盖公章的企业法人营业执照和介绍信扫描件，发送至我公司指定电子邮箱；介绍信应载明联系人、联系电话及电子邮箱。（2）提出意向。我公司收到意向企业电子邮件后，向意向企业提供《移动通信转售业务试点合作意向书》电子模板；意向企业填写完毕后反馈至我公司，正式提出合作意向。（3）评估反馈。我公司在对合作意向书进行初步评估后，将结果告知意向企业。（4）商洽谈判。我公司与通过初步评估的意向企业开展商洽谈判等工作。"

中国电信的公告称，"现公开向社会诚征移动通信转售业务合作企业。合作企业应满足工业和信息化部《移动通信转售业务试点方案》（以下简称"《方案》"）相关要求，具备开展移动通信转售业务的能力和条件。我公司将向前来接洽并满足《方案》条件的企业提供移动通信转售合作需求材料，请相关企业向我公司书面提供符合需求材料要求的合作意向书。我公司将按照《方案》要求尽快与意向合作方开展后续工作。"

趣味讨论： 在发展与虚拟运营商合作方面，三大运营商关心合作伙伴的哪些条件？

13.3.2 通信渠道选择的原则

在选择营销渠道时，既要考虑各项影响因素，又应遵循一定的原则。

1. 经济性原则

经济性原则是指营销渠道选择的效益原则，营销渠道应以消费者需求为导向，将产品尽快、尽好、尽早地通过合适的路线，以尽可能优惠的价格送达消费者。

2. 覆盖与规模适度原则

覆盖与规模适度原则是指是否拥有适当规模与数量的渠道用以覆盖目标市场。不能一味强调降低渠道成本而限制渠道拓展，这样会导致市场覆盖不足、销售量下降。同时，也应避免扩张过度、范围过宽、过广，以免造成沟通和服务的困难，引发渠道秩序混乱失控，最终影响渠道竞争力。

3. 稳定可控原则

营销渠道一经确定，就需花费相当大的人力、物力、财力去建立并不断巩固，整个过程往往是复杂、缓慢的。只有保持营销渠道的相对稳定，才能保持渠道的效益。这就需要营销渠道具有一定的调整功能，通信企业可以通过运用奖赏权、强制权、专长权、合法权和感召权等渠道权利，保持对渠道的调整和控制，使渠道能够适应市场的新变化，以保持渠道适应力和生命力。

4. 协同原则

在选择、管理营销渠道时，不能只追求自身的效益最大化而忽略渠道成员的局部利益，应合理分配各个成员间的利益。要强调营销渠道各成员的优势互补和资源共享，这样才能有效地引导渠道成员合作，减少冲突的发生，确保整体目标的实现。

5. 发挥优势原则

在选择营销渠道时，为了争取在竞争中处于优势地位，要注意发挥自己的优势，将营销渠道的选择与企业的产品策略、价格策略和促销策略结合起来。

6. 有效性原则

营销渠道的有效性原则体现在对目标市场进行有效细分的前提下。要对可能的营销渠道的分销效能、服务能力、维护成本等方面进行进一步综合分析，从而明确各渠道的优势和劣势，再整体考虑和合理规划，从结构上保证所构建渠道的有效性，实现对区域市场的有效覆盖。

7. 服务性原则和客户满意原则

通信产品是传递信息的服务。因此，渠道形式的选择应以客户需求为导向，确保客户能在方便的地点、时间以合理的价格，获得满意的产品、业务和享受到满意的服务。

13.3.3　通信分销渠道选择策略

通信分销渠道选择策略是一种综合性的决策，包括选择渠道类型、确定渠道模式等内容。其决策重点有以下几个方面。

1. 直接销售与间接销售的选择

直接销售与间接销售的选择是指通信企业的渠道建设是通过自己的力量建设自有渠道，还是通过利用中间商，动员社会力量来形成分销体系的决策。

直接销售具有销售及时、中间费用少、便于控制价格、及时了解市场、有利于提供服务等优点，但直接渠道企业需要花费较多的投资、场地和人力，市场覆盖面也受到限制。间接销售由于有中间商加入，企业可以利用中间商的知识、经验和关系，从而起到简化交易，缩短买卖时间，集中人力财力和物力用于发展生产以增强商品的销售能力等作用。

（1）一般来说，在以下情况下适合采取直接销售的策略。

① 市场集中，销售范围小；

② 技术性高或者制造成本和售价差异大的产品，易变质或者易破损的商品，以及定制品等；

③ 企业自身应该具备市场营销技术，管理能力较强，经验丰富，财力雄厚，或者需要高度控制商品的营销情况。

（2）反之，在以下情况下适合采取间接销售的策略：

① 市场分散，销售范围广；

② 非技术性或者制造成本和售价差异小的商品，不易变质和非易碎商品，以及日用品、标准品等；

③ 企业自身缺乏市场营销的技术和经验，管理能力较差，财力薄弱，对其商品和市场营销的控制要求不高。

2. 长渠道与短渠道的选择

企业决定采用间接销售的策略后，就面临着渠道长度的选择，即经过的流通环节或层次的多少。从节省流通费用、加速社会再生产过程的要求出发，应当尽量减少中间环节，选择短渠道。但有些情况下，批发商的作用是生产者或服务提供商和零售商无法替代的。因此，采用长渠道策略还是短渠道策略，必须综合考虑业务的特点、市场的特点、企业本身的条件以及策略实施的效果等。

（1）一般来讲在以下情况下适合采取短渠道策略：

① 从业务特点看，售后服务要求高而且技术性强；

② 零售市场相对集中，需求数量大；

③ 企业的销售能力强，推销人员素质好，资历雄厚，或者增加的收益能够补偿花费的销售费用。

（2）反之，在以下情况下适合采取长渠道策略：

① 从业务特点看，选择性不强、技术要求不高；

② 零售市场较为分散，各市场需求量较小；

③ 企业的销售能力弱，推销人员素质较差，缺乏资金，或者增加的收入不能够补偿多花费的销售费用。

3. 宽渠道与窄渠道的选择

企业在确定了渠道的长度后，还面临着渠道宽度的选择。分销渠道的宽度则取决于渠道的各个层次中使用同种类型中间商的数量。

（1）密集分销。通信企业为了能使业务得到广泛的推销，可以采取密集分销方式，尽可能使用多数量的中间商来销售其产品，尽可能加宽分销渠道，以便购买者能随时随地买到产品。密集分销适用于运营商销售数量大且市场面广的卡类业务的销售。采用这种策略，通信企业需要投入较多的广告费和促销费，以利于调动中间商的积极性。

（2）选择性分销。通信企业在同一地区仅通过几个经过精心挑选的、比较合适的中间商来推销其产品。采用这种策略，由于中间商数量较少，有利于与运营商之间紧密协作，同时，也能够使通信企业降低销售费用和提高控制能力。

（3）独家分销。独家分销是指通信企业通过在某一时期内，在特定市场区域中，只选择一家中间商来销售其产品，该中间商也不能再经销其他竞争性的产品。采用该策略有利于调动中间商更积极地推销商品，同时，生产企业可以加强对中间商的售价、宣传推广、信贷和服务等工作的控制，更好地配合协作，从而有助于提高厂商的声誉和商品的形象，并提高经济效益。

4. 中间商的选择决策

中间商的选择涉及两个方面问题：一是确定中间商的类型，即是选择代理商、批发商，还是选择零售商；二是选择哪一家中间商。因而，决定中间商选择的因素有：

（1）市场范围和购买特点；

（2）中间商是否具备经销通信产品和业务的必需设备；

（3）中间商是否具有经销某种产品必要的专门经验、市场知识、营销技术和专业人才；

（4）预期合作程度。通信企业希望中间商能够提供更多的销售产品的条件；而中间商则希望通信企业进行更多的促进销售的活动，以保证产品的销售不断扩大。因此，预期合作程度是选择具体的中间商的一个重要考量指标。

[案例 13-5]

中国移动车联网业务渠道

2014 年 11 月 20 日，中国移动正式推出车联网服务以及自主品牌的 4G 多功能车机、车载路由诊断设备（On-Board Diagnostic，OBD）。此次推出的产品经过全新的设计及适配，引入多方服务资源，以满足用户的个性化需求。车机具备 4G 通信功能并内置丰富的应用，而 OBD 兼备了移动路由器和智能车载诊断双重功能。

借助移动互联网运营模式，结合中国移动公司特点，产品采取线上线下两种渠道开展前向推广经营。线上短期内由京东面向用户销售中国移动 4G 车联网终端，同时中国移动车联网 T 商城发挥着更大的平台作用。线下与 4S 店、汽配城等展开合作，如与庞大汽贸集团旗下 4S 店展开合作，合力推广车联网终端和 SIM 卡代理合作。同时加强后向合作经营，与平安保险、人寿财险等数十家保险公司合作，面向最终用户提供优质保险服务，如与庞大集团合作面向最终车主提供质优价廉的车辆保养维修服务。

趣味讨论：中国移动车联网业务渠道选择考虑了哪些因素？

13.4
通信分销渠道体系

全业务竞争时代，电信运营商之间的竞争从技术和价格转向了服务与营销渠道的竞争，渠道能力成为通信企业核心竞争力的重要组成部分，通信企业的渠道选择和渠道建设成为企业重点发展战略之一。

13.4.1 通信分销渠道的类型

通信营销渠道是指通信产品或服务从运营商向用户转移时，取得通信产品所有权和帮助转移其所有权的所有企业和个人。

如果从产权关系角度划分，通信运营商的渠道体系主要包括如下两个类型：一是自有渠道，由运营商直接组建、管理，渠道员工由运营商雇用，产品从运营商转移到客户不经过任何中间环节，运营商对渠道成员的行为与活动拥有绝对控制权，包括实体渠道、电子渠道和直销渠道三类；二是社会分销渠道，指利用社会资源拓展的销售型渠道，包括社会代理商的合作营业厅、合作品牌店、加盟店、授权销售点、标准卡类直供零售点等。

通信营销渠道经过近十几年来的发展，已经由传统的自有渠道的一种模式，扩展为形式多样、规模不一、功能丰富的自有渠道和社会分销渠道的混合体系。

1. 自有实体渠道

自有实体渠道是指通信运营商自己投资建设的、以实体网点形式向用户提供业务与服务的场所，主要构成为自有营业厅。营业厅硬件设施及装修统一规划配置，代表运营企业的自身形象，并作为企业的市场基础渠道，具有营销、销售、服务的职能。按网点定位、规模和地域不同，自有渠道分为旗舰店、品牌店、市级营业厅、县级营业厅、乡镇营业厅等。自有渠道全部采用"形象统一、服务统一、管理统一"模式建设，运营与管理。目前通信市场上已经形成了较为完善的自有实体渠道体系，在营销宣传、业务发展、服务受理、品牌传播、客户维系、提升形象、掌控市场等各方面发挥了重要作用。

2. 电子渠道

电子渠道是指以互动式电子技术方式向用户提供非面对面产品和服务的手段和措施，主要有网上营业厅、客服呼叫中心、短信营业厅、自助服务终端、手机营业厅、应用程序商店等。与实体渠道相比，电子渠道优势体现在以下方面。

（1）电子渠道运营不受时间和空间的限制，可以 24 小时不间断地向用户提供服务，大大提高了用户使用的便捷性。

（2）电子渠道在增强运营商对渠道掌控能力的同时，降低了建设、运营和管理等方面的综合成本。

（3）电子渠道对获取用户信息和细分用户市场、增强业务宣传推广能力和用户体验营销能力、提高用户满意度和忠诚度等具有重要作用。

（4）电子渠道对增值业务提供了良好的体验式操作环境，有效地解决了用户在使用部分增值业务时的问题，有利于培养用户使用习惯，增加用户黏性。

（5）电子渠道有效地辅助了原有的实体渠道，增强了企业品牌的认知度，树立了企业形象。

但电子渠道在服务体验、物流方面存在不足。

3. 直销渠道

直销渠道主要指面对面、一对一向特定用户直接提供服务的人员队伍，包括集团直销和个人直销。在通信市场主要包括大客户/社区经理和维护人员两大类。

（1）客户/社区经理。他们以面对面、"一对一"的方式向政企客户、家庭客户提供差异化、个性化服务，其职能是针对政企客户和个人大客户提供交叉/向上销售以及客户维系。

（2）维护人员。他们在做好上门维护工作的同时，聚焦客户需求，为客户设计相关配套产品方案，提高客户价值，包括做好客户关怀和提高客户价值。

4. 社会渠道

社会渠道由社会力量组建、管理，通过合作、代理、经销等方式，协助运营商实现产品销售，获取相应报酬，运营商不直接面对客户，而是经过渠道成员向客户销售产品，运营商对其不具备绝对控制权，具体包括：代理商、卖场、专营店、普通零售商，以及网络经销商等。采用社会渠道，能够发挥中间商广泛提供产品和高效进入目标市场的作用。社会渠道利用中间商的销售网络、业务经验、专业化和规模经济优势，通常会使运营商获得高于自营销售所能获得的利润。此外，利用中间商能减少交易次数，达到节约、经济的目的。当然，间接渠道不足表现在运营商和客户之间有中间商介入，从而把两者隔离开来，使他们难以直接沟通信息，使运营商不易准确地把握客户的需求，客户也不易了解运营商产品的供应情况和性能及特点等。

社会渠道也包括合作伙伴渠道，或称增值合作渠道，包括增值代理商和虚拟运营商等。这类渠道主要是向通信企业购买线路资源，然后做一定的投资，为特定客户提供增值服务。

13.4.2 通信政企客户服务营销渠道

不同电信运营商客户服务营销渠道的建设有差异，一般以"实体渠道+社会渠道+特色渠道+VIP客户经理+电子渠道"服务个人客户群，以"社区体验站（信息机）+社区经理+电子渠道"服务家庭客户群，以"客户经理+方案经理+代理渠道+电子渠道"服务政企客户群。

在高附加值且客户稳定的政企客户市场，服务营销渠道建设被作为重要的发展战略越来越受到通信企业的重视。通信政企客户的服务营销渠道的类型与公众客户的渠道类型差别不大，主要是实体渠道、直销渠道、电子渠道和合作渠道，但每个类型渠道在政企客户市场的工作内容、服务方式以及重要程度与公众渠道有很大差别。

1. 直销渠道

政企客户的直销渠道由客户经理、电话经理等人员组成，主要针对政企关键客户进行个性化业务咨询、业务办理和投诉受理及政企属性内业务需求办理。通过一对一的、个性化的、差异化的"精确"服务，提升对政企客户的服务质量，加大行业应用推广力度，提高营销和服务的针对性、精确性，从而提升重要政企客户的满意度、忠诚度，提高政企客户的黏性和收入。

政企客户营销及服务的主要渠道是客户经理，客户经理针对政企客户提供营销服务，推介信息化解决方案。客户经理的服务对象常常集中在政企客户关键人物上，政企客户关键人物指领导、办公室主任、科技科负责人、联络员等。

电话经理是客户经理工作的有益补充和标准化、被动性客户服务方式的有效调节。

直销渠道是最扁平、最直接面向客户的渠道类型，而且是面对面的人际传播，宣传针对性强、营销针对性强、服务针对性强，能很好适应匹配政企客户需求，是政企信息化整体解决方案和行业应用解决方案营销的最主要渠道，具有个性化、差异化、交互良好、客户需求响应快速、灵活的特征。

2. 实体渠道

针对政企客户的实体渠道主要有营业厅政企客户专席、政企驻点服务渠道、政企客户体验厅等。

营业厅政企客户专席是在营业厅里设有针对政企客户服务的专席，营业厅相对网点多，通过营业厅政企客户专席，政企客户能够获得方便、快捷的服务。专席主要支撑政企客户市场的服务与营销，进行部分政企业务受理。

政企驻点服务渠道是针对政企客户的上门服务，既能提高客户经理的政企客户服务能力，又能提高政企客户服务满意度，通信企业定时组建政企驻点服务团队，配合客户经理，对政企客户提供上门营销服务，提供品牌套餐互转、增值业务的受理、话费咨询等服务。

政企客户体验厅是宣传、展示政企产品和政企业务并为政企客户提供政企产品和业务的体验场所，其功能是宣传推广行业信息化应用，激发客户潜在需求。

3. 电子渠道

政企客户电子渠道有服务热线政企客户专席、政企服务热线、短信营业厅、网上营业厅等。

为分流客户经理工作压力，提高效率，集中支撑政企客户共性需求标准化业务，服务热线中设立政企客户专席，提供政企客户咨询服务，为政企客户提供大众化、标准化业务的服务。

通信企业还专设政企服务热线，为政企客户提供 7×24 小时全天候服务，服务内容是基于政企大众化、标准化产品和业务咨询、办理和投诉受理，以及个人属性的标准化增值数据业务。它是客户经理有效的分流拓展服务界面之一，负责政企客户全员服务，主要针对政企内普通成员客户。

短信营业厅用于大众化属性业务信息查询与办理，简单业务定制、变更和取消等，政企客户也可以借助短信营业厅获得快捷服务。

网上营业厅具有低成本、全天候、无缝式自助服务的特点，能实现标准化的政企客户服务有效分流。服务内容有话费账单和详单的查询、问卷调查、政企业务广告宣传、增值数据业务宣传与推广、信息浏览和查询、政企客户系统管理、业务申请、政企客户投诉建议受理、政企客户工作情况考核、实现政企客户业务客户端软件的自助下载和功能升级等。

[案例 13-6]

中国移动政企客户服务营销渠道体系

中国移动政企客户营销服务渠道包括：① 直销渠道，包括政企客户经理（含首席客户代表和客户专员）；② 实体渠道，包括营业厅政企客户专区/柜、政企客户体验店；③ 电子渠道，包括 1860 政企客户专席、网上政企客户专区、政企短信平台；④ 合作渠道，包括销售型合作伙伴、增值型合作伙伴。北京移动政企客户四大类渠道在渠道特征上具有不同的能力和特点，如图 13-2 所示。在实践中，中国移动政企客户营销渠道主要依赖于客户经理的直销渠道，辅以其他服务渠道。

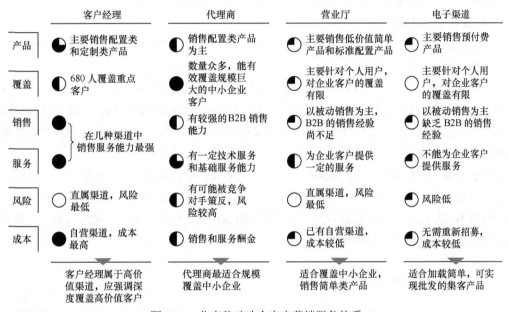

图 13-2　北京移动政企客户营销服务体系

趣味讨论： 从北京移动政企客户营销服务体系看，评价渠道的核心要素有哪些？为什么？

13.5 | 通信分销渠道的管理重点

近年来，随着通信市场格局的变化，运营商渠道竞争日益激烈，渠道有效管理成为工作重心。

13.5.1　实体渠道的分级管理

面对不同的渠道成员，首先要考虑的问题就是如何合理地分配渠道资源。渠道成员的实力参差不齐，如果将整体渠道资源平均分配给每个成员，不能实现资源利用效率的最大化。这就促使渠道管理者对渠道进行分级管理：根据实力大小划分一定级别，对不同等级的渠道用以不同程度的营销资源和采取不同的管理措施，实现渠道的差异化管理，使资源投入和政策制定有更好的依据，提升渠道成员的忠诚度。

1. 自有实体渠道分级管理

自有实体渠道主要包括自营营业厅，分级标准依据营业厅的地理位置、功能和规模。根据分级标准将营业厅划分为：一级营业厅（当地卖场旗舰店），一般设立在各本地网分公司中心城区；二级营业厅（品牌店），一般设立在本地网中心城区主干道及发达乡镇；三级营业厅（一般网点）一般设立在本地网城市次干道及乡镇。

分级管理一般遵循以下原则：① 公平公开原则，确保分级方案对所有网点标准一致，测算过程与结果透明；② 能上能下原则，网点级别根据市场表现进行调整；③ 业绩为主原则，主要依据市场业绩确定级别；④ 资源挂钩原则，不同级别的网点在酬金、资源等方面享有不同的待遇。

分级的方法一般从销售绩效、客户服务提供和客户服务质量、硬件资源、经营管理四个方面建立分级标准，同时建立相应的考核体系，根据考核结果实现动态升降级。

2. 社会渠道分级管理

对社会渠道进行分级的目的是要通过分级，识别出不同层级的经销商，以加强对紧密型经销商的控制力度，应对未来的市场挑战。

社会渠道分级原则为：① 能上能下原则，经销商层级可以根据情况进行调整；② 业绩与潜力并重原则，层级划分时除了关注业绩外，还重点关注具备较大发展潜力的经销商；③ 关怀激励原则，针对不同层级的经销商，一般以情感维系、信息掌握、提升服务为主要方式；④ 总体控制原则，在制定政策时应避免引发渠道网点的自发连锁行为，避免渠道管控风险。

分级的标准从销售业绩、客户服务提供和客户服务质量、门店规模等方面建立。社会渠道分级后，应从销售指标下达、管理考核、酬金标准、培训支撑等多方面实行差异化管理，实现管理的精细化。针对不同层级的细分渠道制定差异化的业绩指标和酬金标准，引入升降级机制，以形成差异化的渠道激励，提升社会渠道积极性。

13.5.2　直销渠道的服务优化

直销渠道服务管理的主要任务是如何建立一支高素质的客户经理队伍，为客户提供优良的直销渠道。通过提高客户经理与客户互动沟通的能力、丰富业务知识，再加上优质的网络和个性化的服务去吸引客户。

直销渠道的服务管理可从如下方面完善。

（1）完善公司客户经理制度，提高渠道营销人员的业务水平。客户经理的主要功能在于开发和维护政企客户和公众大客户，客户经理对外代表本企业，为客户提供咨询和服务；对内可代表政企客户，随时为政企客户及时解决任何通信和业务问题。所以客户经理业务水平直接决定直销渠道的效益。要提高客户经理的业务水平，一方面需要渠道营销人员不断自我提高，另一方面需要公司对营销人员提供包括业务熟练程度和沟通技巧在内的渠道营销培训。

（2）建立政企客户信息系统。一个准确完整的政企客户基础资料系统是进行客户开发和维护必不可少的工具。一方面它能使客户经理在政企客户业务开拓上具有针对性，另一方面能使客户经理的政企客户经营分析规范化。

（3）制定具有个性化、针对性的大客户营销策略。客户经理面对的是一个个需求不同的大客户，因此在细分的通信市场中，企业为其提供具有个性化、针对性的大客户营销策略必不可少。一方面，应制定个性化的营销服务策略，需要区别于竞争对手、大众化产品和服务。另一方面，应根据需要对政企客户策略及时改进，重视客户关系管理，引入新型的大客户服务机制，并随时关注、借鉴其他企业的营销模式，不断改进营销服务方式。

13.5.3　电子渠道的服务优化及向电子商务转型

运营商电子渠道的服务优化可从以下方面入手。

（1）完善网上商城（网上营业厅）。虽然电子渠道的种类很多，但网上商城（网上营业厅）不仅是用户最容易接受和使用的电子渠道，而且是运营商最可能提供丰富功能和服务的电子渠道，具有其他渠道无可比拟的功能扩展优势。因此，网上商城（网上营业厅）是最主要的电子渠道形式，完善网上商城（网上营业厅）是电子渠道建设重点。

（2）从客户角度规划完善电子渠道功能。不管何种渠道提供怎样的功能，客户永远关心的是如何以简单的方式享受优质服务。电子渠道建设的任务是让客户找到自己喜欢的方式，便捷地办理业务。理想状态下的电子渠道应以其便捷、高效的特点被客户所认可和欢迎。可以从以下几方面进行优化。

① 优化电子渠道功能界面。要使电子渠道的功能界面更友好、更时尚、更能够吸引客户来体验和享受服务。

② 优化业务办理流程。不断优化和完善业务办理流程，使电子渠道的操作更加简洁和人性化。

③ 强化系统支撑。随着电子渠道客户群的增多，电子渠道系统的容量、稳定性、安全性、业务办理时限等都会影响到客户使用电子渠道的感受和体验。因此，不断强化系统支撑，适时站在用户角度评估系统支撑能力是非常必要的。

④ 提供个性化消费环境。对用户来讲，希望自己使用的电子渠道是属于自己掌控的，电子渠道提供的一切都是为自己量身定做。这就需要以强大的数据库挖掘、存储、记忆能力为保障，这样的服务才能产生真正的归属感。

⑤ 提供客户互动渠道。要提高客户的体验和认同，电子渠道应该提供从用户到渠道的反馈功能，用户可以进行意见反馈、投诉。运营商可以通过网上营业厅、短信等方式从客户那里获得渠道建设不断改进的方向。

（3）提供安全、方便的电子支付手段。账单支付或预缴费充值是电子渠道上最常见的业务，也是对运营商最具价值的业务。为实现这些功能，电子渠道需要提供便捷、安全的支付手段，以满足网上交易者各种收付款需要。总之，电子渠道建设应以互联网为基础，向用户提供全面、便捷、安全可靠的渠道功能。

在移动互联网高速发展的大产业背景下，目前，电信运营商正在开展电子渠道向电子商务转型工作，加快构建基于互联网的销售服务一体化的电子商务模式。对于电信运营商来说，电子商务不只是简单的"多一个销售渠道"，而是包括营销策划、系统支撑和管理等多方面的内容，需要企业将线下的实体渠道管理方式和互联网的全新经营模式紧密结合，才能实现"电子渠道"向"电子商务"发展转型。

[课外作业]

三大运营商互联网渠道建设各有哪些特点？

案 例 分 析

中国联通公司的电子渠道创新

1. 中国联通行业领先的电子渠道系统建设

从国内外电信运营业电子商务发展轨迹来看，大多数企业的电子渠道平台都沿袭核心 IT 系统"多级架构"的设计思路，例如以省为单位进行建设，导致服务不统一、用户感知差；整合性差、稳定性不高；功能少、营销渗透力低等问题。

2007 年下半年，中国联通提出了完全基于互联网的"一级架构"电子渠道系统方案，创造性地建成了"一级架构、三级运营"的电子渠道系统。仅用时 3 个月就实现了包括用户话费、余额、账单、详单、积分等查询在内的全国统一的手机用户信息查询类功能，不到一年就实现了全国统一的手机用户网上交费、充值，北方十省固话用户网上交费等基础功能。基于一级架构系统，用户需求得以快速响应，从而快速上线全国统一的各类电子营业厅，并快速拓展与完善了各种功能与应用。

2011 年，中国联通在一级架构电子渠道系统基础上，建成通信行业唯一的一级架构电子商务平台，在业内首次搭建虚拟商户经营架构，将各分公司及合作商户按虚拟经营实体进行管理。以"10010"作为统一入口，"一级架构"的系统设计，实现了"一点接入、全网服务"，大幅提升了服务水平和用户感知。借助电子商务系统，中国联通统一了企业销售和服务过程。改变了原有运营支撑系统各省独立建设，受理界面、业务规则均存在较大差异性的局面。基于全国统一的电子渠道系统（ECS 系统）和电子化销售管理服务系统（ESS 系统），中国联通 2011 年建设了统一监控平台，对全国多类业务数据实现实时化、全局化、多层次推送展现，极大提升了营销信息反馈能力。

中国联通电子渠道系统的架构如图 13-3 所示。该系统由中国联通集团公司的电子渠道中心统一负责、统一运营，全国通过统一的底层系统和平台支撑、统一的用户界面进行展现，联通集团总部集中进行建设、维护，联通各省分公司配合参与管理、运营和日常的信息维护，实现从总部到省分公司再到地市分公司的三级管理、三级运营、三级信息维护体系。

中国联通电子渠道的一级整体架构，支撑了通过计算机浏览器访问的中国联通的企业门户网站、网上营业厅网站，通过手机终端访问的手机营业厅的网页版和客户端版，以及通过发送短信指令到"10010"特服号码使用的短信营业厅，还包括布放在各自建营业厅及 24 小时营业厅的自助服务终端和在农村郊县等偏远地区提供给代理商通过无线网络连接使用的迷你营业厅系统。这一架构的使用，使电子渠道系统的升级、新业务需求的上线推广能够更加有效及时，中国联通集团总部确定新的业务需求后，各联通的省分公司仅需将集团总部的电子渠道系统的新业务功能与本地的 BSS（Business Supporting System，业务支撑系统）进行接口数据的对接，就可实现对全国联通用户的统一升级、统一上线、统一展现。

2. 中国联通向电子商务转型的电子渠道建设框架

在移动互联网高速发展的大产业背景下，中国联通开展了从"电子渠道"向"电子商务"发展的转型工作。

互联网时代电子渠道建设如图 13-4 所示。它可分为四类：自有电子商务渠道，即网上营业厅，是企业运作的独立 B2C 商城电子渠道；B2C 电子商务平台电子渠道，如在天猫上建的官方旗舰店；社会电子渠道，由第三方公司运营的电子渠道；流行的微博、微信营销等创新的互联网营销电子渠道。

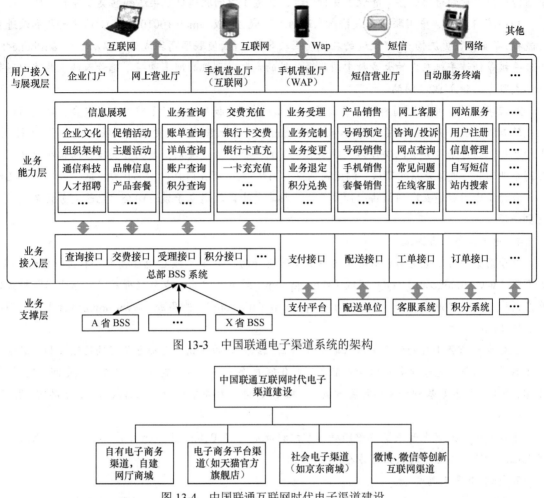

图 13-3 中国联通电子渠道系统的架构

图 13-4 中国联通互联网时代电子渠道建设

不同的电子渠道有不同的用户群，企业需细心经营与培养自己的用户群。不同渠道的消费者群体由于消费习惯不同，消费能力也参差不齐，企业自有电子渠道的网上商城的用户大多数来源于使用其通信业务的客户，如京东商城、亚马逊、当当网等大型的独立 B2C 商城的大多数用户则是其早期积累起来的忠实用户，他们的消费能力较高；淘宝网、腾讯拍拍网的用户则对价格十分敏感，在定价策略上需要仔细斟酌。不同渠道的客户群也会有一定的重叠，企业应进行目标客户数据的深入挖掘，找到符合自己销售定位的潜在客户，进而达成销售。

3. 自有电子渠道

自有电子渠道，是联通公司电子商务直营渠道，典型代表是由企业独立运营 B2C 电子商务网站，即中国联通网上营业厅官网商城（www.10010.com）。

中国联通的网上营业厅及在线商城系统整体由联通集团公司的电子渠道中心统一负责、统一运营。采用"一级架构、三级运营"的建设模式，此模式的好处是大大方便了系统的建设与维护，能够做到新功能和新改进的全国同步上线。

2010 年，联通商城提供了号码、终端的营业厅预约办理与在线购买的功能。2011 年，中国联通网上营业厅及联通商城增加了"站内搜索"功能，引入了支付宝的信用卡快捷支付，同时在全国多个省份开通了货到付款业务，降低了支付门槛，促进了中国联通电子渠道销售类业务的发展。

2012 年 3 月底，中国联通正式推出联通网上商城 2.0 版（mall.10010.com），简化购买和改进支付流程，界面操作更流畅。全新改进的在线购买与导购功能，使联通商城成为可以承担包括 iPhone4S、小米手机等畅销手机在内的大多数中国联通热销的定制版手机的网上购买、选号入网、物流配送等一站式服务的独立 B2C 网站。

2012 年 4 月，中国联通将网上营业厅和网上商城 2.0 版系统进行了重新改版整合，联通商城从原先的二级频道变更为网站首页（www.10010.com），"网上营业厅"更名为"联通官网"，原先"网上营业厅"的自助服务功能仅作为"联通官网"的一个子栏目提供，新的页面风格与传统的通信运营商企业迥异，更像是京东商城、淘宝商城这类 B2C 电子商务门户网站的风格，联通官网商城已经真正成为了中国联通互联网销售的门户渠道，标志着中国联通电子渠道向全面电子商务化又迈进了重要一步。

4. 电子商务平台渠道

电子商务平台渠道是由联通公司自身的团队运营的在第三方 B2C 电子商务平台上销售的渠道，如天猫（www.tmall.com）、QQ 商城（shop.qq.com）等电商平台，也包括开放了"店中店"模式的京东商城（www.360buy.com）、当当网（www.dangdang.com）、亚马逊（www.amazon.cn）等大型独立 B2C 网站。

B2C 电子商务平台的特点是入驻的商家自由组织产品的营销、虚拟电子店铺的运营和产品服务的售后维系工作，电子商务平台向入驻商家提供客户资源（即网络流量）、网络店铺空间、IT 技术支撑、支付、物流等基础服务和解决方案，入驻 B2C 电子商务平台的企业需做好产品、品牌、服务、营销等环节。

中国联通在天猫上开设了"中国联通官方旗舰店"（10010.tmall.com），广东、天津、上海等省市也已经开通了本省市的天猫官方旗舰店。

5. 社会电子渠道

社会电子渠道，是由通信运营商向第三方的 B2C 网站企业（如京东商城）直接供货，通过在第三方代理商企业自有的网站、网店或网页等电子商务平台上展示通信运营商的产品信息、业务信息，并由第三方企业自行组织销售的电子商务渠道，这种模式通信运营商只作为商品的供应商，不需要参与第三方企业的销售实施与物流配送环节。

2010 年 10 月，中国联通与京东商城结成战略合作伙伴，京东商城成为中国联通首家为用户提供 3G 合约计划（指仅需预存一定话费即可以 0 元或折扣价格购买 3G 手机终端的优惠业务）的社会渠道电子商务合作伙伴，全面销售联通定制的 3G 手机、3G 号卡、3G 无线上网卡等终端设备和 iPhone 等战略终端的预存话费送手机、购手机入网送话费、3G 无线上网卡套餐等联通 3G 通信业务产品。由此，京东商城成为了中国联通的网上销售的渠道代理商，消费者通过京东商城，可享受便捷的通信服务。

信用卡商城一般是链接在银行主页的一个在线购物平台，经过银行招商认定的第三方企业在这一平台上销售自身的商品，银行提供支付手段而不参与商品的销售环节。一些通信运营商的省公司已与部分商业银行达成了合作协议，实现了信用卡商城通过网上或电话方式进行订购 iPhone 或其他高端 3G 手机合约计划。例如招商银行推出了通过信用卡分期购买中国联通 iPhone 合约计划的优惠活动。

6. 微博、微信等互联网创新服务营销渠道

中国联通公司积极把握移动互联网发展趋势，以满足用户需求为出发点，整体布局新型客户沟通渠道建设，推出官方微博、微信等互联网创新服务营销渠道。

（1）中国联通微博。2010年5月，中国联通官方微博客服在广东首开试点，2011年10月中国联通官方微博正式开通。目前，联通在新浪微博开设认证账号500个以上，根据地域和内容的不同，建立起一个完善而立体的微博矩阵。

中国联通的官方微博主要发布行业信息，中国联通的官方微博如图13-5所示。

图13-5　中国联通的官方微博

联通总部还开有中国联通客服、中国联通网上营业厅、精彩在沃（信息化服务）、联通云数据（沃派官博）、沃门户（沃品牌）、Unisk联通时科、沃音乐官博、116114一号订天下（微生活）、联通支付公司（沃支付）、沃友官方微博、联通沃商店、联通华盛通信有限公司等子品牌微博。联通子品牌微博如图13-6所示。

图13-6　联通子品牌微博

除上述联通总公司名义开设的行业、品牌和促销微博外，各地省级联通均在新浪有自己的分公司官方微博，各地联通的微博多数是分为三个账号运营：一个是省级官方微博，面向客户、行业、社会大众，内容以报道官方综合信息为主，借助当地意见领袖、名人资源，发布本土特色信息，软性植入公司的优势宣传的本土官方微博平台；一个是专做促销活动及营销推广的微博，面向当地联通客户及潜在客户，内容以生活信息、营销活动、互动活动、信息收集为主的联通客户信息平台；还有一个是面向当地联通客户，以提供产品售后服务信息、客户疑惑解答、产品服务信息为主的客服微博。

总公司的微博和各省公司的微博，形成了联通公司庞大的微博服务营销体系。

联通公司的微博服务营销功能体现有如下几方面。

① 微博直播互动。微博与官网活动的同步直播，以及与传统媒体相结合同步直播。如2011年6月，中国联通与央视CCTV2启动媒介深度合作计划，其中包含业务深度植入推广、电视观众互动营销等一系列品牌业务的推广手段。在加强电视栏目互动性的同时，也将联通的品牌业务更加有效地植入到栏目中，提升了用户对联通沃品牌的认知。

② 创新的各类微博应用。以微博应用为例，早在2010年，中国联通就已开始与新浪探索创新产品合作，从最初的世界杯互动营销、校园推广，到微博消息提醒、联通用户微博登录认证优化，双方先后在品牌、产品等多方面进行了合作尝试；2011年，双方再次加大平台能力开放合作力度，率先在国内推出新浪"语音微博"，吸引众多名人试水使用；此后，双方又共同开发了"红围脖客户端"，实现多项产品功能的突破。为让微博应用获得更直观的视觉体验，中国联通又在广东等地推出了"视频微博"产品，用户可通过手机拍摄视频后即时上传到微博，为用户带来惊喜。

③ 组织微博同城活动。即利用微博平台，聚合本地粉丝参与本地联通分公司线下开展的各类活动。在活动中，联通不仅会进行产品和服务的优惠促销，还鼓励用户发送照片、视频等活动信息和自身感受到微博，拉动用户3G流量贡献。在活动结束后，当地联通官方微博会组织所有发表了相关微博内容的用户进行抽奖，提高用户参与活动的积极性。

（2）微信公众号。联通公司还推出官方微信，以端到端的模式，将电子化营销服务场景延伸到微信上，通过和用户建立的好友关系，开展多媒体自助服务和主动营销，提升营销服务有效性。

中国联通微信营销服务渠道目前也建成了庞大的体系，有如下公众号：中国联通（微信营业厅）、中国联通客服（中国联通客服官方微信，用户的掌上信息化生活专家），以及各省的联通微信、各省联通客服，甚至市级联通微信及客服微信。

广东联通2013年3月推出微信服务，这是继招商银行、中国南方航空公司之后，国内第三家、全国电信运营商中率先推出集成业务系统的官方微信，现以广东联通微信为例分析，中国联通微信渠道的功能如下。

① 手机号码和微信绑定，查询套餐信息

"账单查询"操作简单清晰，用户将自己的手机号码和微信绑定，就能随时在线查询上网流量、话费余额、积分情况、套餐余量等套餐使用信息，随时了解套餐消耗情况。

② 机器人智能服务，互动创造价值

"机器人在线咨询"服务，可以解答疑问，解决用户在使用业务中遇到问题，为用户提供最新的互联网应用信息。机器人自助服务和人工服务平滑混合提供服务，对用户以拟人化方式进行实时互动，既响应用户专属需求、优化服务体验，又同时能和用户建立一对多的智能互动关系，有效减少公司传统人工服务量，提高工作效率。

③ 分享最新活动信息，第一时间提供优质服务

"最新活动"是好友们的优惠探测器，官方微信会第一时间分享有价值、有内容的信息给好友，针对微信好友开展专属优惠活动。

随着对用户需求不断持续创新的机制和微信功能的不断更迭，基于微信的服务不断扩充，包括业务办理、交费充值、VIP客户服务等应用，为用户提供全流程微信服务。结合了二维码+微信+富媒体+业务系统+IM系统+CRM能力的整体移动互联网平台，更有助于用户进行分群、分级管理，

开展精准的端到端营销与服务，该平台也正在稳步推进中。

点评分析：

中国联通作为传统行业中电子商务的先行者，截至 2013 年 10 月底，各类电子营业厅营业额累计超过 450 亿元，电子渠道服务量占全渠道服务量的比例已经超过 50%，逐步成为销售服务的主渠道。基于其日趋完善与强大的全业务、全渠道、全用户的电子商务平台，这些数字正呈几何级增长。

（1）电子渠道"一级架构"的顶层设计

基于一级架构系统，管理层面提炼了"统一管理"概念，包括统一规划、统一实施建设、统一接入、统一后台、统一维护、统一运营、统一宣传。"一级架构"的电子渠道系统成为联通公司 IT 支撑系统最大、最集中的应用，促进了 IT 系统的集中化，也促进了公司内部各项业务流程和管理的规范化，在某种意义上实现了流程再造，对提高公司整体经营水平起到推动作用。顶层设计下的"一级架构"带来的结果是实现真正意义上的统一展现、统一模式和统一功能，统一最终发挥出"1>31"的效果。

（2）互联网基因

在网页设计上，联通也通过学习借鉴、吸收创新、创新之上再创新，构建了自身的电商特色；5 月 17 日，中国联通组织策划了"网购节"活动；微博、微信的广泛深入运用都体现了中国联通电子渠道建设方面互联网基因的深度植入。

思 考 题

1. 什么是营销渠道？营销渠道的功能有哪些？
2. 营销渠道有哪些成员构成？
3. 营销渠道管理的主要内容有哪些？
4. 通信营销渠道类型有哪些？
5. 通信营销渠道的选择需要考虑哪些因素？

第14章 通信促销策略

促销策略是市场营销组合的基本策略之一。促销策略是指企业如何通过人员推销、广告、公共关系和营业推广等各种促销方式，向消费者或用户传递产品信息，引起他们的注意和兴趣，激发他们的购买欲望和购买行为，以达到扩大销售的目的。企业出售的信息传递到目标市场，一般是通过两种方式：一是人员推销，即促销人员和顾客面对面地进行销售活动；另一种是非人员推销，即通过大众传播媒介在同一时间向大量顾客传递信息，主要包括广告、公共关系和营业推广等方式。这两种促销方式各有利弊，起着相互补充的作用。此外，目录、通告、赠品、店标、陈列、示范、展销等也都属于促销策略范围。

14.1 促销与通信促销组合

14.1.1 促销的概念及作用

1. 促销的概念

促销（Sales Promotion）是企业通过人员和非人员的方式，向渠道商或消费者传递产品（或服务）与企业信息，实现双向沟通，使渠道成员或者消费者对企业及其产品（或服务）产生兴趣、好感与信任，进而刺激其做出购买决策的活动。因此，促销是一种沟通性的活动，其目的是通过企业的营销活动，以推力和拉力策略的整合沟通作用，促使产品沿着分销渠道向前推进。交易双方信息双向沟通如图 14-1 所示。

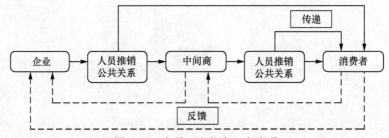

图 14-1 交易双方信息双向沟通

2. 促销的作用

企业最终目的是使消费者购买和使用产品，从而创造出企业的利润收入。因此，必须通过灵活的促销活动，与产品的购买者（渠道成员、消费者等）进行有效的沟通，使他们认识到产品能给他们带来的实际利益，从而实现销售目的。

归纳起来，促销的作用主要有以下四个方面。

（1）向消费者传递产品信息及特点，增强影响力。产品在进入市场之前，或者在进入市场之后，可以通过适当的促销手段，向消费者和渠道传递有关企业及产品的信息，让更多的消费者了解产品，引起注意。再者，同类产品差异细微，消费者难以选择。因此，企业通过适当的促销活动，可以突出宣传区别于同类竞争产品的特点，让消费者感知到产品独特的价值，加深了解和信任，以此抢占市场先机，强化行业竞争力。

（2）激发消费者需求，扩大产品的销售。促销活动都为消费者提供一定的优惠，不仅能够创造需求，吸引潜在顾客初次使用，还能刺激老顾客的再次购买，起到培养消费习惯的作用。例如，运营商在推出新的业务时，会采用短信或电话的方式邀请潜在用户及一些有需求的老用户参与活动，并提供一定优惠，这种促销模式，可以促使持观望态度的用户迅速做出购买决策，也能有效促进老用户的购买行为。

（3）引导渠道成员经营行为，挖掘人员销售能力。向渠道成员提供利益上的刺激，如特殊的折扣，得到渠道热情配合和响应的时候，也会带来产品销量的提升。同时，也可以激励销售人员的士气和使销售人员获得成就感，提高他们的积极性，充分挖掘其销售能力，扩大企业的营业收入。

（4）稳定市场份额，协助实现企业整体营销战略。有效的促销活动能帮助企业建立良好的企业形象和产品形象，从而促进购买，扩大销售，稳定企业市场占有率，加快新产品进入市场的速度，抵御和击败竞争对手，最终使企业实现其整体营销战略的目标。

14.1.2 促销信息的传递

为了有效地开展促销活动，通信企业必须在以下几个方面做出决策。

1. 确定目标受众

传播者在传递促销信息之前首先要确定信息的接收者是谁，属于哪个消费者群体，谁能影响这一群体的消费者。这些决定了促销信息的传播者应该表达什么内容，怎么表达，什么时间和什么地点表达，由谁来表达（即信息源的选择）。中国移动旗下的品牌"动感地带"是以年轻人为目标市场，因此，"动感地带"选择进入校园开展促销宣传活动，并请备受年轻人追捧的偶像歌手周杰伦作为形象代言人。这样，一方面吸引新的年轻群体客户的加入，另一方面提升已有客户的用户黏性，全方位巩固自己在市场中的竞争地位。

2. 确定促销活动的目标

企业通过与目标消费者之间的信息沟通，希望扩大销售，使信息接收者都成为本企业的现实消费者。但消费者的购买决策是需要一个过程的，应该允许消费者有一个接受的过程。通常消费者接受并购买一项产品要经过如图 14-2 所示的过程。

图 14-2　消费者购买过程

在每一个过程中，消费者选择接收促销信息的侧重点是不同的，企业应根据处于不同阶段消费者的特点，组织促销信息的传播方式和内容。

3. 选择要传播的促销信息

明确了所期望的促销信息接收者的反应后，着手搜集、整理、加工信息，目的是引起接收者的注意，激发其购买欲望并最终采取购买行动，这也是一个理想的促销信息所应具备的条件。企业应在信息内容、传递方式、信息源选择等方面围绕上述目的进行。

4. 确定传播信息的媒介

促销信息的传递可通过人员推销、广告、公共关系及营业推广等多种手段进行，企业应根据产品及服务的特点选择使用。

5. 选择信息源

信息源即发出信息的源头。一个理想的信息源可以使所传递的信息具有较强的注意力和记忆力，能产生较好的促销效果。

6. 收集反馈信息

发出信息后，企业应进行促销信息效果的评价，了解信息对目标市场行为的影响程度。促销信息效果主要有以下指标：信息的接收率、信息的记忆程度、信息的理解程度、信息播出前后知晓率、销售情况的对比等，这些数据的取得主要依靠调查手段。

14.1.3 通信促销组合

1. 通信促销的方式

通信促销是指通信企业通过向客户传递通信产品信息，帮助客户认识通信产品（尤其是通信新产品），引起客户的注意，提高其兴趣并产生好感，进而激发其购买欲望，以实现最后的购买。通信促销组合是根据通信产品特点和企业经营目标的要求，有计划地综合运用多种促销方式所形成的系统性的促销策略。通信促销主要有以下四种方式。

（1）人员推销。人员推销是通过促销人员与客户的直接沟通来传递信息，最终说服客户购买的促销方式。

（2）广告。广告是通信企业付费给广告媒体，由广告媒体进行产品及业务信息的传播，最终促进产品及业务销售的促销方式。

（3）公共关系。公共关系是通信企业为了改善与社会公众之间的关系，增加社会公众对企业的了解、认识和信任，树立正面的企业形象而进行的一系列活动。

（4）营业推广。营业推广是通信企业在短期内采取一些刺激性的手段（如"充话费送礼品"等）来鼓励客户购买的促销方式。

以上 4 种通信促销方式的优缺点如表 14-1 所示。

表 14-1　四种主要通信促销方式优缺点比较

促销方式	优　点	缺　点
人员推销	直接面对用户，有利于了解用户的个性化需要，互动性强，有利于与用户建立长期关系	人员需求大，促销力量不易改变，费用高
广告	宣传面广，传递信息快，节省人力，形象生动	只能与用户进行单向信息传递，效果不能立即体现；有些媒体的收费较高
公共关系	对用户来说真实、可信，容易接受，有利于树立企业形象	活动牵涉面广，企业不可控因素较多
营业推广	容易吸引用户注意力，作用快速，刺激性强	效果通常是短期的，只适用于短期促销行为

2. 通信促销策略的类型

通信促销组合策略有两种，即推动策略和拉引策略。

（1）推动策略。通信企业将通信产品或服务"推"到社会渠道或最终用户手中，以达到促进销售的目的。该策略多以社会渠道为主要促销对象，通常使用的促销方式为人员推销。

（2）拉引策略。通信企业大量运用广告和其他宣传措施激发用户对通信产品或服务产生兴趣，最终产生购买行为。该策略多以最终用户为促销对象。如中国移动请来了形象健康亲和的影视明星葛优作为神州行的代言人，宣传神州行是大家都在用的品牌，抓住消费者的从众心理，取得了良好的宣传效果，使神州行成为中国移动旗下客户规模最大、覆盖面积最广的品牌。

3. 影响通信促销组合策略的因素

影响通信企业促销组合策略的因素很多，主要有如下几个方面。

（1）产品和市场状况。通信企业的市场主要细分为个人用户市场和企业、政府等集团客户市场，对不同的细分市场应采取不同的促销策略。一般来讲，对个人用户市场，通信企业一般多采取广告和营业推广的方式；而对于集团客户市场则主要采用人员推销的方式。

（2）所采用的促销策略。如果通信企业采用的是推动策略，则多用人员促销；若采用拉引策略，则多用广告。

（3）产品所处生命周期阶段。在产品投入期，广告和公共关系能够建立公众良好的认知，营业推广则能有效刺激用户的购买欲望，对用户尝试性的购买非常有效。

在产品成长期，通信企业应继续采用广告宣传，但宣传内容和主题应有所改变，要以树立企业及产品形象、树立名牌为主要宣传目标，进一步加强人员推销对中间环节的作用。

在产品成熟期，广告的作用仅仅是提醒用户不至于遗忘通信企业及其产品和服务，因此广告播出的次数可减少，广告周期延长。营业推广应继续发挥其强大的销售刺激作用，以提高市场人气，扩大销售。

在产品衰退期，广告的作用仍然是用于保持用户的记忆，公共关系的作用降低，人员推销效益性下降，营业推广仍能继续发挥作用。

（4）用户购买准备过程的阶段。如上所述，用户的购买过程一般要经过六个阶段。在认识阶段，广告和公共关系的作用较大；在了解和喜爱阶段，广告的作用较大，人员推销次之；在偏好和信赖阶段，人员推销的作用较大，广告的作用要小于人员推销；在购买阶段，则主要是人员推销在发挥作用。

（5）促销预算。当预算费用较为充裕，且需要达到短期目标时，采用人员促销和广告相结合的方式作用较大，一方面可利用媒体达到大范围宣传的目的，另一方面可利用促销人员与用户直接沟通，引导用户的购买行为。

[课后作业]

谈一谈，你认为电信运营商应如何更好地开展校园促销活动？

[案例 14-1]

全媒体营销

1. 全媒体的概念

（1）媒介运营说。该观点认为，全媒体是一种媒介运营模式。全媒体首先触及的是媒介融合的一个基本层面，就是媒介业务形态的融合。这种融合主要体现为两个层面：多媒体化和全媒体化。

从总体来看，全媒体不再是单落点、单形态、单平台的，而是在多平台上进行多落点、多形态的传播，报纸、广播、电视与网络是这个报道体系的共同组成部分。就全媒体新闻而言，包括两种思路：一种是全媒体的扩张式，即注重手段的丰富与拓展；另一种是全媒体融合式，即注重多种媒体手段的有机结合。

（2）媒介形态说。该观点认为，全媒体是一种全新的媒介形态。全媒体就传播途径和传播介质而言，是媒体形态的一种复合，它包括报纸、广播、电视、网络、手机、户外视频、移动电子报等多种媒体形态。全媒体将各类不同的传统媒介形态进行整合，从而产生一种全新的综合性的媒介形态。

（3）媒介营销说。该观点认为全媒体作为一种全新的媒介营销管理观念，是建立在媒介融合基础上的媒介营销策略，包括整合性的媒介内容生产平台的创建，以及相同的媒介内容而不同呈现方式的组合使用。

2. 全媒体营销特点

（1）全媒体全方位营销的关键：通过搜索与分享，突破信息屏障。数字化网络和互动技术推动消费者掌握传播话语权。企业谋求融入消费者话语沟通空间，引发搜索，聚合话题，激活行动，以达到品牌共振的目标。

（2）全媒体全方位营销的效果：实现多个媒体的有效联动，进而达成精准传播，而落脚点则是选择与目标消费群体高度吻合的媒体形式。应做到合适的时间、合适的地点、合适的人群的合适传播沟通。

（3）全媒体全方位营销取向：从供给驱动型向需求驱动型转变。

趣味讨论： 电信运营商如何在全媒体营销时代开展营销活动？

14.2 人员推销

14.2.1 人员推销的概念

人员推销是指促销人员在市场环境中，通过与中间商和消费者的沟通，说服目标群体接受本企业的产品，并最终实现产品销售的促销方式。这一表述强调了以下三个要点。

（1）任何人员推销活动都要包括三个必不可少的要素，即推销主体——从事推销工作的相关人员，推销对象——推销人员所面对的群体，推销客体——向促销对象推销的产品。

在通信市场环境中，推销主体是指向客户主动开展推销活动的销售人员。推销对象则是销售人员开展促销活动指向的对象，一般为集团或个人用户，但并不一定是最终用户，而有可能是对购买促销产品有决策权或说服力的人。通信推销客体是被通信销售人员所推销，同时又被推销对象所接受的产品、业务或服务。

（2）人员推销的核心问题是说服。说服力的强弱是衡量销售人员水平高低的一个标准，说服工作既是一门艺术，又要掌握一定的原则。

（3）推销活动要受到市场环境的影响和制约。推销活动中的主体、客体和对象都处在一定的市场环境中，会因市场环境变化而作出不同反应。

14.2.2　人员推销的功能

1.　传递促销产品信息

对通信企业来讲，向用户传递的信息包括：

（1）促销产品的一般信息，如业务的功能、资费等；

（2）产品的发展信息，向用户介绍通信网络的发展趋势，引导用户接受 4G 业务，鼓励用户从 3G 向 4G 网络迁移；

（3）产品的市场信息，如业务的用户使用情况、用户规模等。

2.　销售产品

销售产品是人员促销的核心功能。销售是企业实现经营目标的唯一手段，也是产品实现其价值的唯一形式，只有把产品销售出去，推销人员的活动目的才能达到，才能为企业创造利润。

3.　为消费者提供多种服务

多种服务包括售前、售中和售后服务。销售人员和客户面对面交流，在这个过程中，便于向客户提供各种类型的服务。特别是以优质服务为核心竞争力的通信行业，服务的好坏关系到促销工作的成败。销售人员与客户接触时，应尽可能觉察并了解客户的真实需要，满足潜在需求，赢得客户对本企业的信赖。

4.　反馈市场信息

销售人员是企业通往市场的桥梁和纽带，是获取消费者市场情报的重要来源。他们直接与消费者市场接触，能及时、准确地收集市场信息，帮助企业做出正确的营销决策。

14.2.3　人员推销的基本原则

成功的通信销售人员应该遵循以下原则。

1.　互惠互利原则

互惠互利原则就是销售人员要保证产品交易能为双方带来收益，并且这种收益大于各自付出的成本，要以"双赢"为交易的目的，这是任何一种交易达成的基础。如果销售人员给消费者很多承诺，而实际兑现却有很大出入，这种做法对企业和消费者的利益都是一种损害。应本着诚信的态度，消除消费者的顾虑，达成交易。

2.　建立和谐的人际关系原则

和谐的人际关系不仅能够消除双方的沟通障碍，使信息沟通更畅通，更有利于促销活动的开展，而且也是销售人员成功完成推销活动的有力武器。应该积极建立真诚和谐的人际关系，严于律己，宽以待人，真实坦率，使自己成为一个受欢迎的人。

在通信企业面对集团和行业等大客户的促销活动中，和谐的人际关系能够拉近销售人员和客户的距离，增强双方的信任和理解。

3.　尊重消费者原则

尊重消费者原则表现为在促销活动中要尊重消费者的人格，重视消费者的利益。当消费者获得了被尊重的感觉后，疑虑和不信任感会顿时消失，由此缩短双方的心理距离，形成良好的人际关系，使交易气氛融洽，相应地，也会换来消费者对销售人员的尊重，以及消费者的最终购买。

14.2.4 通信企业人员推销过程

人员推销活动是一个过程，特别是通信这种服务类产品，与传统工业类产品不同，更注重为用户提供良好体验。因此销售人员要有充分的耐心，认真对待推销过程的每一个环节，踏踏实实地做好每一步工作，那么促销工作的成功自然是水到渠成。

一般来讲，通信企业人员促销要经过以下步骤。

1. 寻找客户

寻找客户是一项非常具有挑战性的工作，社会是由无数的人和组织构成的，在这些庞大的个人和组织中，并不是每个人或组织都会成为通信企业的客户，只有首先找到潜在客户是谁，才能使推销活动有目标，提高销售人员的工作效率。

（1）客户的选择。我们要寻找的是潜在客户，但并非所有的潜在客户都会成为企业的目标，还需要销售人员认真加以甄别和审查，从中选择出通信企业的目标客户。

目标客户应具备以下条件。

① 目标客户必须对通信企业推出的产品有真实需要。在了解客户目前的通信服务使用情况的基础上（如是否使用通信服务、月资费、套餐使用情况等），利用购买需求分析方法来全面挖掘用户的需求。

② 目标客户必须具备对推销产品的支付能力。对个人用户或家庭用户，主要调查其收入水平；对企业、政府等集团客户，可调查其经营状况，也可求助银行进行资信调查。销售人员对没有支付能力的对象做促销工作，称为无效促销。

③ 目标客户必须具有购买决策权。当通信用户以家庭为单位时，购买决策者应根据家庭成员的构成、家庭经济状况、家庭成员受教育程度、个性特征等来加以判断；当促销对象是集团客户时，应该了解用户的组织结构和人事关系，主要决策者在企业中的地位、职权、说服力及他们之间的关系，参与决策的每个人的年龄、收入、教育程度、职位、性格及对风险的态度等因素，以做出正确的判断。

（2）寻找客户的方法。寻找客户的主要方法归纳总结如下，可以依据具体的情况灵活运用。

① 利用现有客户介绍新客户。现有客户不仅持续使用通信企业提供的服务，保证通信营业收入，而且还能通过口碑效应，带来更多的用户。特别是在针对家庭用户和集团客户的促销活动中，通过现有用户的推荐和介绍，容易找到有需求、有支付能力的潜在客户。

② 广泛联系，建立关系网。销售人员良好的人际关系网对促销工作具有非常重要的作用，销售人员可以通过经理及其他销售人员得到自己需要的信息。

③ 眼观六路，耳听八方。销售人员应时刻关注周围生活、工作环境，对一切环境因素的变化保持敏感。如在火车上，出差的商务人士在使用通信服务的过程中，会透露出自己的需求和不满等信息，销售人员可以从中收集对自己有价值的信息。

④ 分析利用各类资料。这些资料包括通信企业内部的往来账目、服务部门的相关资料，以及通信企业外部的资料，如工商企业名录、统计部门的报表、工商部门的企业公告、报纸电视新闻等，善于分析的销售人员都能从中发现机会。

⑤ 建立情报网。促销人员有时需要扮演侦探的角色，在针对集团客户的促销过程中，客户内部人员如打字员、接线员甚至维修人员等都可能会给销售人员带来好消息。

⑥ 市场调查。销售人员可通过参加会议、接触潜在客户所属的组织、在产品展览会设展台、短信广告、有奖调查等方式取得客户名单。

2. 推销前的准备

销售人员在接近客户前，必须认真做好准备，制定周密的计划，预测可能出现的各种情况，并拟订出相应的应对方案，只有这样才能顺利进行面谈。这些准备包括以下几项。

（1）了解目标客户的情况。它包括一般情况，如姓名、年龄、文化程度、工作单位、居住地、家庭情况等；需求情况，如企业、政府等集团客户的组织情况、经营情况、决策者情况等。

（2）拟订推销活动的具体方案，确定见面的时间和地点，对促销过程中可能出现的意外情况做出预测。

（3）准备好与客户沟通时必需的资料、工具等。

（4）与客户进行事先约见，用电话、信函等形式向拟访客户通报访问的时间、地点。

3. 推销接近

接近客户这一阶段非常短暂，可能只有几分钟，在这短短的时间里，要求销售人员根据所掌握的客户材料，灵活运用沟通技巧，以达到顺利接近客户的目的，为下一阶段的顺利进行打下良好的基础。推销接近的技巧主要有：商品接近法、利益接近法、介绍接近法、问题接近法、馈赠接近法、赞美接近法等。

4. 推销面谈

推销面谈是指销售人员向客户传递推销产品信息并进行双向沟通的过程,是运用各种沟通方式、方法和手段去说服客户采取购买行动的过程。目的在于沟通促销信息，诱发客户的购买动机，激发客户的购买欲望，说服客户采取购买行动。这一阶段是促销过程的关键阶段，面谈的结果直接影响着促销的成败。

5. 处理异议

在推销过程中，会遇到阻力，即客户的反对意见，表现为客户异议，包括产品、价格、需求、时间等方面的异议。客户异议在促销过程中非常普遍，因此，促销人员应该正确对待客户异议。俗话说"嫌货人才是买货人"，促销人员要尝试去弄清客户异议的真实意图，克服和排除障碍，化阻力为机会，才能说服客户，促成交易。

6. 成交签约

成交是推销面谈的一种结果，也是销售人员所期待的结果，是整个推销工作的最终目标。客户的成交意向通常会通过多种方式流露出来，如通过语言、行为、表情等信号表露出来。一个优秀的销售人员要善于捕捉这些信号，以防错过成交的机会。成交前也可能会存在一定的障碍，促销人员要善于应用成交技巧来消除成交障碍。成交障碍主要来客户异议和成交心理障碍自两个方面：

（1）客户异议是推销活动中的主要障碍，销售人员应利用促销技巧和方法妥善解决，以消除障碍。

（2）成交心理障碍主要是指销售人员自身产生的不利于成交的心理状态。通常表现为成交恐惧症，销售人员由于害怕成交失败，或由于自卑心理等原因，不敢提出成交要求，导致推销失败。

成交签约，并不意味着交易的结束，还需要销售人员继续与客户交往，并完成交易相关的一系列工作，从而更好地实现促销目标。这些工作包括：回收合约款、售后服务、征求意见以及与客户建立并保持良好的关系。

[课后作业]

结合人员推销的理论，谈一谈开学季三大运营商校园促销存在的问题。

14.3

广告

14.3.1　广告的概念及其作用

1. 广告的概念

现代广告之父阿尔伯特·莱斯克将广告称之为"印在纸上的促销术"。随着科学技术水平的飞速发展，许多现代化的传播手段层出不穷，广告的触角也延伸至社会的每个角落，成为经济生活中的一种日常现象，成为人们生活中的一部分。

美国市场营销协会（AMA）把广告定义为"由明确的发起者以公开支付费用的做法，以非人员的任何形式，对产品、劳务或某项行动的意见和想法的介绍和推广。"根据这种解释，表明广告是由组织或个人以付费的方式，通过非人员媒介传播产品及自身信息，以扩大影响、提高知名度、树立自身形象，最终达到促进销售目的的一种沟通形式。

2. 广告的类型

（1）按广告所使用的媒体分类，分为电视广告、广播广告、杂志广告、报刊广告、互联网广告、POP 广告、邮寄广告、交通广告、户外广告（如广告牌、车身、霓虹灯等）、自办宣传品广告（如招贴、手册等）。其中，互联网广告又可分为网幅广告、图标或按钮式广告、文本链接式广告、关键字广告、插播式或自动弹出式广告、电子邮件广告、赞助式广告等。

（2）按产品周期分类，分为引入期广告、选择期广告、记忆期广告。

（3）按广告策略分类，分为战略性广告和战术性广告。

（4）按广告诉求方式分类，分为理智性广告和情感性广告。

（5）按广告覆盖面分类，分为国际性广告（洲际广告、地区广告）、全国性广告、区域性广告和地方性广告。

（6）按广告战略目的分类，分为产品广告、企业广告（公关广告）、公益广告、政治广告。

3. 广告对企业的作用

（1）引起消费者注意，激发购买欲望。激发消费者购买欲望是广告对企业最基本的作用。一个成功的广告就在于能够说服消费者：企业的产品和业务正好符合他的需要。

（2）引导消费者消费，扩大产品销售。成功的广告活动可以针对不同消费者，着重介绍企业产品的信息，指导消费者做出正确的判断和选择。通过广告可以增进消费者对企业及其产品的了解，诱发消费者的购买欲望，促使消费者产生购买行动。因此，广告可以扩大企业的销售。

（3）加强与消费者间的沟通，指导产品开发。通过广告及时地介绍、报道产品信息，促进了企业和消费者之间的沟通，促使企业按照消费者需求提供产品。

（4）树立企业声誉，利于行业竞争。企业通过广告使消费者了解企业及其产品的特点、优势，有利于在消费者心目中树立良好的企业形象，增强自己的竞争力。

14.3.2　通信广告决策

在制定广告决策时，通信企业应在总体营销目标下，通过五个步骤来进行，如图 14-3 所示。

图 14-3　通信企业广告决策的主要步骤

1．广告目标

广告目标应该以目标市场、市场定位和营销组合的有关信息为基础来确定，市场定位和营销组合策略决定了广告在整个营销计划中所扮演的角色。

广告目标是指企业进行广告活动所要达到的目的。广告目标可以分为三种：告知、劝导和提醒，通信企业需要不同类型的广告来支撑不同的广告目标。

（1）告知性广告。一种新产品或新业务、服务刚上市时，或者为了构建基本的需求市场时，常常使用告知性广告。以告知为目标的广告其主要内容有两种：

① 介绍新的产品和新的服务项目。

② 宣传企业及产品或服务的市场形象。如中国移动 4G 品牌"and 和"宣传广告"和你在一起"，采用了代表亲密沟通的"和是在身边""和是共同经历""和是亲密分享""和是不分离"语句，来表达高速的 4G 网络让人与人之间更加亲密，强化了人们对 4G 和"and 和"品牌的认知，达到了宣传新产品和服务的目的。

（2）劝导性广告。当竞争激化而通信企业又想培植专门性的需要时，适用于劝导性广告。有些劝导性广告使用了对比手法，把一种品牌直接或间接地与另一种品牌进行对比（一般采用间接对比），来说明本企业产品、业务的物有所值。如阿里巴巴旅游频道改版，成立了新品牌"去啊"，还打了个广告——"去哪里不重要，重要的是去啊"。这样一个口号，颇有与其他旅游网暗中叫板的意味。由此，一场营销和公关大战拉开序幕，多家旅游网站及周边服务网站加入战团：去哪儿网随即推出广告："人生的行动不只是鲁莽的'去啊'，沉着冷静的选择'去哪儿'，才是一种成熟态度！"携程沉着应对："旅行的意义不在于'去哪儿'，也不应该只是一句敷衍的'去啊'，旅行就是要与对的人，携手同行，共享一段精彩旅程。"途家网（度假公寓预定网站）的广告词显得更上一层楼："人生旅途，'去啊'和'去哪儿'都不重要，重要的是想走就走的态度以及不一样的住宿体验。"

（3）提醒性广告。提醒性广告对于通信企业成熟期的产品和业务十分重要，它旨在能够不断地唤起用户的回忆，而不是通知或说服用户。如中国移动的神州行 5 元卡广告，很大程度上就是为了唤起用户对神州行的记忆。

不管通信企业的广告目标为何，要想达到好的营销效果，关键还是产品及业务本身能够给用户带来满意，否则，即便企业实施再有效的广告策略也是徒劳。

[案例 14-2]

中国移动经典广告语

1．神州行，我看行。

2．动感地带，我的地盘我做主。

3. 全球通，我能！

4. 移动改变生活

5. 沟通从"心"开始

6. 中国移动通信，移动信息专家

7. 中国移动通信，引领 3G 生活

8. 和，是在身边；和，是共同经历；和，是亲密分享；和，是不分离；和，让距离无形；和，让未来可见；和，是现在，更是未来，我们不断创新，让你和你所珍视的一切更亲近。

趣味讨论：谈一谈你最喜欢的广告语。

2. 广告预算

广告预算主要包括：市场调研费、广告设计费、广告制作费、广告媒体租金、广告机构办公费及人员工资、广告公司代理佣金等。

（1）影响广告预算的因素。

① 产品及业务所处生命周期阶段。新产品通常需要大量的广告预算来引起用户的注意并促成最终购买；而成熟期产品的广告预算通常只占销售额很小的比例。

② 竞争与干扰。在竞争激烈的通信市场上，一家企业及其产品若想脱颖而出，就必须增加广告预算、增加广告的数量及播出频率，以扩大影响。

③ 市场份额。市场份额高的品牌通常要比市场份额低的品牌支出更高的广告费。开拓一个新市场或者从竞争对手那里争夺市场份额，要比保持现有市场份额支出更多的广告费。

④ 市场范围。通常产品销售范围较大的通信企业要支出较多的广告费用。

除了以上几点外，广告播出频率、产品业务差异情况、企业利润率、国家政策法规等都对通信企业的广告预算有很大的影响。

（2）常用的制定广告预算的方法。

① 销售百分比法：根据过去经验，按计划销售额的一定百分比确定广告费用。其优点是简便易行，缺点是实际操作中过于呆板，不能很好地适应市场变化。

② 目标任务法：明确广告目标后，选定广告媒体，再计算出为实现这一广告目标应支出的广告费用。这种方法在实际操作中难度较大，因为广告目标很难以数字来精确衡量。

③ 竞争对抗法：根据竞争对手的情况，来决定自己的广告费用支出的方法。

④ 倾力投掷法：企业在不能测定广告目标和广告效果的情况下，常常采用有多少费用就做多少广告的办法，其缺点是风险比较大。

3. 广告信息决策

有创意的广告设计可能比广告支出的多少更为重要，衡量广告优劣的标准不是广告预算的多少，而是沟通效果。广告信息设计是非常关键的，应在以下几个方面把好关。

（1）确定信息内容。为了使广告受众产生预期的认识、情感和行为反应，通信企业就必须准确认识到应该向受众传达哪些信息内容，信息内容包含有理性诉求、情感诉求和道德诉求。不管哪一种诉求，都应该有一个核心。广告大师罗瑟·瑞夫斯认为，每一则广告都应该有一个"独特的销售主张"（Unique Selling Proposition，USP）——即著名的 USP 理论。他认为，每一种产品都应该发展一个自己的独特的销售主张或主题，并通过不断重复地传递给受众。

（2）设计表达结构。设计表达结构要解决三个问题。

① 结论形式，即是向受众提供一个明确的结论，还是让受众自己得出结论。提出明确结论适用于较为复杂的或专用的产品。需要说明的是，在有些情况下，过分明确的结论反而会阻碍人们对产品的接受。

② 论证方式，即是一味地赞誉某一产品，还是在赞誉的同时指出它的某些不足。前者称为单向论证，当受众对产品已经先有偏好时，单向论证能取得较好的效果；后者称为双向论证，适用于受教育程度较高的消费者。

③ 表达次序，即是先提出最强有力的论点，还是将其最后提出。在单向论证时，首先提出强有力的论点有助于立即引起受众的注意和兴趣，这对以报刊为媒体的广告尤为重要。而在进行双向论证时，还有一个先提正面论点还是先提反面论点的问题，如果广告受众对产品已经先有否定倾向，则从反面论点开始论证是明智的，这样有助于先使受众解除疑虑，进而接受正面论点。

（3）设计表达形式。设计表达形式就是选择最有效的信息符号来表达信息内容和信息结构，广告信息的表达形式往往受到媒体特性的制约。不同媒体所能传播的信息符号有所不同，如平面媒体不能传递声音，广播媒体不能传播文字及图像。另外，广告媒体也制约着信息表达的时间与空间。

（4）选择信息发送者。广告的说服力还受信息发送者的影响，广告受众对信息发送者越信任，广告的说服力就越强。信息发送者的可信性来源于专业知识、可靠性等方面，如中央电视台在大众心理认知中属于可靠性很高的媒体。

4．广告媒体选择策略

广告媒体选择策略要确定三个问题：选择媒体工具、影响媒体选择的因素和广告时机选择。

（1）选择媒体工具。广告媒体工具很多，但都有各自的适应性和局限性，要正确选择广告媒体，首先要清楚各种广告媒体的特点，见表 14-2。

表 14-2　不同广告媒体的优缺点比较

广告媒体	优　点	缺　点
电视	直观、真实、生动，能激发兴趣，覆盖面广，传递信息及时，地域选择性强	制作费用高、有难度，驻留时间短，干扰大，受众选择性差
广播	传播最及时、灵活，费用低，覆盖面广，地域、人口可选性强，在低介入状态下，同样能使收听者注意	缺乏视觉冲击，表现力差
杂志	受众的人口类别选择性、针对性强，印刷精美，表现力强，有利于长期保存	广告周期长，版面受限
报纸	可信度高，选择性强，本地市场覆盖面大，费用低，易携带	表现力差，不易保存，不易被记忆
户外广告	醒目，保存时间长，生动灵活	传播信息有限，宣传范围窄
直邮广告	针对性强，灵活多样，不受时空限制	费用高，范围窄，费时费力，使用不当，会使收件人反感
POP 广告	对冲动型顾客效果好，将产品和广告紧密联系，形式不受限制，成本伸缩性大	适用范围小
新传播媒体（互联网、激光视盘等）	传递信息迅速、准确，信息量大，反应灵活，某些工具可打破时空限制，互动性强，信息反馈及时	设备要求高，基础投入高，缺乏监管，安全性差

（2）影响媒体选择的因素。

① 产品特点及广告内容。不同特点、内容的产品应选择不同的广告媒体。如通信企业推出适合城市用户使用的新业务时，选择户外广告媒体（如广告牌），在公交站台和地铁通道内进行展示能达到较好的宣传效果。

② 用户的习惯。不同的用户对广告媒体的喜好不同，接触程度不同，如"动感地带""UP 新势力"等适合年轻人的品牌，选择互联网媒体效果较好。

③ 媒体的传播范围和影响力。不同媒体传播范围和影响力不同，在选择时既要考虑其传播信息的广度，又要考虑其影响的深度，要使通信企业的目标市场与广告的传播范围和影响力所能达到的程度相一致。

④ 媒体成本。不同媒体所需广告费用是不同的，除了要考虑广告效果外，还要考虑通信企业的促销预算，尤其是用于广告部分的多少。

在选择广告媒体时，以上因素应综合考虑，权衡利弊，具体情况具体分析，选择最适合企业需要的广告媒体。

（3）广告时机选择。确定广告内容，选择广告媒体固然重要，但广告最佳时机的选择则可以使企业的广告支出取得最大的效果。产品和业务一般有淡、旺季之分，如何保证旺季有充足的广告投入，而淡季产品及业务又不会淡出用户的记忆，是广告时机决策的重要内容。

5. 广告效果的评价

评估广告效果的目的在于了解用户对广告理解和接受的程度，以及广告对产品销售所起的作用。因此，评估广告效果主要包括沟通效果评估和销售效果评估两部分。

（1）沟通效果评估可分为事前测量和事后测量。

事前测量就是在广告正式传播前预测广告传播后的效果。其目的在于发现广告方案中存在的问题，以便及时改进广告策略，提高广告的效果。具体方法有：① 直接评估法。邀请顾客代表及有关专家对广告方案做出评价；② 组群试验法。让顾客代表和专家浏览预播广告，然后请其回忆广告的大概内容，以此判断广告的传播能力；③ 室内试验法。通过试播广告，然后用技术测量手段来检查被测者的心率、血压、瞳孔等方面的变化，以此判断广告的感染力。

事后测量的内容主要有对广告的注意程度、记忆程度和理解程度。具体方法有：① 回忆测试。考察广告的记忆率，从而测定广告的实际影响力；② 读者率调查。通过市场调查，测出对广告有印象者、能回忆主要内容者和记忆犹新者，并估算出三类人在被测总人数中的比例，以考察广告的读者率和传递效果。

（2）销售效果评估又称为广告效果率，即把广告费用与销售额联系起来，求出二者间的比值。把广告传递出去前后销售额的增加幅度与广告费用的增加幅度相比，以考察广告费支出的效果。其公式为

$$E = \frac{\Delta S / S}{\Delta A / A}$$

式中，ΔS 为增加广告费后销售的增加额；S 为销售额；ΔA 为增加的广告费支出；A 为广告费原支出；$E > 0$，E 值越大表示销售效果越好。

[案例 14-3]

移动互联网广告营销的优缺点

1. 移动互联网广告营销的优点

移动互联网广告营销的优点可以从用户规模、用户参与及改变程度、到达率、成本四个维度来分析。

（1）受众群庞大，传播范围广。随着通信信息技术的发展，智能手机成为第一上网终端。2013年 12 月，4G 牌照的发放使移动互联网的覆盖率得到进一步扩大。

（2）交互型传播方式，受众参与度高。近 80%的移动网民每天至少使用移动终端上网一次，典

型用户每天接触手机 120～150 次，媒体伴随时间超过 15 小时。移动终端的普及，大大提升了移动网民的上网体验，完成了从"碎片时间垃圾化"到"碎片时间黄金化"的转变，实现了碎片时间的媒体价值。

（3）目标受众明确，广告投放精准。自 2010 年实行手机用户实名制后，手机用户的身份特性变得更加明显。根据用户身份和行为特征，制作的迎合用户需求的定制广告成为可能，能够实现广告的精准投放。

（4）即时快捷，广告成本低。移动互联网广告营销，在运作时可以满足信息传递的即时性，使目标受众在短时间内就可以接收到广告信息，并做出即时的反应。移动应用和游戏内置广告的制作成本也相对较低，加之以较高的到达率，使移动互联网广告营销的成本远低于传统广告营销。

（5）移动终端的普及和网络的建设，带来大量潜在目标用户。我国移动智能手机正处于高速普及过程中，与此同时，随着 4G 网络的覆盖，通信资费也日趋下降，越来越多的人将上网的方式转移到移动终端上。

（6）大数据为移动互联网广告营销提供更精准的依据。依据互联网络建立的大数据系统，也为移动互联网广告精准的个性化营销提供了更切实可行的基础保障，广告主能够更精准地锁定目标对象，提高广告的到达率。

2. 移动互联网广告营销的缺点

移动互联网营销处于发展的起步期，还未形成有效的商业模式，还存在劣势和不足，广告主的关注度也较低，主要存在如下缺点。

（1）网络环境和付费方式的局限。网络环境和付费方式的局限相对于移动广告需求而言，整体网络环境网速尚显不足。

（2）移动终端制式多样，用户感知风险程度高。移动广告营销在形式上受到移动终端制式差异、屏幕尺寸、分辨率等因素的制约，广告形式相对有限，降低了广告的关注度。此外，移动终端还具有极端的私密性，而移动互联网又是一个非常敏感的渠道，用户感知风险程度高。

（3）广告监管机制不健全。移动互联网广告的监管机制不健全，也制约了我国移动互联网广告营销的发展。以短（彩）信为代表的手机广告形式中，大量的虚假宣传、垃圾信息扰乱了市场秩序，手机用户的信息安全受到了不同程度的威胁。

（4）用户对隐私泄露的担忧。由于对风险的预知，许多用户担心个人隐私被泄露而不愿意用移动终端接收广告信息。同时，用户对移动终端的不正确使用，以及广告主对用户信息的滥用，也造成用户对移动广告的排斥。

（5）移动互联网广告形式尚不完美，移动通信运营商尚未成熟。由于移动终端制式、尺寸等局限，用户对移动互联网的较高期待和现实感知较差的差距，从而使其产生失望感。移动通信运营商和移动互联网广告公司营销经验的缺乏，也使得广告主对移动互联网广告营销持观望态度。

（6）程序"病毒"的干扰。同互联网一样，在开放的移动互联网络中，程序"病毒"也是无法避免的。移动互联网广告在投放过程中也难免会携带程序病毒，对用户造成损失，给广告主产生负面影响。

趣味讨论：电信运营商应如何利用移动互联网开展营销活动？

14.4

公共关系

14.4.1 公共关系的概念及特点

菲利浦·科特勒认为，公共关系是指这样一些活动：争取对企业有利的宣传报道，协助企业与有关的各界公众建立和保持良好关系，建立和保持良好的企业形象，以及消除和处理对企业不利的谣言传说和事件。公共关系的主要内容不仅仅限于企业与顾客之间的关系，还包括企业其他的外部公众，有供应商、竞争者、新闻媒介、金融机构、政府等。公共关系不仅限于买卖关系，而且是一种以长期目标为主的间接促销手段，对任何规模的企业来说，都是最经济有效的促销手段。

公共关系与其他促销手段相比具有如下特征。

1. 从公共关系目标看，其特征是塑造组织机构形象，注重长期效应

目标是树立企业良好的社会形象，创造良好的社会关系环境。实现这一目标，需要企业长期不懈地努力。

2. 从公共关系对象看，公共关系注重双向沟通

对象是社会公众，包括企业内部和企业外部两大方面。内部公众关系包括企业与员工、工会关系等；外部公众关系包括企业与合作伙伴、媒体、政府等的关系。企业要与这些社会公众建立良好的关系，实现双向沟通。

3. 从公共关系手段看，它注重间接促销

方式是有效的信息传播，这并不是直接介绍和促销商品，而是通过参与社会活动，宣传企业营销宗旨，联络感情，扩大知名度，从而加深社会各界对企业的了解和信任，达到促进销售的目的。

14.4.2 公共关系的基本功能

1. 守望功能

守望功能是公共关系最基本的功能。社会经济飞速发展，社会环境的变化越来越快，因此，掌握变化动向及信息对企业更显得至关重要，公共关系部门就承担着这个重要的任务，收集信息、监察环境的变化，使企业的发展始终顺应环境的变化，真正起到公共关系的守望作用。

2. 协调功能

通过传播沟通、影响舆论、咨询建议、参与决策和协调、争取谅解等方法实现与各方面相互协调的目的。企业常常会有意料不到的情况发生，如果处理不当，就会对企业形象造成很大影响，利用公共关系的协调功能，正确处理突发事件，可能会使危机变为机会。

3. 教育功能

许多公关活动中都能体现出其教育的功能，因此，企业应充分利用教育功能以达到企业的目标，同时，要把好传播关，更好地发挥其教育功能。

4. 娱乐功能

在大量的公关活动中都能体会到它的娱乐功能，在轻松愉悦的活动中，公关人员把传播企业的理念与信息寓于其中，在潜移默化中完成了公关目标。

5. 效益功能

公共关系最终的目的，即提高企业经济效益和社会效益，公共关系的一切策略和方法都应围绕着这个中心来进行。

14.4.3　建立公共关系的方式

1. 发现和创造新闻

新闻公关是指利用或策划有吸引力的新闻事件，吸引媒体报道以扩大企业影响。通信企业应积极主动地、经常地与新闻界保持联系，了解新闻报道的重点及新闻动向，并经常及时地向新闻界提供具有新闻价值的本企业消息。同时，公关人员要善于发现和创造对企业及其产品、业务有利的新闻，以吸引新闻界和公众的注意，增加新闻正面报道的频率，从而扩大通信企业及其产品、业务的影响和知名度。

2. 介绍情况、回答问题和发表演讲

通信企业营销人员要利用各种场合、各种机会，灵活地运用公共关系的语言艺术，及时地介绍企业及其产品、业务情况，回答公众关心的问题，或者在有关业务会议上发表演讲。这也是提高企业知名度的一种有效的形式。

3. 参与社会活动

通信企业积极参与社会活动和支持公益事业，能够树立企业关心社会公益事业、承担社会责任和社会义务的良好形象，有利于提高企业的影响力，有利于取得社会公众的好感和信任。

[案例 14-4]

中国三星的公益活动

中国三星一直坚定着"分享经营"的企业理念，即"企业必须将利益回馈于社会，尽企业的社会责任"。

公司的公益活动具体落实为"四大运动"，即希望运动（教育支援）、爱心运动（社会福利）、分享运动（农村支援）和绿色运动（环境保护）。

截至 2014 年，在全国已建成 145 所希望小学，为把长期支援希望小学的计划落到实处，员工还自发组织、定期开展为孩子们捐助图书、衣物、学习用品的活动，将持续把对希望小学孩子们的关爱传递下去。

"三星爱之光"行动是中国三星在社会福利领域代表性的公益活动之一。自 2007 年起，与中国残疾人联合会携手，以西部贫困地区的患者为对象，通过派遣医疗队或在定点医院实施的方式，为患者免费实施手术，迄今为止共帮助 12 600 名贫困白内障患者重获光明。

"一心一村"行动是自 2005 年开展的代表性公益活动，也是立足于发展新农村建设支援而实施的一项社会公益活动。其主要内容是：三星在中国的一个公司与附近的一个村庄，通过姊妹结缘，然后由三星定期持续性帮助该村发展，最终使村庄富裕起来。

为了落实环保行动，将社区的绿色化落到实处，各地的分公司在总部的倡导下，分别选择一条河、一个湖泊或一座山为对象，定期组织各地法人或者个别法人为单位开展清理河道垃圾、捞水草、捡拾山中垃圾、放养鱼苗等"一社一河一湖一山"美化活动。

趣味讨论： 你认为作为本土企业的三大运营商应如何更好地履行社会责任？

4. 策划专题公关活动

通信企业根据营销活动的需要，可以安排一些特殊的事件来吸引公众对企业的注意。如召开新闻发布会、研讨会和展览会，举行某种庆典活动等，这是通信企业与社会公众沟通信息的好机会，是企业信息迅速广泛传播的有效途径。

5. 导入 CIS

导入 CIS（Corporate Identity System，企业形象识别系统），就是综合运用现代设计和企业管理的理论和方法，将企业的经营理念、行为方式及个性特征等信息，加以系统化、规范化和视觉化，以塑造具体的可感受的企业形象。通信企业可以通过一定的媒体来传播这种视觉化的形象，更具体、详细、直观地表达企业形象，它的传播也容易被大众接受，使公众对组织形成一个比较完整的、系统的印象。

6. 散发宣传材料

通信企业可以制作各种宣传材料广为散发和传播，向公众传递有关企业及产品的信息。宣传材料可以是印刷材料、音像资料等。

14.5 通信营业推广

14.5.1 营业推广的概念及特点

1. 营业推广的概念

营业推广又称销售促进（Sales Promotion），是指企业在特定时间、在一定的预算内，对某一目标市场所采取的能够迅速刺激购买欲望，以达成交易的短期性促销措施。与广告、公共关系和人员促销不同的是，营业推广限定时间和地点，给予购买者一定奖励，促进其购买。

由于营业推广主要是短期的促销行为，它能够在现场激发消费者的购买欲望，促使消费者试用产品；诱导促销对象多次购买，增加消费；不仅可以对抗竞争，还可以促进企业其他连带产品的销售。因此，常被大多数企业所喜爱。

2. 营业推广的特点

（1）针对性强，促销效果明显。营业推广是一种以激励消费者购买和渠道经营为主要目标的辅助性、短期性的促销方式。营业推广直接针对消费者、促销人员和渠道，一般都是通过提供某些优惠条件调动促销对象的积极性，因此，营业推广见效快，对促销对象有很强的吸引力。

（2）非规则性和非经常性。营业推广是一种非经常性的和非规则性的推广方式，是对人员促销和广告这种连续的、常规的促销形式的一种辅助和补充。

（3）促销效果易于察觉。营业推广限定了一定的时间和地点，而且这种促销方式也必须限定时间和地点，否则就失去了促销的意义。因此，它的促销效果在短期内即可觉察，短期效果非常明显。一旦消费者对企业产品产生偏好，这种好的促销效果还会延续。

14.5.2 通信企业营业推广的方式

营业推广方式多种多样，通信企业应根据不同方式的特点及不同的促销对象来选择。通信企业常用的方式有以下几种。

1. 面向用户的推广

（1）产品促销活动。它是指以较低的价格销售或免费提供的业务试用，以刺激用户订购业务。

（2）赠送优惠券或代金券。用户可以在赠券指定的商店享受购物折扣，有时还可获得抽奖机会，但应注意避免赠券的滥用，否则，会失去赠券本身的竞争优势。

（3）用户酬谢。给予用户一定形式的酬报。例如，中国移动推出的 M 值积分活动，用户每月的通信费用，都会以 M 值形式成为积分，并能够兑换相应业务及礼品。

2. 面向社会渠道的推广

（1）促销津贴。通信企业为社会渠道提供一定比例的广告费等形式的补贴，同社会渠道联合制作并发布广告，目的是激励社会渠道更好地推广本企业的产品。

（2）参与展览会。在一些展览会上优惠展销其优势产品。

3. 面向促销人员的推广

（1）红利。为了鼓励促销人员的积极性，企业可按销售额提成，采用这个方法的前提是产品必须有稳定的市场。

（2）促销竞赛。为刺激促销人员努力促销，通信企业确定一些促销奖励的办法，对成绩优良者给予奖励。

14.5.3 通信企业营业推广的决策过程

通信企业营业推广决策主要应围绕以下问题进行。

1. 确定营业推广目标

营业推广所要达到的目标会因不同市场状况、不同的促销对象、不同的产品而有所不同。比如，针对用户的营业推广可能是为了谋求短期内销售额的增加，也可能是为了培育长期的市场份额。因此，营业推广的目标应是诱导用户尝试新产品、争取竞争对手客户或维系老用户。

2. 选择营业推广方式

要充分考虑营业推广的目标、市场状况、竞争状况，比较各种推广方式的特点及成本情况，再做选择。

3. 制定营业推广方案

通信企业制定营业推广方案需要把握好以下内容。

（1）营业推广的规模与强度。规模与强度越大，影响面就越大，所需预算相对也越高；但有时推广强度越大，反而会引起用户的反感和抵触。

（2）营业推广的对象。确定推广对象是用户、社会渠道还是促销人员。如果是受众范围较大的营业推广，需要确定以哪些对象为主，哪些对象为辅。

（3）营业推广的途径。即如何贯彻执行营业推广方案，选择哪种方式合适。对同一种产品，推广活动是采取赠送优惠券的形式还是采用返还话费的形式，需要通信企业确定哪种效果更好、更合适。

（4）营业推广的时间。时间过短，刺激作用有限，对用户吸引力不大，促销效果不明显；营业推广时间过长，不能引起用户现场购买的兴趣，起不到应有的作用，形同虚设。另外，营业推广的时机也很重要，比如，通信漫游包月业务的营业推广时机在春节、暑假等假期会收到较好的效果。

（5）营业推广的预算。营业推广预算可以通过两种方式来实现，一是根据营业推广方式、推广时间和强度来预估推广成本；二是确定营业推广预算占整个营销预算的百分比。

4. 营业推广的实施与控制

推广方案制定完善后，应着手实施。推广方案的实施主要包括以下内容。

（1）营业推广方案测试。以确定推广方式是否合适，激励程度是否符合通信企业的目标。在测试中，对方案存在的问题及时加以改进，在方案逐渐完善时再加以实施，测试通常在一个小的范围内进行。

（2）营业推广方案的实施。经过测试并逐步完善后即进入实施阶段，把方案化为具体的行动。

（3）营业推广控制。在实施过程中，往往会出现这样或那样的问题，通信企业应及时发现问题，以避免大的纰漏的发生。

[课后作业]

三大运营商可以采取哪些措施进行社会营销以达到营业推广的目的？

案例分析

本来生活网：用媒体思维做生鲜电商

生鲜电商逐渐成为电商领域的新热点。本来生活网 2013 年的褚橙"爆款"营销堪称经典。

1. 为产品讲故事，卖的是一种精神

2012 年，"褚橙"与本来生活网开始合作，授权在本来生活网北京电商平台销售褚橙。2012 年 10 月 27 日，经济观察报发表了一篇《褚橙进京》的报道，写了 85 岁褚时健汗衫上的泥点、嫁接电商、新农业模式等，本来生活网迅速跟进，做了一个转发，引发财经话题。接下来，行业、企业界的领军人物等都转发了这条微博，最后由王石微博点燃了"褚橙营销"事件："衡量一个人的成功标志，不是看他登到顶峰的高度，而是看他跌到低谷的反弹力"。

2012 年"褚橙"进京，褚时健故事的传播，其核心传播路径是新媒体微博，而传播主体是 60 后、创业者、企业家等微博上的意见领袖。这是因为，他们对褚时健的经历感同身受，尤其是像商界领袖王石为代表的这些壮年派企业家，更有英雄惜英雄的心心相印以及寻找安全感的精神诉求。

在这些细微研究的基础上，本来生活公司得出了 2013 年的营销思路：首先，发力引发 80 后成为传播和消费"褚橙"的主题，同时，在"企业礼品优选"的基础上推动"褚橙更是个人礼品的概念"；其次，就是要大张旗鼓地突出本来生活网的身份和名称，直截了当地宣传自己是优秀品牌"褚橙"的重要经销商，希望大家记住"褚橙"的时候，同时记住本来生活网站；最后，利用社会化媒体作为传播的主渠道，由财经媒体向生活方式类媒体延展，进行更大众化的传播。

从生鲜电商的品牌营销的角度，本来生活网是选择了一个有爆点的产品，也就是传统电商比较常说的"爆款"产品，通过一个爆款产品的传播，同时提升电商平台的影响力。

2. 寻找意见领袖，产生圈子效应

在 2013 年给"褚橙"定位：褚时健种的冰糖橙，广告主题词"人生总有起落，精神终可传承！"。这句广告语在网上传播非常广泛，广告语下面用震撼的数字描述褚老的行为：85 年跌宕人生，75 岁再次创业，耕耘十载，接出 24 000 万累累橙果……在产品包装上，大胆创新，以非常态数量包装的橙子强化视觉上的反差，并把包装作为核心传播的素材。后续的营销实践证明，大家在公众媒体或者是自媒体上分享购买的橙子时，尽管橙子本身大同小异，但由于包装不一样，每个人会有不同的心情分享；而且，包装上醒目的"本来生活网"的公司 LOGO，也解决了如何加上本来生活网站的诉求。

在预售阶段，本来生活网在北京电台打了第一波广告，请了 10 位在各行各业领域里面有影响力或者有杰出成就的 80 后年轻人，拍了一段视频，讲述他们曾处在事业的转型期，在人生中都遭遇了一定的挫折，是如何面对事业的转型，在遭遇挫折的时候如何解决的。

与此同时，公司还找到很多意见领袖来传播"褚橙"的理念。比如，本来生活网安排韩寒给褚老写了一句话，"我欣赏所有跌倒后能爬起的人，尤其是那些被人身后推倒而非自己跌倒的哪些人"；韩寒把褚时健的故事再次传递给 80 后的年轻人，在媒体上就褚老的话题接受了媒体专访，并在网络上广泛传播。

恰逢其时，另一位 80 后焦点人物——《新周刊》杂志副主编蒋方舟刚好出了一本新书。本来生活网适时地做了特别推送——"买一箱褚橙送一本蒋方舟的书"；利用出版社的微博，当即就获得了 1 000 多条转发；蒋方舟又找了身边 100 多个朋友，把特别款赠送给他们，这 100 个朋友即刻在微博进行传播，显示了互联网的传播效应。

3. 个性化包装＋内容，创意赢天下

"褚橙"的包装是个很重要的策划，包装上有一些非常年轻化的语言，把本来生活原创以及微博上征集的和活动征集的生动语言做在了包装上。用户可以根据自己的喜好或者根据自己的审美来选择这样的包装，比如说，"谢谢你，让我站着把钱挣了！"，就有一些企业的负责人买回来送给欠他钱的合作伙伴；再如，模仿王菲与李亚鹏离婚热点事件中的分手语言，而设计的"我很好，你也保重"，吸引很多女孩子买了之后送给前任男友。除此以外，调侃调皮的"即便你很努力，但是你的成功主要靠天赋""就算你很有钱，我还是觉得你很帅"，也很能引起网民的共鸣。

给韩寒设计了单独的包装，本来生活网注意到韩寒的"一个"的品牌口号（slogan）是："在复杂的世界里一个就够了"，顺势而为就把这个品牌口号做成一个包装款——一个 5 公斤的包装里面只有一个"褚橙"送给韩寒，他当时就惊呆了！为此，韩寒专门发了微博，这个微博也获得了很广大的传播。

4. 越走越宽的未来

一个橙子背后的故事很多，本来生活网还积极跟联想公司合作，柳传志说他可以将自己的名字放在褚老背后，非常高兴，本来生活网就做了一个产品组合叫"褚橙柳桃"；潘石屹觉得能够跟在褚老和柳传志背后也很荣幸，本来生活网就定制了"潘苹果"，未来的追随者会越来越多，传播的路径也会越走越宽。

分析点评：

本来生活网在"褚橙"营销中，利用传统媒体引发话题，社会化媒体扩散，个性化包装并制造内容，寻找 80 后的代言者作为意见领袖，这些撬动群体话题的营销方式是传统行业进入互联网领域时可以学习的。正如"褚橙"的广告所说"精神终可传承一样"，互联网世界总是让人觉得既要有传承营销的逻辑和模式，更要有很多新媒体的创新和创意空间。

思 考 题

1. 什么是促销？影响通信企业促销组合决策的因素有哪些？
2. 人员促销有哪些功能？通信企业人员促销的过程是什么？
3. 什么是广告？广告有何作用？
4. 试述公共关系的基本功能及方式。
5. 什么是营业推广？通信企业营业推广的决策过程是什么？

第15章 通信服务营销策略

通信企业产品的本质是服务，做好服务营销工作的基础是制定有效的服务营销策略。本章着重分析服务营销策略中的人员策略、有形展示策略以及服务过程策略，结合前几章的策略论述，以展示完整的通信服务营销 7P 组合策略。

15.1 通信服务营销策略概述

从 20 世纪 80 年代初期开始，在布姆斯（Booms）和比特纳（Bitner）建议下，营销学者在服务营销组合上达成了较为一致的意见，即在传统市场营销理论的 4P 的基础上，增加了人员（people）、有形展示（Physical Evidence）、服务过程（Process）3 个变量，形成了服务营销的 7P 组合。随着 7P 的提出和广泛认同，服务营销理论的研究开始扩展到内部市场营销、服务企业文化、员工满意、顾客满意和顾客忠诚度、全面质量管理、服务企业核心能力等领域。这些领域研究代表了服务市场营销理论发展的新趋势。

7P 营销组合的核心，其一是揭示了员工的参与程度对企业整个营销活动的重要意义。企业员工是企业组织的主体，是企业得以正常运行的重要组成元素，每位员工所做的每件事都将成为客户对企业服务感受的一部分，都将会对企业的形象产生一定程度的影响。应让每位员工都积极主动地参与到企业的经营管理决策中来，真正发挥员工的主人翁意识与主人翁地位。其二是企业应关注为用户提供服务时的全过程，通过互动沟通了解客户在此过程中的感受，使客户也成为服务营销过程的参与者，提高顾客的参与度，从而能够及时改进自己的服务来满足客户的期望。

15.1.1　通信服务营销的特征

本书第一章详细解释了服务营销以及通信市场服务营销的含义与特点。通信服务营销包含了两个方面的内容：其一，通信服务产品的营销，通信企业的产品就是通信业务和通信服务。其二，通信客户服务营销，即对通信客户的售前、售中和售后服务，服务作为营销手段，贯穿于通信企业为客户服务的全过程。

无论是服务产品营销，还是顾客服务营销，服务营销的核心理念都是顾客满意和顾客忠诚，通过取得顾客的满意和忠诚来促进相互有利的交换，最终实现营销绩效的改进和企业的长期成长。

15.1.2　通信服务营销策略 7P 组合

服务营销的 7P 营销策略组合如表 15-1 所示。通信服务作为一种典型的普遍服务类型，通信服务营销策略也是 7P 营销策略的组合，但有其特点。

表 15-1　服务营销组合

产品	价格	渠道	促销	人员	有形展示	过程
实体商品特性	灵活性	渠道类型	促销组合	员工	设施设置	活动流程
质量水平	价格水平	商品陈列	销售人员	招聘	设备	标准化
附属产品	期限	中间商	挑选	培训	招牌	定制化
包装	区别对待	店面位置	培训	激励	员工服装	步骤数目
保证	折扣	运输	激励	奖励	其他有形物	简单
产品线	折让	仓储	广告	团队	报告	复杂
品牌		管理渠道	媒介类型	顾客	名片	顾客参与
			广告类型	教育	声明	
			促销活动	培训	保证书	
			公共关系			
			互联网/全球网			
			战略			

通信服务营销 7P 组合特点如下。

（1）产品（Product）。服务产品策略包括服务范围、服务项目、服务质量、服务档次、服务担保、售后服务、服务品牌等。通信企业的营销重点在于，不断跟进通信信息新技术的发展，跟进消费者行为的变化，开发出受客户欢迎的通信新业务；打造鲜明的通信业务品牌、客户品牌、服务品牌、企业品牌。

（2）价格（Price）。服务定价策略内容包括服务收费的项目、服务收费的档次、服务收费的折扣、服务收费与服务质量的匹配、服务的差异收费等。通信企业根据产品和业务的定位，制定不同的资费策略；加强成本管理，使资费策略体现企业成本的花费、市场竞争需要和客户透明消费的需要。

（3）分销/渠道（Place）。服务渠道策略包括服务网点的位置、顾客进入网点的便利程度、服务渠道、服务渠道涉及的地区和行业等。通信企业要建立完善的企业渠道和社会代理渠道相结合的分销渠道体系，实现便捷、高效的产品和服务递送。

（4）促销（Promotion）。服务促销策略包括服务广告、服务业的人员推销、服务业的营业推广、服务业的公共宣传、服务业的公共关系等。通信企业需要注重销售行为的变化来刺激消费者，以短期的行为促成消费的增长，吸引其他电信品牌的消费者或引致提前消费来促进销售的增长。例如，中国移动在新生开学的时候会对"动感地带"客户推出话费"充 100 得 200"的活动，吸引了很多新生的眼球。

（5）人员（People）。人员策略包括员工和顾客两方面，员工方面内容包括服务人员的义务和职责、服务人员的仪表、服务人员的沟通能力和服务态度、服务人员的培训、服务人员的处置权、服务人员的激励等。顾客方面包括顾客沟通、教育与培训。通信企业需要通过对内部的员工培训、组织机构优化及外部的顾客教育和沟通，形成良好的服务营销人员基础。

（6）有形展示（Physical Evidence）。有形展示策略包括服务设施的设置、服务设备、色彩和氛围、服务环境的布置、服务环境防噪声水平、服务设施和用品、有形线索等。通信企业要提供良好的使服务供给得以顺利传送的服务环境，用有形产品或设备承载和表达服务的能力，满足消费者的无形消费体验，以及向潜在顾客传递能够为顾客带来消费满足感的能力。

（7）服务过程（Process）。过程策略包括服务过程的运作规程、服务程序、服务过程中的组织机制、服务过程中的人员处置权的使用规则、服务过程对顾客参与的规定、服务过程对顾客的指导等。通信企业要通过一定的程序、机制以及活动以实现通信服务，并结合消费者服务感知，建立消费导向的服务过程管理。

7P 组合不是孤立存在的，而是相互作用，构成一个统一、协调的整体。

[课外作业]

三大运营商在有形展示方面各有什么特色？

15.2 通信服务人员策略

对服务人员进行适当的分类有助于更好、更有针对性地发挥服务人员的作用和价值。服务营销专家贾德（R.Judd）按参与营销活动的程度或接触顾客的不同，将服务人员分为四类，如图 15-1 所示。

（1）接触者。直接参与营销活动和接触顾客的程度高，主要指一线的服务和销售人员。企业需要很好地培训接触者，以使其能够透彻领会企业的营销战略和承担日常的服务责任。企业对这些人员的招聘、考核和奖励，应以他们适应顾客的能力为依据。

（2）改善者。改善者直接参与营销活动的程度低，但直接接触顾客的程度高，是一线的辅助人员，如接待

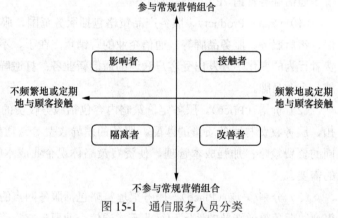

图 15-1　通信服务人员分类

或登记人员、电话总机员。他们需要具备适应顾客需要和发展顾客关系的能力，需要对企业的营销战略有明确的概念。

（3）影响者。影响者直接参与营销活动的程度高，但直接接触顾客的程度低，即二线的营销策划人员，如服务产品开发、市场调研人员等。企业对其招聘、考核和奖励，需要注意他们对顾客需要的反应能力，企业应该多为他们提供接触客户的机会。

（4）隔离者。隔离者直接参与营销策划和接触顾客的程度都较低，即二线的非营销策划的人员，如采购部门、人事部门和数据处理部门人员。他们对一线的服务人员起支持作用，也就是要服务"内部客户"，并且为后者提供服务的质量对企业的营销业绩有着较大的影响。

在服务营销的 7P 组合中，人员的要素比较特殊。对于通信服务企业来说，人的要素包括通信服务人员和顾客两方面。顾客沟通和教育方面的工作，常常体现在促销过程的服务展示、知识营销和服务支撑中的客户关怀等方面。因此，通信服务人员的有效管理、教育和培训成为通信企业人员策略的着力点。

通信企业人员管理的关键是不断改善内部服务，提高内部服务质量，重点包括优化组织机构、提升营销人员能力、突出员工利润价值及制定员工营销管理方案等手段。

15.2.1　优化组织结构

　　企业的组织结构为实现企业经营发展战略服务，通过战略分析，明晰组织的功能，完成战略目标与任务。企业组织结构有直线职能制、事业部制、集团模式、扁平式等多种形式，不论何种类型，组织结构对企业价值创造的所有功能，可以概括为效果、效率和效益三个方面。

　　（1）效果即"满足企业战略需要"，是指企业经营管理过程中所获得的组织效能。组织结构的效能，指其对企业目标的支撑作用、对企业战略的推动作用、对企业满足客户需要的保证作用。效果一方面关系到组织的经营、管理和服务活动是否能让股东满意、客户满意和员工满意，另一方面是要检验和衡量组织成员在经营管理活动中，其组织所体现出来的活力和管理效能，促使企业不断壮大。

　　（2）效率即"满足企业经营运转需要"，是指企业经营管理活动中的实际产出与实际投入的比例。企业组织结构的效率指企业以各种资源和时间的投入换来企业价值的产生。主要表现在两个方面：① 企业内部业务运转的工作效率；② 对企业外部技术、客户需求、市场变化的反应速度。

　　（3）效益即"满足股东的价值"。企业组织结构的效益功能是企业运营和持续性发展的保障，是企业股东信心的源泉。其主要表现在三个方面：① 组织产品的市场份额，保证产品满足客户和消费者的需要，使企业正常运作和发展；② 组织利润，通过组织结构在高效果和高效率的运行前提下，在为顾客创造价值的同时，为企业带来丰厚的利润；③ 组织成本，高效组织的各项管理费用和成本是最经济的，降低组织成本可使企业保持高赢利和持续竞争力。

　　随着大数据时代的来临，要求企业具备更富有弹性扁平化的组织结构，促使企业以更快和更灵活的方式满足市场和顾客不断变化的需要。

　　公司战略的变化引导组织结构的变化。战略一经确立具有相对的稳定性，通信企业需要通过战略来明确目标、配置资源、统一步调和凝聚人心。由于外部环境处于不断变化中，通信企业需要随着顾客需求、市场条件、竞争方式、社会环境等的改变而不断进行战略调整。当企业进行战略调整时，企业的组织构架也必须随之调整和优化，使之具有一定的适应性。可以说，创建与新战略相匹配的组织结构是战略顺利实施的重要保障。

　　通信企业优化组织结构可以从以下方面入手。

　　① 变革管理观念，实现决策权的下移，激发员工创造力。管理者不应该关注审批敲定解决问题的方案，而应该关注工作流程是否有利于最佳方案的产生。

　　② 变革管理方式，实现自我控制。流程化的组织结构需要管理者把握发展方向，将决策的责、权、利按照流程分解并下移到各个环节中去，实现员工自我控制。

　　③ 按照"过程方法"识别管理流程，实现流程再造。

　　④ 信息流通的变革，实现信息的直线传递。由流程中的各个环节自我控制输入、输出信息的质量，避免信息传递中的丢失、误解和偏离。

15.2.2　提升营销人员能力

　　通信企业要想提升整体营销水平和服务营销能力，首先就是要提升营销人员的能力，重点提升营销策划能力、营销公关能力、网络优化保障能力等方面。

　　从事通信服务的营销人员需要具有如下素质及能力：热爱通信服务工作，强烈的事业心；善于沟通，热情的服务态度；及时了解且准确把握服务对象心理活动和行为规律的能力；丰富的通信服务专业知识，为消费者提供优质的服务；良好的身体素质。

企业提升营销人员能力的方法如下。

1. 强化营销人员专业知识和营销技能

营销人员的专业知识包括通信信息行业的业务技术知识、通信信息行业的相关法律法规知识、营销管理的专业知识。强化营销人员专业知识和营销技能的主要渠道是企业的员工培训。通信企业通过对在岗人员和新上岗人员进行外培、内培等方式的全面培训，如自办培训班或送营销人员去高等院校学习，使他们补充短缺的知识和更新知识。企业培训工作需根据业务发展情况常态化持续进行。

营销人员需要广泛了解通信信息行业的业务技术知识，尤其是熟悉企业产品及相关服务的特征与卖点，如3G、4G、Wi-Fi等不同的网络接入方式间的区别等，这样才能给消费者提供更专业的服务。通信企业要加强内部技术和行业发展培训和交流，使营销组织和人员更好地了解技术发展趋势、适应市场环境变化。

营销人员需要熟悉和全面了解通信行业相关的政策法规和顾客服务的相关法规，如《中国电信业发展指导》《电信条例》《消费者权益保障法》等。

营销人员需要精通营销管理的专业知识和具备营销工作的实战能力，熟悉通信产品的经营管理原则、方法，深入理解掌握企业的经营管理理念和先进的管理方法，掌握一定的企业财务知识，掌握一般公共关系学、心理学和行为科学知识，从而能够在服务过程中通过客户的语言、行为以及洞悉的客户心理来发现客户需要，及时回应。同时，营销人员还应具备较强的沟通表达能力，通过客户沟通，了解客户需求，为客户提供通信解决方案，引导客户对企业通信业务的使用和依赖，并能独立地进行商务谈判，签订合同契约等。

2. 优化营销人力资源结构

通信企业要建立高素质的营销队伍，还要注重优化人力资源结构，合理配置人力资源。坚持人岗匹配原则，选择具备营销能力和理想的营销人员充实到营销队伍中，将不合适营销岗位的人员调整出去。只有愿意从事营销工作才有可能在岗位中发挥全部的能力与热情，团队的融合才有最大的产能。

3. 建立营销文化

通信企业需要注重建立良好的营销文化，注重营销人员职业道德的培养，使营销人员具有良好的文化素养，较高的精神风貌、言谈举止、服务态度和着装仪表等方面总体素养。另外，我国三家通信运营商组织机构庞大，容易出现政策上下分离的现象，就更加需要加强组织末端的营销团队建设，营造良好的文化氛围，提升企业凝聚力。

如果组织内部的行为规范和价值观与员工们在与消费者交往中的外部行为规范和价值观不一致，往往导致服务质量降低，这会对消费者满意度产生负面影响。因此，关心员工的工作和成长、帮助员工解决难题、尊重员工、给予员工一定的决定权、支持员工工作等成为营销文化建设中不可或缺的方面。只有如此，员工才能树立组织整体观念、增强责任感和认同感。

[课外作业]

电信运营商如何进行营销团队建设？

15.2.3　突出员工利润价值

员工是企业的首要价值。员工是企业财富的创造者，只有不断提高员工满意度，才能使其为公司创造更大的利润。在通信行业的营销过程实际是一个员工与客户互动的过程，只有满意的员工，才有满意的客户，因此，通信企业必须不断提升内部服务意识，提高内部服务质量。

1. 提高员工满意度

在通信企业服务利润链中，顾客满意和顾客忠诚取决于企业为消费者创造的价值，而通信企业为消费者创造的价值能否让消费者满意，又取决于员工的满意与忠诚。只有满意和忠诚的员工才可能提高服务效率和服务质量。服务人员与消费者间在服务递送过程中的互动关系，直接影响着消费者对服务过程质量的感知，所以通信企业首先要提高员工满意度。只有员工价值充分体现出来，才能进一步提高公司获利能力。

2. 提高内部服务质量

通信企业需要把人员管理作为服务营销的一个基本工具，并应提高员工满意与忠诚。也即需要在人员管理方面不断改善内部服务，提高企业对员工的服务质量。企业对员工的服务质量包括两方面：一是有形的服务质量，如对员工的薪酬、住宿条件等；二是无形的服务质量，包括对员工的关怀、尊重、培训和激励等。

从有形服务质量看，主要是完善薪酬体系、福利体系和工作环境。员工在企业所取得收入的多少，体现了企业对员工个人价值的评判，是员工实现自我满足感的重要途径，因此，通信企业要建立合理的薪酬体系和"以人为本"的管理制度。员工为企业工作不仅为了获得报酬，企业是他们的另一个家，员工希望自己工作的环境安全、舒适、现代化。舒适的工作环境对提高员工的工作效率，树立企业的形象，激发员工的自豪感都有非常重要的作用。工作环境包括工作安全性、工作条件、工作时间制度、工作设施等方面。

通信企业提高对员工的无形服务质量，是提升员工满意度的根本途径。员工满意不仅包括员工对自己所从事通信工作本身的态度，还包括他们对同事关系、领导关系、企业与员工关系的感受。企业必须做好良好的内部营销工作，对员工给予充分的关注、培训及激励，创造良好的工作环境，才能在使员工满意的同时达到使消费者满意的目的，从而使企业、员工、顾客都能受益。

3. 构建服务利润价值链

通信企业服务利润价值链如图 15-2 所示，通信企业获利能力的强弱主要是由顾客忠诚度决定的，顾客忠诚是由顾客满意度决定的，顾客满意度由服务的结果（过程质量）和价格（顾客成本）等因素决定。而通信服务顾客价值的形成源头是员工。因为员工的工作效率、忠诚度、工作满意度、员工能力直接决定员工的服务工作质量，从而影响着顾客价值输出。因此，通信企业需要不断提高获利能力，合理分配利润，为员工提供更好的薪酬和福利，提供更好的职业发展空间，以形成企业服务利润价值链的良性循环。

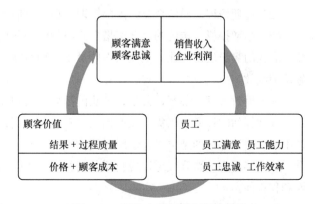

图 15-2　通信企业服务利润价值链

15.2.4 制定员工营销管理方案

1. 内部营销管理体系

内部营销，是把员工作为企业内部"顾客"看待，把企业的工作作为企业内部的"产品"，力争用内部"产品"来满足内部"顾客"的需要，并同时通过内部"顾客"的良好表现实现组织的目标。就管理理念层面看，内部营销的目标是争取获得主动自觉又具有顾客意识的员工。从策略层面看，内部营销的目标是创造一种内部环境，促使员工维持顾客意识和销售关心度。从战术层面看，内部营销的目标是向员工推销服务、支援服务、宣传并激励营销工作。

服务企业提升竞争力的关键是服务品牌的建设，内部营销是建设服务品牌的关键环节。成功的内部营销是完成服务品牌内化的过程，在这一过程中，员工的价值潜力被充分挖掘，每个人都力争将品牌建设视为己任，都以服务好顾客为使命所在。内部营销强调服务企业员工的重要性，以及员工的个人价值是个人服务品牌的建立基础，完善的内部营销实现每个员工价值最大化，这对员工个人的发展也有着深远影响，员工自己也将建立个人品牌看作职业生涯中重要的事件。

通信企业的内部营销是一个连续的管理过程，它包括态度管理和沟通管理两方面内容。企业往往容易重视沟通管理，尤其是关注沟通管理中自上而下的单向信息沟通，而忽略态度管理。这种情形之下的内部营销是以活动或行动的方式出现，如向员工发行内部手册，在员工会议上口头或书面地向员工通告有关信息。虽然员工获得了大量信息，但由于缺乏激励，信息对其难以产生重要影响，而其态度转变也相当迟缓。态度不积极反过来又使其对相关信息不感兴趣，形成恶性循环。因此，态度管理和沟通管理两方面要结合起来，双管齐下。态度管理是一个持续不断的过程，而沟通管理有间断，每人活动相对独立。只有二者相辅相成，才能使内部营销达到目标。

2. 人力资源制度体系

通信企业完善人力资源制度体系是制定员工营销管理方案的重要内容。完善人力资源制度需从对员工的入职招聘、前期培训、中期授权以及最终绩效管理的整个线性流程入手，辅以子方案增加系统的持续性，形成符合自身发展需要的人力资源制度体系和制度规范流程等。

（1）招聘员工。选择雇佣符合企业理念的营销人员，聘用优秀人员来实施服务是服务营销管理的关键。

（2）前期培训。通信企业的内部培训计划要包括技能培训、态度培训和沟通培训等方面。

（3）中期授权。传统的"金字塔"式组织结构严重制约了授权措施的实施，组织结构扁平化，减少职权的等级层次，让"被授权"的员工对顾客需求直接做出反应，能够很好地提高通信企业服务营销绩效。

（4）绩效管理。公开、公平、公正的绩效评估和奖励制度是内部营销成功的关键。目前，通信企业绩效评估的注意力仍集中在产出上，对行为过程评估不足，忽视了功能质量，对顾客满意度评估不足。根据评估的结果进行奖励时要注意物质奖励与精神奖励相结合，个人奖励与集体奖励相结合。个人奖励提供晋升渠道，应物质与精神激励相匹配，集体奖励有利于提升营销团队的工作主动性和积极性。

3. 员工绩效管理体系

电信企业作为技术比较密集、服务最为重要的企业类型，员工的流失会带来很大损失，无论是前台的营销人员还是后台的技术保障人员都非常关键。企业需要制定员工职业规划、建立良好的晋升机制，为员工提供职业晋升通道。如根据工作岗位性质、工作强度等设计不同的岗位晋升通道，打通正式员工与劳务用工的双向通道，对符合条件、表现优秀的劳务用工给予延长合同期限等正向激励；设定清楚明确的目标，为每个特定的工作职位设定标准，明确评判工作优劣的准则。同时让员工参与整个设定标准的过程，这样员工看得到晋升希望，才会努力工作，自觉地提升自我能力，以达到一步步的晋升之目的。只有人员稳定，企业为员工所做的职业规划才能在一段较长时间得以有效推进实施。

通信企业需要建立对服务营销人员恰当的考核机制，以支撑公司整体服务营销目标。这些考核目标可以包括基本的服务销售额、回款考核、投入产出比等，同时应对一些重点市场目标进行考核，例如：维保设备覆盖率、新服务增长率、非电信服务销售增长率等。要对服务交付人员进行服务交付质量考核，确保对服务业务提供及时有效的优质服务。将服务销售额纳入产品销售人员的销售业绩，使产品销售人员更多关注服务业务，促进产品销售人员的中高层客户关系共享，推动服务业务在客户中高层的推广，推动更多的运营商协作项目，提升项目的运作效率和成功率。

[案例 15-1]

中国移动发挥员工主动性措施

中国移动集团公司曾对员工满意度进行研究，发现员工满意度低于客户满意度，而且差值比较明显，一方面说明员工满意度现状有待进一步改善；另一方面说明通过员工满意度的改善，客户满意度的提升还存在一定的空间。为此，中国移动提出关爱员工，做好内部服务工作，提升满意度的管理策略。

第一，转变观念，以人为本，营造和谐、健康发展的企业文化，将人看成具有积极性、创造性、进取性的主体。管理者将工作重点由"管理型"变为"开发型"，管理的真正本质不是约束和限制，而是创造。一方面创造价值、创造产品；另一方面创造人才、创造思想。

第二，完善员工意见和情绪反馈渠道，鼓励员工沟通，建立有效的沟通机制。加强与员工的感情沟通，尊重员工，创造良好的工作环境，使职工保持良好的工作热情，是一种精神激励的有效方式。员工可以通过各种正式的和非正式的渠道交流看法，交换信息。如通过经理信箱、短信平台、文化长廊、内部网站等途径帮助员工抒发情感、发泄情绪，通过沟通调整心态，培养健康乐观的生活态度。

第三，为员工量身定制职业发展规划，给员工一种自我实现感。职业生涯设计要根据个人条件、背景，由员工和人力资源经理共同协商，为每个员工量身定做适合其自身特点的职业生涯发展道路，使每一个员工自身的发展目标与企业的发展目标有机地结合起来，减少冲突，增加一致性。如对于具有管理才能的员工，通过公开竞聘，使他们能够在一定的管理岗位上（如班长、主管）发挥作用；对于具备一定专业特长的员工，通过公开选拔，可以到各种专席、数据分析、内训师等岗位发挥所长；对于安心工作于客户一线的客户代表，通过计件工资、劳动竞赛，取得相应较高的报酬和周能手、月冠军、年度先进等荣誉。

第四，承办多种多样的集体活动，增强员工的集体荣誉感，丰富员工的文化生活。根据员工的爱好，建立各种兴趣小组或俱乐部，如书画小组、棋牌小组、体育小组、文艺团队等，以丰富员工的业余文化生活。

最后，依靠技术进步和生产模式的调整，减轻员工劳动强度，为快乐工作创造条件。如通过知识库的完善，减少员工对业务知识的背记量；通过电子流的优化，减小客户投诉的处理难度；通过在线考试系统的建设，使员工学习业务知识变得轻松；通过电子渠道的大力推广，减少实体渠道的办理量等。

趣味讨论：电信运营商劳务派遣员工制度存在哪些问题？

15.3 | 通信服务有形展示策略

实体产品营销强调创造抽象的联系，升华顾客对产品的认知。而服务营销则要注重通过多种有形展示来强调和区分事实。由于通信服务的无形性特点，顾客很难感知和判断服务质量和效果，顾客更多地根据服务设施和环境等有形线索来进行判断。因此，有形展示成了通信服务营销的一个重要工具。

服务的有形展示策略同样是以服务营销理念为指导，贯彻以消费者为导向的服务意识。通信服务业在有形展示方面的管理，重点在于营业大厅的环境管理和服务人员的形象管理。通过有形展示，联结非实物性服务和有形物体，让消费者易于辨认服务。良好的服务有形展示管理，能够使顾客见到某服务的实物表征，即能唤起顾客联想到该服务的利益的效果。

15.3.1 有形展示的重要性

服务有形化对于消费者和服务企业具有以下重要意义。

（1）帮助消费者认识和了解服务。服务缺乏搜寻特性，消费者不易认识、了解和识别服务，从而存在购买惰性。但服务场所、设施、人员、价目表等却是有形的，消费者依据这些有形线索可以搜寻服务企业和了解其所提供的服务，进而初步形成购买意图。

（2）帮助企业建立区别和推广服务。服务具有一般性，同类服务之间的差异很难被描述和感知，从而影响服务企业推广和顾客选择服务。但有形设施、人员仪表、服务标准和流程等是有差别的，服务企业可据此建立服务区别和构筑竞争优势，进而吸引合适的消费者购买服务。

（3）帮助消费者树立购买信心。服务消费属于体验消费和过程消费，服务质量难以评估，服务价值难以衡量，致使消费者购买风险较大，由此会限制消费者购买服务。而有形线索如服务场所、配套设施、人员仪表、服务标准和流程、收费标准高低等能够在一定程度上反映企业的服务质量，消费者依据有形线索选择服务企业或其服务类别能够在一定程度上降低购买风险，进而树立购买信心。

（4）提升消费者感知服务质量和价值。北欧服务营销专家格罗鲁斯认为，服务质量就是"顾客感知服务质量"，它取决于顾客对服务质量的预期同其实际感知的服务水平之间的对比。如果顾客对服务的感知水平符合或高于其预期水平，就认为企业具有较高的服务质量；反之，则认为企业的服务质量较低。顾客感知服务质量不仅决定于"结果质量"（顾客得到了何种服务）和"过程质量"（顾客是如何接受或得到服务的），而且包括"有形环境质量"，即与服务有关的每一个有形证据如服务场所、服务设施、人员仪表等，都会影响顾客感觉中的服务质量。因此，服务企业必须精心打造消费者通过眼、耳、鼻、舌、身等感觉器官所能接触到的每一个有形环境，以提升顾客感知服务质量和价值。

15.3.2 有形展示的要素

通信企业可以利用的有形展示的要素主要有3种。

（1）环境要素。环境要素包括工作区的布置、空气的清新度、噪声、气氛、整洁度等。环境要素较好时通常不会立即引起消费者的注意，也不会使消费者感到格外的兴奋和惊喜，但如果通信企业忽视这些因素，而使环境达不到消费者的期望和要求，则会引起消费者的失望，降低消费者对服务质量的感知和评价。通信企业内部应建设较好的硬件设备，并在各个营业厅为消费者提供等待座位、纯净水等设施，使客户感觉到环境的舒适。

（2）设计要素。设计要素是顾客最易察觉的刺激因素，包括美学因素（建筑物风格、色彩等）和功能因素（陈设、舒适、标识等），通过设计要素改善服务产品的包装，使服务的功能和效用能够更为明显和突出，以建立有形的赏心悦目的服务产品形象。

（3）社交要素。社交要素是指通信企业参与服务过程的所有人员，包括服务人员和消费者，他们的态度和行为都会影响消费者对服务质量的期望和评价。对于通信企业来说，员工的精神面貌代表了公司的精神面貌，包括服务人员着装统一、服务礼仪到位、亲切和蔼地解答消费者的问询等，服务人员这些良好的精神面貌，能让客户对企业产生良好的印象和信任感。

15.3.3 通信服务的有形展示策略

服务的有形展示包括服务的环境、企业与顾客接触的场所，以及任何与服务过程有关的沟通等诸多要素。服务有形程度的提升，能够加强客户对服务的认知和感触。通信企业提高服务有形程度的方法如下。

1. 服务内容明确化

通信企业可将服务信息及内容细化，以条目形式梳理，如分列出所提供的服务类型、价格等，将服务内容以较明确的数据呈现。服务内容如能以数据形式表现出来，最容易提高服务的有形程度。如将服务的价格和数量、员工人数、已服务过的顾客人数、服务所需的时间和费用、服务历史、可量化的消费者满意度等内容进行量化表示，不仅可以降低顾客对服务内容的风险知觉，使顾客建立一套较为明确的期望、决策分析和评估模式，而且有利于顾客根据服务价值和有形设备数量或其他相关的数值对服务品质做出评估。

2. 服务内容对比化

通信企业可以将服务内容和竞争对手做客观对比并进行排位。由于服务的无形性，服务性企业难以将企业的服务和竞争对手区别开来。而通过将服务内容数据化，可以在一定程度上区别于竞争对手，可以让顾客感知到通信服务产品的特色，与竞争对手在一定程度上进行区分。

3. 公司形象实物化

用有形的实物将通信企业的形象具体化。通信企业应向消费者提供看得见、摸得着的有形实物，生动具体地展示服务内容，宣传企业形象，提高服务的有形程度，降低消费者知觉风险。

通信企业可用语言文字、图形、音像、实景或操作使用示范等方式展示服务内容。展示服务内容，可使移动消费者在购买服务之前对服务内容获得较为客观、具体的印象，有利于消费者对服务品质做出评估，顾客也容易对企业产生更具体的印象。

企业可以通过营业厅形象的确立、品牌联盟等方式使客户改变、提升对企业的简单印象，促使顾客更形象深入地了解公司所提供的服务。

另外，通信企业还需要展示服务过程和开辟体验空间。服务属于非制成品，服务本身无法展示，但服务过程可以展示，即服务企业可以开放服务空间以让消费者亲眼目睹服务过程，进而消除消费者疑虑，增加其对服务企业的信任。例如在营业厅为等待的顾客提供休息室，配备电视机播放一些网络功能演示方面的内容，让客户亲身体验通信企业先进的服务和其产品强大的功能。

4. 利用多种媒体展示

企业要利用各种媒体展示服务企业或品牌。消费者在实际接触服务企业之前，常通过多种途径寻找和了解服务企业或品牌。为此，服务企业需要善于利用各种媒体传播和展示其服务和品牌。由于服务具有无形性，服务广告应提供生动信息，使用交互形象，展示有形设施，突出服务员工，介绍满意顾客等，以提升宣传效果。

电信服务的无形性使通信企业在宣传上存在很多局限，这种局限只能靠有限的有形展示来弥补。通信公司提供的服务主要是有关信息、网络等的无形物质，无法在提供服务之前就给消费者提供现实的展示，企业可以把完成的产品或项目制作成宣传材料。例如，将企业所取得的资质、所获得的荣誉以及典型的成功案例等做成手册、单页进行宣传，让顾客间接地看到服务的效果，达到有形展示的目的。

5. 利用客户口碑宣传

企业要充分利用消费者的口头宣传，以一传百，扩大影响。消费者在购买服务之前，往往倾向于从亲友或专家的口中了解服务的信息。因此，可以向消费者介绍专家鉴定意见、请知名人士介绍他们在本企业接受服务的经历、宣传满意的消费者对该企业服务的评价等，以提高服务产品质量的可信度。相关群体的意见会对客户的消费行为产生较大的影响。

6. 高效传递信息

通信企业要尽量在单位时间内增加向消费者传递的信息量，无形的服务比有形的产品需要更多的信息量，其原因主要有如下几点。

首先，在购买服务过程中，消费者的知觉风险较高，对信息的收集、组织和评估的时间较长、较为谨慎。所以，通信企业需要持续地给客户传递信息，以保持信息的效果。例如将企业的网络运行质量、核心服务等各项指标进行量化，定期公布给客户，让客户感知到公司每天都在提高和完善服务质量与水平，增加顾客的公司忠诚度。

其次，消费者购买服务有其独特的心理模式，对服务先入为主的认识较易产生知觉防卫和知觉平衡，通信企业要使顾客改变认知，需向消费者传递更多的信息。

最后，消费者不太愿意转换服务品牌并不等于顾客的品牌忠诚度高，可能是知觉风险高带来的惯性。因此想要吸引顾客转换服务品牌，需要足够的信息引起顾客注意。所以，通信企业需要加强本公司品牌对顾客的冲击力，帮助顾客形成转换品牌的信心，选择本公司的服务。

15.3.4 员工的有形展示

员工形象代表公司形象，消费者直观接触的第一人是营销人员，所以他们的精神状态是公司形象展示很重要的部分。通信企业可以从以下方面强化规范管理，实现最佳的员工有形展示。

（1）服务规范。为了统一服务标准，企业需要建立服务规范以便区别于其他企业，展现公司的形象与特色。实行大堂经理负责制，规范营业前台的现场管理；规范服务的同时要在工作中体现精细化、人性化。例如，在旗舰店可以设置 VIP 客户接待区，提供导购迎宾服务；在重要客户密集的营业厅，设置"大客户服务中心"，确保实现"无停留"的办理效率。

（2）行为规范。企业需制定服务人员的行为规范，对服务人员的着装、仪表、行为、服务等进行严格规定，通过培训指导服务人员行为达到要求，这样消费者才会感知到企业管理规范，形象良好。

（3）语言规范。语言规范主要包括电话咨询服务礼貌用语、日常礼貌用语、电话回访礼貌用语、上门回访礼貌用语、上门服务的礼貌用语、消费者接待用语等。通信服务是一项具体而又需要细心面对顾客的服务，消费者对服务的要求通常较高，需要服务人员服务能力强、服务态度好。例如客服人员对客户要用"您""您好""请""谢谢"等礼貌用语，杜绝以下情况发生：① 给客户否定的答复，"不行""我不知道""不清楚'"您自己去问吧"；② 接待用户不抬头；③ 回答用户模棱两可，"可能……""这个问题不太要紧""那种现象很正常"；④ 推卸责任，"这是某某的事""您打电话找某某吧"或"这是您的问题，不属于我们的事""网络偶尔不畅的情况是存在的""我们现在太忙，过两天处理吧"；⑤ 遇到问题不积极解决，"有什么问题，找我们领导好了"；⑥ 与顾客对立，"你投诉好了"等。

（4）热线服务和在线服务规范。接听各类服务电话是通信企业客户服务的重要内容，接听的电话一般分为：普通咨询电话、应答电话、投诉电话、查询电话、报单电话、维修电话等。不同的电话需有不同的应答标准和技巧。如接到投诉电话时，应首先向消费者致歉，同时记录事情经过，告诉消费者处理的大概程序和时间，并安慰消费者。打电话时要有礼貌，说话的语气要轻松和蔼，企业需具备一整套相关的电话应答规范和流程。随着在线服务的常规化应用，在线服务规范也越来越完善，包括服务问题解答、粉丝@行为的应对等都有章可循，才能很好展示企业的服务形象。

[案例 15-2]

中国三大运营商 4G LOGO

中国移动、中国联通以及中国电信在推出 4G 业务时设计了专属 LOGO，中国移动的"和"4G，中国联通的"沃"4G 以及中国电信的"天翼"4G，使业务品牌更具辨识度。中国三大运营商 4G LOGO 如图 15-3 所示。

图 15-3　中国三大运营商 4G LOGO

趣味讨论：三大运营商 4G LOGO 在营业厅有形展示方面起了什么作用？

15.4 | 通信服务过程策略

消费者对通信服务质量的感知包括两部分：服务结果质量（消费者得到了什么）和服务过程质量（消费者是如何得到的）。除服务结果外，服务结果传递给消费者的方式，在消费者对服务质量的感知中也起重要作用。如工作人员的态度、业务熟练程度、言行方式等，都会对服务质量产生影响。在企业长久的发展过程中，在服务结果质量同质化的竞争中，优异的服务过程质量，是创造差异和持久竞争优势的决定性因素。

15.4.1 服务过程概要

1. 服务过程的含义

服务过程（Process）是指与服务生产、交易和消费有关的程序、操作方针、组织机制、人员处置权的使用规则、对顾客参与的规定、对顾客的指导、活动的流程等，简言之，就是服务的生产工艺、交易手续和消费规程的总和。

服务产生和交付给顾客的过程是服务营销组合中的一个主要因素，因为顾客通常把服务交付系统感知为服务本身的一个部分。服务企业的顾客所获得的利益不仅来自服务本身，同时也来自服务的传送过程。

2. 服务过程的分类

按服务过程形态可以将服务过程分为三大类。

（1）线性作业（Line Operations）。线性作业是指各项作业或活动按一定顺序进行，服务是依据这个顺序产出的。在服务业，自助式餐厅就是这种作业顺序的标准形态。在自助式餐厅，顾客依顺序做阶段式地移动。由于线性作业的各种不同构成要素之间的连续关系，往往使整体作业会受到连接不足的限制，甚至因此造成停顿现象，比如自助餐厅的结账员动作迟缓。但这也是一种具有弹性的过程，过程中的工作项目，可经由专门化、例行化而加快绩效速率。线性作业过程适合用于较标准化性质的服务业，有大量的持续性的需求。

（2）订单生产（Production Order）。订单生产过程是利用活动的不同组合及顺序提供各式各样的服务。这种类型的服务可以为顾客特别设计定制，以符合不同顾客的需要，并提供预定服务。比如餐馆的生产过程即属于订单生产过程。这种过程形态具有弹性的优势，但仍然存在时间不易安排、资本密集不易取代、劳动密集、系统产能不易估算等问题。

（3）间歇性作业（Intermittent Operations）。间歇性作业指做一件算一件，各服务项目独立计算，也可以称为经常性重复的服务。比如，各种新服务设施的建造、一次促销宣传活动、一台计算机的系统装置或一部大型影片的制作等。

通信服务过程因不同业务情况和客户需求情况而不同，三种类型的服务过程都存在。如宽带服务过程属于线性作业过程，该过程包括客户购买服务、设计安装、开通、持续维护等环节；集团客户的通信解决方案是特别定制，属于订单生产过程；而手机终端系统安装服务，属于间歇性作业过程。

3. 服务过程控制的重要性

首先，服务具有不可分性，服务交易与服务生产、服务消费之间是融为一体的，服务营销不可能脱离这个整体过程。相反，服务营销只有依赖这个整体过程才能完成。

其次，服务具有易变性，服务营销只有设计和把握好过程才能把握好服务的易变性。

再次，服务的不可储存性也要求服务营销重视对过程的策划。服务营销只有对过程精心策划，才能有效利用服务时间和调节服务的供求，从而把握好服务的不可储存性。

最后，过程还关系到服务消费者的参与感和责任感，设计良好的过程有助于增强顾客对服务的参与感和责任感，从而满足服务消费者特殊的行为要求。

15.4.2　通信服务提供过程

根据客户接触程度不同,可以把电信服务过程分为前台和后台两部分,前台是企业与顾客接触、对外展示的部分,后台是在企业内部不与顾客接触、客户看不到的部分。电信服务过程提供模型如图 15-4 所示。视野分界线把服务的两部分分开。

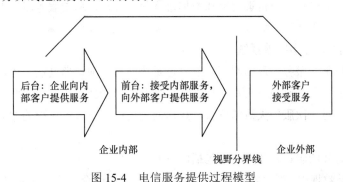

图 15-4　电信服务提供过程模型

1. 前台相互接触的部分

外部顾客通过相互接触部分接受服务。在相互接触过程中,能够产生和影响服务质量的资源包括介入过程的顾客、企业一线员工、企业服务规章制度、企业的物质资源和生产设备。

电信运营商的服务界面包括实体营业厅、客户经理、网上商城(网上营业厅)、短信营业厅、服务热线、自助服务终端、官方微博、微信公众号等。企业与客户接触的部分,服务过程需要有一定的灵活性,以适应客户个性化和参与的需求,服务人员服务能力强、服务主动性强、能够灵活处理服务过程中出现的具体情况,能够给客户带来良好的直观感受。

2. 后台不可见部分

后台不可见部分,需要采用生产线设计思路,实现服务的规范化、标准化,达到较高的服务效率。后台客户不可见部分又分两部分:一部分是直接为顾客提供服务的一线人员接受企业后勤支撑人员的服务;另一部分是企业后勤支撑人员向内部客户提供的服务。

通信企业的服务过程需要前台后台协调、密切配合,才能实现优质服务。尤其是作为技术密集性的服务企业,后台工作至关重要。优质的通信网络系统、合理的运作流程设计、服务过程的无缝连接,是电信企业提供优质服务的前提。电信客户不仅需要通信企业提供良好的"窗口"服务,更需要优质的"后台"服务,才能满足其核心需求。

15.4.3　通信企业服务过程策略体系

从开始发现消费者需要到最终满足消费者需求,通信企业需要对服务的全过程进行系统管理和监控,建立合理的服务过程流程,提高服务过程质量。通信企业服务过程策略体系包括以下 5 个方面。

1. 建立完善的客户关系管理系统

通信企业建立完善的客户关系管理系统,对客户档案进行全面化的管理,是企业为客户提供有效服务的基础。

客户关系管理的一个特征是带有指向性，帮助企业识别客户不同阶段的需求，合理分配有限的资源，优化过程服务。

2. 建立合理的客户服务流程系统

为了提高服务营销的效率，通信企业要建立制度化的、合理的客户服务流程系统。随着信息技术的迅速发展，新业务层出不穷，通信企业需要结合自身服务特点，针对细分市场设计合理的客户服务流程解决方案。通过对客户投诉资料和数据进行统计分析，总结服务流程中的问题，发掘潜在隐患，不断改善服务流程。

3. 建立有效的客户服务补救系统

服务补救不仅仅是对服务失败的纠正，而且也是企业的一项管理过程。该过程包括发现服务失败，分析服务失败的原因，对服务失败进行评估，采取恰当措施解决问题。服务补救是一个持续的质量改进过程，通过对一次服务失败的分析，找出问题根源，对服务过程的相关方面进行重新改善和设计。

通信企业建立有效的服务补救系统，包括以下方面内容。

（1）确立服务补救规程。通过对服务补救实践的总结，通信企业可以建立自身的服务补救程序。服务补救程序一般包括以下环节：① 发现服务失败，确认客户的不满意；② 了解服务失败原因；③ 企业及时响应，尽快解决问题；④ 深入分析研究服务失败原因，对其进行分类整理，分送相关部门和人员；⑤ 总结服务补救信息和提出改进建议。

（2）建立服务补救的预警机制。即建立事先的预警系统，对可能发生的服务失败进行预测，有针对性地采取预防措施。服务补救的预警机制包括如下环节：① 对可能发生的服务失败进行识别和分类，服务失败包括服务传递过程所造成的失败、顾客与员工互动造成的失败和员工造成的失败三类；② 对各类服务失败造成的客户影响进行判断；③ 采取积极有效的预防措施，如借助"故障树"分析查找潜在的服务失败原因，通过服务设计消除服务失败根源，通过内部服务补救将服务失败消灭于造成顾客损失前等。

（3）建立服务补救信息系统。服务补救信息系统包括如下内容。

① 服务补救的信息搜集。它包括服务失败的信息、顾客抱怨的信息、服务补救的信息，以及其他相关的信息，如服务补救后顾客的反馈、其他竞争对手服务补救信息等。

② 服务失败信息和顾客抱怨信息的分析评估。通过差距模型和差距量化工具，分析研究服务失败根源，运用不同的质量管理工具，如绘制帕累托图或控制图等，得出量化分析结果。

③ 服务补救分析结果的反馈。企业应建立服务补救信息传递流程，将服务补救信息传送给需要的部门和人员，包括信息提供者、顾客、员工等，补救结果的反馈将赢得信誉，提高服务补救的效益。

4. 建立主动的客户服务管理系统

通信企业建立客户服务管理系统，包括客户服务过程管理、客户服务人员的管理、客户服务流程的管理和客户服务结果的监管等内容。

5. 建立后续服务工作管理系统

通信企业要完善服务质量监督机制，加强全过程服务管控。完善服务质量监督管控体系，对全业务、全过程、全渠道服务质量实施管控。坚持服务质量周通报、月考核、季分析制度，对售前、售中、售后、产品退出四个阶段服务质量关键点进行管控。

[案例 15-3]

中国电信天翼云服务策略

2014 年，中国电信成立独立运营的中国电信股份有限公司云计算分公司，成为国内最大的云计算服务提供商之一，集约化统领中国电信全网包括 IDC、CDN（Content Delivery Network，内容分发网络）等在内的广义云业务，为政府、企业和公众提供电信级、高可靠的云基础资源、云平台应用及云解决方案等产品和服务。安全稳定可靠、快速灵活部署和经济实惠易用为其产品的重要特色。

天翼云依托中国电信遍布全国的云数据中心，向客户提供按需使用 IT 基础资源能力（计算、存储、网络等）的 IT 整体服务。公有云市场方面，天翼云先后推出了云主机、云存储、CDN 和云应用几大产品。私有云方面，天翼云持续提升自己在虚拟私有云、在线应用软件市场的服务能力，同时组织专业研发团队研究海量服务器管理、SDN（Software Defined Network，软件定义网络）、DevOps 等基础技术，力争实现从传统资源型运营商到技术型服务商的转变。

完善的云资源布局是云计算的基础，中国电信云资源布局已经完成 4+2 布局，"4 是分布在中国上海、贵州、广东和四川四大区域的资源池，除了在骨干节点的资源池以外，中国电信还有中国最大的数据中心即是内蒙古数据中心，并启动了贵州云基地建设。

分销任务由分公司、省公司合作承担。云计算公司做基础研发和解决方案，销售由中国电信各省公司负责，在客户需求集中的几个大区设立办事处，支撑相关各省的销售工作。公司不断调整价格体系，在产品推广阶段，进行亿元购机、五折续费等促销活动，极大地推动了天翼云产品的推广。

服务方面，天翼云推出了星级服务。全新改版的中国电信天翼云互联网门户网站，为客户提供了一个操作界面更为友好的服务渠道；主打 7 天免费试用、7 天无条件退款、7×24 小时售后支持、免费快速备案等可信服务。如 7×24 小时的互联网客服体系，通过客服电话、邮件、QQ、网站全天候受理客户需求，并借助中国电信已有的政企客户一站服务体系实现"首问负责制管理"。

目前基于政务市场的庞大规模及中国电信多年的资源积累，天翼政务云取得了更好的成效。天翼云中标和承建浙江省级政务云以及舟山、衢州等地市级政务云项目，广东珠海、广西柳州的政务云项目也已获得客户的高度认可。2014 年，中国电信天翼云获得"可信云 2013—2014 年度政务云服务奖"。这表明中国电信加快了政务云市场拓展步伐，有利于中国电信成为政府采购云服务首选服务提供商。此外，天翼云许多产品，如云主机等，在教育、金融、医疗、互联网等行业的应用推广也获得了很好的口碑。

趣味讨论：中国移动和中国联通的类似业务服务策略有哪些？

案 例 分 析

中国移动 12580 热线服务

1. 12580 基本情况

12580（"一按我帮您"）是中国移动为客户提供的全国统一的综合信息服务平台，在全国各地，客户拨打 12580，可以进行餐饮、娱乐、旅游、天气、交通、便民等各类信息的查询，以及酒店、机票的查询、预订，查询结果以语音及短信、彩信等方式告知客户。

12580 在商户和消费者之间，构建了一个基于"用户细分需求匹配、广告直接促进销售"的双边市场，为客户提供"专家级"信息服务。12580 建立了覆盖全国的酒店合作伙伴网络，选择符合资质和具备相当服务品质的酒店，可根据商旅人士对酒店住宿的需求，为用户提供酒店预订服务。结合移动手机的定位功能，为客户提供周边商户配套查询推荐。同时，12580 还提供引领生活时尚潮流，丰富的生活信息集合的彩信杂志《12580 生活播报》以及丰富的生活信息订阅服务。

12580 成为中国移动近年重点发展的战略产品之一，从以往简单的中文秘书服务功能转型发展为承载多媒体便民信息服务的综合信息服务平台，是基于庞大的信息搜索服务潜在需求而提出的。

2. 业务模式

12580 业务模式如图 15-5 所示，客户拨打 12580 与客服人员进行语音交互，客服人员通过人机交互，从信息查询、票务代订、活动参与支撑等系统获得信息，来应答客户查询或预定，完成相关服务。

3. 前向业务

12580 的前向业务是针对用户的业务，用户拨打 12580，可以进行餐饮、娱乐、交通、旅游、便民等信息的查询，以及机票预订和酒店预订等商旅服务，查询和预订的结

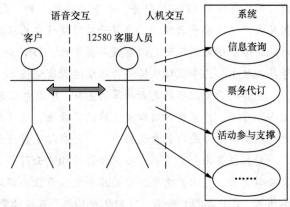

图 15-5　12580 业务模式

果以人工语音和短信息相结合的方式提供给用户。业务具体情况如下。

（1）信息查询服务。信息查询服务由各省 12580 坐席受理。根据 12580 综合信息服务门户信息内容进行分类，可分为餐饮/娱乐频道、交通频道、旅游频道、其他便民生活信息频道和商旅频道等。

① 餐饮/娱乐频道：为客户提供餐厅、KTV、酒吧、迪吧、茶馆、咖啡厅、体育场馆、健身中心、商务会馆等餐饮/娱乐场所信息查询服务。

② 交通频道：为客户提供列车时刻、公交线路等信息查询服务。

③ 旅游频道：为客户提供旅行社、景点介绍的信息查询服务。

④ 信息频道：为客户提供干洗店、汽车租赁机构、驾校、专业影楼、冲印店、宠物医院、家电维修部、齿科、药店、蛋糕房、折扣信息、搬家公司、电影院及影讯、家政公司、美容美发店等日常生活信息查询服务。

（2）商旅服务。为客户提供机票、酒店等商旅信息查询，并可为客户提供机票预订和酒店预订等商旅服务。商旅服务由各省 12580 坐席转至中央 12580 呼叫中心，由中央商旅坐席受理。

4. 后向业务

12580 的后向业务是为企业和商家提供信息发布业务，包括优先推荐、移动名片、查询转接、品牌播报与生活播报等类型。

（1）优先推荐。通过关键词查询的用户都有即时的需求，因此优先推荐可以帮助企业进行即时精确营销。企业通过使用该项移动增值服务，企业的信息能够优先推荐给用户，第一时间与潜在客户进行信息交流，得到比竞争对手更多的机会和商机，让优质企业占据行业品牌头名。

（2）移动名片。通过移动名片，企业可以被精准查询，企业信息可通过短信的形式，更精准、快速、便捷地传达给用户，通过消费者使用与保存，甚至是转发推介，形成传播。用户可更直观地

了解到企业的特色业务和产品信息、经营理念等多方面信息，帮助企业充分展示企业形象，提升品牌价值，获取商机。

（3）查询转接。查询转接服务实现了用户在收听完 12580 话务员播报的查询企业信息后，根据需求，由话务员人工转接所查询的电话，无需用户二次拨号。该服务以独立或连锁型企业为主，主要集中在餐饮、酒店、娱乐、生活服务、便民服务等行业。电话直接转接，企业第一时间与用户进行信息交流，促成交易。"12580+企业品牌"，让用户更容易找到企业。

（4）品牌播报与生活播报。12580 生活播报是中国移动倾力打造的时尚生活消费类新媒体，以随身终端、即时阅读的特点全面覆盖主流消费人群，以彩信、WAP 为主要载体为用户传递时尚、前沿、实用的消费信息和生活方式，搭建消费者和品牌之间的互动通道，并享折扣优惠。

分析点评：

（1）竞争优势。产品在定位服务以及网络覆盖方面的优势，中国移动可以直接通过号码的基站信息确定客户的位置，尤其是客户处于高速运动状态时优势更为明显；多渠道优势，中国移动不仅可以通过 10086、门户网站等形式去宣传，还可以协助客户通过语音、短信等方式提交信息查询需求；庞大的移动用户基础和完善的用户数据、丰富的增值业务，是发展 12580 业务的潜在特殊优势。

（2）竞争劣势。中国移动 12580 目前的业务种类多，但缺乏有竞争力的差异化业务；产品发展起步晚，未形成用户依赖，更谈不上客户忠诚，客户资源相对匮乏；合作模式单一，与业务发展需求的矛盾突出；中国移动 12580 采用全国集中运营模式，这种模式对合作伙伴的能力要求高，而目前合作伙伴在能力方面还存在一定缺陷，导致平台反应慢、信息库不够完善、信息更新速度慢等多种问题；12580 业务盈利模式不清晰，目前各地 12580 多是成本中心。

思 考 题

1. 什么是服务营销 7P 策略组合？
2. 什么是服务利润价值链？
3. 有形展示有哪些要素？每一个要素都包括哪些内容？
4. 什么是服务过程？服务营销中的过程控制有何重要意义？
5. 请任意挑选一家通信企业的业务，绘制出该企业该项业务的服务流程图。

第 5 部分

通信市场营销新理论

第16章 市场营销新理念

移动互联网改变了人们的生活方式和生产方式，顾客消费行为和企业的营销活动也因之发生根本变革，产生诸多市场营销新理念，本章论述近年影响较大的市场营销新理念。

16.1 绿色营销

16.1.1 绿色营销概述

绿色营销是指企业在不断变化的市场环境中，通过市场调研、产品开发、市场策划等一系列的营销活动，以满足提供产品、保护环境并实现盈利的多重责任的要求，达到为社会提供绿色产品、满足客户绿色消费需求的一种营销活动。绿色营销主要包括如下两个方面。

1. 提供绿色产品

在绿色营销中要提供比目前类似产品更环保的产品，包括没有任何化学添加剂的纯天然、无污染绿色食品或天然植物制成品，也包括生产经营过程符合环保要求，对环境无害或危害较小，提供利于资源再生和回收利用的产品。

绿色产品按环保特性可划分为三种产品类型：没有受污染的纯天然产品、节能的产品及对环境不会造成污染或危害的产品。根据实际市场状况，结合目标顾客的类型，绿色产品可进一步划分为：没有受到污染的、纯天然的日常消费品；节能的、不会对环境造成污染或危害的耐用消费品；节能的、不会对环境造成污染或危害的工业用品。

2. 引导绿色消费

企业主动生产和销售对环境影响最小的绿色产品，通过引导消费使人们意识到环境恶化对生活质量和生活方式的影响，从而自觉消费无污染产品，在消费中不污染环境，抵制破坏环境和大量浪费资源的商品，逐步形成庞大的绿色消费群体或阶层。

16.1.2 绿色营销的基本特征

1. 绿色性

绿色营销具有鲜明的"绿色"标记。绿色营销与其他营销方式根本的不同在于，企业在市场调查、产品开发、分销和售后服务等活动过程中，都和维护生态平衡、重视环境保护、提高人们的生活质量和情趣的"绿色"观念紧紧相扣，将其贯穿于营销活动的始终。

2. 可持续性

绿色营销是人类有关建立可持续发展社会新思想的产物。环境的污染、资源的减少，已威胁到人类的生存。这促使人们重新审视过去社会经济的发展方式，决定由粗放型经营转向集约经营，追求"人与自然的和谐"，走可持续发展的道路。绿色营销正是"人与自然和谐"和可持续发展的绿色文明价值目标在企业市场营销中的具体体现。

3. 无差别性

绿色标准及标志呈现具有全球无差别性。绿色产品的标准尽管世界各国不尽相同，但都是要求产品质量、产品生产及使用消费及处置等方面符合环境保护要求、对生态环境和人体健康无损害。

4. 双向性

绿色营销不仅要求企业树立绿色观念、生产绿色产品、开发绿色产业，同时也要求广大消费者购买绿色产品，对有害产品进行自觉抵制，树立绿色观念。

[课外作业]

绿色营销与传统营销的差异表现在哪些方面？

16.1.3　绿色市场分析

随着社会公众对环境关注度的增强，绿色营销中"绿色"和"环保"的概念成为企业营销、获得消费者认可的新战略。但另一方面，普通消费者常常不愿为环保多付费，消费者往往不会只因为关注环保而购买绿色产品。为此，企业需要分析消费者特征与购买心理，以了解消费者的需求意愿，从而开发出相应的绿色产品，实现成功的绿色营销。

1. 绿色消费者特征

拥有绿色理念的消费者通常具有以下特征：① 关注环境问题，生活方式环保；② 愿意支付较高的价格购买绿色产品；③ 综合素质较高，更有主见。

为提升绿色营销的影响力，企业还需了解绿色消费者在绿色消费时的表现，以开展针对性的营销活动。当下，消费者在选择绿色消费时呈现如下现象。

（1）绿色产品不确定性和绿色消费观念日趋成熟性并存。根据《地球之友》杂志的调查，约有63%的人无法准确分辨绿色产品，以至不能放心购买。另一方面，随着社会获取信息愈加快捷方便，辨别绿色产品真伪更加容易，绿色消费者的消费观念也日趋成熟。

（2）绿色标准具有差异性。不同消费者之间，其心目中的绿色标准存在差异，有的消费者十分关注食品卫生，但对有害于身体的烟草却无法割舍；有的消费者为了身体健康而戒烟，却常常在街头小巷吃夜宵。消费者购买绿色产品的意愿，也因其对环境问题的关注度存在差异而不同，如有的消费者懂得吃鱼翅会破坏生态环境，但仍然会去消费。

（3）妇女与孩童更易对绿色产品产生偏好。西欧国家的一项调查显示，46%的妇女和31%的男子在购物时主动寻找绿色产品，妇女对绿色产品的喜爱比男性高50%。在家庭中，母亲和孩子最倾向于绿色消费的组合。通过媒体、教育传播环境保护的信息可以促进儿童对绿色产品的关注，从而促进家庭对绿色产品的购买。

2. 绿色消费需求

依据产品需求的定义，绿色消费需求是指绿色消费者在某一时期和一定市场上按照某一价格愿意并且能够购买符合环境保护标准的产品和劳务的数量，包括对绿色商品的现实需求和潜在需求总和。

按照行为主体以及行为目标的不同可对绿色消费需求进行分类。绿色消费的主体包括政府、企业、普通市民三类；绿色产品可分为绿色生产品和绿色消费品。这些产品从生产、消费到废弃的全过程都符合环保要求，满足人们的绿色消费需求。

绿色消费需求的特征表现主要有以下几个方面。

（1）公共性。公共物品按其所具备的特征完全与否，可分为纯公共物品和准公共物品。同时具有非竞争性和非排他性的公共物品为纯公共物品，只具备其中一个基本特征的为准公共物品。纯公共物品在一个人使用时，并不会使他人能够消费的数量减少。绿色消费品具有纯公共物品的特性。在大家共同倡导绿色消费的大环境下，许多国家的消费者都具有较强的绿色消费需求。

（2）可持续性。可持续发展是一种注重长远发展的经济增长模式，最初于1972年提出，指既满足当代人的需求，又不损害后代人满足其需求的能力，是科学发展观的基本要求之一。企业营销过程中的绿色营销概念的形成与可持续发展的思想密切相关。通过绿色营销，可以使可持续发展的思想贯穿于企业的营销活动中。绿色营销的兴起源于消费者对环境等的关心，而对环境等方面的持续关心构成了绿色消费需求的动力。

（3）隐含性。绿色消费需求因消费者生活方式和价值观念的不同有较大的差别，而且体现在社会关注的方方面面。因此，应该通过绿色营销手段激发消费者的绿色消费需求，并且有针对性地培养消费者的生活理念，促进绿色消费需求理念的形成，进而使绿色营销产品获得更大效益。

（4）知识性。人们因缺少关于绿色消费、绿色产品相关的知识，以至于不具有强烈的绿色消费动机，因此企业在开展绿色营销的同时，也要注重普及绿色消费的知识以提升消费动机。

3. 绿色产品供给分析

绿色产品是指生产过程及其本身节能、节水、低污染、低毒、可再生、可回收的一类产品，它也是绿色科技应用的最终体现。绿色产品能直接促使人们消费观念和生产方式的转变，其主要特点是以通过市场调节方式来实现环境保护为目标。公众以购买绿色产品为时尚，促进企业以生产绿色产品作为获取经济利益的途径。

绿色产品供给是指一定时间内，从事绿色产品生产的企业在各种可能的价格下，对某种绿色产品愿意并且能够提供的数量。要形成有效的供给需要满足两个条件：一是企业愿意提供某种绿色产品；二是企业具备相应的生产能力。

16.1.4 绿色营销策略

1. 产品策略

绿色产品策略包括产品开发、设计、生产、包装、回收等环节，以绿色观念为准绳，完成产品提供的过程。

其具体内容如下：树立绿色营销观念，确立绿色形象，打造绿色品牌；收集绿色信息，开发绿色资源；重视绿色研究开发，包括绿色技术开发和绿色设计的应用；重视绿色生产，实施绿色包装策略；开展绿色销售服务；开展绿色治理。

2. 价格策略

在绿色营销中，企业要根据绿色需求、绿色成本、竞争者行为、营销目标及其他营销组合等价格影响因素，探索绿色产品定价的一般方法和策略问题。

绿色价格是指与绿色产品相适应的定价方式，其内容包括两方面：一是根据"环境和资源的有偿使用"原则，把企业在生产绿色产品过程中，用于保护生态环境和维护消费者健康而耗费的支出计入成本；二是根据"污染者付费"的原则，通过征收污染费来增大非绿色产品经营成本，避免非绿色企业因污染环境而降低成本，取得成本优势和价格竞争力。

绿色价格必须从消费者方面来分析，绿色价格的最终实现是通过消费者来完成的。

（1）消费者的接受程度与绿色价格策略。调查表明，绿色价格基本上被消费者接受，86.9%消费者认为绿色价格可以理解，其中34.49%认为绿色产品物有所值。绿色产品投放市场时大多是新产品，对消费者来说，产品新颖、有特色，因而可以实行偏高定价策略。这样有助于企业在短期内补偿成本，获取盈利，同时也可为绿色产品塑造优质优价的品牌形象。

（2）收入水平与绿色价格。消费者的收入水平很大程度上决定消费者对绿色消费的支付能力。处于不同收入层次的消费者，收入水平与产品价格呈负相关的需求弹性，即收入水平越高，对价格越不敏感。厂商应针对不同收入阶层消费者的需求弹性，根据产品变动成本来分组制定价格，采用多种价格水平进行产品营销。

（3）受教育程度与绿色价格。消费者受教育程度不同也对绿色购买力有一定影响。文化层次不同对绿色产品的认同偏好也不同。企业应采取目标顾客群选择定价策略。绿色产品面对广阔的市场和纷繁复杂的消费者，企业需要对市场进行细分，根据细分市场目标顾客群的特点选择绿色定价策略，只有找准市场定位，才有利于扩大绿色产品销售并提高企业的经济效益。

3. 渠道策略

绿色渠道的通畅是成功实施绿色营销的关键。企业只有充分保障绿色产品物流、商流、价值流、信息流在渠道中的畅通无阻，才能最终实现绿色营销。首先，企业需要设立绿色营销的专属通道；其次，绿色中间商和经销商也需秉承绿色营销理念，采取适当的绿色竞争手段，实施可持续发展的绿色健康竞争秩序。

4. 促销策略

促销的基本方式有人员推销、广告、营业推广和公共关系等。绿色促销就是在这些促销方式中，选择更加节能、更加健康、更加环境友好型方案，将绿色营销理念融入促销行为。

16.1.5 政府和社会的绿色环境管理

绿色环保事业是一项公共事业，需要全民推进，同时也是政府职能的重要方面。

对外，政府需要积极实施环境外交，与国际社会共同推进环境事业，如我国政府积极推进并签署《21世纪议程》等相关国际公约，承担环境责任；对内，政府需要运用行政、法律、经济等手段，做好环境治理和监管工作，引导企业开展绿色营销，为企业申请与环境有关的认证工作创造条件。

与环境有关的认证工作是推进企业开展绿色营销的具体手段。目前，我国与环境有关的认证主要有ISO14000认证、绿色标志认证等。

（1）ISO14000认证。《ISO14001：1996 环境管理体系——规范及使用指南》是国际标准化组织（ISO）于1996年正式颁布的可用于认证目的的国际标准，是ISO14000系列标准的核心，它要求组织通过建立环境管理体系来达到支持环境保护、预防污染和持续改进的目标，并可通过取得第三方认证机构认证的形式，向外界证明其环境管理体系的符合性和环境管理水平。ISO14000 认证标志如图 16-1 所示。

图 16-1　ISO14000 认证标志

由于 ISO14001 环境管理体系被视为进入国际市场的"绿色通行证"。为了更加清晰和明确 ISO14001 标准的要求，ISO 对该标准进行了修订，并于 2004 年 11 月 15 日颁布了新版标准《ISO14001：2004 环境管理体系、要求及使用指南》。

（2）绿色标志认证。绿色标志（也称绿色产品标志、环境标志）指一种贴在或印刷在产品或产品的包装上的图形，以表明该产品的生产、使用及处理过程皆符合环境保护的要求，不危害人体健康，废旧产品对垃圾无害或危害极小，有利于资源再生和回收利用。

对企业而言，绿色标志是绿色产品的身份证，是企业获得政府支持，获取消费者信任，顺利开展绿色营销的重要保证。

图 16-2　中国环境标志

世界上最早使用"绿色标志"的国家是德国。1978 年，德国实施的"蓝色天使"计划，就是一种"绿色标志"。在这一计划的实施过程中，他们给 3 600 种产品发放了环境标签。1988 年，加拿大、日本、美国等国家开始实施绿色标志。随后，法国、瑞士、芬兰、澳大利亚等国家于 1991 年开始实施环境标志。中国农业部 1989 年开始实行绿色食品标志制度。我国从 1994 年开始实施"绿色标志"，中国环境标志如图 16-2 所示。

绿色标志的图形由中心的青山、绿水、太阳及周围的十个环组成。图形的中心是人类赖以生存的环境，外围的十个环紧密结合，环环紧扣，表示公众参与，共同保护环境。标志寓意为"全民联合起来，共同保护人类赖以生存的环境。"

国际标准化组织（ISO）环境战略咨询组于 1991 年成立了环境标志分组，目的是为了统一环境标志方面的有关定义、标准及其测试方法，以避免导致国际贸易上的障碍，促进社会、经济与环境的协调发展。

绿色标志一般由产品的生产者自愿提出申请，由权威机关（政府部门、非政府组织或公众团体）授予，绿色标志受法律保护。

16.1.6　绿色通信

绿色通信（Green Communications），是在构成通信的全要素（包括网络、终端、业务构成诸方面）和全过程（包括制造采购、通信制造、通信运行、通信消费、设备报废处理）的、以节能减排和环境保护为重点的持续改进以及有效的共建共享，构成高效率、低能耗、低排放、无污染、可回收、低成本的通信，进而通过现代信息化通信在行业、社区、个人、物联等方面的深入应用，带动全社会的低碳经济和循环经济的生态发展。

通信业是传统的耗能大户，通信网络运行过程中的巨大能耗，不仅给环境造成了污染，同时也给企业带来了高昂的运营成本。为了不断降低能耗，实现人与自然和谐相处和可持续发展，必须积极推行绿色通信。

近年来，全球主流电信运营商纷纷提出节能减排战略。国内电信运营商也大力推进节能减排，积极履行社会责任，在企业降低成本和促进社会低碳化发展两方面都取得显著成效。整体上体现在：① 通信业不断挖掘自身节能潜力，通过对交换设备和基站空调系统改造，对数据中心进行节能减排改造，在基站中引入自然冷源、减少传统空调的使用，构建全 IP 化网络，推进通信网络节能工作的开展；② 通信业作为能源消耗的终端用户，带动通信网络牵引上下游产业开展节能，形成相互推动、联合促进的完整产业链；③ 通信业充分发挥专业技术和平台优势，促进传统产业运用信息化等高新技术和先进适用技术进行改造和提升，引导企业利用信息化技术实施节能减排；④ 共建共享取得显著成效。

通信业作为国民经济发展的基础性、先导性和战略性产业，承担着调整经济结构、转变发展方式、建设低碳社会的重要责任。实现绿色通信这个大目标，不仅需要电信运营商全方位地对通信网络进行绿色变革，做好共建共享，也需要整个通信产业链上下游，包括设备制造商、配套厂商等，对这一问题的认识高度统一，齐心协力构建绿色通信。

[案例 16-1]

中国电信内蒙古云基地的绿色通信

中国电信按照"高标准、低能耗、有特色"的原则，将其内蒙古云基地打造成集资源租赁、云计算平台、云数据和通信服务等功能于一体的绿色低碳、智慧创新园区，充分体现了绿色环保、节能减排、技术创新的数据中心建设理念。

2013 年 8 月 16 日，中国电信内蒙古云基地正式对外提供服务，包括百度、阿里巴巴等互联网巨头在内的九家企业与中国电信签订了合作协议，成为内蒙古云基地的第一批用户。

内蒙古云基地作为中国电信全网"4+2"云计算数据中心布局的北方核心，将以此为基础树立中国电信互联网数据中心（IDC）集约运营的标杆，为政府、行业客户综合平台提供服务的承载地。通过 3～5 年的努力，将内蒙古云基地打造为中国最大的云服务基地和亚太最大的互联网数据汇聚地。

绿色节能是中国电信内蒙古云基地的特色之一。之所以选择在内蒙古建设云计算基地，主要是出于气候特点的考虑。中国电信云基地位于呼和浩特市和林格尔县，属于温带大陆性季风气候，全年气温 10℃以下的天数长达 200 天以上，有利于高能耗和高发热量的云计算数据中心建设。结合气候特点，机房空调系统充分利用自然冷源，在全年不同季节实现 5 种模式制冷，通过自动切换整体实现空调系统半功耗节能运行，达到自然绿色降温的目标。同时辅以精确送风系统，根据设备冷量需求合理分配风量，解决机房内局部过热的问题，并提高空调利用率，进一步降低运营成本。为进一步降低能耗，中国电信内蒙古云基地还采用了 240 V 直流供电专利技术，综合节能效果达到 30%，充分体现了中国电信绿色环保、节能减排、技术创新的数据中心建设理念。内蒙古云基地的 PUE（Power Usage Effectiveness，电源使用效率）值小于 1.27，目前仅谷歌、苹果等全球少数企业建设的数据中心能够与之媲美。

趣味讨论：中国电信内蒙古云基地的绿色通信给我们哪些启示？

16.2 网络营销

16.2.1 网络营销的含义和特点

网络营销（Internet Marketing 或 E-marketing,）是指利用互联网及其他信息技术去创造、宣传、传递客户价值，对客户关系进行管理，目的是为企业和各相关利益者创造收益。即网络营销是企业以电子信息技术为基础，以计算机网络为媒介和手段而进行的各种营销活动的总称。与传统营销方式相比，网络营销具有如下特点。

（1）技术性。网络营销是建立在高技术作为支撑的互联网络的基础上，企业实施网络营销必须有一定的技术投入和技术支持，改变传统的组织形态，提升信息管理部门的功能，引进懂营销与计算机技术的复合型人才，这样才能具备市场竞争优势。

（2）富媒体。互联网被设计成可以传输多种媒体的信息，如文字、声音、图像等信息，使得为达成交易进行的信息交换能以多种形式存在和交换，可以充分发挥营销人员的创造性和能动性。

（3）广时域性。营销的最终目的是占有市场份额，由于互联网能够超越时间约束和空间限制进行信息交换，使脱离时空限制进行交易变成可能，企业有了更多时间和更大的空间进行营销活动，可每周 7 天，每天 24 小时随时随地提供全球性营销服务。

（4）交互式。互联网通过展示商品图像、商品信息资料库提供有关的查询，来实现供需互动与双向沟通，还可以进行产品测试与消费者满意度调查等活动，与消费者互动。互联网为产品联合设计、商品信息发布，以及各项技术服务提供最佳工具。

（5）高效性。计算机可储存大量的信息，代消费者查询，可传送的信息数量与精确度，远超过其他媒体，并能因应市场需求，及时更新产品或调整价格，因此能及时有效地了解并满足顾客的需求。

（6）经济性。通过互联网进行信息交换，代替以前的实物交换，一方面可以减少印刷与邮递成本，可以无店面销售，免交租金，节约水电与人工成本；另一方面可以减少由于迂回多次交换带来的损耗。

（7）个性化。互联网上的促销是一对一的、理性的、消费者主导的、非强迫性的、循序渐进式的，而且是一种低成本与人性化的促销，避免推销员强势推销的干扰，并通过信息提供与交互式交谈，与消费者建立长期良好的关系。

（8）成长性。互联网使用者数量快速成长并遍及全球，使用者多属年轻、中产阶级、高教育水准，由于这部分群体购买力强而且具有很强市场影响力，因此是一项极具开发潜力的市场渠道。

16.2.2 网络营销策略

1. 网络市场调查

网上市场调查是指在互联网上针对特定营销环境进行调查设计、收集资料和初步分析的活动。在电子商务提倡个性化服务的环境下，针对顾客所进行的市场调查已受到越来越多企业的重视，成为企业网上市场调查的重头戏。此类调查主要采用网上问卷、E-mail 和网上观察等方法。

网上问卷是目前网上市场调查中应用较为广泛的一种方式。这种方式将传统市场调查中的纸质问卷通过网络媒介以电子问卷的形式在站点上发布，由浏览站点的受调查者填写后进行在线提交。与传统问卷调查相比，网上问卷调查费用低廉、速度快捷。如企业要进行非确定性的顾客方面的普遍性调查，这种方法可作为首选考虑。

E-mail 法是指企业通过平时自己收集或向 ICP 购买等各种方式，搜集现有和潜在顾客的 E-mail 地址，进行产品和服务的询问，了解其对公司产品的满意度、消费者偏好及其对新产品的反应等。

网上观察法是通过监控在线用户的消费行为，分析其消费对象、消费时间、消费区域等，从而进一步掌握用户的消费信息。

2. 网络产品和服务策略

（1）提供个性化的产品和服务。由于互联网能够很方便地收集消费者关于产品和服务的个性化需求信息，厂家因此可以为消费者提供定制化的产品和服务，并针对个别需求提供一对一的营销服务。

① 利用电子布告栏或电子邮件提供在线售后服务或与消费者进行双向沟通；

② 提供消费者、消费者与公司在互联网上的讨论区，以此了解消费需求、市场趋势，作为公司改进产品、开发产品的参考；

③ 提供网上自动服务系统，依据客户需求，自动适时地利用网络提供有关产品的服务信息；

④ 通过网络对消费者进行意见调查，借以了解消费者对产品特性、品质、商标、包装式样等方面的意见，协助提升产品价值的同时也提升企业形象。

（2）网络产品和服务的价值共创。在网络营销方式下，产品和服务的设计可以由厂商和消费者共同完成，以实现产品和服务的价值共创。

企业通过网络调研了解消费者关于产品和服务的性能、特点、品质等方面需求，根据消费者需求，提出相应的产品和服务设计方案，将方案放到互联网上，由消费者提出更具体的产品设计的看法和要求。然后，由企业完善方案，进行产品和服务的生产，为市场提供更适销对路的产品和服务，从而实现厂商和消费者对产品和服务的价值共创。

3. 网络品牌策略

互联网时代的品牌策略更要注重树立域名品牌。在网络营销中，除了产品的品牌外，企业还需要创建网上域名品牌。由于域名是企业站点联系地址，是企业被识别和选择的对象，因此，提高域名的知名度就是提高企业站点知名度，也就是提高企业被识别和选择的概率，域名在互联网上就是企业形象的化身，是在虚拟网上市场环境中商业活动的标识。所以在互联网时代，企业必须通过多种渠道来创建自己的域名品牌。

（1）多方位宣传。域名是一个符号和标识，企业在刚开始进入互联网时域名鲜为人知，这时企业应善用传统的平面与电子媒体，投入费用做域名品牌广告，通过各种机会让网址多方曝光，并通过建立相关链接扩大知名度。

（2）通过产品本身的品质和顾客的使用经验来建立品牌。顾客良好体验是网站品牌建设的生命线。两大网上顾问公司 Jupiter Communications 和 Forrester 不约而同地指出，广告在顾客内心激发出的感觉，固然有建立品牌的功效，但却比不上网友上网站体会到的整体浏览或购买经验所达效果。

（3）利用公关造势建立网上品牌。通过公共关系活动，能够让潜在顾客不自觉地对网站品牌产生印象，达到润物细无声的效果。

（4）遵守约定规则。互联网开始是非商用的，使其形成使用低廉、信息共享和相互尊重原则。商用后企业提供服务的收费通常应低廉，注意发布信息的道德规范，未经允许不能随意向顾客发布消息，以避免引起顾客反感。

（5）持续不断塑造网上品牌形象。一些新的网上企业可以迅速建立起品牌，但没有一家公司能够违背传统营销的金科玉律：永垂不朽的品牌不是一天造成的。想要成为网上的可口可乐，需要长久不断地努力与投资。在瞬息万变的网上世界，只有掌握住这个不变的定律，才能建立起永续经营的基石。

4. 网络渠道策略

网络营销在渠道的选择上有两种：网络直销和网络间接销售。

（1）网络直销是指生产商通过网络销售渠道直接销售产品。通常的做法有两种：一是企业在因特网上建立自己的站点，申请域名，制作主页和销售网页，有网络管理人员专门处理有关产品的销售事务；二是企业委托信息服务商在其网站上发布信息，企业利用有关信息与客户联系，直接销售产品。

（2）网络间接销售是企业通过网络中间商实现商品的网络交易，网络中间商有交易平台型，各经销商在平台上开店销售，如天猫商城；也有电子零售型，以自主经营销售各类商品为主，如京东商城、亚马逊等。

5. 网络价格策略

在网络营销中，有特点的价格策略如下。

（1）拍卖定价。拍卖定价是由卖方预先发表公告，展出拍卖物品，买方预先看货，在规定时间公开拍卖，由买方公开竞争叫价，不再有人竞争的最高价格即为成交价格，卖方按此价格拍板成交。这是西方国家一种古老的传统买卖方式，现在一般在出售文物、旧货以及处理破产企业财务时使用此法。互联网特点使网络拍卖比线下拍卖更容易执行，因此，拍卖定价成为网络商品定价的常见形式。

（2）团购定价。团购定价是在保证购买用户的数量的情况下，商家给商品制定一个比市场价优惠很多的价格。团购平台再将这个价格提高一点，放到团购的网站上供给消费者组团购买，同时会给出一个最低参与购买的人数，当组团人数达到限定人数的时候才会有这个价格。

团购定价也是利用了互联网方便聚集顾客的特点而形成的定价策略。

（3）促销定价。促销定价是指为了达到促销目的，企业暂时地将其产品价格定得低于目录价格，有时甚至低于成本。互联网销售中常见的秒杀价、镇店之宝价等属于此类。

6. 网络促销与网络广告

网络促销是指利用网络技术向虚拟市场传递有关产品和服务的信息，以启发需求，引起消费者的购买欲望和购买行为的各种活动。它包括网络广告、销售促进、站点推广和关系营销等。其中网络广告和站点促销是网络营销促销的主要形式。

（1）网络广告类型很多，根据形式不同可以分为旗帜广告、电子邮件广告、电子杂志广告、链接广告、公告栏广告等。

（2）网络营销站点推广就是利用网络营销策略扩大站点的知名度，吸引网上流量访问网站，起到宣传和推广企业以及企业产品的效果。站点推广主要有两类方法，一类是通过改进网站内容和服务，吸引用户访问，起到推广效果；另一类通过网络广告宣传推广站点，可以在短时间内扩大站点知名度，但投入较大。

（3）销售促进是企业利用可以直接销售的网络营销站点，采用一些销售促进方法如价格折扣、有奖销售、拍卖销售等方式，宣传和推广产品。

（4）关系营销是通过借助互联网的交互功能吸引用户与企业保持密切关系，培养顾客忠诚度，提高顾客的收益率。

[课外作业]

通信企业常用的网络营销工具有哪些？

16.2.3　网络营销的新发展 SoLoMo

SoLoMo 是著名的 IT 风险投资人约翰·杜尔（John.Doerr）提出的概念，即 Social（社交）；Local（本地位置）；Mobile（移动网络）。他总结这三个最热门的词汇代表了未来互联网的发展趋势。互联网的从业者也很认同这个看法，人们通过手机定位（基于本地位置 local 服务），并与他人分享信息（社交网络）是未来互联网发展的驱动力。

SoLoMo 不仅是移动互联网发展的趋势，也是网络营销发展的趋势。

1．社会化营销

社会化媒体营销就是利用社会化网络、在线社区、博客、百科或者其他互联网协作平台和媒体来传播和发布信息，从而形成的营销、销售、公共关系处理和客户关系服务维护及开拓的一种方式。一般社会化媒体营销工具包括论坛、微博、博客、SNS 社区、图片和视频通过自媒体平台或者组织媒体平台进行发布和传播。

网络营销中的社会化媒体主要是指具有网络性质的综合站点，其主要特点是网站内容大多由用户自愿提供（User Generated Content，UGC），而用户与站点不存在直接的雇佣关系。

社交网络营销的核心是关系营销，重点在于建立新关系，巩固老关系。其特点是：

（1）直接面对消费人群，目标人群集中，宣传直接，可信度高，更有利于口碑宣传。

（2）氛围制造销售，投入少，见效快，利于资金迅速回笼。

（3）可以作为普遍宣传手段使用，也可以针对特定目标，组织特殊人群进行重点宣传。

（4）直接掌握消费者反馈信息，针对消费者需求及时对宣传战术和宣传方向进行调查与调整。

2．基于位置的服务营销、场景营销

基于位置的服务营销（Location Based Services，LBS），是企业借助互联网或无线网络，在固定用户或移动用户之间，完成定位和服务销售的一种营销方式。通过这种方式，可以让目标客户更加深刻地了解企业的产品和服务，最终达到宣传企业的品牌、加深市场认知度的目的。

从目前的实践经验来看，主要有以下几种利用 LBS 进行营销的思路。

（1）利用徽章提升品牌形象。LBS 应用最核心的产品机制是在某个地点签到，有机会赢取一枚特殊的徽章。徽章对于 LBS 用户有非常大的吸引力。这也是品牌与 LBS 合作最简单的一种方式，利用用户赢取徽章的动力，与 LBS 合作发行具有特殊含义的品牌徽章，徽章一旦获得，将永远保留，对于品牌来说，将是长期的曝光，能够较好地让用户记住品牌形象。

（2）协助品牌进行产品促销。其典型的方式是当用户登录 LBS 客户端，LBS 会自动检索用户当前所在位置，并显示附近正在或即将举行活动的地点，用户可以点击查看活动详情，并选择前往任意一个地点签到、赢取徽章、参加活动。这种定位式广告适用于有线下门店的品牌，通过签到营销机制能将消费者直接领到门店，促进线下人流。

（3）通过同步形成口碑传播。社会化媒体平台上的口碑对于品牌来说是提升形象和驱动销售最直接的动力。目前几乎所有 LBS 应用都可以绑定各类微博和常用的 SNS 网站，通过 LBS 客户端的地点、签到、徽章以及商家优惠信息等都可以同步到这些平台。设置巧妙的签到营销机制，可以让消费者成为品牌的传播因子，以其为核心，通过好友圈子形成更大范围的口碑传播。

场景营销是基于网民的上网行为始终处在输入场景、搜索场景和浏览场景这三大场景之一的一种新营销理念。浏览器和搜索引擎则广泛服务于资料搜集、信息获取和网络娱乐、网购等大部分网民网络行为。针对这三种场景，以充分尊重用户网络体验为先，围绕网民输入信息、搜索信息、获得信息的行为路径和上网场景，构建了以"兴趣引导+海量曝光+入口营销"为线索的网络营销新模式。用户在"感兴趣、需要和寻找时"，企业的营销推广信息才会出现，充分结合了用户的需求和目的，是一种充分满足推广企业"海量+精准"需求的营销方式。

3. 移动互联网营销

移动互联网营销指借助 WAP、APP、彩信、短信、二维码等进行的营销活动。移动互联网营销方式具有灵活性强、精准性高、互动性强等特点。

移动互联网营销常见形式如下。

（1）手机应用营销。通过 APP 应用商店销售或免费提供 APP 应用，用户使用 APP 时，推送相关信息，与客户互动。

（2）微信营销。通过微信平台开展相关营销活动。

（3）社交网络（SNS）社区营销。通过微博、论坛、博客推广等社交网络社区开展营销活动。通过借助其他的网络平台辅助运营，增加和用户互动的机会，充分收集用户的反馈信息，聚集感兴趣的用户群，增强用户的黏性。

（4）移动广告联盟，资源互换，ROM 刷机、媒体宣传以及线下营销。该形式包括付费和免费的两种方式，通过移动广告渠道，获得更好的营销效果。

[案例 16-2]

中国典型的 SoLoMo 应用

中国典型的 SoLoMo 应用如图 16-3 所示。

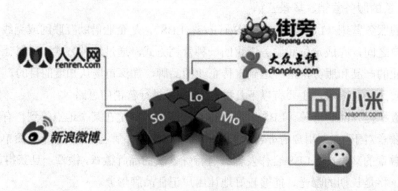

图 16-3　中国典型 SoLoMo

趣味讨论： SoLoMo 是否具有相互渗透的特征？

16.3 口碑营销

16.3.1 口碑营销概述

1. 口碑营销的含义

口碑营销是指企业在品牌建立过程中，通过客户间的相互交流将其产品信息或品牌传播开来。

口碑传播可信度高，因为口碑传播常发生在朋友、亲戚、同事、同学等关系较为密切的群体之间，在口碑传播过程之前，他们之间已经建立了长期稳定的关系。相对于纯粹的广告、促销、公关、商家推荐等而言，口碑传播更可信。

在互联网移动互联网时代的口碑营销，即应用互联网的信息传播技术与平台，通过消费者以文字等表达方式为载体的口碑信息的传播，其中包括企业与消费者之间的互动信息，为企业营销开辟新的通道，获取新的效益。

2. 口碑营销的特征

口碑是目标，营销是手段，产品是基石。将三者结合的口碑营销具有强大的力量，其基本特点如下。

（1）口碑通过意想不到的途径扩散。口碑不是在一个确定的人群内扩散，也不可预测。口碑营销在产品推广的过程中以指数级的速度爆炸式传播。通过反复的接触和信息冲击使人们的好奇心越来越重，对产品的了解越来越多，越来越易于接受。于是，需求产生。口碑营销能迅速突破阻力，使人们放弃单枪匹马的、艰苦的信息搜索工作，刺激顾客压抑在心里的需求，引起需求的雪崩效应。

（2）口碑是通向新市场的捷径。口碑营销，意味着公司允许消费者参与到过程之中，包括与产品更多的互动，对产品更多地认识，并更好地听取他们的建议。口碑营销需要企业制造信息，提供口碑材料，获得消费者认可，口碑是产品知识和市场营销力量的源泉。

（3）口碑营销传播不受人群限制。口碑传播在不同性别、不同年龄、不同收入或者其他以不同参数统计的人群中没有太大区别。口碑交流在绝大多数情况下，是通过面对面的方式进行的。

（4）口碑营销是讲故事的衍生物。口碑不是靠人们传递市场信息产生的，而是由人们谈论关于产品、公司、公司人物或消费者本人与产品关系等的故事产生的。这些故事是由消费者自身或他人的亲历构成，市场信息融入和编制在这些故事中，并随传播而改变、放大、生动。

（5）诚信是口碑营销的根本。口碑营销成功的基础是真实、诚信。消费者讲给亲朋好友听的有好的一面，也有坏的一面。所谓"坏事传千里"，负面口碑将对品牌产生毁灭性的打击。

3. 口碑营销的消费者动机基础

（1）生理需要。人们在购物后，特别是对于一些平常不太熟悉的产品来说，购买行为发生后，会有紧张感，需要通过不同的方式来缓解紧张，其中向朋友、亲友诉说就成为一种很好的方式。

（2）安全需要。人们购物后，对是否买得合适常有疑惑或不安全感，这时希望通过对亲友的诉说，得到肯定，甚至希望朋友因自己的推荐而发生同样的购买行为，以找到更多的安全感。

（3）社交需要。口碑传播行为常发生在不经意间，比如朋友聚会时闲聊、共进晚餐时聊天等，这时候传递相关信息主要是因为社交的需要。

（4）尊重需要。消费者传递信息是为了满足某些情感需要，如表明自己是先知者或者紧跟潮流，特别是当他人因自己的劝说而做了相同的购买，会更加肯定自己并认为自己得到了他人的尊重。

（5）自我实现需要。通过传递信息，与他人分享快乐并使朋友得到方便与利益（通过介绍了好的产品与服务），使自我满足得以实现。

16.3.2　口碑营销环境

1. 互联网与口碑营销

传统的传播模式当中，信息的传播是从传播者（媒体）到受众的单向流动，如报纸、杂志、广播、电影、电视等都是传播者向受众传播信息。而信息革命改变了人类信息传播手段，网络媒体互动传播特征，使信息传播实现个人化的双向交流，参与者具有双重身份，他们既是信息的发送者也是接受者，消费者参与到创造信息的活动中。传播环境的变化为口碑营销流行提供基础。

（1）互联网对口碑营销的影响。网络作为一种新兴的大众媒体，其多媒体的性质突破了传统媒体在知觉上的局限性，给予受众一种立体、迷幻的虚拟世界。它在信息传送的速度和容量上得到空前突破，使得传统媒体难以望其项背。互联网的出现至少在以下方面改变了传统的面对面的口碑传播的局限。

① 数字计算机技术延长口碑传播信息的寿命。

② 非同步性：人们可以根据自己的日程安排，在其适宜的时间参与到网上口碑传播活动中去，而这一便利又不会造成传播质量的下降。

③ 网上传播的匿名性使得传播活动的社会身份限制几乎为零。

④ 互联网使得口碑传播的分类更明确，主题更突出，传播更高效。

⑤ 互联网使口碑传播的成本大大降低，使口碑传播的影响范围得到了极大的扩展。

（2）移动互联网对口碑营销的影响。移动语音通话与面对面、一对一的口头传播本质上非常近似，但改变了口头传播内容形式有限而且无法复制和保存的缺点。以手机短信、微信为代表的手机数据传送服务，其技术功能多方面改进了口头传播的诸多限制。其主要的特点有：发信与收信不需要同时同步；内容形式可以是语言也可以是画面、声音或动画；有专门的信息服务商提供信息服务；摆脱一对一的束缚，可以一对多、多对一或多对多地交流；整个过程快捷、短促、简单。

2. 体验经济与口碑营销

体验经济的特点就是企业提供的价值中产品和服务本身只占了很小的一部分，而绝大部分的价值是由"体验"来提供。获得体验的方式有两种：直接获得或间接获得。直接获得体验就是购买并使用某产品或服务。这种方法获得的结果是最可靠的，但是却非常昂贵、费时，并充满失败的风险。而间接体验，即通过倾听他人的体验来间接感受自身的体验，是一种有效率的方法，能够快速而且低成本地传递体验内容，这就是口碑营销所借助的信息交流平台，21世纪体验经济的繁荣已经并将继续推动口碑营销的进一步发展。

16.3.3　口碑营销模式

近年来，口碑营销日益成为网络品牌营销的首选方法。总结起来，"让用户发展用户"的口碑营销模式有以下4种。

1. 病毒式营销展开无形推广

在互联网领域，病毒营销包括任何刺激个体将营销信息向他人传递、为信息的爆炸和影响的指数级增长创造潜力的方式。该营销策略的实施，使产品和服务信息就像病毒一样快速复制传播，引发链式反应，客户一传十、十传百，一批接一批，飞速发展。

2. 炫耀心理形成口碑

从心理学的角度看，每个人的潜意识中在某种程度上都包含着自我炫耀的因子，常自觉不自觉地展示以证明自身的生存价值，或证明有资格居于社会某一位阶，炫耀心理表现形式各异。顾客炫耀行为一旦被成功借势，便会产生轰动性的推广效果。因此，可以将新业务巧妙包装，使之产生可供炫耀的亮点，在社会上形成跟风效应，如使其拥有新潮时尚元素，或能让用户证明自己在某方面成功或有韵味、掩盖用户在某方面的不足或劣势等。

在实践中，小米在销售路由器的时候便成功利用了这个工具。小米将其路由器拆成零件送达客户，而极客们通过亲自动手来安装达到表现自己能力的目的，不经意的网上晒成果的行为是给小米的产品做了最好的宣传。

3. 跟风行为传播口碑

在硬性广告的公信力、可信度大打折扣的时代，多数人选择产品和品牌更多地是依赖亲友推荐。在每一个群体中，总有一些人在群体内影响力大，担当意见领袖的角色，他们的一言一行，举手投足，都对其群体带来"效仿、模仿、跟随"的效果。意见领袖容易赢得消费者的信任感，意见领袖对广告传播效果的贡献是投射、联想、放大和强化。

在高端市场，意见领袖起中流砥柱作用，利用他们自身的口碑、地位、身份和影响力去影响其周围的人，从而驱动消费者认同、喜欢、接受这个产品。

网络营销中，意见领袖可能是微博上的大 V、自媒体牛人，或是在某个方面有出色才干的人，或有一定的人际关系能力而获得大家认可的人物。多数普通人跟随意见领袖的引导进行讨论，听从和信赖意见领袖的意见而采取行动。

4. 追求利益引发推荐

利益刺激是最有效果、最直接一种营销方式，如果让用户能够在推荐用户基础上有利益所得，将刺激用户推荐的积极性。因此，可以通过物质或者精神上的刺激或奖励，吸引用户介绍、推荐或发展其他人使用产品或服务。比如推荐产品格外好用、外观等令人赞叹、相应的附加服务和奖励政策。

如今，这种方法成功地应用在微博的粉丝营销上，很多微博都通过转发有奖、评论抽奖、粉丝开奖等方式拉动粉丝数量的增长。在打车软件之战中，滴滴和快的也使用这种方式来发展用户。

16.4 体验营销

16.4.1 体验营销概述

1999 年，美国学者约瑟夫·派恩和詹姆斯·吉尔摩出版《体验经济》一书，首次提出体验经济的概念。同年，美国哥伦比亚大学商学院营销学教授伯德·施密特博士在其《体验式营销》一书中进一步提出了适应体验经济时代的营销模式——体验式营销。

1. 体验营销的含义

体验营销是通过认识和了解顾客，通过体验设计来满足顾客体验需求，为顾客创造有价值的顾客体验，形成良好的顾客感知和评价的活动，以达到企业目标的一种社会和管理过程。

2. 体验营销的特征

（1）以顾客为中心，注重满足顾客体验需求。体验营销者真正以顾客需求为中心来指导企业的营销活动。企业实施体验营销时，必须十分敏锐地捕捉到顾客的心理需求，尤其是个性化的需要，建立与顾客之间的双向沟通，尽可能地搜集顾客信息，及时地反映到顾客所购买的商品上，从消费者的真实感受出发，按消费者所接受的方式满足顾客体验需求。

（2）体验营销要有体验主题。从体验的产生过程来看，主题是体验的基础，任何体验活动都是围绕一个体验主题展开的。世界上第一个主题公园迪士尼乐园，就是基于要设计成"人们发现快乐和知识的地方"的构想。

体验营销有了体验主题以后，营销人员在实施时，要设计特定的情景，在这一情景下创造协同效应将顾客的感觉、情感、行为等因素融合在一起，使顾客享受更多的乐趣。另外，企业的营销人员还要考虑社会文化消费向量，思考消费所表达的内在的价值观念、消费文化和生活的意义，通过综合考虑来扩展其外延，在较广泛的社会文化背景中提升体验内涵。

（3）以体验为导向设计、制作和销售企业的产品和服务。体验营销必须创造顾客体验，为顾客留下值得回忆的事件或活动，因此在企业设计、制作和销售产品和服务时必须以顾客体验为导向，企业的任何一项产品、产品的生产过程或售前、售中和售后的各项活动都应该给顾客留下深刻的印象。

（4）体验营销对顾客的认知是理性和感性的结合体。传统的营销认为顾客都是理性的，顾客按照理性的过程进行决策，购物消费。体验营销者认为顾客同时受感性和理性的支配，在任何消费过程中，感性因素和理性因素都会同时发挥作用，影响顾客的购买。体验消费常常是"倾向于追求梦幻、感觉和乐趣"，顾客希望得到乐趣、刺激，感受到感情上的触动以及接受有创意的挑战，这构成体验营销的基础。

（5）注重企业与顾客的互动以及顾客的参与。在体验营销中，企业与消费者之间通过信息和情感交流，达到行为的相互配合，形成良性的双向互动关系。在传统营销中，顾客是企业营销活动"观众"，而在体验营销中，顾客"反客为主"，成为尽情表演的"演员"。体验是顾客直接参与企业营销活动而产生的切身感受，因此，参与是体验的前提。

[课外作业]

体验营销与传统营销有哪些区别？

16.4.2　体验营销策略

1. 感官体验营销策略

感官体验营销是通过视觉、听觉、触觉、味觉与嗅觉等人们的直接感官来建立体验，实现营销目标。感官式营销可以突出公司和产品的识别，引发消费者购买动机和增加产品的附加值等。如超市中烘焙店现场烘焙面包散发的香味，就是一种嗅觉感官营销方式。

2. 情感体验营销策略

通过诱发触动消费者的内心情感，为消费者创造情感体验。情感体验营销策略诉诸情感的影响力、心灵的感召力。寻找消费活动中导致消费者情感变化的因素，掌握消费态度形成规律，真正了解什么刺激可以引起何种情绪，以及如何在营销活动中采取有效的心理方法使消费者能自然地受到感染，激发消费者积极的情感，并融入这种情景中来，促进营销活动顺利进行。如哈根达斯围绕着浪漫的主题提供了一系列冰激凌蛋糕，包括"华尔兹浪漫""心之心扉""深度陶醉"和"欢乐共度"，这些蛋糕经过精巧的设计和修饰，营造浪漫情怀。

3. 思考体验营销策略

通过启发智力，运用惊奇、计谋和诱惑，创造性地让消费者获得认知和解决问题的体验，引发消费者产生统一或者各异的想法。思考式营销策略往往被广泛使用在高科技产品宣传中，在许多其他产业中，思考式营销也使用于产品的设计、促销和与顾客的沟通中。

4. 行动体验营销策略

通过激发消费者行动，增加他们的身体体验，来实现销售的营销策略。如指出做事的替代方法、新的生活形态等，促使消费者参与和互动，丰富其生活。耐克公司的"Just do it"广告，经常描述运动中的著名篮球运动员充满激情的夸张表演，从而深化身体运动的体验。

5. 关联体验营销策略

关联式营销策略包含感官、情感、思考与行动营销等层面。关联式营销超越私人感情、人格、个性，通过个人体验，与个人对理想自我、他人或是文化产生关联，让人和一个较广泛的社会系统产生关联，从而建立个人对某种品牌的偏好，同时让使用该品牌的人们进而形成一个群体。

16.4.3　体验营销模式

企业在开展体验营销的过程中，创造性地形成了多种体验营销模式。

1. 情感体验模式

通过心理沟通和情感交流，赢得消费者的信赖和偏爱，进而扩大市场份额，取得竞争优势的一种体验营销模式。消费者在选购商品的过程中，对于那些符合心意、满足实际需要同时又能触及心灵的产品和服务会产生积极的情绪和情感，进而产生依恋的情节，这种情结能增强购买的欲望，促进购买行为的发生。

情感体验营销模式注重寻找消费活动中导致消费者情感变化的因素，掌握消费者的心理诉求特点，在营销活动中采取有效的心理方法，激发消费者积极的、正面的情感，促进营销活动的顺利进行。

2. 审美体验模式

以迎合顾客审美情趣为目标的体验营销，通过知觉刺激让顾客感受到美的愉悦、兴奋和满足，从而有效地实现营销的目的。

企业充分利用美的因素、美的风格和美的主题来迎合消费者的审美需求，增加产品的附加值，努力营造一种美感营销磁场来吸引越来越多的无意识消费者，自觉和有意识地购买本企业的产品。

在消费行为中，消费者追求美的方式有两种：一种是商品本身存在的客观的美的价值，如商品的包装、造型和质感所具有的美感等，这类商品直接给消费者带来美的享受和愉悦；二是商品或服务能够给人创造出的美感。一些时装店推出了形象设计与咨询服务，根据顾客的气质、性格、身材、容貌、爱好和经济条件等具体情况为顾客设计整体形象装扮方案。该服务满足了消费者对美的需求，也有力促进了各类化妆品和服装的销售。

3. 情景（氛围）体验模式

工作、学习和生活的压力使许多人常处于紧张和压抑的状态，人们内心深处渴望寻求一种环境或氛围来释放心情、缓解压力或体验某种自己非常喜爱、平时生活中又无暇享受到的情调。人们内心渴求的氛围各不相同，可以刺激奔放，也可以舒缓宁静。

情景（氛围）体验是指在营销活动中，商家根据消费者的不同心理诉求，通过各种手段为顾客创造一个全新的、心情得以充分释放的情景或氛围，从而获取超值效应。

好的氛围会像磁石一样牢牢吸引着顾客，能够使顾客内心深处的心理诉求得到充分的满足，从而频频光顾。情景（氛围）渲染营销就是要有意营造这种使人流连忘返、记忆犹新的氛围体验。

4. 过程体验模式

出于不同的消费心理，如对产品自身生产和设计过程的兴趣、对产品质量的质疑、加深对产品的了解、体现个人价值以及享受参与过程之后的喜悦感等，越来越多的消费者对消费过程的体验产生了浓厚的兴趣。他们渴望体验产品的设计、生产、加工、再加工的过程，使产品体现出自身的个性与思想。

许多企业采用过程体验模式，研究消费者心理诉求，寻找打动消费者的切入点，推出与消费者产生共鸣的产品或服务，实现自身的营销目标。

5. 文化认知体验模式

针对产品特点和顾客的心理诉求，企业在营销活动中用文化造势，建立起本企业产品与消费者文化需求的某种联系。消费者对这种新产品的体验，实际上是一种文化体验，一旦深入消费者心中，消费者会愿意接受，并长久使用，企业与产品的生命力也会得以长久保存。

6. 生活方式体验模式

该模式是以满足消费者享受不同的生活方式、扮演不同生活角色为目标的体验营销模式。不同的生活方式反映出人们对生活的不同心理诉求、不同的生活态度，也体现了人们对某种生活目标的向往和追求。

在生活方式体验模式中，商家在从事营销活动时，通常会针对不同国家和地区的消费者的生活方式采取不同的策略，推销自己的产品和服务，通过刺激消费者的感官，促使他们在消费的同时经历一次愉悦的体验，实现消费者对自己所追求的生活方式的心理满足。

7. 虚拟体验模式

通过网络科技，推出可以引起消费者"情感共振"的虚拟产品，为消费者提供直接体验，进而达到推广产品和建立关系的目的。

消费者的内心需求多种多样，有的人渴望个人价值的社会认同，有的人渴望真实自我的展现，许多人都有自己渴求的完美的人或事，而他们自己又渴望成为人物的化身或事件的主人公，还有的人渴望体验不同的精神感受（刺激、兴奋、舒适、浪漫、感动）等。由于现实社会中的客观因素以及个人各个方面的主观因素，使得这些需求在现实生活中不能或很难得到满足。虚拟体验模式就是这些诉求得以满足的有效途径，近年来被广大商家所采用，并随着网络科技的发展，在世界范围内得到了迅速而广泛的传播。

虚拟体验模式经常体现出互动性、个性化的特点。在虚拟的平台上，消费者有了控制信息流的权力，他们希望获取更多的掌控力，将自己的意愿更多地加入到模拟产品中。企业运用虚拟体验模式成功的关键是与虚拟世界的个人用户充分互动，有意识地去释放消费者的控制欲望，赋予其更多的控制权力，使每一位用户感受到个人价值。

16.4.4　体验营销流程

企业开展体验营销，一般流程如图 16-4 所示。

图 16-4　体验营销流程图

（1）细分市场与目标市场选择。对市场进行细分，企业根据不同目标细分市场的特征、竞争环境、自身的适应程度和提供体验式营销的难易程度等因素，选择一个或多个细分市场作为体验营销活动的目标市场。

（2）建立体验主题和体验品牌。针对每个目标市场用户的不同体验需求，设计不同的体验主题和体验社区，建立体验式的品牌，为顾客提供量身定制的服务。

（3）设计体验式商品和服务。商品和服务是实施体验营销的物质载体，是表达体验因素的道具。企业要设计体验式商品和服务，把对使用者的全方位体验和尊重凝结在产品层面，让用户感受到被尊重、被理解和体贴的感觉。

（4）设计体验式的定价。产品价格的制定也包含着表达顾客体验的成分，定价中要充分体现体验元素。实施体验定价策略可通过消费者心理体验定价策略、产品功能分解定价策略、产品生命周期定价策略和折扣定价策略等方面来实现。

（5）筹划展示产品体验的活动。将体验产品展示给顾客，建立展示体验的促销舞台，使用户能方便地接触到体验产品，有尝试的环境和舞台。常见的产品体验展示活动，包括产品展示、促销活动、开体验店等。

（6）建立体验式营销队伍。有效地开展体验营销活动，需要营销人员的开拓创新。超前的思想意识、较高的综合素质，以及特殊才干等是体验营销队伍建立的基本要求。

在体验式营销中，销售人员的角色发生了很大的变化，他们更像演员，销售场所更像剧场，需要根据一定的要求或脚本表演。用户是观众，表演的目的是让观众参与其中，也成为演员。因此，基于这样的需要，企业应注重对营销人员能力和素质的培养。

（7）建立体验式客户关系管理系统。通过建设体验式客户关系管理系统，最大限度地实现顾客交互价值和顾客享受价值，以使公司潜在客户变成现实客户、使现实客户变成忠诚客户，不断拓展产品的市场和利润空间。

[课外作业]

体验营销在通信企业的应用体现在哪些方面？

16.5 | 大数据营销

16.5.1　大数据含义及特征

1980 年，未来学家阿尔文·托夫勒在其代表作《第三次浪潮》中预言了大数据的未来，"如果说 IBM 的主机拉开了信息化革命的大幕，那么大数据则是第三次浪潮的华彩乐章。"2011 年 5 月，以倡导云计算而著称的 EMC 公司在"云计算相遇大数据"的年会上提出了大数据的概念，同年 6 月，IBM、麦肯锡等众多机构发布大数据相关研究报告。麦肯锡在其研究报告中指出："数据已经渗透到每一个行业和业务职能领域，逐渐成为重要的生产要素，而人们对于海量数据的运用将预示着新一波生产率增长和消费者盈余浪潮的到来。"至此，"大数据时代"作为一个正式的概念逐步进入公众的视野。

"大数据"（Big data）研究机构 Gartner 给出的定义是："'大数据'是需要新处理模式才能具有更强的决策力、洞察发现力和流程优化能力的海量、高增长率和多样化的信息资产。"

大数据的特征是"4V"：① 大量化（Volume），数据体量巨大，从 TB 级别，跃升到 PB 级别；② 多样化（Variety），数据类型繁多，包括网络日志、视频、图片、地理位置信息等；③ 快速化（Velocity），处理速度快，1 秒定律，可从各种类型的数据中快速获得高价值的信息，此点也与传统的数据挖掘技术有着本质的不同；④ 高价值（Value），只要合理利用数据并对其进行正确、准确的分析，将会带来很高的价值回报。

16.5.2　大数据营销应用

大数据营销是基于大数据分析的基础上，描绘、预测、分析消费者需求及行为，制定满足客户需求的有针对性的营销策略并付诸实施的管理过程。

狭义大数据是人们由于使用互联网而产生的所有数据，互联网企业拥有第一手大数据源。因此，互联网企业、信息通信企业、进军互联网的传统企业成为大数据营销的先锋。如阿里巴巴联合新浪、微博、百度的大数据搜索引擎，开展线上线下联手活动；通信企业推出大数据服务业务；万达集团进军电商行业，获取 O2O 的大数据等。这些现象表明，互联网巨头之间除在各自领域建立竞争优势外，还相互合作，促进业务延伸，实施多元化发展，传统企业进军电商或与互联网企业合作，都意在获得最重要的大数据资源。

大数据营销处于起步阶段，其营销内容和方法尚未充分展现，目前大数据营销的应用有如下方面。

1. 基于用户需求定制改善产品

运用大数据进行客户行为分析和特征分析。通过大数据，企业能够获取更精确的客户信息，能够洞察顾客在寻找什么，企业根据客户需求，制定一种或几种方案，帮助顾客寻找选择，从而提高顾客满意度和忠诚度。

消费者有意或无意中留下的信息数据，常常也反映其潜在需求，对此进行搜集和分析，能够成为企业定制、改善产品的一项有力根据。ZARA 公司内部的全球信息网络会定期把从各分店收集到的顾客意见和建议汇总并传递给总部的设计人员，然后由总部做出决策后再立刻将新的设计传送到生产线，直到最终实现"数据造衣"的全过程。利用该方法，ZARA 作为一个标准化与本土化战略并行的公司，还分析出了各地的区域流行色，并在保持其服饰整体欧美风格不变的大前提下，做出了最靠近客户需求的市场区隔。同样，在 ZARA 的网络商店内，消费者意见也作为一项市场调研大数据，参与企业产品的研发和生产，且由此映射出的前沿观点和时尚潮流，让"快速时尚"成为了ZARA 的品牌代名词。

2. 发现新市场新业务增长趋势，制定产品战略

通过大数据分析，可以搜索、发现新市场、新业务增长机会和趋势，帮助企业制定新市场和新业务拓展计划，找到新的发展领域。庞大的数据源是企业制定产品战略的基础，如腾讯发展手机游戏业务，就是基于前期手游市场的大数据分析，而制定的产品战略，从而率先领跑手游行业。

3. 开展精准的推广活动

首先，企业作为其产品的经营者，可以通过大数据的分析，定位到有特定潜在需求的受众人群，并针对这一群体进行有效的定向推广，以达到刺激消费的目的。红米手机在 QQ 空间上的首发就是一项成功的"大数据找人"精准营销案例。通过对海量用户的行为（包括点赞、关注相关主页等）和他们的身份信息（包括年龄、教育程度、社交圈等）进行筛选后，公司从 6 亿 Qzone 用户中选出了 5 000 万可能对红米手机感兴趣的用户，作为此次定向投放广告和推送红米活动的目标群体，获得预售成功。

其次，针对既有的消费者，企业可以通过用户的行为数据分析他们各自的购物习惯，并按照其特定的购物偏好、独特的购买倾向等，加以一对一的定制化商品推送。Target 百货的促销手册、沃尔玛的建议购买清单、亚马逊的产品推荐页等，都是个性化产品推荐为企业带来可预测销售额的体现。

最后，企业可以依据既有消费者各自不同的人物特征，将受众按标签细分（例如"网购达人"），再用不同的侧重方式和定制化的活动，向这些类群进行定向的精准营销。对于价格敏感者，企业需要适当地推送性价比相对较高的产品，并加送一些电子优惠券以刺激消费；而针对喜欢干脆购物的人，商家则要少些干扰并帮助其尽快地完成购物。

4. 维系客户关系

召回购物车放弃者和挽留流失的老客户也是一种大数据在商业中的应用。中国移动通过客服电话向流失到联通的移动老客户介绍最新的优惠信息；餐厅通过会员留下的通信信息向其推送打折优惠券，来提醒久不光顾的老客户消费；Youtube 根据用户以往的收视习惯，确定近期的互动名单，并据此发送给可能濒临流失的用户相关邮件，以提醒并鼓励他们重新回来观看。大数据帮助企业识别各类用户，而针对忠诚度各异的消费者实行"差别对待"和"量体裁衣"是企业客户管理中一项重要的理念基础。

[课外作业]

大数据营销的未来发展趋势体现在哪些方面？

16.5.3 大数据时代营销理念的变革

1. 从消费者信息数据库到消费者行为数据库

以往的数据库营销是企业通过收集和积累消费者的大量信息，定位消费者的基本属性，包括年龄、性别、职业、家庭情况等，经过系统分析预测消费者的购买力和购买的可能性，从而利用这些信息给产品精确定位，有针对性地制作营销信息，以达到说服消费者去购买产品的目的。

大数据时代，消费者数据库不仅仅是占有消费者基本信息的数据库，也不是对消费者行为抽样调查的信息库，而是通过海量大数据得出消费者的真实行为，提供了精准的消费者行为数据，从而准确定位消费群体，判断消费者态度，预测消费者的购买周期、划分忠实消费者和潜在消费者。有利于企业推送更加精准的营销信息，避免误判和误差带来的营销战略上的损失。阿里巴巴等先锋企业开启了中国大数据营销时代，多年来对大数据的积累和追踪搜集，形成了强大的数据处理能力。

2. 从"眼球经济"到"指尖经济"

21世纪初是"眼球经济"的年代，信息量爆炸，广告界中流传一个有趣的"抽水马桶现象"，黄金时段电视剧插播广告的时段，用水量是平常的几倍。足以证明广告信息要想赢得消费者的关注，必须要先争取消费者的注意力，赢得了消费者的眼球就等于成功了一半。智能手机、平板计算机等移动终端的普及，改变了媒介生存状态。消费者通过移动终端浏览网页、刷微博、玩微信、看视频、打游戏、网络购物等上网方式的改变，颠覆了生活方式和工作方式，也重塑了商业形态。"指尖经济"显示了其巨大的体量与无限的发展潜能。

大数据时代，品牌营销的重点从引起注意转移到赢得关注和分享体验。网络消费者行为的AISAS模型在一定程度上描绘了消费者"指尖经济"的特点。AISAS模型认为，网络消费者购买阶段是：引起关注A（Attention），激发兴趣I（Interest），自主搜索S（Search），购买行动A（Action），分享体验S（Share）。消费者会把自己对产品、对服务、对购买和使用过程中的感觉通过网络分享给他人。消费者购买产品时不仅完成对产品信息的搜索过程，更乐于分享消费的体验和成果。消费者不再是信息的接受者，而成为网络节点，用户碎片化，信息消费不再只关注大空间而转为关注微空间。企业要善于引导消费者的行为，善于抓住有利时机制造现场新闻，制造口碑效应，营造消费者互动参与的话题，有的甚至零成本投入却获得了无法估量的受益。

3. 从消费者到生活者

"生活者发想"是一种市场方法论，以往"消费者至上"的理念是将消费者视为单纯的"消费"者，关注消费状态中的人。而"生活者发想"关注是"生活"者，关注全面的活生生的人，人们不是为了消费而消费，而是为了追求生活而消费。所以，应该研究消费者的生活状态，而不是仅仅着眼于生活者的消费状态和消费心理。通过关注生活者的"发想"，去观察生活者的生活方式、生活态度和生活情趣，去研究时代在为生活者创造什么，市场又该如何提供价值，释放生活者多样性的未来生活。企业需站在生活者的角度，把营销看成是对消费者的洞察，深入实际生活，跟生活者一起思考，挖掘生活者的需求，为其提供解决生活问题的方案。这些都是建立在大数据的基础之上的。

16.5.4　大数据时代营销方法的变革

1. 用户创造内容

消费者掌握的信息甚至比企业要多，并且越来越多的消费者深谙社会化传播之道。无数案例证明了消费者往往能够在短短几分钟内，用不到140个字的微博，或是几个字的文配图的微信，就可以把一个品牌从天堂拉到地狱，或是将一名不文的产品变成家喻户晓的品牌。2013年9月9日，微博上发起的"与土豪做朋友"以及"为土豪写诗"活动，将"土豪"这个词汇由备受唾弃的贬义词变成了令消费者引以为豪的褒义词，颠覆了消费者的价值观导向，制造了苹果iPhone 5S的"土豪金"效应。新营销思维是通过与消费者对话，形成良好的互动关系。消费者获取信息的路径和方式改变了，所有的媒体都需要重新思考如何重新定义自己的内容产品、生产内容的方式、传递内容给消费者的方式和与受众的关系。

2. 用户产生媒体

大数据时代新闻的制造不再出现在编辑部里，而是随时随地出现在新闻现场，用户可以通过移动网络客户端将一个正在发生的新闻及时上传分享，并且具有较强的公信力。因为无数用户都会在第一时间进行监督并毫不留情地戳穿谎言，这保证了新闻的快速性和可靠性。如著名的Twitter击败

《纽约时报》的经典案例，足以证实大数据时代信息的即时性和共享性。2009 年美国东部时间 1 月 15 日下午 3 时许，一位名叫 Manolantern 的网民在网络上发布了一则信息，主要内容为"我刚看到一架飞机坠入了曼哈顿附近的哈德逊河中"。这则网络信息引发了网友的广泛关注并引发评议，比《纽约时报》网络版发布提前 15 分钟，比发布纸质版提前 15 小时。

3. 媒体跨界融合

媒体跨界融合是国际传媒大整合之下的新作业模式，简而言之，就是把报纸、电视台、电台和互联网的采编作业有效结合起来，资源共享，集中处理，衍生出不同形式的信息产品，通过不同的平台传播给受众。媒体融合不是广告在不同媒体上的简单重复，而是传统媒体和数字媒体在内容和形式上的融合，这种新型整合作业模式已逐渐成为国际传媒业的新潮流。

[案例 16-3]

国外电信运营商大数据业务

电信与媒体市场调研公司（Informa Telecoms & Media）在 2013 年的调查结果显示，全球 120 家运营商中约有 48% 的运营商正在实施大数据业务。可见，由流量经营进入大数据运营已成为大势所趋。

国外主要的电信运营商，如 AT & T、Verizon、Telefonica、NTT Docomo、法国电信（Orange），Vodafone 和德国电信等都在最近两年内纷纷启动了大数据相关项目。具体的开展情况见表 16-1：

表 16-1 国外主要运营商大数据应用状况

运营商	开展年份	业务品牌	开展部门	经营模式
AT&T	2013	位置数据货币化	数据分析部门	搜集分析用户的位置信息，如星巴克门店附近的通信行为，iPhone 手机上 Facebook 的使用情况来推动星巴克和 AT&T 自身的发展
Verizon	2012	以 LBS 为主的 Precision Market Tnsights 等	独立的精准营销 Precision Marketing Division	将手中的用户数据分组后，向第三方出具用户匿名的分组信息
Telefonica	2012	Smart Steps	独立的 Telefonica Dynamic Tnsights	完全匿名和聚合的移动网络数据，可对某个时段、某个地点人流量的关键影响因素进行分析，并将洞察结果面向政企客户提供
NTT DoCoMo	2013	DoCoMo Health 为代表	移动事业部	利用本身数据的优势与不同领域的公司合作，涉及 8 大领域：金融及结算业务、多媒体业务、商业服务、医疗与健康服务、物联网、集成与平台化业务、环保服务、安全安保服务
法国电信（Orange）	2012	对内改善服务质量，对外服务 TT 系统领域开展大数据应用竞赛（D4D）	移动业务部门和公共服务领域	对内服务，以及针对公共部门需求进行分析
Vodafone	2012	以 LBS 为主的服务	移动部门	开放 APT，向数据挖掘合作方提供部分用户匿名地理位置数据，以掌握人群出行规律，与 LBS 服务对接
德国电信	2014	向手机用户提供实时保险购买服务	德国电信旗下的 T-Systems	基于大数据平台的统计学数据和地理位置数据，将手机 AYY 作为保险推销渠道，为手机用户提供保险服务

趣味讨论：国外电信运营商的大数据业务带给我们哪些启示？

16.6 精准营销

16.6.1 精准营销概述

传统的营销理论多基于"大众市场"。现代社会中，需求的多元异质性越来越突出，消费者的需求越来越分化，"分众市场"越来越成为现代市场的主要特征，这要求企业的营销策略对各细分市场更加具有针对性、更加"精准"。

1. 精准营销含义

精准营销（Precision Marketing）是通过定量和定性相结合的方法，对目标市场的不同消费者进行细致分析，根据他们不同的消费心理和行为特征，企业采用有针对性的现代技术、方法和指向明确的策略，实现对目标市场不同消费者群体强有效性、高投资回报的营销沟通。

该理论由菲利普·科特勒提出，强调企业需要更精准、可衡量和高投资回报的营销沟通，需要制定更注重结果和行动的营销传播计划，并越来越注重对直接销售沟通的投资。

精准营销包含三层含义：① 精准的营销思想，营销的终极追求就是无营销的营销，到达终极的过渡是逐步精准；② 实施精准的体系保证和手段，且这种手段是可衡量的；③ 达到低成本可持续发展的企业目标。

2. 精准营销的特征

① 目标对象的选择性。精准营销最基本特征就是要尽可能准确地选择好目标消费者，排除那些非目标受众，以便进行针对性强的沟通。

② 沟通策略的有效性。精准营销强调沟通策略要尽可能有效，能很好地触动受众。

③ 沟通行为的经济性。精准营销强调与目标受众沟通的高投资回报，减少浪费。

④ 沟通结果的可衡量性。精准营销要求沟通的结果和成本可衡量，避免"凭感觉"。

⑤ 精准程度的动态性。精准营销的"精准"程度本身是相对的、动态的。

16.6.2 精准营销策略

1. 基于数据库的精准营销

建立一个有一定规模、相关信息比较完备的潜在消费者数据库，是进行精准营销的基础。而建立一个潜在消费者数据库是一项长期、艰巨的工作，需要企业不断积累、持续努力。短期内，如果企业还没有建立自己独立的消费者数据库，可以借助其他组织的消费者数据库，如邮政的数据库、社会保障数据库、其他中介机构的数据库等，从中筛选符合企业自身需要的潜在消费者的信息，来开展精准营销活动。

目前基于潜在消费者数据库的精准营销方法主要有如下几个方面。

（1）邮件直复营销。根据消费者的特征，从潜在消费者数据库中搜寻对某一产品很可能有需求的潜在顾客，然后给这些潜在顾客发送邮件，与他们沟通有关产品及其服务的详细情况。如果找到的潜在消费者与该产品的相关性比较强，营销就能做得很精准（低成本、高收益）。

（2）呼叫中心（Call Center）。与邮件直复营销类似，只是沟通方式主要是通过打电话。在沟通信息比较简单的情况下，由于电话是双向直接沟通，沟通效率非常高。

（3）手机短信。企业在营销过程中可以与电信运营商合作，从手机用户数据库中寻找与企业产品特性相符的潜在消费者群体，并直接利用手机与目标用户者进行沟通，往往能取得良好的效果。找准有需求的客户才不至于成为垃圾短信。

基于数据库的精准营销是很好的方法，但这类方法也有其局限性：① 企业开始的时候很难直接有一个达到一定规模的潜在消费者数据库；② 数据库的建设通常需要一段比较长的时间；③ 数据库需要适时进行更新，否则很容易出现大量垃圾信息（因为客户状况改变而导致失效的信息）。

2. 基于互联网的精准营销

基于大数据的精准营销前已述及。基于互联网的精准营销是通过互联网来识别网民的消费心理和行为特征，相关企业再根据这些网民的显著特征来开展针对性强的精准营销活动。

（1）门户网站广告。绝大多数互联网门户网站都开设了许多频道，企业可以选择与自己产品特性相符的频道投放广告。进入某个频道的互联网用户一般都对相关内容感兴趣，体现广告的精准性。

（2）关键词搜索广告。百度、Google、Yahoo 等主要搜索网站都提供关键词搜索广告服务。想购买某类项产品或服务时，许多消费者都会通过搜索网站去查询相关信息。企业的产品信息通过搜索网站此时能出现在需要的消费者面前，针对性、精准性强。

（3）博客。通过博客，网民可以把自己想要传播出去的信息（比如旅游信息）方便地发送到互联网上，让其他网民浏览，并相互讨论。通过博客的关注和被关注，可以找到某一兴趣领域的客户。

（4）E-mail 广告。用户在 E-mail 网站上申请 E-mail 信箱时会被要求留下用户信息。企业开展营销活动时可以与 E-mail 网站合作，在其用户群中根据用户信息选择符合企业产品特征的用户，向这些用户发送企业的相关广告，并留下企业的各种联系方式，以便与这些 E-mail 用户进一步沟通。只要挑选的用户群特征与企业产品的特征吻合度高，企业的营销活动就能达到精准。

（5）来电广告。来电广告服务是，当有需求的消费者通过网络广告页面提交自己的电话号码（免费），或者直接用电话拨打一个广告转接号码（免长途费和信息费，类似 400 服务），就能连通广告主的电话，进行直接的沟通洽谈。当且仅当信息发布企业接到需求方的来电时，广告才开始计费，由信息发布企业按通话时间的长短向广告服务提供商支付广告费用。在这个模式下，广告主的网络广告的展示和点击查看都是免费的，只有接通双方电话才开始收费，让每一分钱都用在了广告主想要的目标受众身上。这对于无法精确评估效果的展示型广告模式和按点击付费的广告模式而言，无疑是一个革命性的进步。

3. 基于第三方渠道的精准营销

有些企业难以直接找到自己的潜在消费者，但其他企业（通常是非竞争企业）渠道却可以很好地指向自己的潜在客户。因为两个企业的产品虽然不同，但针对相同的目标顾客群体。这样，借助第三方的渠道就能够很好地进行精准营销。例如，中国联通的 CDMA 无线上网产品，在借助 IT 营销渠道之后才打开了销售局面，迎来了业务的高速发展。

[案例 16-4]

电信运营商的精准营销服务

美国电信运营商 Verizon 成立了精准营销部门（Precision Marketing Division）。该部门提供精准营销洞察（Precision Market Insights）和商业数据分析服务。如在美国，棒球和篮球比赛是商家最为看中的营销场合，在比赛中，Verizon 针对观众的来源地进行了精确数据分析，球队得以了解观众对赞助商的喜好等；Verizon 的精准营销部门基于营销洞察，并提供精准广告投放服务。AT&T 提供 Alert 业务，当用户距离商家很近时，就有可能收到该商家提供的折扣很大的电子优惠券。美国电信运营商 Sprint 则利用大数据为行业客户提供消费者和市场洞察，包括人口特征、行为特征以及季节性分析等方面。

西班牙电信于 2012 年 10 月成立了动态洞察部门（Dynamic Insights Division）开展大数据业务，为客户提供数据分析打包服务。该部门与市场研究机构 GFK 进行合作，在英国、巴西推出了首款产品名为智慧足迹（Smart Steps）。智慧足迹基于完全匿名和聚合的移动网络数据，帮助零售商分析顾客来源和各商铺、展位的人流情况以及消费者特征和消费能力，并将洞察结果面向政企客户，为他们提供客流分析和零售店选址服务，从而为商家提供精准营销服务。

趣味讨论：电信运营商还有哪些有趣的精准营销服务业务？

16.6.3　精准营销运营体系

实现精准营销需要建立完善的营销运营体系如图 16-5 所示。

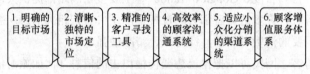

图 16-5　精准营销运营体系

（1）明确的目标市场。企业要实施精准营销，首先要在市场细分的基础上，选择明确的细分市场作为企业的目标市场，并清晰地描述目标消费者对本企业产品（服务）的需求特征。只有明确地知道了目标消费者的相关需求有哪些关键特征，才能开始实施精准营销。

（2）清晰、独特的市场定位。非垄断条件下，同一目标市场中存在许多同类竞争者，企业需要给自己的产品一个清晰、独特的市场定位，以便使自己的产品在众多竞争性产品中脱颖而出。让自己的产品有一个清新、独特的市场定位，是开展精准营销的必要基础。

（3）精准的客户寻找工具。企业拥有相应的工具，能够精确、经济地找到目标顾客。

（4）高效率的顾客沟通系统。"精准"地找到顾客以后，企业需要与目标顾客进行有效率的双向、互动沟通，让顾客最后形成购买行为。

（5）适应小众化分销的渠道系统。顾客实施购买行为以后，企业需要可靠的物流配送及结算系统，以支持顾客购买行为的全面完成。该系统对提高顾客的便利性、降低顾客成本十分重要。

（6）顾客增值服务体系。精准营销远不只是为了提高一次销售的精准性，更重要的是使企业长期的营销活动日益精准，降低成本、提高效益。因此，顾客增值服务系统（如高效运行的企业 Call Center）是精准营销必不可少的。该系统一方面通过相关服务来进一步提高顾客购买以后的认知价值，另一方面通过提高顾客忠诚度来增加顾客终生价值，实现顾客与企业的双赢。这是精准营销的长远目标。

案 例 分 析

国内运营商的大数据应用

电信网络作为承载国民经济信息化的基础平台，流通和汇聚着丰富的数据资源，是全社会的宝贵财富。大数据时代数据资源的特征是完整数据采集、过程数据采集、动态数据采集。来自基础电信网络的数据是全社会大数据资源的重要组成部分。这些数据即便与大数据应用最领先的巨头互联网企业比较，也有明显的优势：一方面是数据真实性高，掌握着用户身份的锚点信息；另一方面是相比一家网站来说，运营商掌握用户行为的全维度信息。

整体来看，电信运营商大数据发展仍处在探索阶段。目前国内运营商大数据运用主要有五方面，如图 16-6 所示。

图 16-6　电信运营商的大数据应用

1. 网络管理和优化

此方向包括对基础设施建设的优化和网络运营管理及优化。

（1）基础设施建设的优化。如利用大数据实现基站和热点的选址以及资源的分配。运营商可以通过分析话单和信令中用户的流量在时间周期和位置特征方面的分布，对 2G、3G 的高流量区域设计 4G 基站和 WLAN 热点；同时，运营商还可以建立评估模型对已有基站的效率和成本进行评估，发现基站建设的资源浪费问题,如某些地区为了完成基站建设指标将基站建设在人迹罕至的地方等。

（2）网络运营管理及优化。在网络运营层面，运营商可以通过大数据分析网络的流量、流向变化趋势，及时调整资源配置，同时还可以分析网络日志，进行全网络优化，不断提升网络质量和网络利用率。

利用大数据技术实时采集处理网络信令数据，监控网络状况，识别价值小区和业务热点小区，更精准地指导网络优化，实现网络、应用和用户的智能匹配。由于用户群的不同，不同小区对运营商的贡献也不同。运营商可以将小区的数据进行多维度数据综合分析，通过对小区 VIP 用户分布、收入分布、及相关的分布模型得到不同小区的价值，再和网络质量分析结合起来，两者叠加一起，就有可能发现某个小区价值高，但是网络覆盖需要进一步提升，进而先设定网络优化的优先级，提高投资效率。

2. 市场与精准营销

此方向包括客户画像、关系链研究、精准营销、实时营销和个性化推荐。

（1）客户画像。运营商可以基于客户终端信息、位置信息、通话行为、手机上网行为轨迹等丰富的数据，为每个客户打上人口统计学特征、消费行为、上网行为和兴趣爱好标签，并借助数据挖掘技术（如分类、聚类、RFM 等）进行客户分群，完善客户的 360° 画像，帮助运营商深入了解客户行为偏好和需求特征。

（2）关系链研究。运营商可以通过分析客户通信录、通话行为、网络社交行为以及客户资料等数据，开展交往圈分析。尤其是利用各种联系记录形成社交网络来丰富对用户的洞察，并进一步利用图挖掘的方法来发现各种圈子，发现圈子中的关键人员，以及识别家庭和政企客户；或者分析社交圈子寻找营销机会。如在一个行为同质化圈子里面，如果这个圈子大多数为高流量用户，并在这个圈子中发现异网的用户，则可以推测该用户也是高流量的情况，便可以通过营销的活动把异网高流量的用户引导到自己的网络上，对其推广 4G 套餐，提升营销转化率。总之，可以利用社交圈子提高营销效率，改进服务，低成本扩大产品的影响力。

（3）精准营销和实时营销。运营商在客户画像的基础上对客户特征的深入理解，建立客户与业务、资费套餐、终端类型、再用网络的精准匹配，并在推送渠道、推送时机、推送方式上满足客户的需求，实现精准营销。如可以利用大数据分析用户的终端偏好和消费能力，预测用户的换机时间尤其是合约机到期时间，并捕捉用户最近的特征事件，从而预测用户购买终端的真正需求，通过短信、呼叫中心、营业厅等多种渠道推送相关的营销信息到用户手中。

（4）个性化推荐。利用客户画像信息、客户终端信息、客户行为习惯偏好等，运营商可以为客户提供定制化的服务，优化产品、流量套餐和定价机制，实现个性化营销和服务，提升客户体验与感知；或者在应用商城实现个性化推荐，在电商平台实现个性化推荐，在社交网络推荐感兴趣的好友。

3. 客户关系管理

此方面包括客服中心优化和客户生命周期管理。

（1）客服中心优化。客服中心是运营商和客户接触较为频繁的通道，客服中心拥有大量的客户呼叫行为和需求数据。可以利用大数据技术深入分析客服热线呼入客户的行为特征、选择路径、等候时长，并关联客户历史接触信息、客户套餐消费情况、客户人口统计学特征、客户机型等数据，建立客服热线智能路径模型，预测下次客户呼入的需求、投诉风险以及相应的路径和节点，这样便可缩短客服呼入处理时间，识别投诉风险，有助于提升客服满意度。另外，也可以通过语义分析，对客服热线的问题进行分类，识别热点问题和客户情绪，对发生量较大且严重的问题，要及时预警相关部门进行优化。

（2）客户关怀与客户生命周期管理。客户生命周期管理包括新客户获取、客户成长、客户成熟、客户衰退和客户离开等五个阶段的管理。在客户获取阶段，运营商可以通过算法挖掘和发现高潜客户；在客户成长阶段，通过关联规则等算法进行交叉销售，提升客户人均消费额；在客户成熟期，可以通过大数据方法进行客户分群（RFM、聚类等）并进行精准推荐，同时对不同客户实施忠诚计划；在客户衰退期，需要进行流失预警，提前发现高流失风险客户，并做相应的客户关怀；在客户离开阶段，可以通过大数据挖掘高潜回流客户。

4. 企业运营管理

企业运营管理可以分为业务运营监控和经营分析。

（1）业务运营监控分可以基于大数据分析，从网络、业务、用户和业务量、业务质量、终端等多个维度为运营商监控管道和客户运营情况。如构建灵活可定制的指标模块，构建 QoE/KQI/KPI 等指标体系，以及异动智能监控体系，从宏观到微观全方位快速准确地掌控运营及异动原因。

（2）经营分析和市场监测。运营商可以通过数据分析对业务和市场经营状况进行总结和分析，主要分为经营日报、周报、月报、季报以及专题分析等。过去，这些报告都是分析师来撰写。在大数据时代，这些经营报告和专题分析报告均可以自动生成网页或者 APP 形式，通过机器来完成。数据来源则是企业内部的业务和用户数据，以及通过大数据手段采集的外部社交网络数据、技术和市场数据。

5. 数据商业化

数据商业化指通过企业自身拥有的大数据资产进行对外商业化，获取收益。

（1）对外提供营销洞察和精准广告投放。

（2）基于大数据监测和决策支撑服务。如进行客流分析提供选址服务；提供公共事业服务等。如法国最大的运营商法国电信，其通信解决方案部门（Orange Business Services）承担了法国很多公共服务项目的 IT 系统建设。例如，它承建了一个法国高速公路数据监测项目，每天都会产生几百万条记录，对这些记录进行分析就能为行驶于高速公路上的车辆提供准确及时的信息，有效提高道路通畅率。

分析点评：

电信运营商营销工作面临的外部环境使客户短信消费、通话消费等传统业务使用不断下降，内部环境要求营销成本不断压缩，因此，电信运营商亟需优化流程、提升营销效率。而大数据的成熟运用为电信运营商的精细化营销提供了无限可能。

面对大数据浪潮的汹涌而来，电信运营商本身已经拥有较为完善的信息化架构，其用好当前所拥有的客户大数据，即可以为企业创造更高的价值。例如，提供更完善的市场分析为营销策略决策提供更精准、更客观的依据，或者可以精确定位业务办理高倾向性潜在客户，进行更高成功率的产品推荐营销。

中国移动的"计划利用运营商拥有的海量、精确、多样化的大数据资源，建立数据分析平台，从而实现营销服务向'大数据、超细分、微营销'的转型"的目标，反映了大数据时代中国运营商的努力进取。

思 考 题

1. 什么是绿色营销？绿色营销具有哪些特征？
2. 什么是口碑营销？您印象最深刻的网络营销成功案例是什么？
3. 什么是网络营销，请列举 SoLoMo 营销的具体应用。
4. 什么是体验营销，在生活中您参与过体验营销活动吗？
5. 什么是大数据营销？大数据营销带来哪些观念变革？
6. 什么是精准营销，您认为电信运营商精准营销的效果如何？

参 考 文 献

[1] 胡春，王颂，吕亮，王明鹏．通信市场营销学［M］．北京：北京邮电大学出版社，2012．

[2] 杨瑞桢，杨艳，王颂．通信企业市场营销［M］．北京：人民邮电出版社，2009．

[3] 科特勒，凯勒．营销管理［M］．14版．上海：格致出版社和上海人民出版社，2012．

[4] 泽丝曼尔，比特勒，格兰姆勒．服务营销［M］．北京：机械工业出版社，2009．

[5] 格鲁诺斯．服务市场营销管理［M］．上海：复旦大学出版社，1998．

[6] 吴建安，郭国庆，钟育赣．市场营销学［M］．4版．北京：清华大学出版社，2010．

[7] 利连，郎格斯瓦米．营销工程与应用［M］．北京：中国人民大学出版社，2005．

[8] 科特勒，巴斯．水平营销［M］．北京：中信出版社，2005．

[9] 安德森．长尾理论［M］．北京：中信出版社，2012．

[10] 金，莫博涅．蓝海战略［M］．北京：商务印书馆，2010．

[11] 所罗门．消费者行为学［M］．8版．北京：中国人民大学出版社，2009．

[12] 菲茨西蒙斯，菲茨西蒙斯．服务管理：运作、战略和信息技术［M］．5版．北京：机械工业出版社，2008．

[13] 格鲁诺斯．服务市场营销管理［M］．上海：复旦大学出版社，1998．

[14] 施特劳斯，埃尔-安萨瑞，弗罗斯特．网络营销［M］．4版．北京：中国人民大学出版社，2007．

[15] 迈尔-舍恩伯格，库克耶．大数据时代生活、工作与思维的大变革［M］．杭州：浙江人民出版社，2013．

[16] 陈力．通信企业客户服务管理［M］．北京：人民邮电出版社，2008．

[17] 王林林．电信服务与服务营销［M］．天津：天津大学出版社，2008．

[18] 舒华英，齐佳音．电信客户全生命周期管理［M］．北京：北京邮电大学出版社，2004．

[19] 舒华英．电信运营管理［M］．北京：北京邮电大学，2008．

[20] 陈慧，王德宠．全业务时代电信消费者心理学［M］．北京：人民邮电出版社，2010．

[21] 赵宏波．电信企业客户关系管理［M］．北京：人民邮电出版社，2003．

[22] 宋杰．电信行业竞争分析方法与实践［M］．北京：人民邮电出版社，2009．

[23] 胥学跃．电信营销管理［M］．北京：北京邮电大学出版社，2005．

[24] 刘立．电信市场营销［M］．北京：人民邮电出版社，2003．

[25] 工业和信息化部教育与考试中心．通信专业综合能力与实务——终端与业务［M］．北京：人民邮电出版社，2014．

[26] 林有宏，黄宇芳．电信行业精确营销方法与案例［M］．2版．北京：人民邮电出版社，2009．

[27] 侯广吉．电信资费形成机制的研究［M］．北京：北京邮电大学出版社，2010．

[28] 胡春，赵保国，王立新．通信市场营销案例研究．北京：北京邮电大学出版社，2007．

[29] 胡春．营销渠道管理［M］．2版．北京：北京交通大学出版社，2012．

[30] 柯明斯．促销［M］．北京：北京大学出版社，2003．

[31] 科兰等．营销渠道［M］．7版．北京：中国人民大学出版社，2008．

[32] 张永江，涂雯．电信服务与服务营销［M］．北京：人民邮电出版社，2008．

[33] 国家邮政局快递职业教材编写委员会，唐守廉，胡春．快递服务科学［M］．北京：北京邮电大学出版社，2011．

[34] 韩小红．网络消费者行为［M］．西安：西安交通大学出版社，2008．

[35] 刘国力，龙桂杰．市场营销学［M］．北京：清华大学出版社，2014．

[36] 李蕾．绿色营销［M］．兰州：兰州大学出版社，2009．

[37] 张艳芳．体验营销［M］．成都：西南财经大学出版社，2007．

［38］蒋坤鹏.中国移动全业务运营 SWOT 分析及应对策略［J］.现代电信科技，2009（6）.

［39］张旭波.移动通信市场营销环境研究［J］.科技与管理，2005（6）.

［40］闫宏权.中国电信企业外部环境的初探［J］.科技信息，2007（4）.

［41］胡金洲.市场营销环境及其测度初探［J］.科技创业，2010（7）.

［42］吕静.虚拟运营商上位移动互联"三国杀"开战［N］.中国经营报，2014（04）.

［43］姚逴炯.大数据在电信运营商市场分析及精准营销的应用研究［J］.商业经济，2014（8）.

［44］漆晨曦.电信企业大数据分析、应用及管理发展策略［J］.电信科学，2013（3）.

［45］王绮云.浅析移动通信企业的市场环境［J］.现代营销（学苑版），2011（4）.

［46］杨建明.关于市场营销环境定量化分析方法的探究［J］.现代商业，2007（10）.

［47］张海龙."微信电话本"：虚商最大的发展机遇［EB/OL］.（2014-11-18），中国通信网 http://www.c114.net/news/16/a868351.html.

［48］温晓君，林雨.电信运营商与 OTT 企业的竞合博弈［J］.移动通信，2013（13）.

［49］罗提.双十一背后的阿里巴巴生态聚变［N］.华西都市报，2014-11-10.

［50］李小东，陈珊珊，骆志群.基于数据挖掘的移动通信运营业决策支持系统设计［J］.科技进步与对策，2003（14）.

［51］李静.数据仓库在电信企业的应用［J］.电脑知识与技术，2010 年（25）.

［52］赵欣艳，朱艳华.电信企业市场调研方法及实例分析［J］.北京邮电大学学报（社会科学版），2002（2）.

［53］张立章，张欣瑞.移动通信企业服务质量与顾客价值形成分析［J］.商业时代，2007（24）.

［54］汤俊.移动通信顾客满意度影响因素的探索性研究［J］.市场研究，2010（5）.

［55］薛君，李琪，梁斌.我国通信业客户忠诚驱动因素实证研究［J］.经济管理，2005（10）.

［56］孟祥兰.移动通信行业提高客户忠诚度的对策研究［J］.湖北工业大学学报，2006（12）.

［57］孟领.群决策视角下的城镇居民家庭消费决策研究——以通信消费为例［J］.经济与管理研究，2011（4）.

［58］范玉兰，侯蕊芳.网络消费心理及营销策略选择［J］.经营管理者，2010（22）.

［59］陶伟强.全业务时代如何管理集团客户？［J］通信企业管理，2011（2）.

［60］孙诚.市场细分——电信营销成功的核心［J］.江苏通信技术，2002（10）.

［61］刘君.中国移动通信行业的竞争结构分析——基于波特模型的分析［J］.经济师，2008（7）.

［62］幸昆仑，文守逊，黄克.中国移动通信业市场特征、竞争特点分析与竞争策略研究［J］.生产力研究，2008（13）.

［63］刘英姿，何伟.基于不同视角的客户细分方法研究综述［J］.商场现代化，2007（1）.

［64］张学贵.基于定位机理的 STP 战略逆向解读［J］.商业文化，2010（7）.

［65］英国《金融时报》查尔斯·克洛弗.中国网站"三国志"［EB/OL］.（2014-3-28），FT 中文网，http://www.ftchinese.com/story/001055499.

［66］中国报告网.2014 年上半年中国通信行业发展运营现状报告［R］.（2014-7-7），www.chinabaogao.com.

［67］百度移动云事业部.移动互联网发展趋势报告［R］.2012（4）.

［68］罗超.BAT 三巨头开挖大数据［［EB/OL］］.（2014-5-31），虎嗅网，http://www.Huxiu.com/article/15251/1.html?odby=toauthor.

［69］易观国际.中国互联网开放平台专题研究报告［R］.2011.http://www.Enfodesk.com/SMinisite/maininfo/topicsdetail-info_id-68.html.

［70］张舵，闫翔岭，王晓洁."微信收费"之争，背后是电信运营商传统业务遭威胁［EB/OL］.（2013-4-2），新华网.http://news.xinhuanet.com/mrdx/2013-04/02/c_132277711.htm

［71］人民日报.运营商逼微信收费画上句号［EB/OL］.（2013-7-25），IT 之家网，http://www.Ithome.com/html/it/49744.htm.

[72] 胡维. 各方解读 App Store 政策变化 [EB/OL]. （2010-9-10）http://apple4us.com/2010/09/all-media-on-app-store-review-guidelines.

[73] 赵小侠. 2013 年 App Store 总销量超 100 亿美元 [EB/OL]. （2014-1-7），环球网，http://finance.huanqiu.com/view/2014-01/4735468. html.

[74] Apple 咨询. App Store 应用开发 10 种免费推广的方法 [EB/OL]. （2011-3-22），http://news.Ipadown.com/836.

[75] 张琳秀. 对通信运营商品牌建设与品牌资产积累的思考 [J]. 通信管理与技术，2005（4）.

[76] 成召科，罗建军. 价格歧视在通信产品定价中的应用 [J]. 科技资讯，2006（5）.

[77] 张加良，刘佳，苑富强. 价值定价法的矛盾分析 [J]. 会计之友（下旬刊），2009（11）.

[78] 马慧，朱治国. 浅析我国电信业务定价 [J]. 通信世界，2005（29）.

[79] 中国联通. 创新，顶层设计，互联网基因——解析中国联通电子商务创新发展之路 [J]. 通信世界，2013（32），总 620 期.

[80] 夏超. 电子商务时代通信运营商电子渠道建设的研究 [D]. 天津大学学报 2012.

[81] 中国联通广东公司. 广东联通首推官方微信，打造移动互联网营销服务新模式 [EB/OL]. （2013-3-6），广东联通官网，http://www.chinaunicom.com.cn/city/guangdong/xwgg/file139.html

[82] 黄宇芳. 香港移动通信 CSL 品牌体验营销案例 [J]. 通信企业管理，2007（4）.

[83] 李雁晨. 服务营销组合因素对服务失误归因的影响 [J]. 软科学，2010（6）.

[84] 张永珍. 服务营销的质量管理 [J]. 经营管理者，2010（13）.

[85] 舒杰. 中国移动 12580 发力后向业务剑指 118114 [N]. 通信产业报，2009-3-2.

[86] 景进安. 从 4P，4C 营销理论到 4R 营销理论 [J]. 北方经贸，2003（11）.

[87] 皮圣雷. 4RCP 综合营销模型研究 [J]. 全国商情（理论研究），2009（22）.

[88] 陈强. 中国移动综合信息服务门户 12580 整合创新 [J]. 通信管理与技术，2008（5）：12.

[89] 刘南海，周承书. 12580 精细化营销的系统实现和思考 [J]. 中国移动通信集团广西有限公司专栏，2011（2）.

[90] 马阅，吕新欣，李晓一. 基于 4RCP 理论的中国移动 12580 业务研究 [J]，黑龙江对外贸易，2010（8）.

[91] 李海刚，孙臣臣，曲振斌. 顾客参与对新服务开发影响机制研究——基于组织学习的视角 [J]. 工业工程与管理，2014（08），19（4）：15-21.

[92] 蔺雷，吴贵生. 新服务开发的内容和过程 [J]. 研究与发展管理，2005（2）.

[93] 辛春林，彭乔，苏颖. 新服务开发的过程、模型和影响因素 [J]. 软科学，2013（9），27（9）：131-134.

[94] Carbonell, P., Rodn'guez-Escudero, A. L., Pujari, D. Customerinvolvement in new service development: An examination of antecedents and outcomes [J]. Journal of Product Innovation Management, 2009, 26(5)：536-550.

[95] Research on Green Marketing Strategy in Enterprises Based on Low Carbon (LC) Environmentt Zhao, RH Cui - Advanced MaterialsResearch, 2014 - Trans Tech Publ.

[96] 中国网. 品牌厂商 LBS 营销大门开启 [EB/OL]. 腾讯科技，（2011-8-10）http://tech.qq.com/a/20110810/000441.htm.

[97] Word-of-mouth marketing influence on offline and online communications：Evidence from case study researchL Groeger, F Buttle - Journal of Marketing Communications, 2014 - Taylor & Francis.

[98] 吴峰，何岑成. 基于消费者心理诉求的体验营销模式分析 [J]. 商场现代化（中旬刊），2009（6）.

[99] 贾利军，许鑫. 谈"大数据"的本质及其营销意蕴 [J]. 南京社会科学，2013（7）.

[100] 刘雨枫. 基于大数据时代的量化营销 [J]. 辽宁科技学院学报，2014（3），16（1）：34-36.

[101] 魏伶如. 大数据营销的发展现状及其前景展望 [J]. 现代商业. 2014（15）.

[102] 傅琳雅，傅琳晶. 大数据时代的营销革命——一场席卷全球的商业革命 [J]. 中国商贸杂志，2013（35）：21-22.